Elmar Hengartner, Ueli Hirt, Beat Wälti
und Primarschulteam Lupsingen

LERNUMGEBUNGEN FÜR RECHENSCHWACHE BIS HOCHBEGABTE

Natürliche Differenzierung im Mathematikunterricht

Klett und Balmer Verlag Zug

Die Autoren und die am Projekt beteiligten Lehrerinnen und Lehrer danken der Erziehungs- und Kulturdirektion des Kantons Basel-Landschaft sowie der Direktion für Bildung, Kultur und Sport des Kantons Aargau und den Pädagogischen Hochschulen der Kantone Aargau und Bern für die finanzielle Unterstützung und für das Vertrauen, das die Verantwortlichen unserer Arbeit entgegengebracht haben.

Die Reihe «Spektrum Schule – Beiträge zur Unterrichtspraxis» im Verlag Klett und Balmer vereinigt Titel, die in loser Folge methodische, didaktische, pädagogische oder schulorganisatorische Fragen aufgreifen.

Redaktion: Karin Veit Brändli, Marcel Holliger
Umschlaggestaltung: C + H Waldvogel, Zürich
Gesamtherstellung: IB-Print AG, Zug

Das Werk folgt der reformierten Rechtschreibung und Zeichensetzung, mit Ausnahme von Zitaten und Protokollen, welche in der ursprünglichen Schreibung belassen wurden.

1. Auflage 2006

ISBN-10: 3-264-83656-4
ISBN-13: 978-3-264-83656-1

Besuchen Sie unsere Website unter www.klett.ch
oder kontaktieren Sie uns über E-mail: info@klett.ch
oder redaktion@klett.ch

INHALTSVERZEICHNIS

VORWORT

Erich Ch. Wittmann

In seinem *«Neubau des Rechenunterrichts»* (1916), einem Meilenstein auf dem Weg zum aktiv-entdeckenden Mathematikunterricht, hat Johannes Kühnel das pädagogische Problem, vor das die Schule durch die heterogenen Voraussetzungen der Kinder gestellt wird, klar beschrieben:
«Der an sich gute und edle Gedanke, allen Kindern unseres Volkes so viel Bildung mitzugeben, wie die Verhältnisse eben ermöglichen, hat eine eigenartige Ausbildung erfahren. Die völlig sachgemäße Einschränkung: so viel, wie die Verhältnisse ermöglichen – bekam in bester Absicht den Sinn: ein möglichst hohes Mindestmaß. So geschah es, dass der Gedanke der gleichmäßigen Förderung der Schüler außerordentlich viel Anklang fand und sich nach und nach durchsetzte. [...] Schon die Praxis der häuslichen Erziehung, noch mehr die der Schulerziehung, wie endlich auch die psychologische Forschung zeigen in Bezug auf Bildung und Entwicklung unseres Geistes ganz andere Tatsachen, als jenes Ziel der gleichmäßigen Förderung annahm. [...] Die Praxis der Schule zeigt auch im kleineren Maßstabe jederzeit dasselbe Bild: An jedem Lebensabschnitte, jedes Jahr, ja man kann sagen, jedes Vierteljahr, tritt das stärkere Wachstum der anfänglich größeren Begabung deutlich hervor. Damit ist aber eine gleichmäßige Förderung, die sich nicht beschränken will auf Wortlernen und Mechanisierung, als pädagogische Unmöglichkeit erwiesen. [...] Dies eine dürfte keinem Zweifel mehr begegnen, dass wir unter allen Umständen die Forderung der gleichmäßigen Förderung aufgeben müssen, und dass wir an ihre Stelle die Forderung der höchstmöglichen Förderung jeder einzelnen Begabung zu setzen haben.»

Ernsthafte Bemühungen zur Differenzierung des Unterrichts setzten aber erst vor etwa 40 Jahren ein, insbesondere im Zuge der Gesamtschuldiskussion, und führten zu ausgefeilten schulpädagogischen Theorien, die in den Bibliotheken ganze Regale füllen. Im Kern dominiert darin jedoch die Vorstellung von Lehren als Wissensvermittlung, da die zur Differenzierung und Individualisierung entwickelten Massnahmen methodischer Art sind und immer an die Lehrperson bzw. das Unterrichtswerk gekoppelt bleiben. Im Rahmen des aktiv-entdeckenden Lernens sind diese methodischen Werkzeuge nur insoweit brauchbar, als sie in Formen der Differenzierung integriert werden können, die der Eigenaktivität der Kinder Raum geben. Im Projekt «mathe 2000» wurde dazu das Konzept der «natürlichen Differenzierung» entwickelt, das sich wesentlich auf die im Fach Mathematik selbst liegende Offenheit stützt und den Kindern erlaubt, Lernangebote durch eigene Entscheidungen individuell zu nutzen. Auf diese Weise können Kinder mit unterschiedlichen Voraussetzungen bei der Arbeit an gemeinsamen Aufgabenstellungen zusammengehalten werden.

Im vorliegenden Band werden die Möglichkeiten der natürlichen Differenzierung im Mathematikunterricht zum ersten Mal systematisch aufgezeigt, und zwar in einer Form, die von der Praxis am besten verstanden wird: durch eine grosse Zahl repräsentativer Lernumgebungen für den Mathematikunterricht der Klassen 1 – 6. Jede Lernumgebung wird zusammen mit dem didaktischen Hintergrund ausführlich beschrieben, wie man es vom Lehrerband des *«Zahlenbuchs»* her gewohnt ist, und der auf dieser Grundlage durchgeführte Unterricht wird durch schriftliche Arbeiten sowie Interviews mit Kindern dokumentiert. Das Buch liefert überzeugende empirische Belege dafür, dass entsprechend konzipierte Lernumgebungen von Kindern mit unterschiedlichen Voraussetzungen auf individuelle Weise genutzt werden können.

Da einige Lernumgebungen mehrere Klassen überspannen, könnte das Buch auf den ersten Blick leicht als Argument für jahrgangsgemischten Unterricht verstanden werden. Bei genauer Analyse zeigt sich jedoch, dass es sich bei diesen Lernumgebungen nicht um Lernumgebungen im strengen Sinn handelt, d. h. um Lernumgebungen mit definierten Aufgaben, die auf einer Stufe liegen, sondern um eine spiralig verbundene Folge von Lernumgebungen.

Die systematische Entwicklung von Grundideen über die Schuljahre hinweg nach dem Spiralprinzip muss aber von dem Prinzip der natürlichen Differenzierung sorgfältig unterschieden werden. Dass «Musterschlangen», «Zahlenmauern», «Zauberdreiecke» usw. vom ersten Schuljahr an auf jeder Stufe sinnvoll bearbeitet werden können, ist kein Grund die Jahrgänge zu mischen. Im Laufe der Schuljahre soll ja eine erweiterte und vertiefte Sicht aller Themen erreicht werden. Dies ist nur möglich, wenn die Bearbeitung dieser Themen von Jahr zu Jahr höher ansetzt. Die natürliche Differenzierung kommt dort zum Zug, wo sich heterogene Gruppen von Kindern, wenn auch in unterschiedlicher Weise, so doch mit denselben Aufgaben beschäftigen, sodass innerhalb der Gruppen ein Austausch möglich ist und in Reflexionsphasen auf ähnliche Erfahrungen zurückgegriffen werden kann. Prägnante Beispiele hierfür sind die Lernumgebungen «Immer 99» und «Verstecktes Einmaleins».

Nach dem Buch «*Mit Kindern lernen. Standorte und Denkwege im Mathematikunterricht*» (Hengartner 1999) liegt mit dem Werk «*Lernumgebungen für Rechenschwache bis Hochbegabte. Natürliche Differenzierung im Mathematikunterricht*» ein weiterer Band vor, der wegen seiner Authentizität und systemischen Verankerung die weitere Entwicklung des Mathematikunterrichts der Grundschule massgeblich beeinflussen wird. Der Einfluss wird sich auf mindestens drei Ebenen zeigen:

Erstens werden sich Lehrpersonen anregen lassen, die im Buch beschriebenen Lernumgebungen selbst zu inszenieren und die Dokumente ihrer Kinder mit den Dokumenten im Buch zu vergleichen. Die zu erwartenden Erfolge werden die Position aktiv-entdeckender Lehr-/Lernformen zweifellos weiter stärken, insbesondere, wenn wahrgenommen wird, was die so genannten «schwachen» Kinder unter solchen Rahmenbedingungen leisten können. Das Buch wird zweitens auch zu einem veränderten Selbstkonzept der Lehrpersonen beitragen, da es deutlich macht, dass sich das aktiventdeckende Lernen auch auf die Lehrpersonen selbst bezieht: Genauso wie es den Kindern frei steht, Muster zu erforschen, fortzusetzen und umzugestalten, können Lehrpersonen Lernumgebungen erforschen, fortsetzen und umgestalten. Die Inspiration, die von einer solchen Tätigkeit ausgeht, ist in jeder Zeile des Buches zu spüren und wird ganz sicher ansteckend wirken. Drittens erhält auch die didaktische Forschung von dem Buch wichtige Impulse. Es regt dazu an, Unterrichtsexperimente systematisch zu wiederholen, Daten systematisch zu sammeln und zu analysieren. Auf diese Weise würde die Bildung mathematik-didaktischer Theorien gefördert, die für die Unterrichtsentwicklung und die Lehrerbildung unmittelbar relevant sind. Voraussetzung ist allerdings, dass sich die Forschungsfonds endlich für diese Art von Entwicklungsforschung öffnen.

Den Autorinnen und Autoren kann man zu dem rundum gelungenen Buch nur gratulieren. Man muss kein Prophet sein um vorherzusagen, dass es sich genauso als Standardwerk in der Lehreraus- und -weiterbildung etablieren wird wie die «*Standorte und Denkwege*».

Erich Ch. Wittmann
Universität Dortmund
Projekt «mathe 2000»

UNTERRICHTEN MIT LERNUMGEBUNGEN

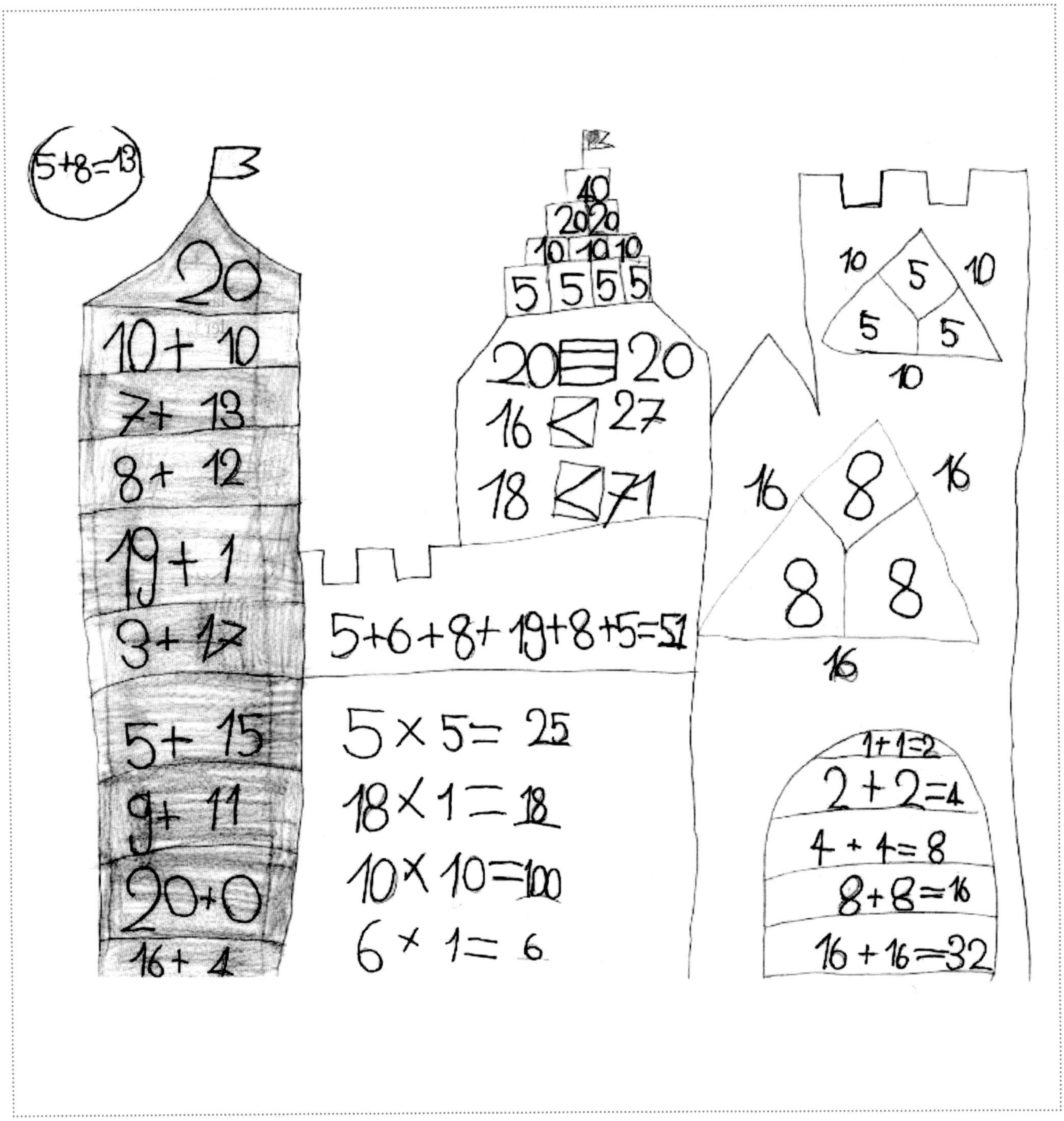

LERNUMGEBUNGEN FÜR DAS GANZE BEGABUNGSSPEKTRUM: ALLE KINDER SIND GEFORDERT

Elmar Hengartner

Dieses Buch enthält praktische Vorschläge für den Umgang mit Heterogenität im Mathematikunterricht der Primarstufe. Sie sind das Ergebnis eines mehrjährigen Projekts mit dem Ziel, «Lernumgebungen für Rechenschwache bis Hochbegabte» bereitzustellen. Anhand von Beispielen erklären wir zunächst, warum wir dieses Ziel wählten, was wir unter Lernumgebungen verstehen und wie eine Differenzierung mit Lernumgebungen aussieht. Wir beschreiben sodann, wie die Lernumgebungen aufgebaut und gegliedert sind. Wir hoffen, dass andere unsere Arbeit fortsetzen und eigene Lernumgebungen entwickeln und erproben werden. Und da dabei die Teamarbeit der beteiligten Lehrpersonen und Fachdidaktiker für das Gelingen entscheidend ist, berichten wir abschliessend über Erfahrungen in der Zusammenarbeit.

Das Problem gleicher Anforderungen an alle

Die Schule tut sich oft schwer mit Begabungsunterschieden der Kinder, gerade auch im Mathematikunterricht. Es gibt kaum ein zweites Fach in der Grundschule, welches bis in jüngere Zeit so rigide und gleichschrittig durchgeplant erschien. Eine Planung mit denselben Aufgaben für alle Kinder widerspricht – besonders bei kleinschrittigem Vorgehen – ihrem Lernen. Die Orientierung an einem fiktiven Durchschnitt führt zu *Problemen mit zwei Extremgruppen* von Kindern, nämlich den besonders langsam und den sehr schnell lernenden. Heute erhalten Kinder, die viel langsamer vorankommen als andere, vielerorts besondere Hilfe – in sonderpädagogisch betreuten Gruppen oder in therapeutischem Einzelunterricht. Es gibt für sie institutionalisierte Angebote und eine eigene sonderpädagogisch ausgerichtete Didaktik.

Für die Kinder am andern Ende des Leistungsspektrums, die mathematisch begabten, auch die so genannten Frührechner/-innen, die ein grosses Vorwissen einbringen, trifft dies nicht zu. Für sie hat der herkömmliche Mathematikunterricht in der Regel weder besondere Angebote bereitgestellt, noch ist ein Konzept angemessener Förderung entwickelt worden. Die Vorschläge in diesem Buch zeigen, dass und wie es möglich ist, mit Lernumgebungen für sie wie für die langsameren, mithin für das gesamte Begabungsspektrum Forderungen bereitzuhalten.

Heterogenität als Herausforderung: Ein Beispiel aus dem 1. Schuljahr
Welche Probleme die Heterogenität mit sich bringt, illustrieren Dokumente von Schulanfängerinnen und Schulanfängern zum Thema «Spiegeln» (Abbildung 1). Im Anschluss an eine Schulbuchseite, die das Verdoppeln von bis zu zehn Plättchen mit einem Spiegel anregte, sollten die Kinder nun selbst gewählte Anzahlen von Plättchen zunächst mit einem Spiegel verdoppeln. Dabei sollten die Plättchen so hingelegt werden, dass ihre Anzahl auf einen Blick – ohne zu zählen – erfasst wird. Die vier Beispiele (in Abbildung 1 oben) reichen vom einfachen Verdoppeln von drei bis fünf anschaulich gezeichneten Plättchen bis hin zum Verdoppeln zweistelliger Zahlen, deren Ergebnisse den Zahlenraum des 2. Schuljahres übersteigen. – Beim Verdreifachen von Plättchenmengen mit zwei Spiegeln ergeben drei ausgewählte Kinderdokumente (in der Mitte der Abbildung 1) ein entsprechendes Bild weit auseinander liegender Rechenfähigkeiten. Das fortgesetzte Verdoppeln von Anzahlen schliesslich (in den drei Beispielen unten) war eine Idee, die von den Kindern kam und ansteckend wirkte. Hier konnten die Kinder bis an ihre Grenzen gehen. Ein Schüler verdoppelte ohne jegliche Hilfsmittel bis zu elfstellige Zahlen im Kopf. Abgebildet sind drei von über zehn solchen Verdoppelungsketten, die er aufgeschrieben hatte.

Man muss sich vergegenwärtigen, dass das Spiegeln von Anzahlen gemäss der Schulbuchvorlage auf maximal 10 Plättchen vor dem Spiegel beschränkt war. So wird in den Eigenproduktionen der Kinder zum Thema Spiegeln offensichtlich, dass man den Unterricht auf ein breiteres Fähigkeitsspek-

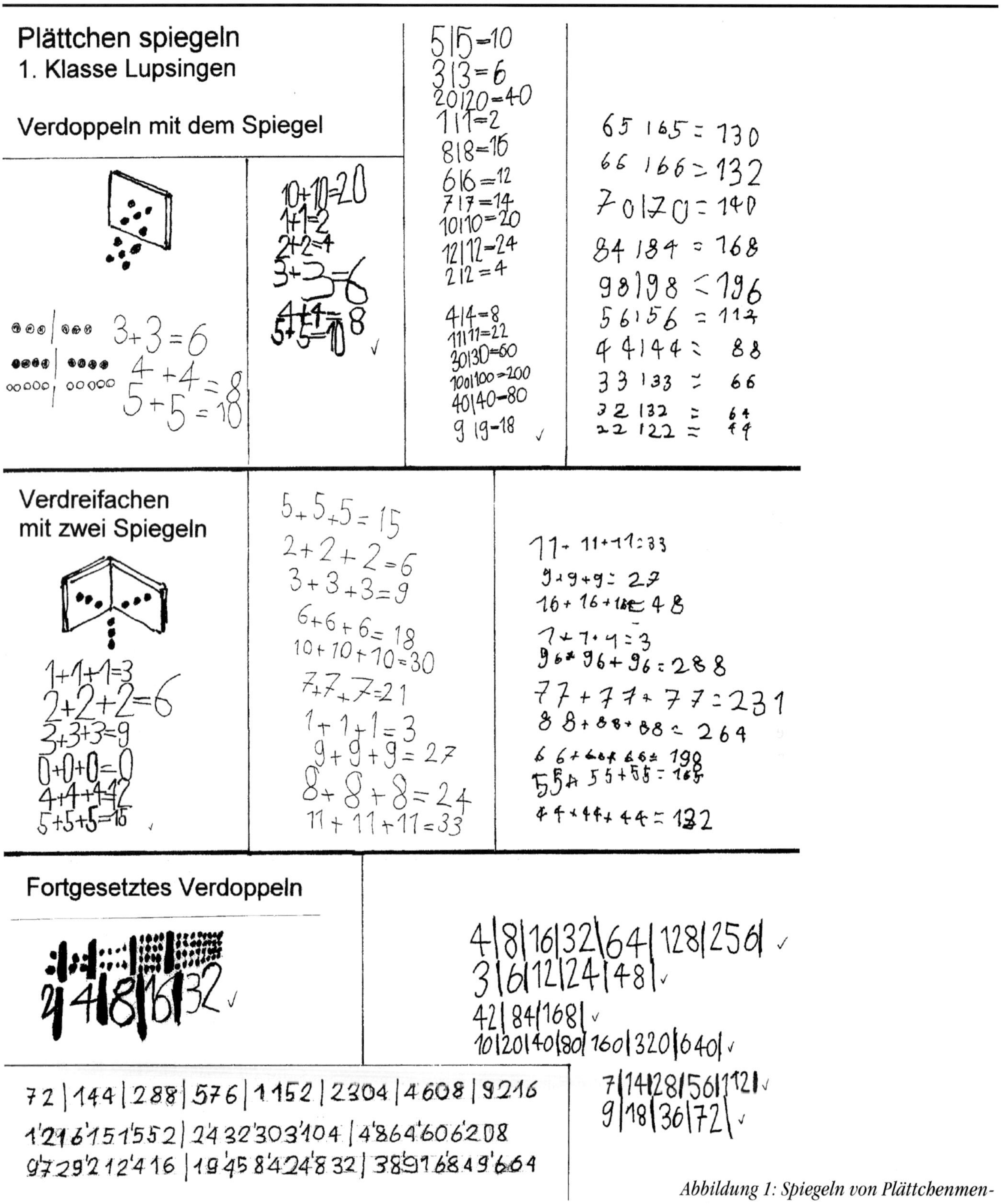

Abbildung 1: Spiegeln von Plättchenmengen. In den Kinderdokumenten zeigt sich eine Heterogenität der Rechenfähigkeit, die – gemessen an Lehrplänen – über mehrere Schuljahre streut.

trum hin öffnen muss. Dieses streut in den Extremen meist über drei bis vier Schuljahre. So stellte sich uns die Frage, wie man das Angebot im Mathematikunterricht so differenzieren kann, dass er ein Lernen auf unterschiedlichen Anspruchsniveaus möglich macht.

Der Lösungsansatz von «mathe 2000»

Im Projekt «mathe 2000» der Dortmunder Forschungsgruppe unter E. Ch. Wittmann und G. N. Müller sind Unterrichtsideen entwickelt worden, die es erlauben, die Probleme unterschiedlicher Fähigkeiten besser anzugehen und sie innerhalb des Klassenunterrichts – das heisst *integrativ* – zu lösen. Bereits die anfangs der Neunzigerjahre im Rahmen des Projekts erschienenen *«Handbücher produktiver Rechenübungen»* von E. Ch. Wittmann und G. N. Müller enthielten zu zentralen Rahmenthemen der Arithmetik Aufgaben, die für langsame Lerner und Lernerinnen zugänglich sind, die aber «Rampen» für eine Bearbeitung auf höheren Niveaus – auch jenem von mathematisch Hochbegabten – enthalten (Wittmann/Müller 1990 und 1992). Im Mathematiklehrmittel *«Das Zahlenbuch»* sind diese Aufgaben sodann weiterentwickelt, konkretisiert und angereichert worden (Wittmann u.a. 1993–96 und 2004/05). Mit unserem Projekt haben wir an das Projekt «mathe 2000» der Dortmunder Forschergruppe angeschlossen.

Projektziel: Lernumgebungen für alle Fähigkeitsgruppen

Zu zentralen Themenkreisen der Grundschulmathematik haben wir versucht, Lernumgebungen zu planen und zu erproben, die eine Vielfalt von Aktivitäten auf verschiedenen Niveaus anbieten. Die Lernumgebungen sind so gestaltet, dass sie nach sorgfältiger Einführung durch die Lehrperson von den Kindern her differenzieren.

GLEICH WEIT WEG

Thema: Sich orientieren und operieren an der nach oben offenen Zwanzigerreihe

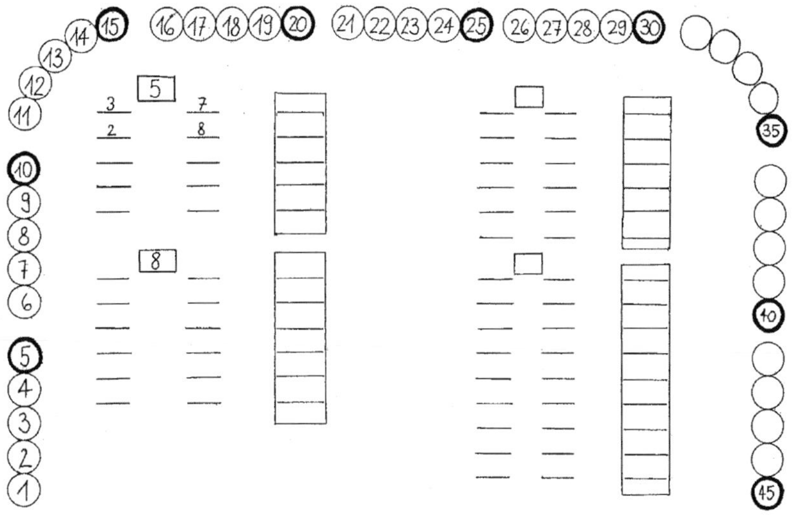

Abbildung 2: Lernumgebung «Gleich weit weg» – Vorlage für das 1. Schuljahr

Wittmann bezeichnet dies als «natürliche Differenzierung». Die Aufgaben sollten für alle Kinder – auch für die langsamsten unter ihnen – einen Einstieg anbieten, sodann aber Bearbeitungsmöglichkeiten für alle Fähigkeitsstufen – auch für jene der Hochbegabten – öffnen.

Beispiel einer Lernumgebung zur Zahlenreihe: Gleich weit weg

Das Beispiel einer Lernumgebung in *Abbildung 2* soll die Zielvorstellung verdeutlichen. Die stufenübergreifende Lernumgebung «Gleich weit weg» gehört zum Rahmenthema Zahlraumerweiterung von Schuljahr zu Schuljahr. Sie bezieht sich auf die Arbeit an der Zahlenreihe: Diese erweitert sich von der 20er-Reihe der 1. Klasse über die Hunderterreihe der 2. und den Tausenderstrahl der 3. Klasse bis zum Zahlenstrahl, an welchem im 5. Schuljahr auch Aufgaben zu gebrochenen Zahlen gestellt werden. Die Lernumgebung «Gleich weit weg» dient zunächst der Orientierung auf der Zahlenreihe. Die Aufgabenstellungen sind für alle Klassen dieselben. Am Beispiel der 1. Klasse mit der Zahlenreihe bis 20 und mehr lauten sie so:

Zu einer vorgegebenen oder selbst gewählten Zahl werden wiederholt zwei Zahlen bestimmt, welche gleich weit weg sind, zur mittleren Zahl 5 beispielsweise die 3 und die 7 oder die 2 und die 8. Dann werden andere Zahlenpaare gewählt und es wechseln die mittleren Zahlen je nach Fähigkeiten der Kinder. Als «Rampen» für Schnellere gibt es zwei zusätzliche Fragen: a) Wie gross ist jedes Mal der Unterschied zwischen der unteren und der oberen Zahl (beim ersten Beispiel mit der mittleren Zahl 5 zwischen 3 und 7)? b) Addiere die untere und die obere Zahl und vergleiche mit der mittleren (10 ist das Doppelte von 5). Diese Aufgaben lösen Kinder im 2. Schuljahr entsprechend an der 100er-Reihe, im 3. an der Tausenderreihe usw. Betrachten wir drei Kinderdokumente der 1., der 3. und der 5. Klasse in *Abbildung 3*.

Drei Lösungsdokumente zu «Gleich weit weg»

Marianne (3. Klasse) löst nur die Grundaufgabe zur Orientierung am Tausenderstrahl. Sie wählt ausschliesslich Zehnerzahlen, und zwar als mittlere wie auch als untere und obere Zahlen. Die Lernumgebung ermöglicht ihr, mit nur zwei Wertziffern (für Hunderter und Zehner) Lösungen zu finden, was eine wesentliche Vereinfachung

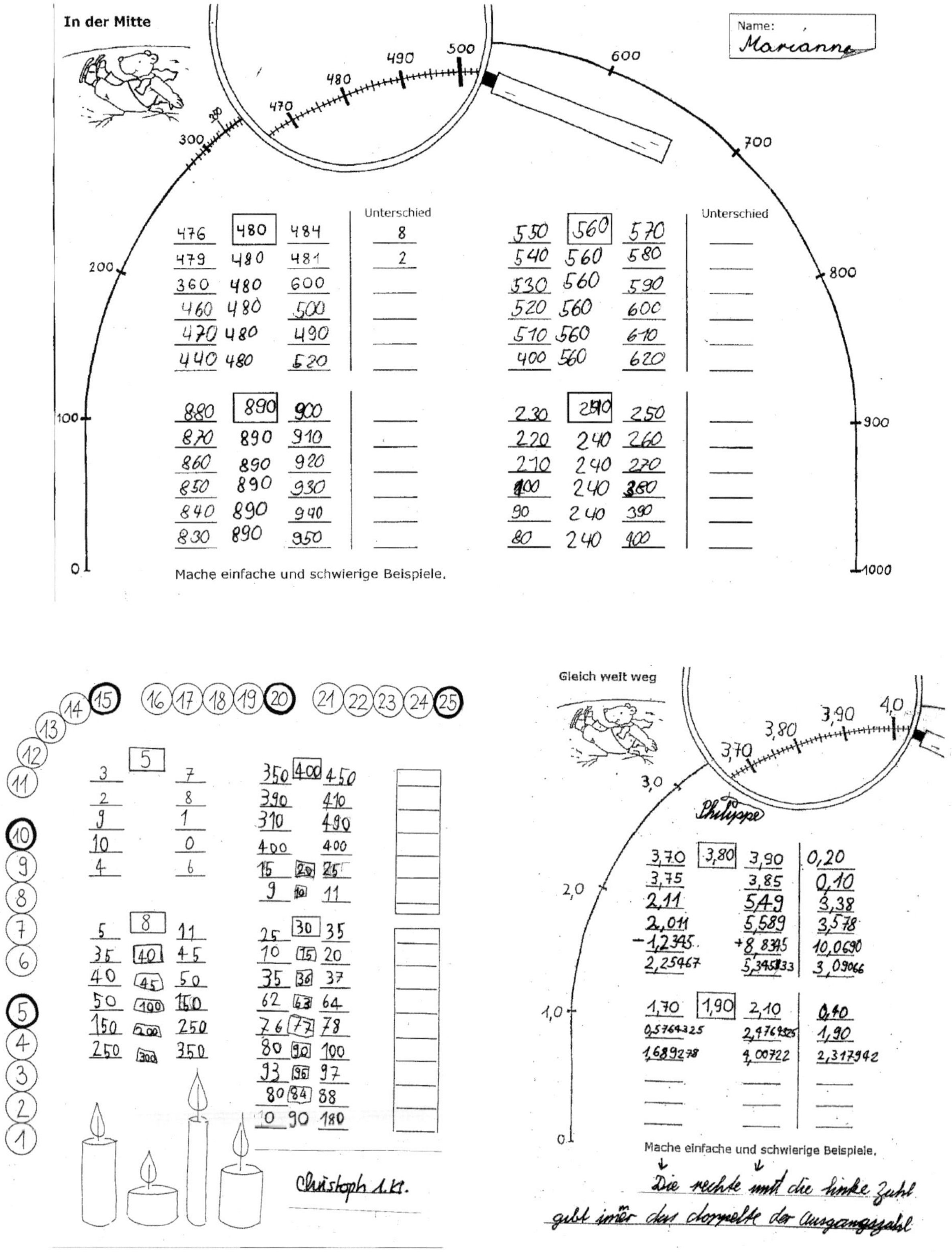

Abbildung 3: Marianne (3. Klasse), Christoph (1. Klasse) und Philipp (5. Klasse) bearbeiten die Lernumgebung «Gleich weit weg».

bedeutet. Auf die zusätzlichen Aufgaben hat sie sich vermutlich aus Zeitgründen nicht eingelassen.

Christoph (1. Klasse) arbeitet mit der Vorlage für Schulanfänger. Darauf waren die mittleren Zahlen 5 und 8 vorgegeben. Bereits bei der zweiten mittleren Zahl 8 wurde Christoph die Arbeitsvorlage offensichtlich zu eng und er wählte sodann von Zeile zu Zeile neue mittlere Zahlen bis über 100 hinaus – im letzten Teil auch gemischte Zehner-Einer-Zahlen im Hunderterraum. An diesem Beispiel wird deutlich, dass die Lernumgebung den Ausgriff auf kommende Schuljahre erleichtert.

Das gilt auch für *Philipp* (5. Klasse, in der Schweiz noch zur Grundschule gehörend): Die Lernumgebung diente der Orientierung im um die Dezimalbrüche erweiterten Zahlenraum. Die Vorgaben 3,80 und 1,90 signalisieren, an welches Niveau beim Bestimmen von und Rechnen mit Dezimalbrüchen gedacht worden ist. Philipp geht in seinen Beispielen weit darüber hinaus. Er wählt Dezimalbrüche mit bis zu sieben Stellen hinter dem Komma und bestimmt fehlerfrei die oberen und die unteren Dezimalbrüche, selbst dann, wenn sie unter Null geraten. Philipp hat auch die beiden «Rampen» in der Lernumgebung bewältigt: Er hat alle Differenzen richtig bestimmt und entdeckt, dass die obere Zahl zur unteren addiert stets das Doppelte der mittleren gibt. Philipp bewegt sich hier auf dem Niveau des Mathematikunterrichts der Sekundarstufe 1.

Die Grundidee einer Lernumgebung kommt in den Beispielen klar zum Ausdruck. Die Aufgabe ermöglicht eine natürliche Differenzierung vom Kinde aus: Der Schwierigkeitsgrad variiert mit den *gewählten Abständen* von der mittleren Zahl, aber auch mit der *Wahl der mittleren Zahl* selbst: Von Hunderter-Zehner-Zahlen (zum Beispiel von 480 aus) sind zum Beispiel grössere Abstände einfacher zu bestimmen als von Hunderter-Zehner-Einer-Zahlen (zum Beispiel von 476 aus). Die Grundaufgabe «Finden von Zahlenpaaren mit gleichem Abstand zur Ausgangszahl» lässt also bereits unterschiedliche Niveaus der Bearbeitung zu. Das *Berechnen der Differenzen* zwischen der oberen und der unteren Zahl (die erste Zusatzaufgabe) geht über das Ziel «Orientierung im Tausenderraum an der Zahlenreihe» hinaus: Gefordert ist ein Operieren an der Zahlenreihe, das vielfältige Strategien offen lässt (z.B. Ergänzen nach oben bzw. nach unten oder schrittweises Wegnehmen). Diese Aufgabe ist für Kinder gedacht, die zusätzliche Herausforderungen brauchen.

Das Addieren der oberen und unteren Zahl und der Vergleich der Summe mit der mittleren Zahl (die zweite Zusatzaufgabe) ist eine weitere «Rampe» für die Schnellen. Auch hier sind unterschiedliche Strategien der Addition möglich (z.B. schrittweises Addieren der oberen zur unteren Zahl oder Addieren der Hunderter, Zehner und Einer je für sich). Die Summen der oberen und unteren Zahlen sind stets doppelt so gross wie die mittlere Zahl – ein Sachverhalt, der manche Kinder überrascht und nach Begründung verlangt. Je nach gewählter mittlerer Zahl wird beim Addieren der Tausenderraum überschritten.

Mit solchen Lernumgebungen, deren Bearbeitungsniveaus über mehrere Schuljahre streuen, wird eine differenzierte Förderung langsamer und schneller Kinder innerhalb der Klasse möglich. Wir gehen das Problem der Heterogenität demnach über eine veränderte Didaktik von Lernumgebungen an. Die Differenzierung innerhalb gemeinsamer Aufgaben für alle hebt sich von einer Didaktik der Zusatzprogramme ab.

Inhaltliche Schwerpunkte

Wie dem Inhaltsverzeichnis zu entnehmen ist, liegt der inhaltliche Schwerpunkt – abgesehen von zwei Bausteinen zur Geometrie – ausschliesslich auf arithmetischen Themen. Den Anfang bilden Lernumgebungen zu *Zugängen zur Zahlenwelt für die Klasse 1* und *Lernumgebungen zur Zahlraumerweiterung für die Klassen 2 bis 5*. Diese sind zwar den einzelnen Klassen zugeordnet, inhaltlich aber über die Klassenstufen hinweg aufeinander abgestimmt. Die Lernumgebungen zu *Mustern und Übungsformaten* im zweiten Teil enthalten mehrheitlich Vorschläge für mehr als nur eine Klasse, was der Differenzierungsidee des Projekts ja auch entspricht. Die Lernumgebungen sind von den Lehrpersonen teils auch stufenübergreifend geplant worden.

Im dritten Teil wurden erste Lernumgebungen zu den *Grundoperationen* aufgenommen. Weitere Entwürfe sind in der Erprobung. Ein Folgeband mit weiteren Lernumgebungen zu den Grundoperationen sowie zum Sachrechnen und zur Geometrie ist geplant.

Gliederung und Aufbau der Lernumgebungen

Die Lernumgebungen sind alle gleich aufgebaut, können jedoch je nach Bearbeitergruppe im Layout leicht variieren. Sie gliedern sich in folgende Abschnitte:

a) Aufgabe: Auf der ersten Seite stehen neben dem Titel der Lernumgebung Hinweise auf die thematischen Zusammenhänge, auf notwendige Materialien und den zeitlichen Aufwand. Die Beschreibung der «Aufgaben» ist stets für die Lehrperson gedacht; sie muss für die Kinder übersetzt werden. In der Regel illustriert ein Schülerdokument mögliche Ergebnisse.

b) Worum geht es? Unter dieser Überschrift werden die vorgesehenen Lernaktivitäten begründet, und es werden die fachlichen Hintergründe und Strukturen so weit dargestellt und geklärt, dass man die Ergebnisse der Schülerinnen und Schüler besser verstehen und einordnen kann.

c) Wie kann man vorgehen? In diesem Abschnitt wird jeweils über Erfahrungen aus der Erprobung der Lernumgebung berichtet. Es wird auf Schwierigkeiten hingewiesen, die einem begegnen können, und es werden Hilfestellungen aufgezeigt. An dieser Stelle haben wir oft Unterrichtsprotokolle der Lehrerinnen und Lehrer eingefügt.

d) Dokumente aus der Erprobung: Die Dokumente von Kindern sollen in jeder Lernumgebung das Spektrum von zu erwartenden Lernergebnissen zeigen. In der Regel haben wir wenigstens je ein einfaches, ein mittleres und ein anspruchsvolles Beispiel aus den entstandenen Dokumenten ausgewählt und kommentiert. Vereinzelt schliessen sich an die Kinderdokumente noch Ausschnitte aus der Arbeit mit einzelnen Kindern an, zum Beispiel eine Sequenz aus einem klinischen Interview (dies ist ein Gespräch, das entlang recht offener Fragestellungen dem Gedankengang eines Kindes folgt mit dem Ziel, seine Denk-und Lösungswege besser zu verstehen).

e) Kopiervorlagen: Vorlagen, die uns notwendig oder hilfreich erscheinen, stehen auf der beiliegenden CD zur Verfügung.

Das Lesen der Lernumgebungen scheint uns gerade wegen der Kinderdokumente, welche integraler Bestandteil der Planungen sind, recht anspruchsvoll. Es setzt ein Interesse an den individuellen Versuchen der Kinder und die Auseinandersetzung mit ihren oft vielfältigen Gedankengängen voraus, was über die alltägliche Planung der Unterrichtstätigkeit weit hinausgeht. Wir haben uns deshalb bemüht, durch einen einheitlichen, stets wiederkehrenden Aufbau der Lernumgebungen die Orientierung zu vereinfachen und das Verstehen zu erleichtern.

Zusammenarbeiten mit verteilten Rollen

In unserem Projekt arbeiten Lehrpersonen und Mathematikdidaktiker (und teils auch Studierende) gemeinsam mit Kindern während Monaten, ja Jahren an der Erprobung und Weiterentwicklung von Lernumgebungen, mit je anderen Aufgaben und verteilten Rollen. Wir berichten abschliessend über diese Teamarbeit, weil sie für die Entwicklung von Lernumgebungen unabdingbar ist. Und wir versuchen aufzuzeigen, was die Arbeit mit Lernumgebungen den Beteiligten bringt.

In der Zusammenarbeit zwischen *Fachdidaktikern* und *Lehrpersonen* gibt es unterschiedliche Schwerpunkte: Der Fachdidaktiker entwirft zu vereinbarten Themen Ideen für Lernumgebungen. Er versucht, lernzielbezogene Aufgaben durch fachliche Strukturen so anzureichern, dass verschiedene Varianten der Auseinandersetzung und unterschiedliche Niveaus der Bearbeitung möglich sind. Die Lehrpersonen setzen die Entwürfe in ihren Klassen um. Sie halten ihr Vorgehen fest und notieren Erfahrungen der unterrichtspraktischen Erprobung. Die Auswertung und Weiterentwicklung der Lernumgebung erfolgt in enger Zusammenarbeit zwischen Lehrpersonen und Fachdidaktiker. Meist umschreibt der Fachdidaktiker die fachlichen Hintergründe («Worum geht es?»), die Lehrpersonen berichten über Unterrichtserfahrungen und formulieren Konsequenzen daraus («Wie kann man vorgehen?»). Ausgewählte Kinderdokumente – einfache, mittlere und anspruchsvolle Beispiele – werden gemeinsam kommentiert. Sie werden in die Lernumgebung aufgenommen und sollen das Spektrum der zu erwartenden Schülerleistungen aufzeigen.

Für die *Kinder* bringt das Projekt mehr Spielraum für Eigentätigkeit und die Möglichkeit, das Anforderungsniveau selbst zu bestimmen, häufig auch Freiheiten im Hinblick auf Lernwege und Darstellungsformen. Die Kinder in den Projektklassen erfahren viel Ermunterung und Zuwendung Wenn ihre Dokumente nicht nur von ihrer Lehrperson, sondern auch von anderen – Didaktikern und Studierenden – mitgenommen, gelesen und ausgewertet werden, so liegt darin für sie eine Bestätigung: Es ist wichtig, was ich überlegt habe. Ich werde ernst genommen.

Zusammenfassend lässt sich sagen: Lernumgebungen fördern einen Mathematikunterricht, der für alle Kinder – die langsameren und die schnelleren – Herausforderungen bereithält. Sie tragen dazu bei, die Begegnung mit der Zahlen- und Formenwelt als Entdeckungsreise zu planen. Den Kindern werden eigene Wege zugetraut und die Verständigung unter ihnen und mit der Lehrperson gewinnt an Bedeutung.

Erwähnte Literatur und Internetadresse des Projekts

Hengartner, E. (Hrsg.) (1999). *Mit Kindern lernen. Standorte und Denkwege im Mathematikunterricht.* Zug: Klett und Balmer

Wittmann, E. Ch./ Müller G.N. (1990/1992). *Handbuch produktiver Rechenübungen.* Bd. 1 und 2. Leipzig: Klett

Wittmann, E. Ch. et al. (1993–1996 und 2004/05). *Das Zahlenbuch, 1. bis 4. Schuljahr.* Leipzig: Klett

www.mathe-projekt.ch. Die Homepage enthält auch Hinweise auf Veranstaltungen zum Projekt und Beispiele von Lernumgebungen.

Zu den Dokumenten aus der Erprobung

Die meisten in diesem Buch aufgenommenen Dokumente sind authentisch und entstammen dem Unterricht, in dem die Lernumgebungen erprobt worden sind. Uns geht es mit den Dokumenten darum, das Begabungsspektrum und die Möglichkeiten der Kinder zu veranschaulichen. Zugleich wird eine Aufgabe durch die Dokumente erläutert. Wir haben jeweils einfache, mittlere und anspruchsvolle Arbeiten von Kindern aufgenommen, um das gesamte Begabungsspektrum abzubilden. Wir haben aber auch auf die Lesbarkeit der abgebildeten Dokumente geachtet. Deshalb haben wir einige Dokumente von den Kindern nochmals schreiben lassen. Inhaltlich aber wurden sie nicht verändert. Dokumente von Kindern, die die Minimalanforderungen nicht erfüllten, haben wir nicht aufgenommen, weil diese Dokumente entweder nicht leserlich sind oder weil die Überlegungen der Kinder nicht ausformuliert und deshalb nicht nachvollziehbar sind. Wir möchten darauf hinweisen, dass es auch den lernschwachen Kindern in den Erprobungsklassen gelungen ist, in einer oder mehreren Lernumgebungen in unserem Sinn «erfolgreiche» Dokumente herzustellen.

FÖRDERN ALLER BEGABUNGEN DURCH FACHLICHE RAHMUNG

Beat Wälti und Ueli Hirt

Muster und Strukturen

Ein schönes Musikstück, ein gelungenes Bauwerk oder auch ein Gedicht stecken voller Strukturen, die Gegenstand überraschender Entdeckungen sein können. Muster gefallen uns; sie befriedigen unser Bedürfnis nach Ästhetik. Muster faszinieren bereits kleine Kinder, wenn sie der Erzählung eines längst bekannten Bilderbuchs auch nach unzähligen Wiederholungen mit ungebrochener Aufmerksamkeit folgen: Sie sind Experten in den Mustern der Geschichte, geniessen das Vorhersehbare, wachen über die richtige Wiedergabe und entdecken immer wieder neue Aspekte. Die Faszination für Muster erfasst jeden lernbereiten und neugierigen Geist. Dies umso mehr, als dass Denken eine strukturierende, ordnende Tätigkeit ist. Strukturen werden im Austausch mit der Umwelt entdeckt, aufgebaut und erworben – und sind nicht Lernstoff, der sich verordnen lässt. Wer sich Strukturen zu Eigen macht, kann sie auch in neuem Kontext nutzen und bei Bedarf anpassen. Sie werden so zum eigentlichen Nährboden für Schlüsselqualifikationen wie Kreativität, Problemlösekompetenz oder Kommunikationsfähigkeit. Ihnen kommt gerade in der heutigen Informationsgesellschaft besondere Bedeutung zu.

Mathematik steckt voller Strukturen und Muster. Devlin (2002) ist keineswegs der Erste, der Mathematik als Wissenschaft der Muster bezeichnet. Demgegenüber wird Mathematik oft als Fach wahrgenommen, in dem Regeln und Gesetze befolgt werden müssen. Der Widerspruch ist nur scheinbar, existieren mathematische Regeln und Gesetze doch in zahllosen (individuellen) Ausprägungen, lassen verschiedene Zugänge offen und sind in variabler Reihenfolge fassbar. Wo Regeln und Gesetzen durch eigene Zugänge die Strenge genommen wird, werden sie zu individuell geprägten Mustern und Strukturen. Die Suche nach ihnen führt immer wieder zu Umwegen und in Sackgassen, die aber Ort der wertvollsten Entdeckungen sein können. Die Suche nach und das Nutzen von Mustern und Strukturen ist allen, die Mathematik treiben, unabhängig von Niveau oder Alter, gemeinsam. Sie ist das durchdringende Thema dieser Lernumgebungen. Dafür bedarf es weder einer besonderen Begabung für Mathematik noch irgendwelcher Vorkenntnisse.

Voraussetzung ist einzig, dass im Mathematikunterricht Raum für individuelles Suchen und Entdecken gewährt wird, dass er für verschiedene Zugänge und Wege offen ist.

Damit ist mehr als eine methodisch-organisatorische Öffnung gemeint: Erweiterte Lernformen wie Wochenplan, Freiarbeit oder Werkstattunterricht können eigenes Suchen zwar unterstützen, sind jedoch nicht Voraussetzung dafür. Offenheit meint auch mehr und anderes als das Bereitstellen alternativer Aufgaben, mehr als Freiheit in der Reihenfolge der Aufgabenbearbeitung oder der Wahl von Arbeitsort und Zeitaufwand. Dies alles kann für den Umgang mit Heterogenität hilfreich sein, trifft aber nicht den wesentlichen Punkt einer Öffnung, wie sie in den Lernumgebungen beabsichtigt wird.

Entscheidend sind die Aufgaben, an denen die Kinder arbeiten. Orientieren diese sich an kleinschrittigem Lernen, bleiben die Lösungswege vorgezeichnet und die Ergebnisse werden aufgrund von Musterlösungen in «richtig – falsch» eingeteilt. So gewinnt man weder Spielraum für vielfältige, eigenständige Denkwege noch ergeben sich Anlässe für Austausch und Argumentation. Der Akzent der Lernumgebungen in diesem Band liegt auf einer didaktischen, inhaltlichen Öffnung. Die inhaltliche Qualität der Aufgaben ist entscheidend, damit auch im Mathematikunterricht Lernen als eigenaktives Tun angeregt wird: Eigenständiges Denken statt Lösen nach vorgegebener Strategie, Lernen in Sinnzusammenhängen statt Lernen in kleinen Schritten, argumentative Auseinandersetzung mit anderen Sicht- und Vorgehensweisen statt Vergleiche mit Musterlösungen. Wo Lernende in diesem Sinn Mathematik betreiben, werden sie zu Entscheidungsträgern, zu aktiven Mitgestaltern ihres Lernprozesses. Diese Auffassung offenen Unterrichts ist eine Frage des Fach- und Lernverständnisses der Lehrpersonen und nicht der Methodenwahl. Mit diesem inhaltlichen Akzent kann der Unterricht methodisch-organisatorisch offen gestaltet werden oder aber methodisch eher traditionell ausgerichtet sein. Er wird dank der fachlichen Rahmung so oder so an Qualität gewinnen.

Strukturen nutzen am Beispiel von Rechenpäckchen zum Einspluseins

Wir erläutern an einer einfachen Aufgabe zum kleinen Einspluseins (vgl. unten) und anschliessend am Beispiel einer Lernumgebung zur Addition, was fachliche Rahmung und das Zugrundelegen einer Struktur bedeuten und welche differenzierenden Auswirkungen sie für das Lernen haben können.

Die Arbeit an strukturierten Übungen öffnet ein Tätigkeitsfeld, das weit über das Training von Kenntnissen und Fertigkeiten hinausziele.
Unter anderem können, wie im untenstehenden Beispiel, mehrere Rechnungen in einen systematischen Zusammenhang gestellt werden. Lernende können Strukturen innerhalb solcher Aufgabenpäckchen erforschen, entdecken, fortsetzen, ausgestalten und selber erzeugen (Wittmann 2003). Bei der Arbeit an strukturierten Übungen werden daher nicht nur inhaltliche, sondern auch allgemeine mathematische Lernziele gefördert. Die Folgeaufträge (1 bis 7) zum Beispiel aus dem 1. Schuljahr zeigen auf, dass strukturierte Übungen oft zu eigentlichen Lernumgebungen erweitert werden können – auch dann, wenn der Anlass lediglich ein unscheinbares Rechenpäckchen ist. Den hier vorliegenden Lernumgebungen liegen solche Strukturen zugrunde. Sie sind das eigentliche Thema dieses Bandes.

Strukturen nutzen am Beispiel «Summen mit vier Ziffernkarten»

Im zweiten Beispiel geht es um das Addieren im Hunderterraum: Mit selbst gewählten Ziffernkarten sollen Zahlen gelegt und addiert werden sowie die Summen in eine Hundertertafel eingetragen werden.

«Nimm vier Ziffernkarten und bilde damit zwei zweistellige Zahlen. Lege damit verschiedene Additionen.»

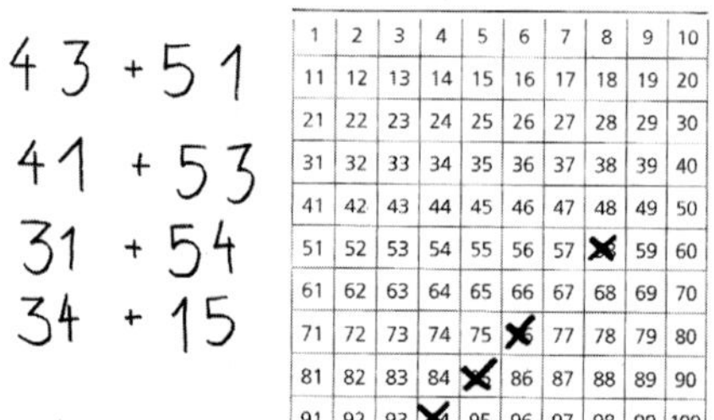

Tabita

Strukturierte Aufgabe

1. 4 + 6 = 10
2. 5 + 7 = 12
3. 6 + 8 = 14
4. 7 + 9 = 16
5. …

Auch bei solch einfachen Aufgaben lassen sich – bewusst oder unbewusst – zahlreiche Muster bzw. Strukturen nutzen und entdecken:

- Die Summen nehmen in 2er-Schritten zu und sind immer gerade.
- Die Summen sind jeweils doppelt so gross wie die Zahl zwischen den beiden Summanden (4 + 6 = 10, 5 + 5 = 10).
- Die beiden Summanden nehmen von Zeile zu Zeile um 1 zu und sind jeweils beide gerade oder ungerade.
- Die Reihe lässt sich beliebig lange fortsetzen.

Kindern, die solche Übungen bearbeiten, können ohne weitere Arbeitsblätter Folgeaufträge erteilt werden, die sie einerseits zu eigenem Tun animieren, andererseits zu weiteren strukturellen Entdeckungen führen können:

1 Führe das Päckchen um einige Zeilen weiter. (Dabei werden viele Kinder den vertrauten Zahlenraum sprengen.)
2 Wie lautet die 7./die 10./die 20. Zeile in diesem Päckchen?
3 Erfinde ein ähnliches Päckchen.
4 Erfinde ein Päckchen, bei dem die Summen von Zeile zu Zeile um 3 grösser werden.
5 Erfinde ein Päckchen mit den Summen 6, 8, 7, 9, 8, 10,…
6 Erfinde ein Päckchen, bei dem das 10. Resultat 50 ergibt.
7 Erfinde eine eigene Zahlenreihe und schreibe dazu ein Päckchen auf.

Unstrukturierte Aufgabe

1 + 3 = 4
5 + 8 = 13
6 + 4 = 10
9 + 2 = 11
5 + 9 = 14

Die Aufgaben stehen in keinem Zusammenhang zueinander und sind – wenn überhaupt – lediglich nach Schwierigkeitsgrad geordnet.
Solche Übungen verfolgen aus Sicht der meisten Kinder ein Ziel: möglichst rasch möglichst viele richtige Resultate zu erzielen.

Kinder, die solche Übungen bearbeiten, erhalten in der Regel weitere ähnliche Übungsaufgaben bzw. Arbeitsblätter, obschon die Schwierigkeit der Operation für sie keine Herausforderung ist.

Der Aufgabe liegt folgende Struktur zugrunde:
Mit vier Ziffernkarten sind 12 verschiedene Additionen mit maximal 6 verschiedenen Resultaten möglich. Mit den von *Tabita* ausgewählten Ziffern 1, 3, 4, 5 sind die folgenden Additionen und Summen möglich:

I	15 + 34	=	14 + 35	=	49
II	15 + 43	=	13 + 45	=	58
III	13 + 54	=	14 + 53	=	67
IV	31 + 45	=	35 + 41	=	76
V	31 + 54	=	51 + 34	=	85
VI	41 + 53	=	43 + 51	=	94

Die Lernumgebung ist offen für vielfältige Aktivitäten und Erkenntnisse.
Wenn die erzielten Summen auf dem 100er-Feld gelegt werden, wird die mathematische Struktur augenfällig: Alle Summen liegen auf einer diagonal verlaufenden Linie. Obwohl *Tabita* nicht alle Additionen gelegt hat, ist dies auf der Abbildung deutlich zu sehen.

Den Kindern verlangt diese Lernumgebung vorerst eine Entscheidung ab: Mit welchen Ziffernkarten lassen sich Rechnungen legen, die sie gerne rechnen und die für sie weder zu schwierig noch zu einfach sind? Danach lädt die Lernumgebung ein, Strukturen zu nutzen, zu ergänzen, zu entdecken und darzustellen:

1 Durch wiederholte Addition mit den gleichen Ziffernkarten gerät der Stellenwert der Zehner und der Einer in den Vordergrund.
2 Das Vertauschen der beiden Summanden ändert die Summe nicht (Kommutativgesetz).
3 Ebenso lassen sich die Zehner oder die Einer der beiden Summanden vertauschen, ohne dass sich die Summe ändert.
4 Die Summen unterscheiden sich jeweils um 9 oder um ein Vielfaches von 9. Auf der Zahlentafel liegen sie jeweils auf einer diagonal verlaufenden Linie – was den Lehrpersonen eine rein optische Kontrolle ohne Nachrechnen ermöglicht.
5 Durch die Darstellung der Ergebnisse auf der 100er-Tafel werden weitere mögliche Summen sichtbar, die mit den vier Ziffernkarten gesucht werden können. In diesem Sinne bietet die Struktur eine Unterstützung beim Lernen.
6 Mit einem gegebenen Ziffernset lässt sich die grösstmögliche und die kleinstmögliche Summe bestimmen.
7 Die Summen sind häufig Umkehrzahlen (49 / 94, 58 / 85, 67 / 76).

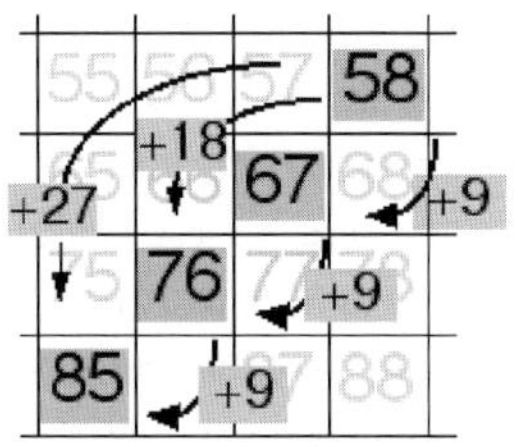

Strukturmerkmale werden an Kinderdokumenten sichtbar:
Die beiden folgenden Kinderdokumente (2. Kl.) zeigen auf, dass in der Erprobung viele Strukturmerkmale entdeckt wurden, einige davon wurden sogar explizit formuliert. Die Vielfalt und die Individualität der Entdeckungen verdeutlichen, dass Muster und Strukturen nicht abzuarbeitender Lernstoff, sondern Lernhilfe und Ansporn sein können.
Am Beispiel der Lernumgebung «Summen mit vier Ziffernkarten» wird sichtbar, wie eine Fachstruktur Offenheit für unterschiedliche Suchrichtungen und Niveaus der Auseinandersetzung schafft. Wittmann bringt die Nutzung der Strukturen für das Lernen in der Mathematik folgendermassen auf den Punkt: *«Mathematische Muster dürfen nicht als etwas fest Gegebenes angesehen werden, das man nur betrachten und reproduzieren kann. Ganz im Gegenteil: Es gehört zu ihrem Wesen, dass man sie erforschen, fortsetzen, ausgestalten und selbst erzeugen kann. Der Umgang mit ihnen schliesst also Offenheit und spielerische Variationen konstitutiv ein. Den ‚streng' erscheinenden Regelsystemen der Mathematik wird dadurch die Schärfe genommen, sie lassen Raum für persönliche Sicht- und Ausdrucksweisen und werden zugänglich für die individuelle Bearbeitung. Gleichwohl werden Offenheit und Individualität durch Regeln gezügelt. Es handelt sich um eine Offenheit vom Fach aus.»* (Wittmann 1996; zitiert nach Wittmann 2003, S. 26).
Diese Öffnung des Unterrichts vom Fach her entspricht – wie eingangs erwähnt – nicht der Öffnung des Unterrichts als organisatorische Massnahme, sondern meint ein Ausschöpfen der pädagogischen Möglichkeiten, die der Mathematik innewohnen.

Zugänge für alle und Anforderungen für Leistungsstarke

Unsere Lernumgebungen sollten – nicht zuletzt dank der Strukturhilfen – über eine niedere Eingangsschwelle verfügen und allen Lernenden Zugang zu den ersten Aufgaben ermöglichen. Häufig können die Kinder handlungsmässig etwas ausführen (etwa in «Zahlen an der Stellentafel verändern») oder sie berechnen Ergebnisse von vorerst einfachen Rechnungen (z.B. in «Summen mit vier Ziffernkarten»), bevor sie sich mit den offensichtlich werdenden Strukturen beschäftigen. Entdeckungen sind auf dieser Grundlage auf verschiedenen Niveaus möglich. Da sich die Aufgabenstellungen

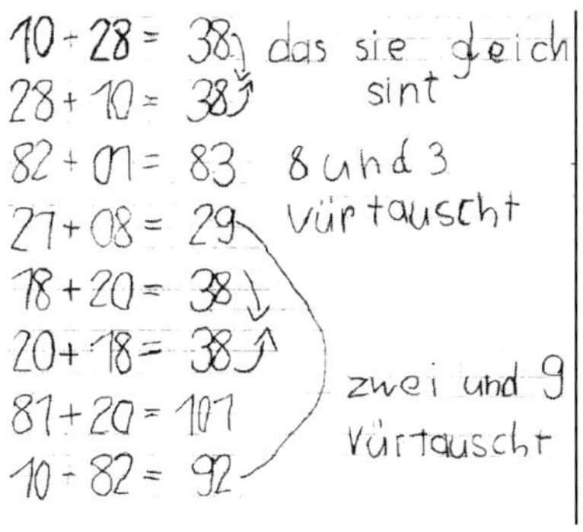

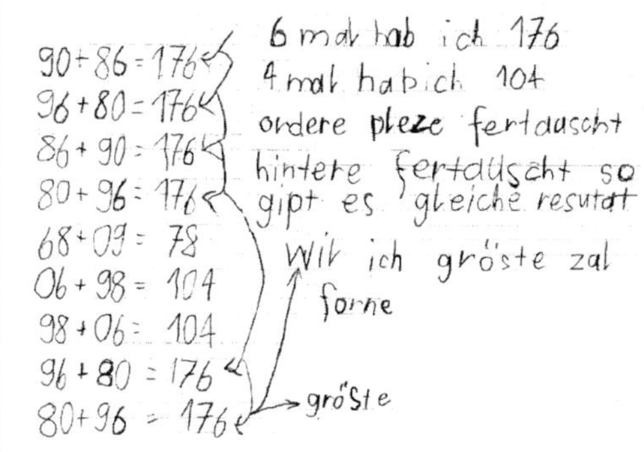

variieren und anreichern lassen, ist zudem immer genügend Übungsstoff vorhanden. Das kommt jenen Kindern entgegen, die gerne weitere gleichartige Aufgaben lösen. In jeder Lernumgebung hat es zudem weiterführende Aufgaben, die «Rampen» für Leistungsstarke anbieten. Diese sollen mit anspruchsvollen Aufgaben auf ihrem Niveau gefordert werden. In der Lernumgebung «Summen mit vier Ziffernkarten» bietet sich etwa die Auseinandersetzung mit folgenden Strukturmerkmalen an:

- Die verschiedenen Summen haben in der Regel die gleiche Quersumme.
- Die Differenz zweier Summen ist immer ein Vielfaches von 9.
- Die Quersumme der Summe ist gleich gross (oder um 9 kleiner) wie die Summe der vier Ziffern.

Produktives Üben

In den zwei Beispielen werden Strukturen genutzt, um von einem Ergebnis auf ein anderes zu schliessen und um selbst analoge Aufgaben bzw. Rechenpäckchen zu entwickeln. Die Strukturen erleichtern die Ergebniskontrolle und den Vergleich mit anderen Lernenden. Sie können lernschwachen und lernstarken Kindern gleichermassen Hilfe sein – den einen als Rechenhilfe, den anderen für das Erkunden und das Gewinnen von Einsichten. Im ungünstigen Falle tun einige Kinder nichts anderes als bei unstrukturierten formalen Übungen: Sie addieren und kontrollieren ihre Resultate. In der Regel erhöhen sie dadurch ihre Geläufigkeit bei der Ausführung der Rechenoperationen. Durch die Auseinandersetzung mit den Strukturen erlangen jedoch auch Kinder, die Strukturen nicht bewusst nutzen, oft unbewusst Einsichten in mathematische Zusammenhänge.

Strukturen sind das verbindende Element der Lernumgebungen in diesem Buch. Sie eröffnen verschiedene Zugänge, können verschieden dargestellt, genutzt und weiterentwickelt werden. Sie stellen die Kinder vor Entscheidungen und ermöglichen ihnen, auf ihrem Lernniveau zu arbeiten. Produktives Üben ist Üben auf der Grundlage von Strukturen. Lernen und Üben erfolgt innerhalb einer fachlichen Rahmung.

Diese Öffnung des Unterrichts vom Fach her zielt nicht auf eine Differenzierung, die von Lehrpersonen durch Bereitstellen passender Aufgaben organisiert wird. Sie nutzt die Möglichkeiten, die der Mathematik innewohnen, für einen Unterricht, der natürlich differenziert. Ein solcher Unterricht nutzt Heterogenität als Chance. Die vorliegenden Lernumgebungen sehen wir im Sinne von Wittmann (2003, S. 29f) als Instrumente für die Hand von Lehrpersonen zum Umgang mit Heterogenität: «*Angesichts der heutigen heterogenen Klassen ist eine pädagogische Besonderheit dieses Ansatzes (der Öffnung des Unterrichts vom Fach aus) von überragender Bedeutung: Die Beschäftigung mit Mustern ist immer auf verschiedenen Niveaus möglich. Muster ermöglichen daher gemeinsame Lernangebote, die von den Kindern nach ihren individuellen Möglichkeiten und Interessen wahrgenommen werden können. Schwächere Kinder können genauso aus dem Unterricht heraus gefördert werden wie leistungsstarke. Alle Kinder kommen zu ihrem Recht und auf ihre Kosten. Den Lehrerinnen und Lehrern eröffnen sich auf ihrer Ebene analoge Möglichkeiten für differenzierte Zugänge: Auch sie können die neuen Unterrichtsangebote nach den eigenen Voraussetzungen und Interessen wahrnehmen und sich im Laufe der Zeit intensiver einarbeiten. Wie die Erfahrungen zeigen, muss dabei oft erst eine gewisse Scheu vor dem ‚Neuen' überwunden und Vertrauen in die eigene Leistungsfähigkeit entwickelt werden. Wenn die Bereitschaft zur Veränderung mitgebracht wird, ist der Erfolg garantiert.*»

Die Merkmale strukturierter Lernumgebungen lassen sich so zusammenfassen:

- Die Lernumgebungen verfügen – nicht zuletzt dank Strukturhilfen – über eine niedere Einstiegsschwelle.
- Die Lernumgebungen lassen verschiedene Zugänge offen.
- Innerhalb einer Lernumgebung sind verschiedene (strukturelle) Entdeckungen auf verschiedenen Niveaus möglich.
- Die individuellen Denkwege der Kinder schaffen Diskussionsbedarf.
- Die Aufgabenstellungen lassen sich variieren und anreichern – für genügend Übungsstoff ist daher gesorgt.
- Kompetenzen und Defizite werden bei der Arbeit an Lernumgebungen offensichtlich.
- Die Lernumgebungen fördern Problemlösen, Darstellen und Begründen.

Erwähnte Literatur

Devlin, Keith (2002): *Muster der Mathematik.* Heidelberg: Spektrum Akademischer Verlag

Wittmann, E. Ch. (2003): Was ist Mathematik und welche pädagogische Bedeutung hat das wohlverstandene Fach auch für den Mathematikunterricht der Grundschule? In: Baum, M. & Wielpütz, H. (Hrsg.). *Mathematik in der Grundschule. Ein Arbeitsbuch.* Bad Heilbronn: Klinkhardt

Wittmann, E. Ch. (1996): *Offener Mathematikunterricht in der Grundschule – vom FACH aus.* Grundschulunterricht 43 (1996), H. 6, 3–7

UNTERRICHTEN MIT LERNUMGEBUNGEN: ERFAHRUNGEN AUS DER PRAXIS

Ester Dürrenberger und Salome Tschopp, Lupsingen (Basel-Landschaft)

Der Hintergrund unserer Erfahrungen

Seit längerer Zeit versuchen wir an unserer Schule den Unterricht methodisch so zu verändern, dass er den Unterschieden der Kinder im Lernen gerechter wird.
Mit der Beteiligung an dem vom Kanton Baselland unterstützten Projekt «Lernumgebungen für Rechenschwache bis Hochbegabte» bot sich uns die Möglichkeit, im Fach Mathematik als Team gemeinsame Erfahrungen zu machen. Nach einer umfassenden Einführung in die Grundideen und Unterrichtsmaterialien von «mathe 2000» war unser Schulteam zu einer dreijährigen Mitarbeit am Projekt «Lernumgebungen» bereit.

Das Mitentwickeln, Erproben und Auswerten von Lernumgebungen forderte ein Umdenken im Planen und Unterrichten von Mathematik, insbesondere im Hinblick auf Unterrichtsorganisation, Teamarbeit, Sozialformen, Darstellung, Korrekturen, Elternarbeit, Begleitung durch Experten, Beteiligung an der Lehrerinnen- und Lehrerweiterbildung.

Da auch wir Lernumgebungen anderer im Unterricht verwendet haben, standen wir vor den gleichen Fragen wie diejenigen Lehrpersonen, die neu mit dieser Herausforderung beginnen. Wir möchten deshalb gern einige Erfahrungen mitteilen, die hilfreich sein können.

Mit dem Zahlenbuch und mit Lernumgebungen unterrichten

Die Grundlage unseres Mathematikunterrichts bildet das «*Zahlenbuch*». Das Projekt «Lernumgebungen» ist ein Folgeprojekt von «mathe 2000», aus dem das «*Zahlenbuch*» hervorgegangen ist. Wir erachten es als Vorteil, dem eigenen Unterricht das «*Zahlenbuch*» zugrunde zu legen, weil dieses Lehrmittel und die Lernumgebungen die gleiche Philosophie und die gleichen didaktischen Grundprinzipien verfolgen.

Wir unterscheiden im Hinblick auf den Unterricht mit dem Schulbuch drei Typen von Lernumgebungen:

1. Lernumgebungen, die an ein Thema im «*Zahlenbuch*» *anschliessen* und ein eigenes Erkundungsfeld bereitstellen (Beispiel: «Zahlen an der Stellentafel bilden»).
2. Lernumgebungen, die Aufgaben aus dem «*Zahlenbuch*» *ersetzen* bzw. so verändern, dass Spielräume für vielfältige Auseinandersetzung entstehen (Beispiel: «Spiegeln von Plättchen»).
3. Lernumgebungen *ohne* direkten Bezug zum Schulbuch. Sie enthalten neuartige Aufgabenstellungen, die in der Art im «*Zahlenbuch*» nicht vorkommen (Beispiel: «Lieblingszahlen»).

Das *Zahlenbuch* selbst ist so gestaltet, dass viele Themen auf einer Doppelseite bearbeitet und zu einem späteren Zeitpunkt vertieft werden. Die Themen werden in den folgenden Schuljahren entsprechend dem Stand der Kinder wieder aufgegriffen und weitergeführt. Oft reicht die Bearbeitung der Hälfte der Aufgaben einer Doppelseite zum Erreichen der Lernziele, und die weiteren Aufgaben dienen bereits der Individualisierung. Eine Lernumgebung tritt dann häufig an die Stelle der letzteren und ermöglicht eine noch wirksamere Differenzierung.
Wer mit Lernumgebungen arbeitet, kann Teile des Schulbuches weglassen. Es empfiehlt sich, die Eltern darüber zu informieren. Gerade in den ersten zwei Schuljahren, während derer die Kinder ins Schulbuch schreiben, ist ersichtlich, was bearbeitet wurde und was nicht. Und es stört manche Eltern, wenn Aufgaben unbearbeitet bleiben. Wir empfehlen dennoch den Mut zur Lücke.

Lernumgebungen einführen und inszenieren

Die Einführung einer Lernumgebung erfordert Sorgfalt und Zeit. Für manche Kinder braucht es eine, selten sogar zwei Lektionen, bis auch sie verstanden haben, worum es geht. Jedes Kind soll nach der Einführung selbstständig arbeiten können.

Der Einstieg muss allen Kindern der Klasse gelingen, auch den langsamsten unter ihnen. Während der Einstiegsphase sollen sich die Kinder immer wieder im Kreis austauschen und gegenseitig anregen dürfen, bevor ihre Erkundungen zu weit auseinander driften.

Eine Lernumgebung zeichnet sich dadurch aus, dass das Arbeitsfeld wirklich offen steht. Während die einen bald Muster finden und Strukturen erforschen, sind andere noch mit dem Berechnen und Suchen von Beispielen beschäftigt, ohne dass sich ihnen bereits Gesetzmässigkeiten zeigen. Das ist in Ordnung so; letztere sind im Hinblick auf die Lernziele auch übend tätig und kommen voran.

Begleiten, beraten, helfen

Da die Kinder schon nach wenigen Augenblicken individuelle Wege gehen, bleibt der Lehrperson kaum Zeit für Nacherklärungen. Sie wird vielmehr gebraucht als Beraterin und Unterstützerin im forschenden Denken der Kinder. Vor allem in der Phase des Ausformulierens sind die Kinder auf viel Hilfe angewiesen. Es ist eine echte Herausforderung für Schulkinder, mathematische Inhalte und Vorgänge mit ihrem bisherigen Wortschatz zu beschreiben!

Eine weitere wichtige Aufgabe der Lehrperson ist die Wahrung des Überblicks. Während der Bearbeitung von Lernumgebungen stossen die Kinder immer wieder an ihre Grenzen. Da entdeckendes und erforschendes Lernen sehr motivierend ist, halten die Kinder diese kleinen Durchhänger fast nicht aus. Hier muss die Lehrperson eingreifen, damit aus dem Durchhängen kein Abhängen wird. Es empfiehlt sich, Kinder, die an ähnlichen Problemen hängen bleiben, zusammenzuführen. So entstehen die unterschiedlichsten, an die jeweilige Lernsituation angepassten, Sozialformen.

Austauschen, auswerten, präsentieren

Das Austauschen oder Zusammentragen von ersten Ergebnissen kann bereits in der *Einführungsphase* sinnvoll sein: Es ist Anlass zur Selbstkontrolle und regt das eigene Erkunden an. Es kann sich auch positiv auf die Darstellung auswirken.

In der *Übungs- oder Forschungsphase,* also während der eigentlichen kreativen Arbeit, kann ein Austausch in Gruppen oder in der Klasse der Klärung beschrittener Wege und der Einsichtnahme in verschiedene Lösungsstrategien dienen.

Zum *Abschluss* einer Lernumgebung bieten sich ganz verschiedene Formen des Austauschens, Auswertens oder Präsentierens an: Kinder des ersten Schuljahres haben operative Aufgabenpäcklein anhand der Plustafel entwickelt und einander gestellt, sie gelöst und gemeinsam kontrolliert. Kinder des zweiten bis vierten Schuljahres haben im Anschluss an Erkundungen von Zahlen in Zahlentafeln Steckbriefe für ausgewählte Zahlen, so genannte Zahlenrätsel mit Lösungsschlüssel erfunden und ausgetauscht. In der fünften Klasse zeichneten sich die Kinder gegenseitig Folgen von Körpern aus Würfeln, die zu Zahlenfolgen führten. Wo ein Vorstellen in der Klasse vorgesehen ist, können Schülerinnen und Schüler sich zunächst in Gruppen austauschen und anschliessend ein Ergebnisplakat für die Präsentation in der Klasse gestalten.
Bei solchen Präsentationen wird für die Kinder unterschiedliches Leistungsvermögen gut sichtbar. Die Kinder konnten gut damit umgehen, weil ihnen durch die eigene aktive Denkarbeit ein anderer Zugang zur gestellten Aufgabe und auch zu den möglichen Resultaten anderer offen stand. Unterschiedliche Leistungsniveaus wirkten sich eher befruchtend aus, lösten Staunen und in einzelnen Fällen auch Bewunderung aus.

So setzten sich im ersten Halbjahr der zweiten Klasse die Kinder mit der Lernumgebung «Zahlen abbauen» zum Festigen und Üben der Subtraktion im Hunderterraum auseinander. Es ging um die Frage, von welchen Zahlen aus man durch Subtraktion aufeinander folgender Zahlen schliesslich zum Ergebnis Null kommt, wenn man immer mit derselben Zahl,

z.B. – 4 beginnt	15 – 4 = 11
und dann – 5 rechnet	11 – 5 = 6
und dann – 6 etc.	6 – 6 = 0

Eine von zwei Lösungen (Start mit minus 6) sah wie folgt aus (Anmerkung: Wir hatten bis jetzt diese Darstellungsform noch nie im Unterricht verwendet!):

6	13	21	30	40	51	63	76
6	7	8	9	10	11	12	13

In der zweiten Darstellung hiess es:

Ich muss einfach immer 4+5+6+7+8......zusammen-zählen, um nachher wieder abzuzählen.

Gemeint ist damit Folgendes: Wenn man + 4 + 5 + 6 + 7 + 8 + 9 ... rechnet, bekommt man die Zahlen, die sich (Start mit minus 4) auf Null abbauen lassen. Da jedes Kind versucht hatte, Zahlen zu finden, die sich auf diese Weise auf Null abbauen lassen und auch die eine oder andere Lösung gefunden hatten, konnten sie auch die beiden Darstellungen verstehen.

Bedeutung der Lernumgebungen in unserem Unterricht

Bei der Arbeit mit Lernumgebungen überwiegen die Vorteile gegenüber den Nachteilen ganz klar. Durchschnittlich führten wir alle zwei bis drei Wochen eine Lernumgebung durch, was sowohl die Motivation der Kinder aufrecht als auch den Aufwand für die Lehrperson in Grenzen hält.

Einige Vorteile

– Für begabte und/oder schnelle Kinder

muss kein zusätzliches Arbeitsmaterial bereitgestellt werden. Durch die in den Aufgaben gestellten «Rampen» haben sie genügend Arbeit und genügend Herausforderung. Es kam sogar vor, dass begabte Kinder in der Freizeit weiterforschten.

- Lernumgebungen wirken im Unterricht ausgleichend, d. h. alle arbeiten gleichzeitig am selben Thema. Dies motiviert auch langsame und rechenschwache Kinder.

- Durch das individuelle Bearbeiten lernen wir neue Denk- und Arbeitsweisen der Kinder kennen. Es kommt auch immer wieder vor, dass vermeintlich rechenschwache Kinder erstaunliche Lösungen präsentieren.

- Die Arbeit mit Lernumgebungen fördert nicht nur mathematisches Denken, sondern auch die Kreativität, z.B. in der unterschiedlichen Darstellung sowie das soziale Lernen im vermehrten Austausch in Gross- und Kleingruppen.

Folgende Stolpersteine sind zu beachten

- Kinder, die Mathematik hauptsächlich mit Fleiss bewältigen, sind anfangs oft überfordert.

- Die Lehrperson muss sich vermehrt mit mathematischen Hintergründen auseinander setzen.
- Die herkömmlich stereotype Korrekturarbeit im Fach Mathematik entfällt. Vielleicht finden sich neue Wege der Rückmeldung/Beurteilung. Nicht hinter jeder einzelnen Rechnung muss eine Korrektur stehen und nicht alle Fehler müssen verbessert werden, wenn klar ist, dass die Denkwege verstanden worden sind.

- Einzelne Lernumgebungen sind so komplex, dass deren Bearbeitung nur im Halbklassenunterricht möglich ist.

Zusammenfassend möchten wir festhalten, dass die Lernumgebungen ein für uns nicht mehr wegzudenkender Bestandteil des individuellen Lernens und eine alle Kinder integrierende Form des Umgangs mit Heterogenität darstellen.

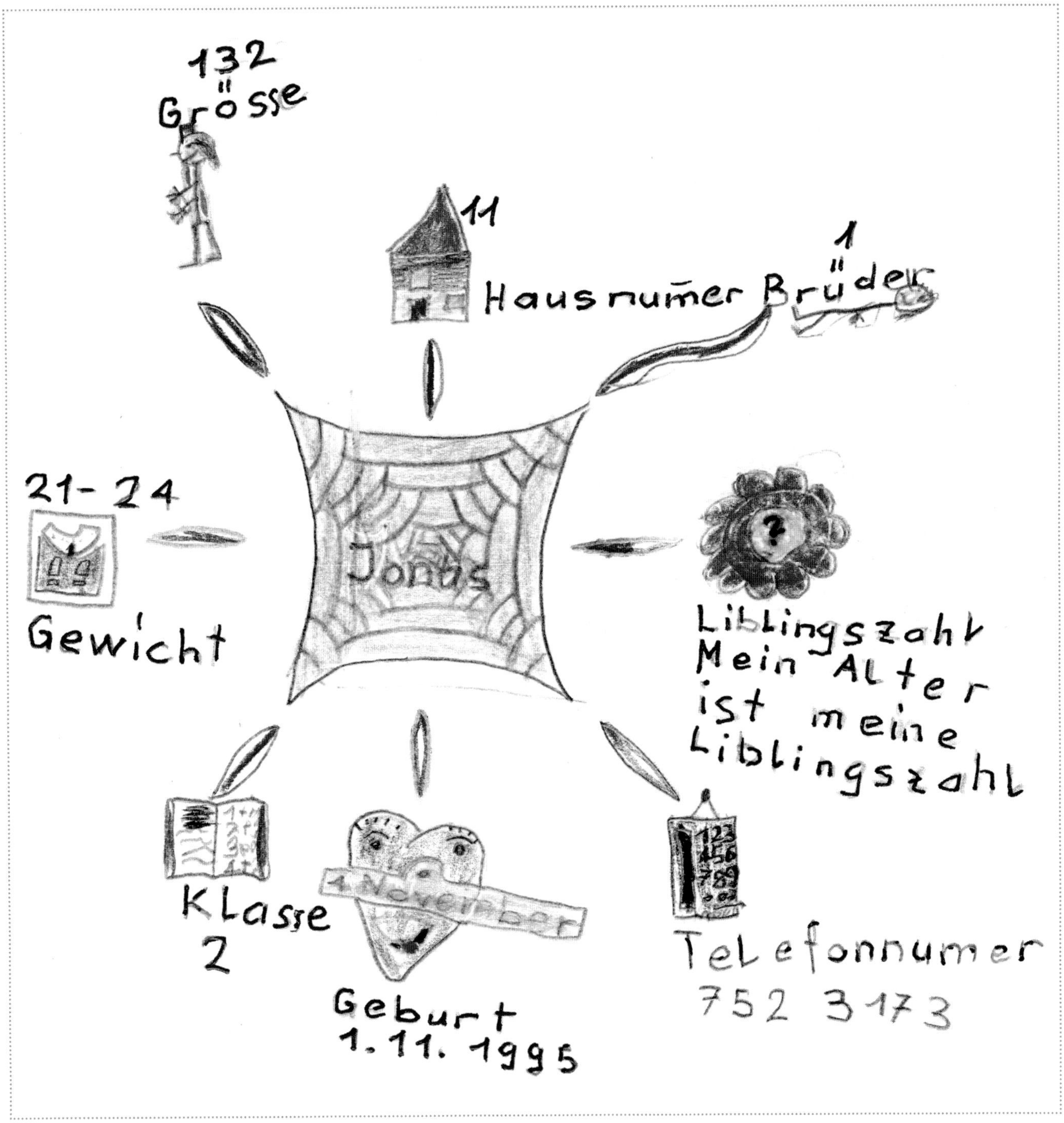
132
Grösse
11
Hausnumer
1
Brüder
21- 24
Gewicht
Jonas
Liblingszahl
Mein Alter
ist meine
Liblingszahl
Klasse
2
1 November
Geburt
1. 11. 1995
Telefonnumer
752 3173

AUF EINEN BLICK: ANZAHLEN GLIEDERN

Thema: Anzahlen gliedern und strukturiert erfassen
Stufe: 1. Klasse
Material: Legeplättchen, Spielplan (KV 1, auf A3 vergrössern)
Zeitbedarf: 1 bis 2 Lektionen
Bearbeitung: N. Bontognali, A. Brugger, A. Baumann, B. Welsche, E. Hengartner

Aufgabe

Anzahlen gliedern und erfassen

Man kann eine Anzahl Plättchen verschieden legen: 8 Plättchen zum Beispiel wie zweimal 4 Würfelaugen oder wie im Zwanzigerfeld als 5 und 3.

Die Kinder sollen selber Zahlen auswählen und entsprechend viele Plättchen nehmen. Man kann an der Wandtafel Zahlen vorgeben, zum Beispiel:
4, 5, 6, 7, 8, 9, 10, 11, 12, 13, 14, 15, 16, 18, 20, 22, 24, 25, 26, 32, 35, 37, 40 und 50

Auftrag
Wähle Zahlen aus und nimm so viele Plättchen. Lege die Plättchen so vor dich hin, dass man *auf einen Blick* sieht, wie viele es sind. Zeichne dann die Plättchen auf dein Blatt und notiere die Zahl dazu. Probiere das mit kleineren und grösseren Anzahlen.

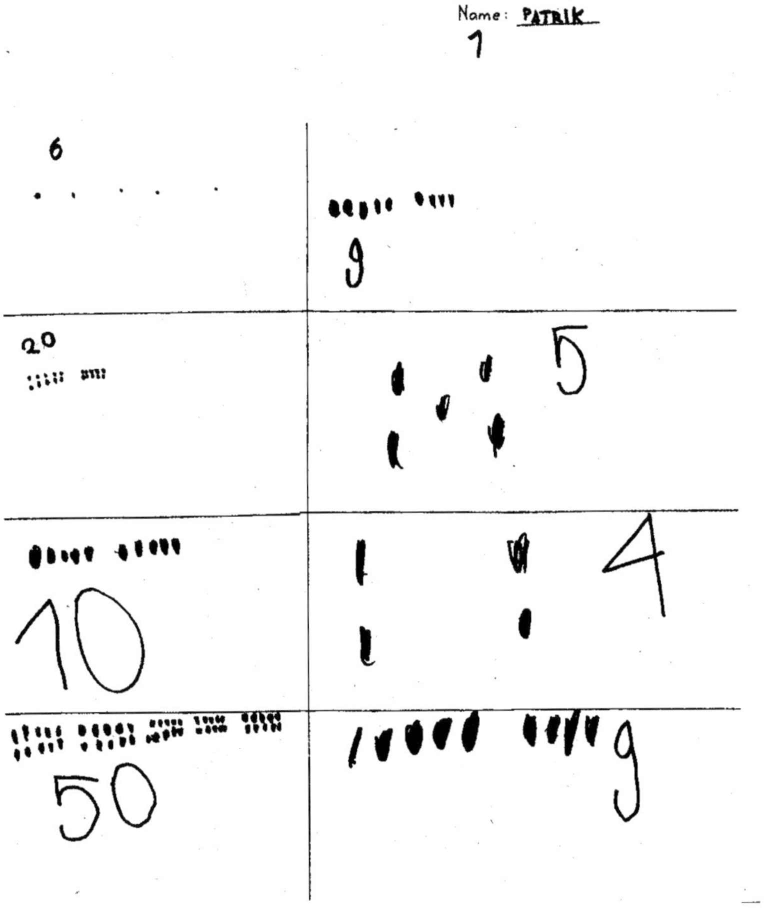

Worum geht es?

Beim Spiegeln mit Plättchen ist uns aufgefallen, das die Kinder – die langsameren wie die schnelleren – die Anzahl Plättchen vor und im Spiegel immer abzählten. Sie haben nur gezählt, anstatt zu verdoppeln. Wir wussten, dass die Kinder mit dem Zwanzigerfeld arbeiten und dazu angehalten werden, die 5er-Päckchen mit einem Blick zu erfassen. So kam uns die Idee, eine Übung zu gestalten, bei der sie Legeplättchen so hinlegen müssen, dass sie auf einen Blick bestimmen können, wie viele es sind. In klinischen Interviews erfuhren wir von den Kindern, dass viele auch grössere Zahlen gegliedert darzustellen vermochten.

Diese recht einfach erscheinende Übung kann helfen, mentale Bilder von Anzahlen aufzubauen. Gerade wenn die Kinder angehalten werden, nach verschiedenen Lösungen zu suchen, entstehen reichhaltigere Bilder, in denen sich vielfältige Zahlbeziehungen ausdrücken. Diese Übung kann auch das Erfassen multiplikativer Beziehungen fördern.

Wie kann man vorgehen?

Wir haben diese Lernumgebung mit der ganzen Klasse ausprobiert. Ein Beispiel an der Wandtafel diente als Einführung: Wir hefteten acht Magnete verstreut an die Tafel und fragten, wie viele es sind. Dann fragten wir die Kinder, ob sie die Magnete auch so legen können, dass man auf einen Blick erkennt, wie viele es sind. Schnellere wie Langsamere machten Vorschläge: 5 plus 3 linear angeordnet, 4 und 4 linear oder als zweimal vier Würfelaugen.

Danach gaben wir den Schülerinnen und Schülern ein Arbeitsblatt und erklärten ihnen die Aufgabe: «An der Tafel hat es verschiedene Zahlen von 4 bis 50. Versucht nun Anzahlen von Plättchen, die ihr wählt, so hinzulegen, dass man die Anzahl auf einen Blick erfassen kann. Wenn ihr eine gute Lösung gefunden habt, schreibt ihr die Zahl in ein Feld und zeichnet daneben die Plättchen in der gewählten Ordnung ab.»

Wir befürchteten zuerst, die Kinder könnten Mühe haben, die geordneten Plättchen genau in ihrer Position abzuzeichnen. Zu unserem Erstaunen stellten wir aber fest, dass selbst die Schwächeren keine Schwierigkeiten damit hatten. Es war schön zu beobachten, wie die Kinder mit Freude auch grössere Zahlen darstellten.

Spielplan: Taler sammeln

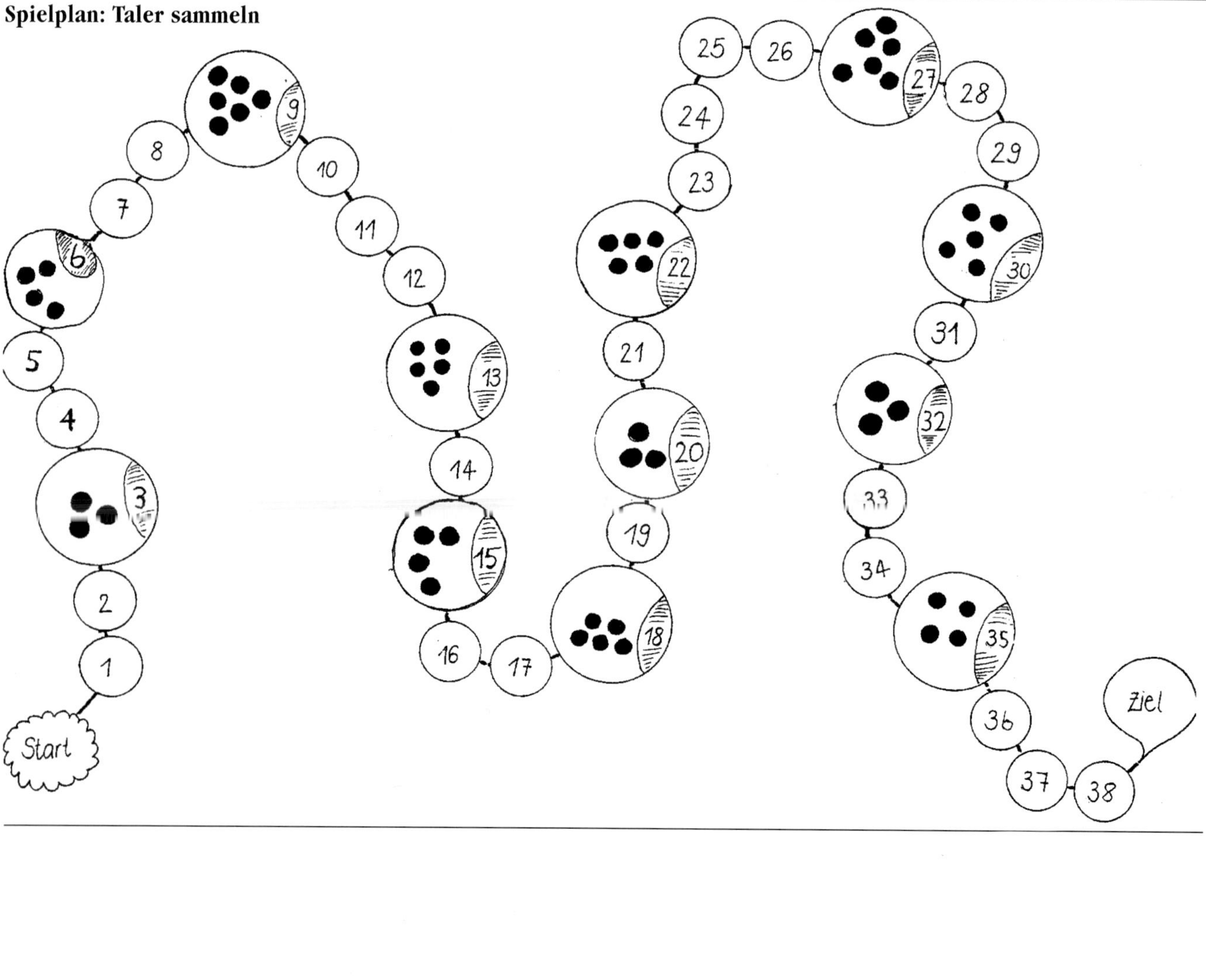

Als Übungsvariante oder als Weiterführung eignet sich das folgende (im Layout etwas abgeänderte) Spiel von Elisabeth Moser-Opitz (Moser-Opitz 2000, S.127):
Der Spielplan stellt die Zahlenreihe dar. Auf einzelnen Feldern sind Goldtaler abgebildet, die es zu gewinnen gilt. Alle während des Spiels gewonnenen Taler müssen die Spielpartner-/innen laufend so an- und umordnen, dass man die Anzahlen auf einen Blick erfassen und vergleichen kann, wer mehr oder weniger hat.

Spielanweisung
«Ihr setzt euren Spielstein auf das Startfeld. Dann würfelt ihr abwechslungsweise oder reihum und fahrt mit dem Spielstein nach Anzahl der Würfelaugen vorwärts. Kommt ihr auf ein Feld mit gezeichneten Goldtalern, dürft ihr so viele Münzen aus der Schachtel nehmen, wie gezeichnet sind. Alle gewonnenen Münzen müsst ihr immer so vor euch hinlegen, dass alle auf einen Blick sehen, wie viele Taler jeder bereits gewonnen hat. Sieger ist, wer am Ziel die meisten Goldtaler besitzt.»

Dokumente aus der Erprobung

Dieses Dokument stammt von einer eher schwachen Rechnerin; ihre Leistung erstaunte uns ganz besonders. Sie hielt sich strikt an das Muster des Zwanzigerfeldes. Sie wollte am Anfang gleich die 50 darstellen, wusste aber nicht recht wie. Wir forderten sie auf, zuerst einfachere Zahlen darzustellen, dann werde sie auch eine Lösung für 50 finden. Und tatsächlich, am Schluss konnte sie die 50 ganz alleine darstellen. Dies zeigte uns, wie hilfreich das Zwanzigerfeld für die Vorstellungsbildung ist.

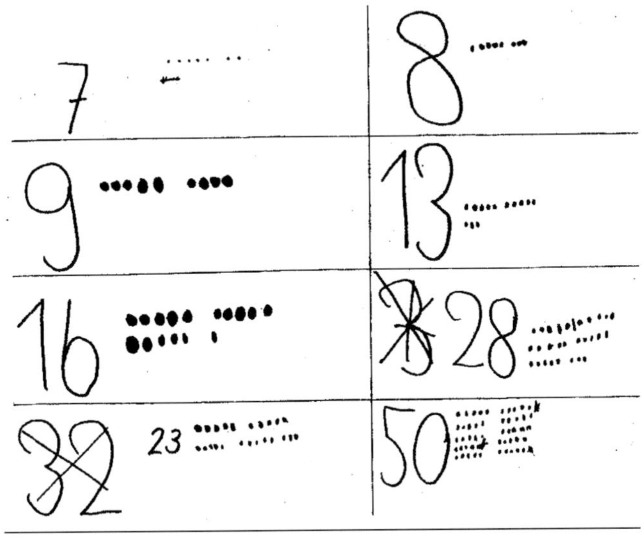

Bei *Nora* ist schön zu erkennen, wie sie bereits mit multiplikativen Feldern arbeitet:

$10 \cdot 5 = 50$	$8 \cdot 5 + 4 = 44$
$4 \cdot 3 = 12$	$4 \cdot 4 + 4 = 22$
$3 \cdot 5 = 15$	$2 \cdot 5 + 4 = 14$
$2 \cdot 5 + 1 = 11$	$2 \cdot 5 + 2 = 12$

Uns erstaunte, dass sie nicht alle Zahlen in 5er-Päckchen darstellt. So führt sie die Zahlen 12 und 22 auf 4er-Felder zurück.

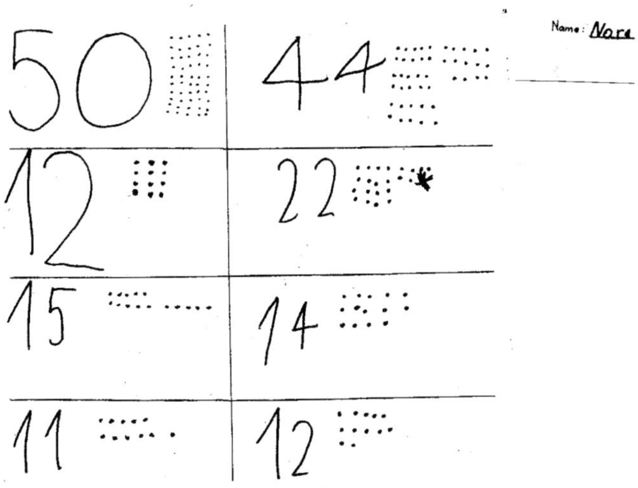

Ausschnitt aus einem klinischen Interview

Der folgende Ausschnitt stammt aus einem Interview mit einer starken Rechnerin (L: Lehrperson, S: Schülerin). Sequenz: Die Schülerin legt Anzahlen von Plättchen.

Die Schülerin hat bis dahin vier, fünf, sechs und sieben Plättchen gelegt.

L: Und bei acht?
S: *(legt so)*

L: Sehr schön. Was hast du gemacht?
S: 2 mal 4 gibt 8.
L: Und bei neun Batzen?
S: *(legt so)*

L: Mmh. Zehn Batzen?
S: *(legt so)*

L: Mmh. Was hast du überlegt?
S: Das da sind 5, da 5 *(zeigt auf die obere Fünferreihe)* und da auch 5 *(unverständlich)*. 5 und 5 sind 10.

L: Sehr gut. Und bei 15 Batzen, wie würde denn das aussehen?
S: *(legt so)*

L: Was hast du gedacht?
S: 3 mal 5 gibt 15.
L: Ja, das stimmt.
Und wie sieht es bei 50 Franken aus?

S: *(nimmt immer zwei Batzen und zählt laut in 2er-Schritten. Sie legt ein Quadrat mit 7 mal 7 Batzen und einer bleibt übrig; ca. 2 min)*
Auf die Frage, ob man die 50 auf einen Blick sehe, verneint sie, überlegt, zählt mit den Fingern und bildet dann 5 10er-Gruppen.

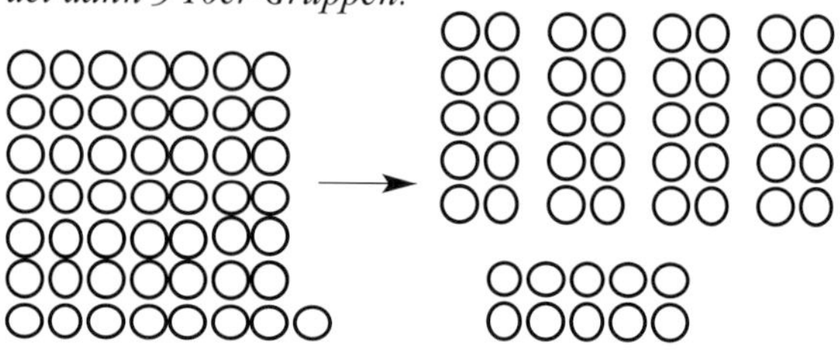

Wie könnte es weitergehen?

Wir haben uns überlegt, dass es interessant wäre, die verschiedenen Gliederungsideen mit den Kindern zu betrachten und zu besprechen – nicht wertend, sondern entdeckend. Für diese Übung sollen alle nochmals die gleichen Zahlen darstellen. Wir haben bewusst Zahlen ausgewählt, zu denen es ganz unterschiedliche Lösungen geben kann:

12 18 24 32 48

Beim Austauschen und Vergleichen werden die Zahlbeziehungen ausdrücklich genannt: «12 stelle ich als zwei Fünfer plus zwei dar». «Du hast 3 mal 4 gelegt.» «Lea hat wie mit Würfeln zwei Sechser gezeichnet.»
Man kann mit den Kindern auch Situationen aus ihrer Lebenswelt oder Bilder aus der Umwelt betrachten, bei denen strukturierte Darstellungen von Anzahlen erscheinen: Fenster an Häuserfronten, Lampenanordnungen, Parkplätze, Verpackungen und anderes mehr. Solche Übungen sind bereits eine Vorbereitung für das kleine Einmaleins und die Erarbeitung des Hunderterraums.

RECHNUNGEN ZU LIEBLINGSZAHLEN SCHREIBEN

Thema: Zahlen verschieden darstellen und in Zahlenhäusern Rechnungen dazu schreiben
Stufe: 1. Klasse
Material: Zahlenkarten 1 bis 20, Legematerialien wie z. B. Wendplättchen, Knöpfe, Würfel, Zündhölzer
Zeitbedarf: 1 bis 2 Lektionen
Bearbeitung: S. Tschopp, I. Frey, E. Hengartner

Aufgabe

a) Wähle zwei Zahlen, die dir gefallen – eine kleinere und eine grössere. Stelle sie auf unterschiedliche Weise dar.

Beispiel:

b) Schreibe deine Zahlen oben in zwei Zahlenhäuser: Notiere dazu Rechnungen, in jedes Stockwerk eine andere. Es können einfache und schwierige Rechnungen sein – auch Minusrechnungen.

Worum geht es?

Strukturierte Zahldarstellung
Die Kinder sollen zu selbst gewählten Zahlen verschiedene Darstellungen finden, wobei man ihnen Materialien wie Legeplättchen, Knöpfe, Würfel, Zündhölzer usw. anbieten kann. Es geht darum, die gewählten *Anzahlen möglichst übersichtlich* mit Materialien und Zeichnungen darzustellen (zum Beispiel linear mit Legeplättchen oder mit Zündhölzern nach Art von Strichlisten oder mit Knöpfen nach Art der Würfelaugen usw.). Ziel der Aufgabe ist auch eine Koordination unterschiedlicher Darstellungsweisen, wobei persönliche Vorstellungsbilder im Zentrum stehen.

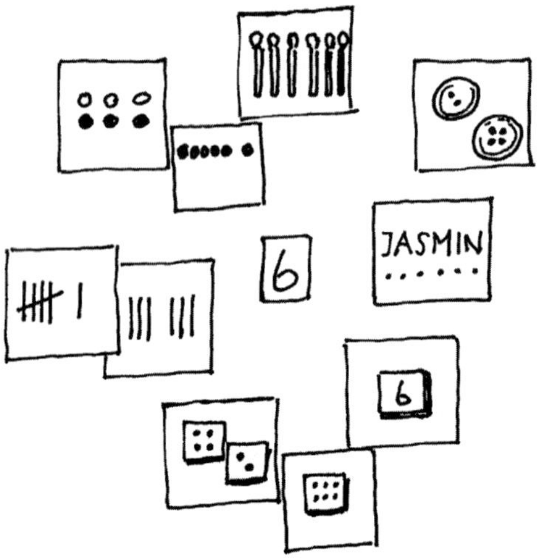

Zahlenhäuser
Zahlenhäuser ermöglichen das Zerlegen der gewählten Zahlen auf unterschiedliche Arten:

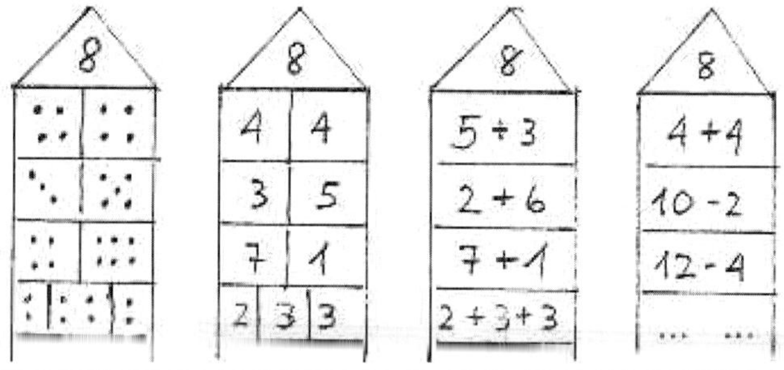

Die verschiedenen Darstellungsweisen entsprechen unterschiedlichen Niveaus (von der Protokollierung von Legehandlungen bis hin zur symbolischen Darstellung).
Zweitens öffnen Zahlenhäuser ein freies Spielfeld für eigene Versuche, wie die Schülerdokumente belegen. Und drittens kommt hier erstmals ein Übungsformat zur Geltung, das in verschiedenen inhaltlichen Zusammenhängen während der gesamten Primarschulzeit wieder verwendet wird.

Wie kann man vorgehen?

Protokoll einer Unterrichtsstunde. Voraussetzung: Die Kinder hatten bereits geübt, Zahlen auf verschiedene Arten darzustellen – auch so, dass man auf einen Blick sehen kann, wie viele es sind.

Die Lehrerin zeichnet zu Beginn der Stunde eine grosse Sonne mit Strahlen an die Wandtafel. Sie fragt ein Kind, *Tamara,* nach einer Zahl, die sie besonders mag. Tamara nennt die 9. Die 9 wird in die Mitte der Sonne geschrieben. Nun erhalten alle kleine Zettel. Darauf sollen sie die Zahl 9 auf verschiedene Weise darstellen. Im Halbkreis werden die Lösungen der Kinder betrachtet: Strichlisten, Kringel, «nöin» als Zahlwort, gezeichnete Gegenstände, eine Lok mit Nummer 9 usw. Vergleichbare Darstellungen werden mit Magnetknöpfen zwischen die Strahlen der Sonne geheftet.

Die Kinder erhalten nun A4-Blätter. Sie sollen eine kleine Sonne für eine kleinere und eine grosse Sonne für eine grössere Lieblingszahl zeichnen. Zwischen die Strahlen der Sonnen zeichnen sie verschiedene Darstellungen für die beiden gewählten Zahlen. Sie bestimmen selbst, wie oft sie die Zahl darstellen wollen, indem sie mehr oder weniger Strahlen zeichnen. Einzelne Kinder brauchen die ganze Stunde. Andere beginnen noch mit den Zahlenhäusern zu ihren Zahlen. Dafür brauchen sie ein neues Blatt. Die Grösse der Häuser ist nicht vorgegeben. So ist dem Ideenreichtum der Kinder auch hier keine äussere Grenze gesetzt. Die Zahlenhäuser waren den Kindern bereits vertraut. (Zwischendurch bewegen sich die Kinder: Sie gehen so viele Male um ihren Stuhl herum, wie eine ihrer Lieblingszahlen angibt.) Die Aufgabe mit den Zahlenhäusern kann man auch erst in einer folgenden Stunde stellen.

Variante mit grösserer Lenkung
Man kann den Kindern mittels bereitgestellter Materialien Anregungen vermitteln, wie man eine bestimmte Zahl auf verschiedene Weise darstellen kann (mit Legeplättchen an der Zahlenreihe oder am Zwanzigerfeld, mit Zündhölzern nach Art von Strichlisten, mit Würfelbildern usw.). Man soll die Kinder nach weiteren Möglichkeiten fragen und sie im Anschluss urteilen lassen: «Wo sieht man am besten auf einen Blick, wie viele es sind?» Die Antwort wird von Kind zu Kind verschieden sein.

Zu einer gemeinsamen Zahl kann man nun auch die Zahlenhäuser einführen (evtl. in einer nächsten Stunde). Dabei sollen alle oben angedeuteten Notationsmöglichkeiten zum selben Beispiel verwendet und den Kindern zur Wahl angeboten werden.
Anschliessend versuchen die Kinder einzeln verschiedene Darstellungen einer kleineren und einer grösseren Lieblingszahl, zeichnen diese auf das Blatt und bauen sodann Zahlenhäuser.

Zusatzanforderung für Schnelle
Wer bringt es zu einer bestimmten Zahl (zum Beispiel zu 12) auf 10, 15 oder gar 20 Stockwerke (wobei natürlich auch Minusaufgaben möglich sind)?

Dokumente aus der Erprobung

Céline wählt zuerst die 8. Ihre vier Darstellungen sind Strichliste, Gruppierung wie im 20er-Feld und Gliederung in Zweierschritten. Strichliste und Zweier-Gruppierung gebraucht sie auch für die 15. Zahlenhäuser fehlen noch.

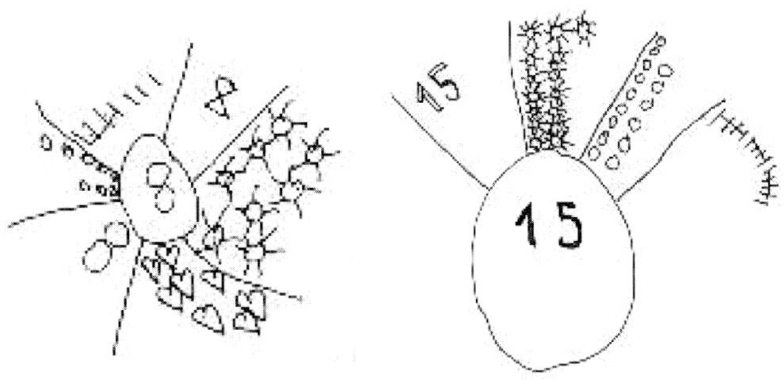

Janine verwendet für die 6 ihren eigenen Namen, dazu Würfelbild, Strichliste und vor allem Fünfer-Gruppierungen.
Die Fünfer-Gruppierung braucht sie auch mehrmals für die grössere Zahl 16, dazu Strichliste und ungeordnete Punkte. Vier Darstellungen gewinnt Janine, indem sie von 16 in Zehnerschritten vorwärts und rückwärts geht: 16, 26, 36, 46 und 6. Zahlenhäuser fehlen noch.

Nife hat für die Zahldarstellung die 2 und die 14 gewählt. Die 2 stellt sie durchwegs durch zweistellige Zahlen mit gleichen Ziffern dar. Und bei der 14 dominieren Darstellungen in Zweier-Grüppchen.

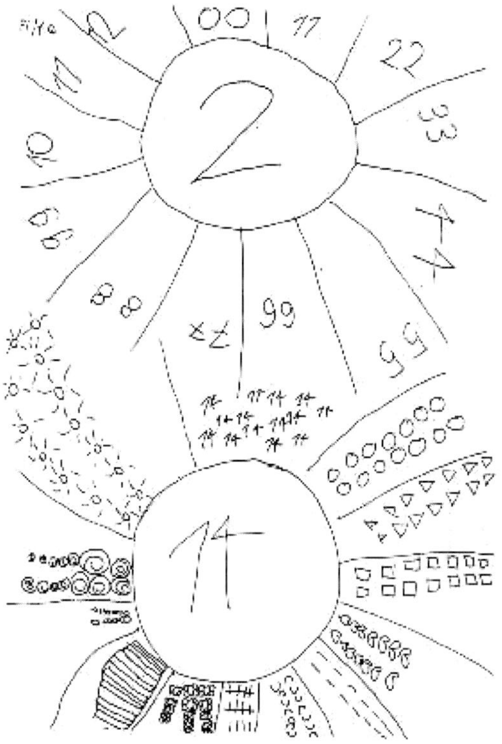

Bei den Zahlenmauern übernimmt *Nife* die 14 und wählt für das zweite Haus die 20 anstelle der 14. Auffallend ist die Systematik der Aufgaben in beiden Zahlenhäusern: Der eine Summand nimmt von Aufgabe zu Aufgabe um eins zu, der andere um eins ab.

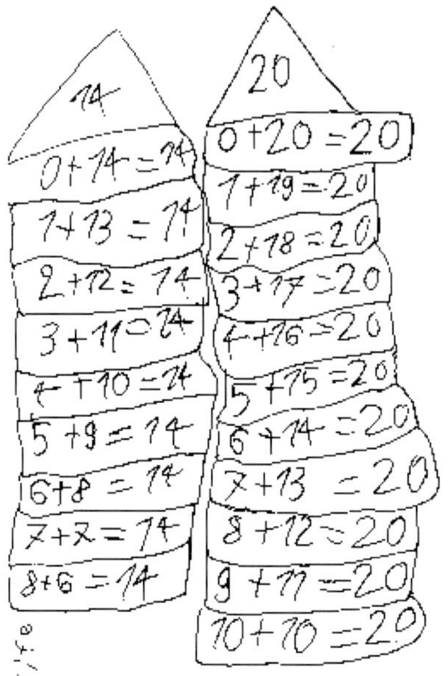

Cordula (siehe Beispiel S. 31) zeigt eine grosse Vielfalt recht unterschiedlicher Darstellungen. Und ihre Zahlenhäuser enthalten auch Subtraktionsaufgaben.

Noch ein Dokument einer Schulanfängerin

Im ersten Zahlenhaus verwendet sie Punktmuster. Dabei erweitert sie die Darstellung mit Würfelaugen bis zu neun Punkten.
Zwei weitere Zahlenhäuser mit Zahlen enthalten zwar noch spiegelverkehrte Ziffern, aber durchwegs korrekte Zerlegungen der Zahlen 10 und 20 in einer systematischen Abfolge.

SPIEGLEIN, SPIEGLEIN IN DER HAND

Thema:	Anzahlen verdoppeln, vervielfachen
Stufe:	1. Klasse
Material:	ein (evtl. zwei) Spiegel je Kind, Legeplättchen, Würfel, Dominosteine
Zeitbedarf:	2 Lektionen
Bearbeitung:	S. Tschopp, I. Frey, B. Welsche, A. Murmann, E. Hengartner

Aufgabe

Verdoppeln mit einem Spiegel – Vervielfachen mit zwei Spiegeln

Legt Plättchen vor den Spiegel.
Wie viele ihr legt, könnt ihr selber wählen.
Legt sie so, dass ihr *auf einen Blick* seht, wie viele es sind.
Nennt die Anzahlen vor dem Spiegel, im Spiegel und zusammen.

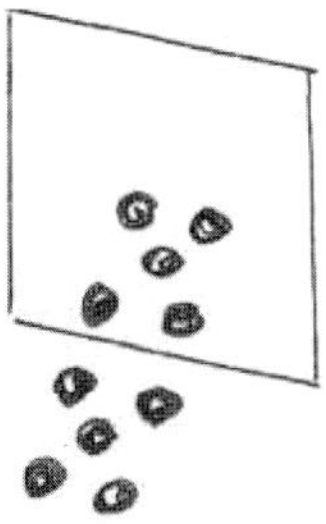

Notiert, was ihr seht – mit Zeichnung und Zahlen oder nur mit Zahlen.

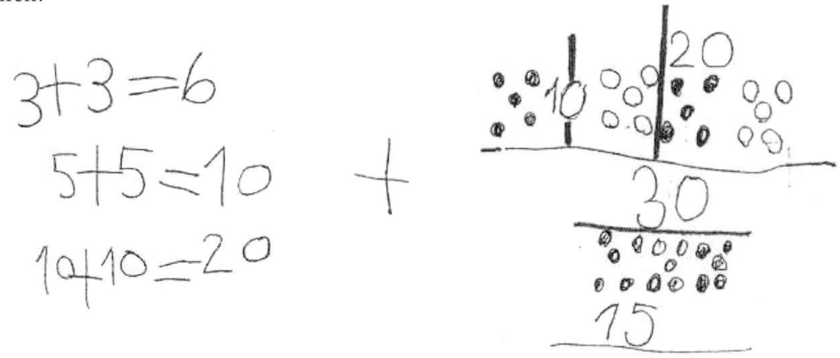

Ihr könnt auch zwei Spiegel nehmen: Was ihr vor die Spiegel legt, seht ihr nun mehrfach – zusammen dreimal oder sogar fünfmal.

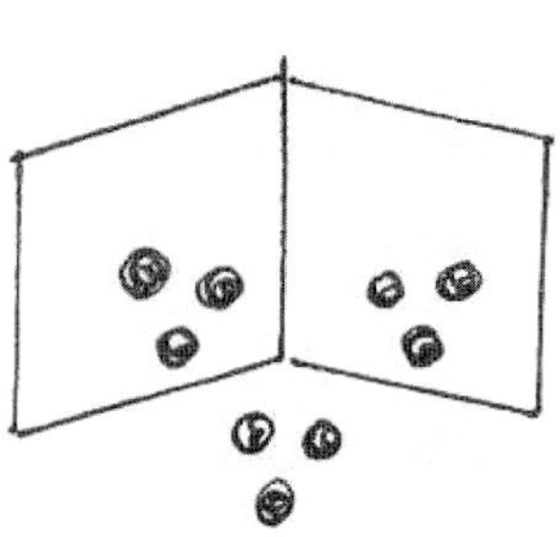

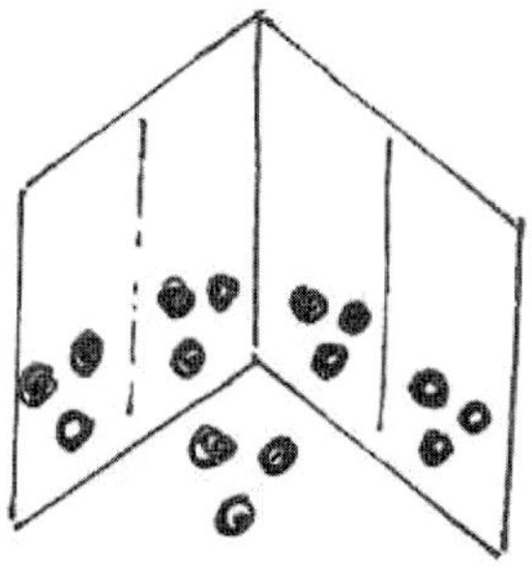

Ihr könnt auch ohne Spiegel Aufgaben rechnen und aufschreiben – einfache und schwierige Beispiele.

Worum geht es?

Verdoppeln ist für viele Kinder ein von ihnen bevorzugter Zugang zu den Zahlen. Die Verdoppelungsaufgaben gehören zu den Kernaufgaben des kleinen Einspluseins. Man kann von ihnen aus zahlreiche Nachbaraufgaben operativ herleiten.

Beispiel für Nachbaraufgaben von 4 plus 4:

$5 + 3 = 8$

$4 + 3 = 7$ $5 + 4 = 9$

$4 + 4 = 8$

$3 + 4 = 7$ $4 + 5 = 9$

$3 + 5 = 8$

Auf der Plustafel erscheinen diese Aufgaben auf benachbarten Feldern von 4 plus 4:

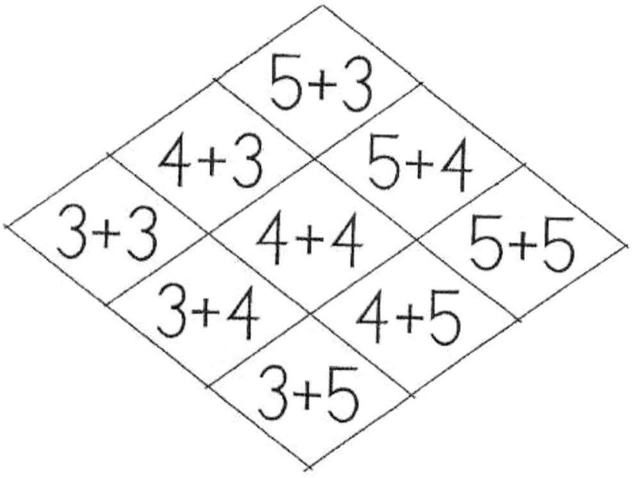

Mit dem Spiegeln ist die Anschauung gegeben. Die Kinder erkennen die gleiche Anzahl im Spiegel wie vor dem Spiegel und addieren zweimal die gleiche Zahl. Sie notieren dies zeichnerisch und mit Zahlen, mit oder ohne Pluszeichen.
Wesentlich anspruchsvoller ist das Verdreifachen und Verfünffachen mit zwei Spiegeln – auch im Hinblick auf die Notation.

Wie kann man vorgehen?

Die Kinder arbeiten in der Regel gern mit dem Spiegel. Man sollte zuerst spielerisch mit ihm umgehen und Aufgaben stellen, wie sie im *Zahlenbuch* vorgesehen sind: «Was der Spiegel alles kann» – nämlich verlängern, etwas Kaputtes wieder ganz machen, die Schrift auf den Kopf stellen usw.

Die Einführung der Lernumgebung «Spieglein, Spieglein in der Hand» geschieht am besten im Halbkreis; man braucht einen grossen Spiegel, dazu grosse Plättchen (z. B. die Magnetplättchen). Wichtig ist es, die Kinder anzuhalten, die Plättchen geordnet so vor den Spiegel zu legen, dass man auf einen Blick sieht, wie viele es sind (dazu gibt es eine besondere Lernumgebung, welche der Spiegelaufgabe vorausgehen sollte). Durch strukturierte Anzahldarstellung wird blosses Zählen eher überwunden. Wir möchten ja das Verdoppeln fördern, nicht das Zählen vor und im Spiegel.

Die Kinder müssen formulieren können, wie viele Plättchen vor und wie viele im Spiegel zu sehen sind, und wie viele es insgesamt sind. Es war für die Kinder einfacher, wenn eine gemeinsame Notationsform erarbeitet oder vorgeschlagen wurde. Die Kinder durften aber auch eigene Formen der Darstellung finden. Hier die Darstellung eines Schülers der ersten Einschulungsklasse:

Zunächst arbeiten die Kinder mit einem Spiegel. Wir haben sie darauf hingewiesen, dass sie auch ohne Spiegel rechnen können, wenn sie mit grösseren Zahlen rechnen wollen. Einige der schnelleren Kinder haben ohne Spiegel gearbeitet, weil dieser beim Verdoppeln grösserer Zahlen hinderlich sei.

Eine Erweiterung ist a) das Vervielfachen mit zwei Spiegeln und b) das fortgesetzte Verdoppeln gespiegelter Anzahlen (s. Dokumente). Auch hier muss man über eine geeignete Darstellung sprechen und sie finden.

Wie könnte es weitergehen?

a) Es werden anstelle von Plättchen andere Materialien gespiegelt: Würfelaugen, Frankenstücke, Nüsse, Dominosteine usw. Bei Dominosteinen werden zwei Summanden verdoppelt und es entsteht die verdoppelte Summe.

b) Zu Verdoppelungsaufgaben werden je vier bis fünf Nachbaraufgaben notiert.

c) Die Kinder erfinden oder erhalten Aufgabenpäcklein und verdoppeln anschliessend beide Summanden. Beispiel:

2 + 3 = ...	4 + 6 = ...
4 + 5 = ...	8 + 10 = ...
5 + 7 = ...	10 + 14 = ...

Die neu entstandenen Rechnungen können – je nach Fähigkeiten – nochmals verdoppelt werden.

Dokumente aus einer Einschulungsklasse

Sefa hat zwei, drei und ein Plättchen gespiegelt und die Verdoppelungen in Zeichnungen und mit Zahlen festgehalten. Sie brauchte die Zeit vor allem zum Experimentieren.

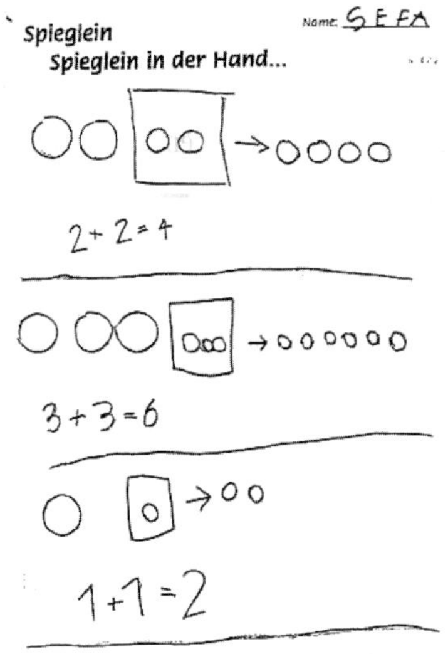

Elisa hat bald den Spiegel beiseite gelegt und Zahlen im Kopf verdoppelt. Beim zweitletzten Ergebnis schreibt sie 43 statt 34; sonst sind alle Ergebnisse richtig.

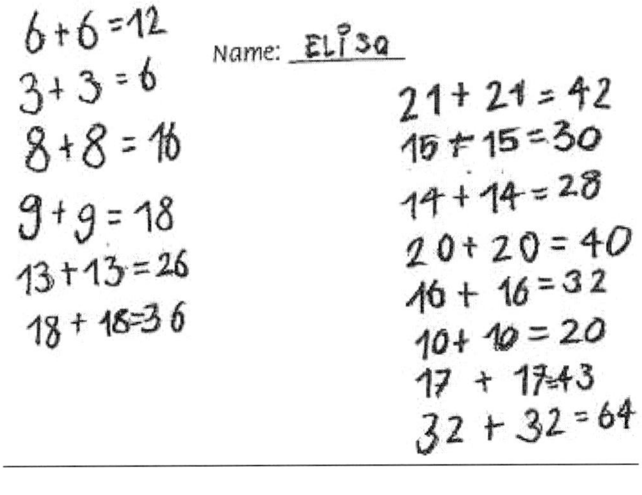

Janosch hat den Spiegel ebenfalls bald beiseite gelegt. Ihn faszinieren grosse Zahlen über Zehner, Hunderter, Tausender bis zur Milliarde. Ob er nur Nullen anhängt? Wir wollten seine Fähigkeit testen und stellten ihm die Aufgabe 600 plus 600: Er löst sie richtig und fügt als weitere Aufgabe noch 700 plus 700 hinzu.

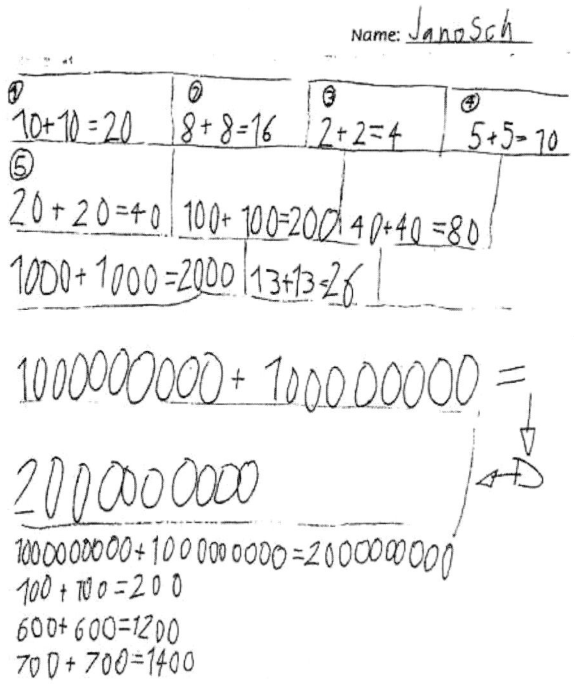

Dokumente mit zwei Spiegeln

Reto trennt die beiden Summanden mit einem Spiegelstrich und verdoppelt schrittweise die Zahlen von 5 bis 17.
Dann verdreifacht er Anzahlen von Plättchen, wiederum schrittweise von 2 bis 9. Die zwei Spiegel zeichnet er bildlich zwischen die Anzahl gelegter Plättchen und die Ergebnisse. Diese enthalten die Dreierzahlen.

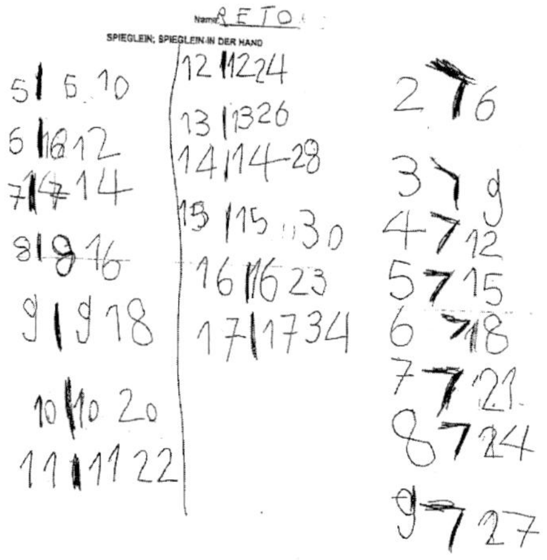

Dokumente zum fortgesetzten Verdoppeln

Die Lehrerin regte die Kinder an, die verdoppelten Anzahlen weiter zu verdoppeln – mit oder ohne Spiegel. Alle Kinder sind auf diese Idee einer fortgesetzten Verdoppelung eingestiegen. Die Dokumente weisen auf ein breites Spektrum, was die Anschauung, das Zahlverständnis und die Anzahl Lösungen betrifft.

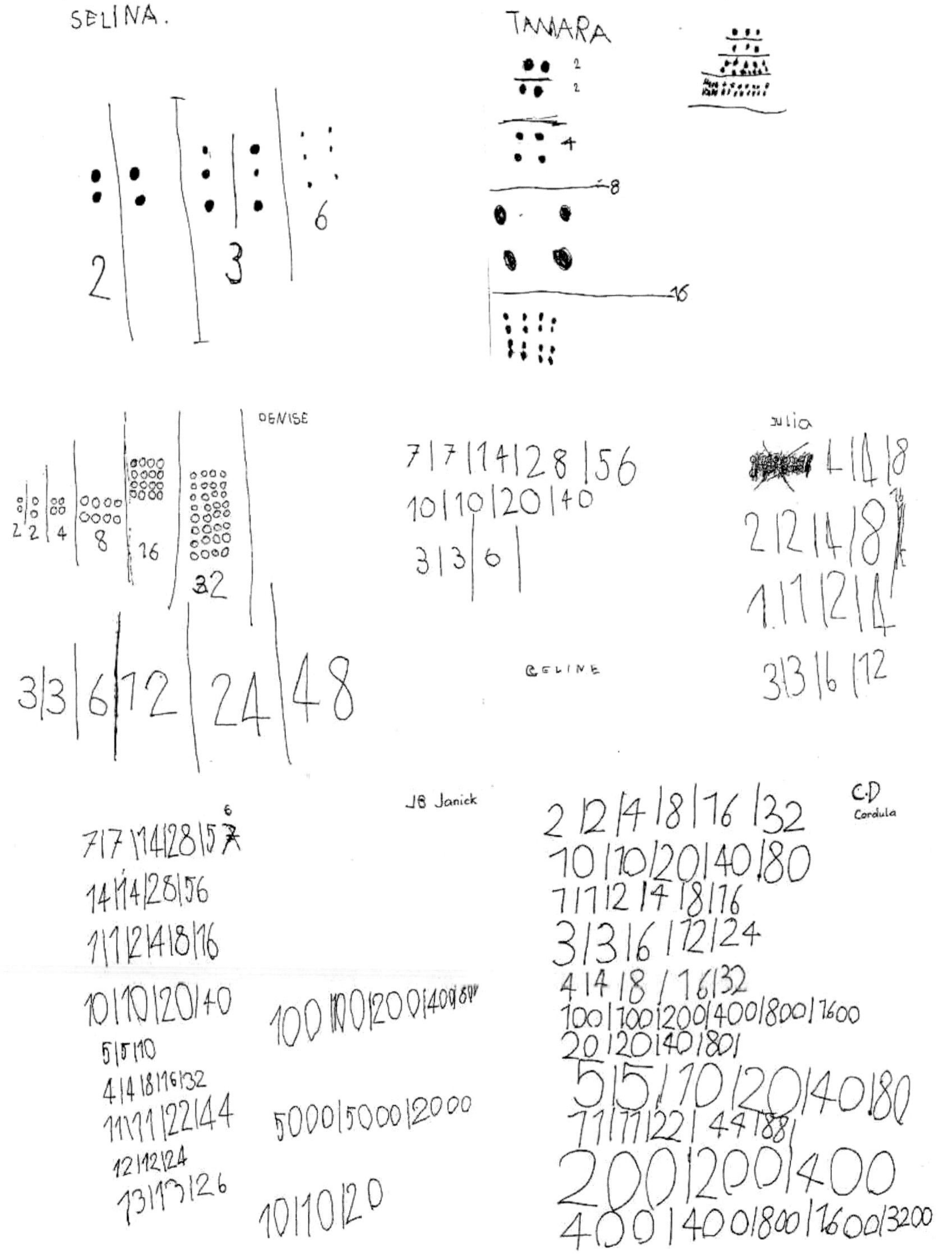

GLEICH WEIT WEG 1 – 2

Thema:	Orientieren und operieren an der nach oben offenen Zwanzigerreihe; Orientieren und operieren an der Hunderterreihe (2. Klasse)
Stufe:	1. Klasse und 2. Klasse
Material:	Legeplättchen, nach oben offene Zahlenreihe; (KV 2, KV 3, evtl. auf A3 vergrössern)
Zeitbedarf:	2 bis 3 Lektionen
Bearbeitung:	M. Hubmann, E. Hubacher, S. Tschopp, J. Frey, mehrere ehemalige Studentinnen, E. Hengartner

Aufgabe 1. Klasse

Das ist der Anfang der Zahlenreihe:

(1)(2)(3)(4)(5) (6)(7)(8)(9)(10) (11)(12)(13)(14)(15) (16)(17)(18)(19)(20) ( )( )( )( )( )

Wir setzen einen Spielstein auf die Zahl [8]:
4 und 12 sind gleich weit weg von 8;
es sind gleich viele Schritte von 8 nach 4 wie nach 12.
6 und 10 sind gleich weit weg von 8.
1 und 15 sind gleich weit weg von 8.

	[8]	
4		12
6		10
1		15

a) Wir wählen nun die 10 als mittlere Zahl:
Suche zwei Zahlen, die von 10 gleich weit weg sind, z. B.:
Suche weitere Beispiele, einfache und schwierigere.

	[10]	
7		13
___		___
___		___

b) Wähle nun selber eine Zahl und schreibe sie ins Kästchen in der Mitte. Bestimme immer zwei Zahlen, die gleich weit weg sind. Mache einfache und schwierigere Beispiele.

c) Wie gross ist der Unterschied zwischen der kleineren und der grösseren Zahl? Schreibe die Unterschiede rechts neben die Beispiele.

d) Addiere die kleinere und die grössere Zahl und vergleiche mit der mittleren. Was stellst du fest?
(in nebenstehendem Dokument nicht enthalten)

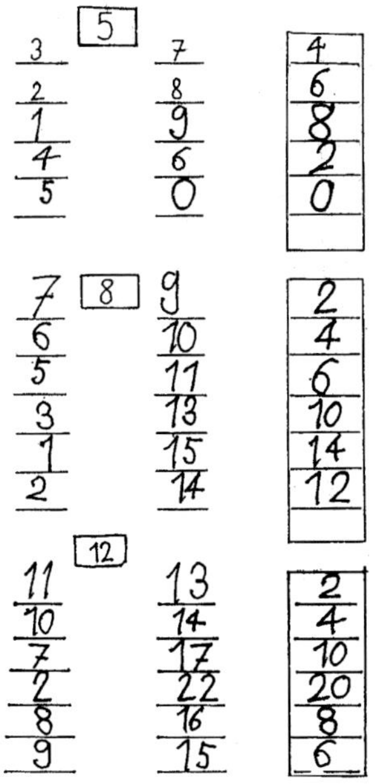

Aufgabe 2. Klasse

Das ist ein Ausschnitt der Hunderterreihe:

Wir setzen ein Plättchen auf die Zahl 45 :		45	
41 und 49 sind gleich weit weg von 45; es sind gleich viele Schritte von 45 nach 41 wie nach 49.	41		49
40 und 50 sind gleich weit weg von 45.	40		50
35 und 55 sind gleich weit weg von 45.	35		55
21 und 69 sind gleich weit weg von 45.	21		69

a) Wir wählen nun die 50 als mittlere Zahl:
Suche zwei Zahlen, die von 50 gleich weit weg sind, z.B.:
Suche weitere Beispiele, einfache und schwierigere.

	50	
44		56
___		___
___		___

b) Wähle nun selber eine Zahl und schreibe sie ins Kästchen in der Mitte. Bestimme immer zwei Zahlen, die gleich weit weg sind. Mache einfache und schwierigere Beispiele.

c) Wie gross ist der Unterschied zwischen der kleineren und der grösseren Zahl? Schreibe die Unterschiede rechts neben die Beispiele.

d) Addiere die kleinere und die grössere Zahl und vergleiche mit der mittleren. Was stellst du fest?

10	20	30	20	40
15	20	25	10	40
17	20	23	6	40
19	20	21	2	40
18	20	22	4	40
13	20	27	14	40

Anna

1	101	201	200	202
15	101	187		202
20	101	182		202
90	101	112		202
13	101	189		202
5	101	197	192	202

Worum geht es?

Die Zahlenreihe hat für den Zugang zur Zahlenwelt im Kindergarten und am Schulanfang grundlegende Bedeutung, auch für die Erweiterung des Zahlenraums bis 100 im 2. Schuljahr. Sie ist eine der Grundideen der Arithmetik. Sich auf ihr vorwärts und rückwärts zu bewegen, haben die Kinder bereits vor der Schule in Spielen wie dem Leiterlispiel, dem Räuber-Goldschatzspiel usw. gelernt. Die Zahlenreihe bzw. der Zahlenstrahl werden in späteren Schuljahren mit gebrochenen Zahlen gefüllt und durch negative Zahlen zur Zahlengerade erweitert. Orientierungsübungen an Zahlenstrahl und Zahlengerade begleiten während der gesamten Volksschule den Aufbau von tragfähigen Zahlvorstellungen.

Die Lernumgebung dient der gezielten Orientierung an der nach oben offenen Zwanzigerreihe im 1. Schuljahr bzw. an der Hunderterreihe im 2. Schuljahr. Zu einer vorgegebenen oder selbst gewählten Zahl sollen Paare von Zahlen bestimmt werden, welche «gleich weit weg», also gleich viele Schritte entfernt sind. Mit der Wahl der Abstände von der mittleren Zahl entscheiden die Kinder selber über den Schwierigkeitsgrad. So ist 13 – **15** – 17 einfacher als 6 – **15** – 24. Aber auch mit der Wahl der mittleren Zahl selbst variiert der Schwierigkeitsgrad: Ganze Zehner erleichtern, gemischte Zehner-Einer-Zahlen erschweren das Bestimmen von Zahlenpaaren, die gleich weit weg sein sollen. Beispiel: 12 – 20 – 28 ist einfacher als 15 – 23 – 31. Die Zusatzaufgaben c (Berechnen der Unterschiede zwischen oberer und unterer Zahl) und d (Addieren der unteren und oberen Zahl und Vergleich mit der mittleren) sind «Rampen» für die Schnellen. Sie gehen über das Ziel der Orientierung an der Zahlenreihe hinaus und erfordern ein Operieren, wofür die Kinder verschiedene Strategien nutzen werden.

Wie kann man vorgehen?

Vor der Arbeit an dieser Lernumgebung sollten die Kinder bereits mehrfach an der Zahlenreihe gearbeitet und gespielt haben. Kinder des 1. Schuljahres sollten die Zahlenreihe mit Zahlenkarten sicher legen und sie in Schritten vorwärts und rückwärts durchschreiten können.

Unterrichtsprotokoll aus einer Kleinklasse (Einschulungsklasse)
Als Einstieg erzählten wir den Kindern eine kleine Geschichte: Lili, ein kleines Elefäntchen, steht verloren in der Welt der Zahlen und möchte diese erkunden. Es steht auf der Zahl 8 und wagt sich weder vorwärts noch rückwärts. Seine grösseren Geschwister tun alles, um Lili bei der Orientierung zu helfen. Bruder Lolo geht drei Schritte vor, Schwester Lala drei Schritte zurück. Jetzt stehen sie gleich weit von Lili entfernt und winken Lili zu. Lili begreift schnell: 8 ist gleich weit von 5 und 11 entfernt. Können sich Lolo und Lala noch auf andere Felder stellen, die gleich weit entfernt sind?
Wir haben den Kindern auch erklärt, dass sie ins Kästchen jeweils hineinschreiben können, wie weit die beiden Helfer Lolo und Lala voneinander entfernt sind. Hier war der Impuls hilfreich: «Zähle die Schritte vom einen zum andern wie beim «Eile mit Weile». Nun war jedes Kind in der Lage, zuerst zu einer kleinen vorgegebenen Zahl Paare zu bestimmen und dann auch eigene Beispiele zu finden. Wichtig scheint uns, dass die Kinder zu Beginn mit drei Spielfiguren (zum Beispiel ein rotes Plättchen für Lili und zwei blaue für Lolo und Lala) arbeiten.

Auch für die *Orientierung an der Hunderterreihe* im zweiten Schuljahr hat es sich als hilfreich erwiesen, mit Plättchen Beispiele zu legen: Mit der einen Farbe wird die Ausgangszahl, und mit der andern Farbe werden die untere und die obere Zahl markiert. So wird auch optisch sichtbar, dass zwei Zahlen gleich weit weg sind.

Dokumente aus der 1. Klasse

Die folgenden Beispiele stammen ausschliesslich aus dem ersten Halbjahr der 1. Klasse: Sie dokumentieren eine Heterogenität arithmetischer Fähigkeiten, die – gemessen an Lehrplanzielen – über Schuljahre streut. Es handelt sich nur um Ausschnitte aus Schülerarbeiten, und zwar solche, bei denen die Kinder die mittleren Zahlen und die gleich weit entfernten Zahlenpaare selber wählten.

Anspruchsvolles Beispiel
Christoph ist ein Jahr jünger als die anderen! Er hat bereits in der Aufgabe mit der vorgegebenen mittleren Zahl 8 Zeile für Zeile wechselnde eigene Zahlen für die Mitte gewählt, Zahlen aus dem

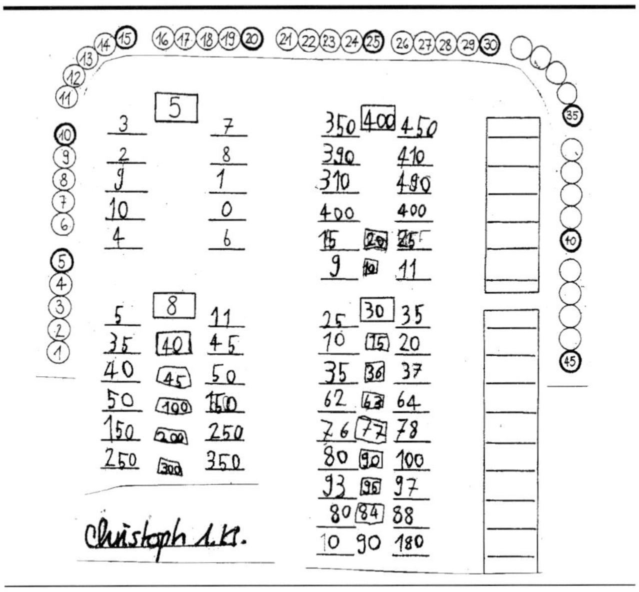

Tausenderraum des 3. Schuljahres. Seine Orientierungsfähigkeit an der Zahlenreihe ist weit vorangeschritten und ausserordentlich beweglich. Seine Beispiele liegen fast durchwegs ausserhalb der auf dem Arbeitsblatt vorgezeichneten Zahlenreihe. Er braucht sie offensichtlich nicht, sondern arbeitet mit inneren Vorstellungsbildern der Zahlen.

Einfaches Beispiel

Geraldine löst ausschließlich die Grundaufgabe (Zahlenpaare bestimmen). Dabei entfernt sie sich Schritt für Schritt vorsichtig von der mittleren Zahl, bis sie die Grenze erreicht.

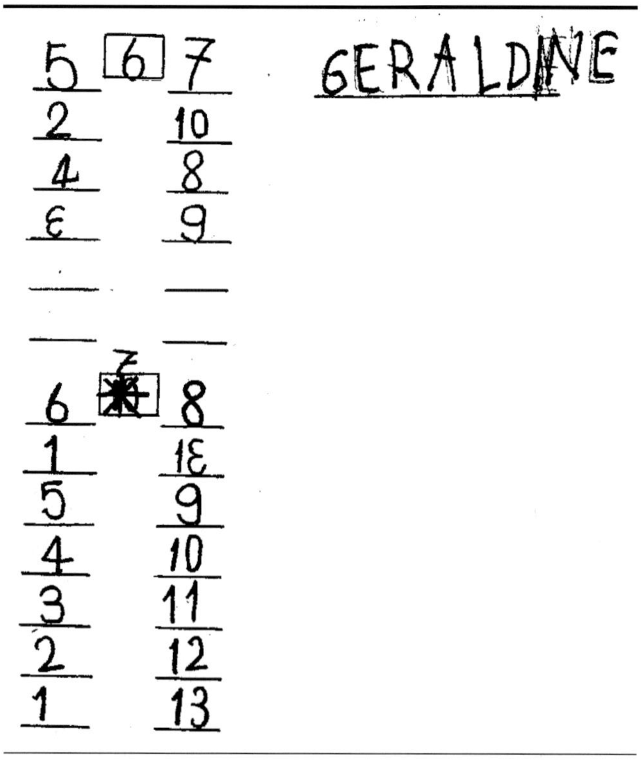

Mittleres Beispiel

Roman geht über den Zwanzigerraum hinaus. Er wählt zwei reine Zehnerzahlen 20 und 40 als mittlere Zahl, was einfacher ist als eine gemischte Zehner-Einer-Zahl. Er bestimmt alle Zahlenpaare korrekt. Die Berechnung der Unterschiede zwischen unterer und oberer Zahl gelingt ihm aber noch nicht durchwegs.

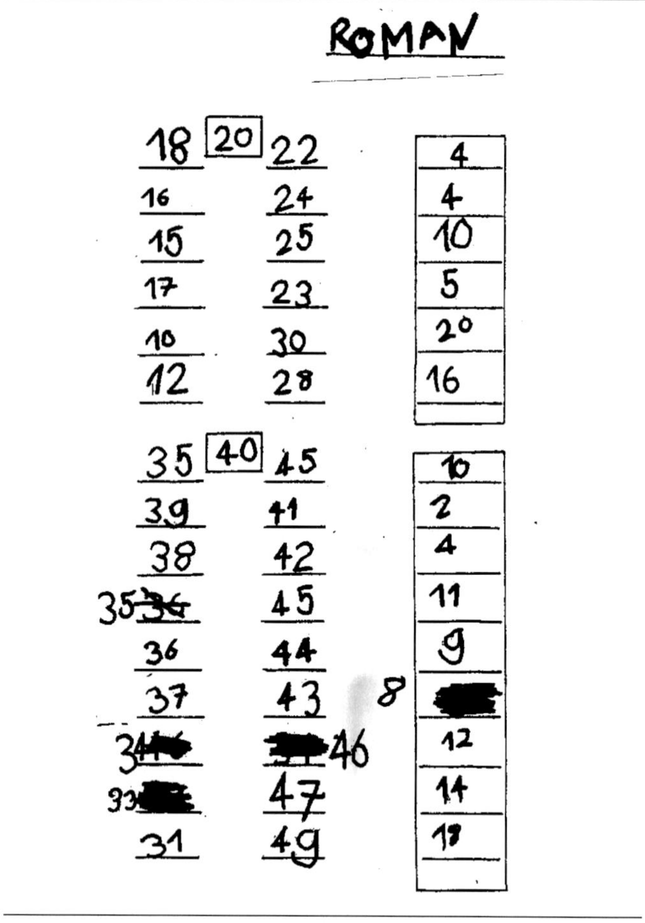

ERPROBTE LERNUMGEBUNGEN
Zahlenraumerweiterung 2. bis 5. Klasse

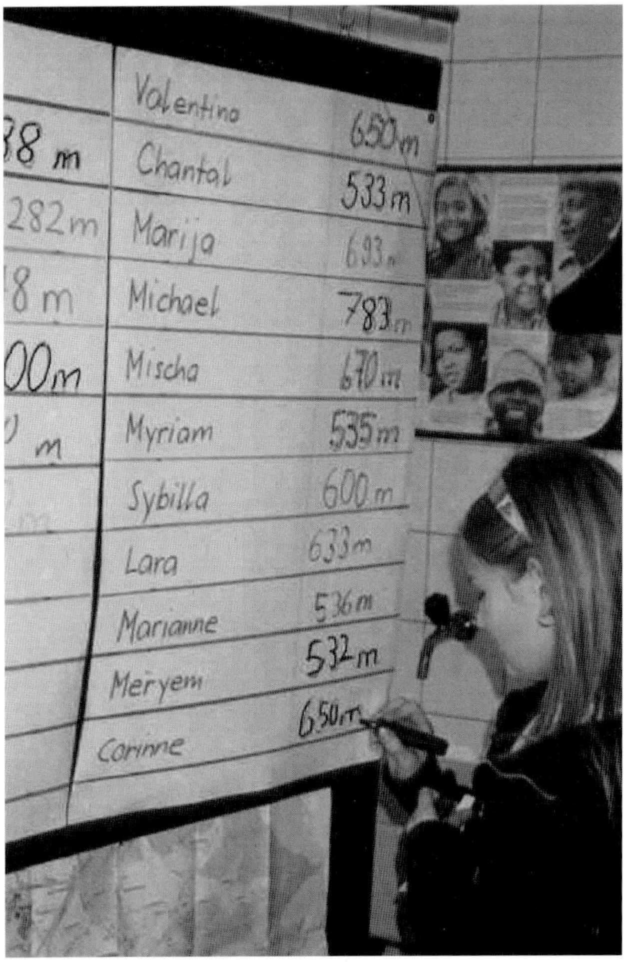

ZAHLEN UND GELDBETRÄGE BILDEN UND ORDNEN 2

Thema:	Dekadischer Aufbau im Zahlenraum bis 100
Stufe:	2. Klasse
Material:	Stellentafel und Legeplättchen; Spielgeld: 10er-Noten, 1-Franken-(1-Euro)Münzen, 100er-Noten
Zeitbedarf:	2 mal 2 Lektionen
Bearbeitung:	M. Hubmann, E. Hengartner

Aufgabe

Zahlen an der Stellentafel bilden

a) Nimm immer drei Plättchen.
Welche Zahlen kannst du darstellen?
Ordne sie nach der Grösse.
Wie viele verschiedene Zahlen sind es?

Z	E
● ● ●	

b) Versuche jetzt dasselbe mit *vier,* mit nur *zwei* Plättchen, mit *einem* Plättchen, mit *fünf, sechs, ..., acht* Plättchen.
Wie viele Zahlen kannst du jeweils bilden?

c) Berechne zu jeder Anzahl Plättchen die Unterschiede zwischen den Zahlen, die du gebildet hast.
Findest du eine Erklärung?

d) Was geschieht, wenn du noch den Stellenwert für Hundert hinzunimmst?

Geldbeträge bilden

a) Du hast 1 Franken-(1 Euro-)Münzen und Zehnernoten. Nimm immer drei Stücke und bilde Geldbeträge.
Ordne sie nach der Grösse.

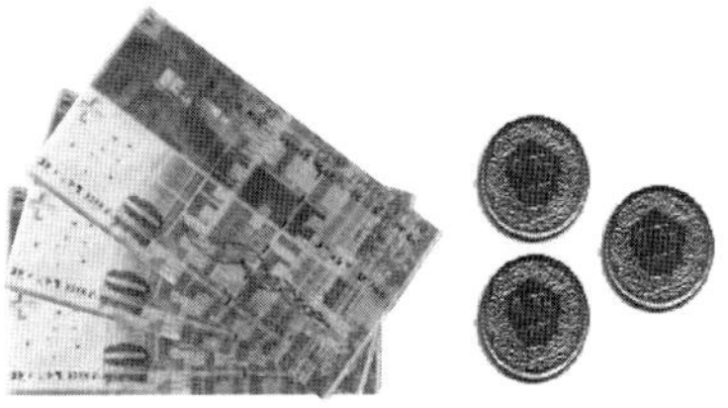

b) Mache das Gleiche mit vier (mit nur *zwei,* mit *fünf, sechs, sieben, acht, neun)* Stücken. Ordne jedes Mal nach der Grösse.

c) Berechne zu jeder Anzahl Geldstücke die Unterschiede zwischen den Beträgen, die du gebildet hast.
Findest du eine Erklärung?

d) Teile die Geldbeträge mit *drei (vier, fünf, ...)* Stücken je unter neun Kinder. Was fällt dir auf?

e) Was geschieht, wenn du noch 100er-Noten dazunimmst?

Worum geht es?

«Zahlen an der Stellentafel bilden» und «Geldbeträge bilden» sind zwei Lernumgebungen mit gleicher Zielsetzung und Struktur. Im Zentrum stehen zunächst Lernziele der Zahlraumerweiterung: Im Hunderterraum werden Zahlen mit Legeplättchen dargestellt und Geldbeträge gebildet und geordnet. Ziel ist der Aufbau von Grössenvorstellungen von Zahlen. Die Zahlen sind an der Stellentafel durch Plättchen abstrakter repräsentiert als mit den Zehnernoten und Einfränklern. Beim Geld sind die Stellenwerte durch die Einfränkler und die Zehnernoten (und später durch die Hunderternoten) unterschieden. Für das intendierte Lernziel – den Aufbau von Grössenvorstellungen der Zahlen – mag dies von Vorteil sein und langsameren Kindern entgegenkommen. Für Einsichten in Strukturen und die Gestaltung von Gedankenprotokollen scheint aber die Darstellung mit Plättchen an der Stellentafel einfacher, wie die Schülerdokumente vermuten lassen.

Eine Übersicht über die mit unterschiedlicher Anzahl Plättchen bzw. Geldstücken gelegten und geordneten Zahlen bzw. Geldbeträge soll die Struktur verdeutlichen:

mit 1	**mit 2**	**mit 3**	**mit 4**	**mit 5**	**mit n**
10	20	30	40	50	
1	11	21	31	41	
	12	22	32	42	
		13	23	33	
			14	24	
				15	
2	3	4	5	6	n + 1

Die Anzahl möglicher Beträge wächst demnach immer um 1.

Zu Aufgabe d): Nimmt man den Stellenwert Hundert bzw. die Hunderternoten dazu, werden mit wachsender Anzahl folgende Zahlen bzw. Beträge gebildet:

mit 1	**mit 2**	**mit 3**
100	200	**300**
010	110	**210**
001	101	**201**
	020	**120**
	011	**111**
	002	**102**
		030
		021
		012
		003
1+2=3	1+2+3=6	1+2+3+4=10

Die Anzahl möglicher Zahlen oder Geldbeträge wächst gemäss der fortgesetzten Addition der natürlichen Zahlen. Es entsteht die Folge der Dreieckszahlen. Am Beispiel «mit 3» wird in der Übersicht durch Hervorheben der Hunderter die Bildungsregel sichtbar: Mit 3 Hundertern gibt es eine Möglichkeit, mit 2 Hundertern zwei, mit 1 Hunderter dann drei, mit 0 Hundertern vier verschiedene Zahlen oder Geldbeträge, also 1+2+3+4 = 10.

Zu Aufgabe c): Der Unterschied zwischen den nach Grösse geordneten zweistelligen Zahlen bzw. Geldbeträgen ist stets 9. Erklärung: Wenn man ein Plättchen von den Zehnern zu den Einern schiebt, sind es 9 weniger. Und wenn ich umgekehrt statt einem Franken eine Zehnernote nehme, so sind es 9 Franken mehr.

Wie kann man vorgehen?

Zahlen an der Stellentafel bilden (1 Lektion)
An einer Stellentafel mit Zehnern und Einern habe ich zunächst mit 5 Plättchen eine Zahl (z. B. 41) dargestellt. Die Kinder sollten sie lesen und notieren. Wir bildeten andere Zahlen mit 5 Plättchen und notierten sie untereinander. Anschliessend haben wir sie nach der Grösse geordnet. In Einzelarbeit haben die Kinder sodann mit selbst gewählten Anzahlen von Plättchen (höchstens 9) Zahlen gebildet. Alle haben gezeichnet und nicht mit Plättchen gelegt, obwohl diese zur Verfügung standen. Fast alle Kinder sind eher unsystematisch vorgegangen und haben die gefundenen Zahlen erst in einem zweiten Schritt geordnet. Im Austausch der Lösungen fanden die Kinder, dass es mit 3 Plättchen 4 Zahlen, mit 4 Plättchen 5 Zahlen, mit 5 Plättchen 6 Zahlen gibt – also immer eine Zahl mehr als die Anzahl der verwendeten Plättchen. Etwa die Hälfte der Kinder hat entdeckt, dass der Unterschied zwischen den geordneten Zahlen immer 9 beträgt. Einige konnten dies auch begründen.

Dokumente aus der Erprobung

Jonathan hat mit 9 Plättchen Zahlen dargestellt und notiert. Ein systematisches Vorgehen ist nicht erkennbar. Er hat sieben von zehn möglichen Zahlen gefunden und korrekt nach der Grösse geordnet. Im Hinblick auf das Lernziel «Grössenvorstellung von Zahlen» war er erfolgreich.

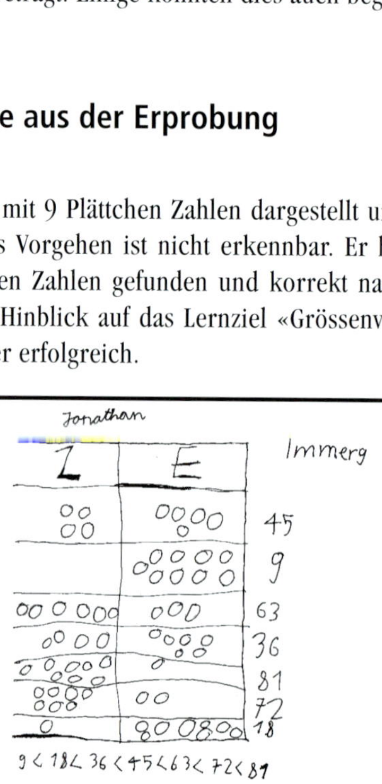

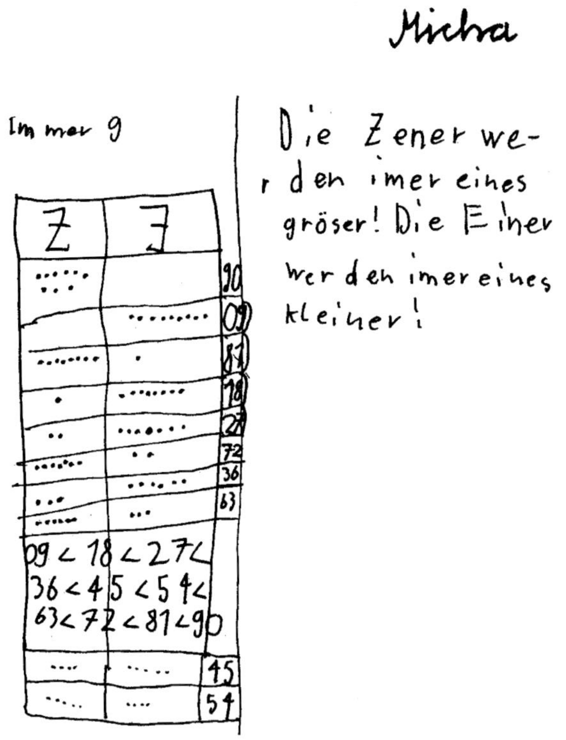

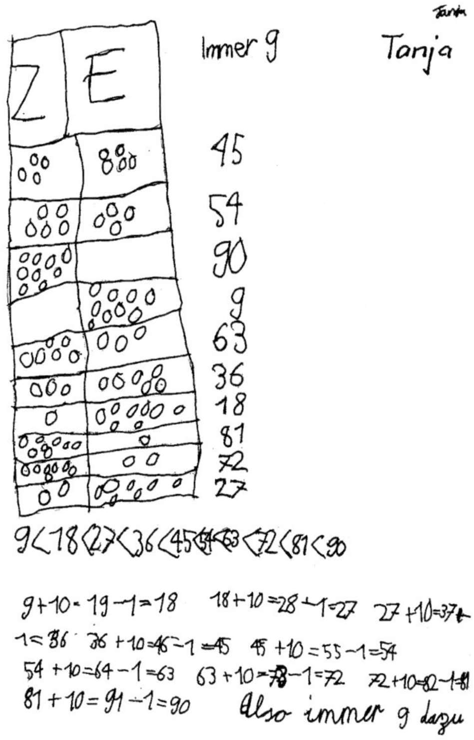

Micha hat Zahlen mit 9 Plättchen gebildet, indem er sie zeichnerisch an der Stellentafel dargestellt hat. Er hat Zahlen mit System gesucht, indem er die gewählte Anzahl Plättchen für die Zehner und Einer jeweils vertauscht und damit die Umkehrzahlen 90 – 09, 81 – 18, 27 – 72, 36 – 63 und 45 – 54 gefunden hat. Nachdem er die Zahlen in einem zweiten Schritt geordnet hat, stellt er fest, dass die Zehner immer um 1 wachsen und die Einer um 1 abnehmen. Man kann dies als eine Antwort auf die Frage verstehen, weshalb der Unterschied zwischen den nach der Grösse geordneten Zahlen immer 9 ist.

Tanja beschreibt und begründet die Neunerdifferenzen ihrer mit 9 Plättchen gebildeten Zahlen explizit: Jedes Plättchen, welches vom Einer zum Zehner geschoben wird, bedeutet 10 hinzu und 1 weg, «also immer 9 dazu». Dass sie in ihrer Beschreibung das Gleichheitszeichen unkorrekt verwendet, übersehen wir an dieser Stelle.

Das Dokument von *Valérie* gibt einen Einblick, wie die strukturgleiche Lernumgebung «Geldbeträge bilden» bearbeitet wurde: Valérie hat mit 3 Stücken alle 4 Geldbeträge und mit 5 Stücken 5 von 6 möglichen Geldbeträgen gefunden. Die Grössenvorstellung der Geldwerte (der Zahlen) wird durch Münzen und Zehnernoten zweifellos unterstützt, und die Unterschiede zwischen den gefundenen und geordneten Beträgen haben die konkrete Bedeutung «1 Franken weg und 10 Franken dazu – also 9 Franken Unterschied». Die Struktur der Lernumgebung scheint dagegen mit der Plättchendarstellung an der Stellentafel leichter zugänglich.

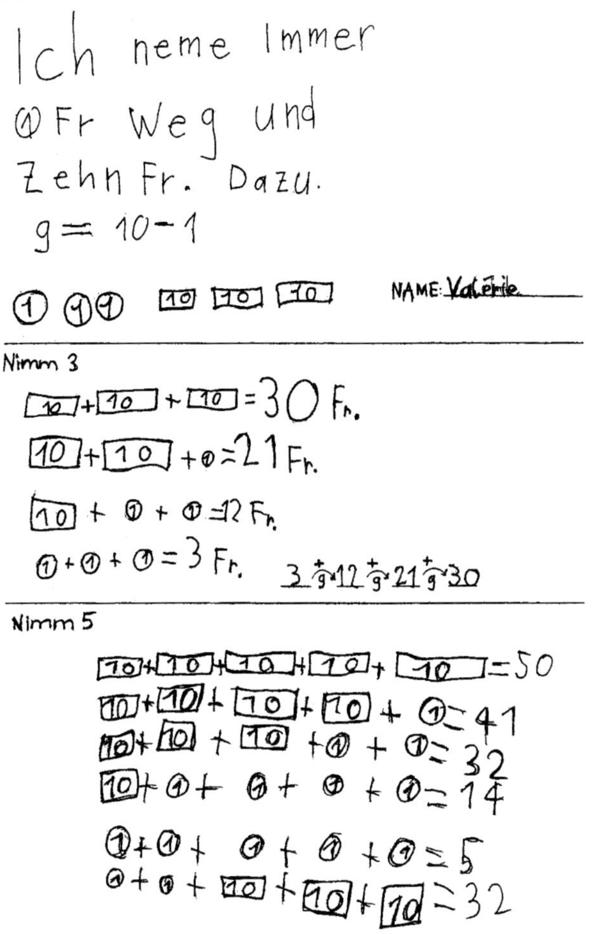

ZAHLEN UND ZIFFERN IN DER HUNDERTERTAFEL

Thema: Orientierung im Zahlenraum bis 100 mit der Hundertertafel
Stufe: 2. Klasse
Material: Ziffernkarten, je ein Arbeitsblatt mit einer grossen (KV 4) und mit mehreren kleinen (KV 5) Hundertertafeln, Legeplättchen, Farbstifte
Zeitbedarf: 1 bis 2 Lektionen
Bearbeitung: E. Dürrenberger, B. Wälti, E. Hengartner

Aufgabe

Zahlen und Ziffern an der Hundertertafel

Jede Zahl von 1 bis 100 gibt es nur einmal.
Die Ziffern 0 bis 9 kommen aber mehrmals vor.

a) Wie oft kommen die Ziffern 0, 1, 2, 3, ..., 8, 9 in der Hundertertafel vor?
Untersuche und stelle deine Ergebnisse übersichtlich dar.

b) Wie viele Ziffern gibt es insgesamt auf der Hundertertafel?

c) Markiere auf der Hundertertafel alle Zahlen
- mit gleicher Ziffer für Zehner und Einer (rot);
- wo beide Ziffern (für Zehner und Einer) um eins verschieden sind (blau);
- wo beide Ziffern um drei (fünf, sieben, ...) verschieden sind (je andere Farbe);
- wo beide Ziffern (für Zehner und Einer) zusammen 9 geben (ankreuzen).

d) Steckbriefe (oder Zahlenrätsel):
«Meine Zahl ist die grösste mit einer 3 (einer 8, 5, ...) hinten.»
«Meine Zahl ist die grösste mit einer 4 (einer 9, 7, ...) vorn.»
«Meine Zahl hat zwei gleiche Ziffern, die zusammen 12 ergeben.»
«Bei meiner Zahl geben die beiden Ziffern zusammen 18.»
«Bei meiner Zahl geben die beiden Ziffern zusammen 6, und sie ist nahe bei 50.»
«Bei meiner Zahl ist die zweite Ziffer das Doppelte der ersten und es ist die grösste solche Zahl.»

e) Entwerft selber solche Steckbriefe und Zahlenrätsel. Tauscht sie aus.

1	2	3	4	5	6	7	8	9	10
11	12	13	14	15	16	17	18	19	20
21	22	23	24	25	26	27	28	29	30
31	32	33	34	35	36	37	38	39	40
41	42	43	44	45	46	47	48	49	50
51	52	53	54	55	56	57	58	59	60
61	62	63	64	65	66	67	68	69	70
71	72	73	74	75	76	77	78	79	80
81	82	83	84	85	86	87	88	89	90
91	92	93	94	95	96	97	98	99	100

Worum geht es?

Die Hundertertafel ist ein grundlegendes Darstellungsmittel für die Zahlen bis 100. Ihre Fortsetzung sind das Tausenderbuch im 3. und das Millionbuch im 4. Schuljahr. Im Gegensatz zum ebenfalls dekadisch (und zusätzlich mit der Kraft der Fünf) strukturierten Punktefeld hat hier jede Zahl ihren eindeutigen Platz. Die Hundertertafel betont mehr den ordinalen, das Punktefeld den kardinalen Aspekt der Zahlen.

Die Lernumgebung soll den Kindern die Orientierung auf der Hundertertafel erleichtern und bewusst machen, dass in jeder zweistelligen Zahl die Ziffern je nach Stellenwert die Bedeutung von Zehnern oder Einern haben. Die Aufgaben fördern die Erkenntnis, dass Ziffern einen Eigenwert und einen Stellenwert besitzen. Hinzu kommt für unseren Sprachraum die Schwierigkeit, dass die Reihenfolgen der gesprochenen und geschriebenen Zehner-Einer nicht übereinstimmen. Die Auseinandersetzung mit Ziffern und Zahlen der Hundertertafel kann hier hilfreich sein. Beispiel: Die grösste Zahl mit einer 3 vorn ist 39; die grösste mit einer 3 hinten ist 93.

Wie kann man vorgehen?

Zur Vorbereitung ein Spiel mit Ziffernkarten
Es ist wichtig, dass die Kinder für die geplanten Übungen und Rätsel an der Hundertertafel die Begriffe Ziffern und Zahlen unterscheiden lernen. Dazu eignet sich folgendes Spiel zu zweit oder zu dritt: Die Ziffernkarten liegen verdeckt zwischen den Spielpartnern. Jedes nimmt zwei Ziffernkarten und versucht abwechselnd mal die grössere, mal die kleinere Zahl zu bilden. Man kann die gebildeten Zahlen auf der Hundertertafel mit einem Plättchen markieren. Wer jeweils das Kriterium «möglichst gross» oder «möglichst klein» erfüllt, bekommt ein Goldräppli.

Eine Lehrerin hat im Halbkreis Buchstaben- und Ziffernkarten in die Mitte gelegt, dazu Zettel mit Angaben von Eigenschaften für eine Sortierübung: Auf dem einen Zettel stand «Buchstaben», auf dem zweiten «Wörter», auf dem dritten «Ziffern» und auf einem vierten «Zahlen». Bei den Zahlen wurde noch unterschieden zwischen «Zahlen mit einer Ziffer» und «Zahlen mit zwei und mehr Ziffern». Diese vorbereitende Übung stellt die Analogie zwischen Zeichen und Wort sowie Ziffern und Zahlen her.

Zu den Untersuchungen an der Hundertertafel a) bis c)
Bei Aufgabe b) «Wie viele Ziffern gibt es insgesamt auf der Tafel?» haben wir zwei Vorgehensweisen festgestellt: Einige Gruppen sind spaltenweise vorgegangen und haben zu 9 mal 19 Ziffern die 21 Ziffern der letzten Spalte addiert. Andere haben Reihe für Reihe untersucht und haben zu 9 Ziffern der einstelligen Zahlen der ersten Reihe die 90 mal 2 Ziffern der Zahlen 10 bis 99 und schliesslich die 3 Ziffern der 100 addiert.

1	2	3	4	5	6	7	8	9	10
11	12	13	14	15	16	17	18	19	20
21	22	23	24	25	26	27	28	29	30
31	32	33	34	35	36	37	38	39	40
41	42	43	44	45	46	47	48	49	50
51	52	53	54	55	56	57	58	59	60
61	62	63	64	65	66	67	68	69	70
71	72	73	74	75	76	77	78	79	80
81	82	83	84	85	86	87	88	89	90
91	92	93	94	95	96	97	98	99	100

Bei der Einführung von Steckbriefen bzw. Zahlenrätseln soll man mit sehr einfachen Beispielen beginnen: «Meine Zahl liegt zwischen 30 und 40 und hat zwei gleiche Ziffern» usw. Lässt man die Kinder Steckbriefe schreiben, kann man sie auffordern, einfache und anspruchsvollere Rätsel zu notieren. Man kann sie die Schwierigkeit ihrer Aufgaben selber einschätzen und mit vereinbarten Zeichen kennzeichnen lassen. Beim Austausch der Aufgaben können die Kinder so den Schwierigkeitsgrad ein Stück weit selber wählen. Die Kinder sollen die Lösungen ihrer Steckbriefe entweder hinten auf den Zetteln oder auf einem separaten Zettel festhalten.

Dokumente aus der Erprobung

Lennhard hat fünf Zahlenrätsel formuliert, die alle nach dem gleichen Muster gestrickt sind: «die grösste mit einer 5 vorn ...» «die kleinste mit einer 9 hinten». Seine Zahlenrätsel sind alle eindeutig bestimmbar.

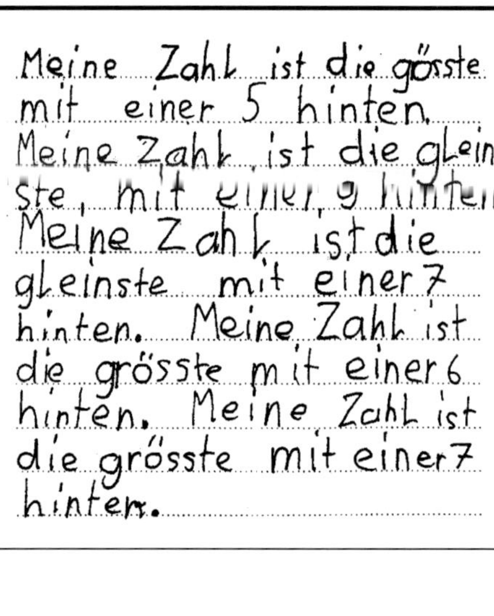
Meine Zahl ist die gösste mit einer 5 hinten. Meine Zahl ist die glein-ste, mit einer 9 hinten. Meine Zahl ist die gleinste mit einer 7 hinten. Meine Zahl ist die grösste mit einer 6 hinten. Meine Zahl ist die grösste mit einer 7 hinten.

Stephanie hat auch fünf Zahlenrätsel formuliert, die alle dem gleichen Muster folgen: z.B. «Bei meiner Zahl geben die beiden Ziffern zusammen 12.» Aber keines der Rätsel führt zu nur einer Lösungszahl. Die möglichen Lösungen bewegen sich zwischen 2 und 9 Zahlen. Stephanie müsste ein weiteres Kriterium ins Spiel bringen. Beispiel: «Bei meiner Zahl geben die beiden Ziffern zusammen 14 und sie ist kleiner als 60.»

Bei meiner Zahl geben die
beiden Ziffern zusammen
12. Bei meiner Zahl geben die
beiden Ziffern zusammen 14.
Bei meiner Zahl gehen die
beiden Ziffern zusammen 2.
Bei meiner Zahl geben die
beiden Ziffern zusammen 18
Bei meiner Zahl geben die beiden
Ziffern zusammen 16

Zwei weitere Beispiele:

Ayse
Meine Zahl ist in der
Nähe von 100 und
gibt 18 und Beschtet
als 2 zifern.

S.B S.T

1. Bei meiner Zahl ist
die 2. Ziffer das Dopp-
elte der ersten und es
ist die kleinste solche
Zahl.

2. Meine Zahl ist es
die grösste zweischteli-
ge Zahl bei hundend.

ZAHLEN MIT ZIFFERNKARTEN

Thema: Stellenwertsystem, Grössenvorstellungen von Zahlen im 100er-Raum
Stufe: 2. Klasse
Material: Ziffernkarten 1 – 9
Zeitbedarf: 2 Lektionen
Bearbeitung: J. Hubacher, G. Käppeli, B. Wälti

Aufgabe

Partnerspiel – Spiel mit Ziffernkarten

Die Ziffernkarten 1 bis 9 liegen verdeckt vor den Kindern. Ein Kind zieht zwei Karten und legt damit eine zweistellige Zahl. Beide ziehen nun drei Karten und legen damit eine zweistellige Zahl, die möglichst nahe an die vorgegebene Zahl herankommt. Die Kinder protokollieren ihr Spiel.

Zahlen bilden

Wähle 3 Ziffernkarten. Schreibe alle zweistelligen Zahlen auf, die du mit diesen drei Karten bilden kannst. Ordne diese Zahlen. Wähle 4, 5, 6, ... Ziffernkarten aus und bilde damit alle zweistelligen Zahlen. Ordne sie.

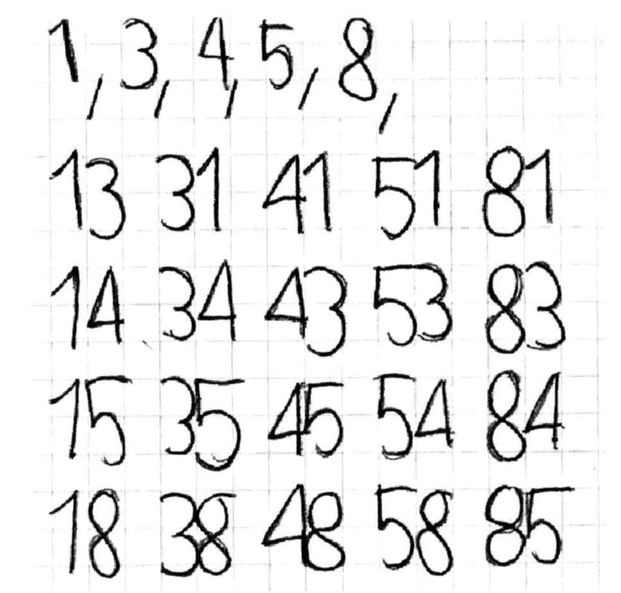

Weiterführung

Wähle zwei oder drei Ziffernsets mit der gleichen Summe. Bilde damit jeweils alle sechs möglichen zweistelligen Zahlen. Ordne die Zahlen der Grösse nach und vergleiche.

Beispiel Ziffernsets mit der Summe 12:
Set A: 3, 4, 5
Set B: 1, 2, 9
Set C: 1, 5, 6

Worum geht es?

Die Kinder bewegen und orientieren sich im 100er-Raum, indem sie aus Ziffernkarten zweistellige Zahlen bilden und diese nach der Grösse ordnen. Einige Kinder werden mit den gebildeten Zahlen auch Additionen und Subtraktionen durchführen.

Partnerspiel
Beim einleitenden Partnerspiel sind Überlegungen zum Stellenwert der Zehner und Einer gefordert. Dabei werden Differenzen von zweistelligen Zahlen berechnet oder abgeschätzt.

Zahlen bilden
Die Kinder bilden mit drei oder mehr Ziffernkarten zweistellige Zahlen und ordnen diese. Die Ziffernkarten erleichtern es, mögliche Zahlen zu legen und zu protokollieren, sind jedoch zum Lösen der Aufgabe nicht unbedingt notwendig. Auch lernschwache Kinder stellen Zahlenlisten zusammen, die oftmals unvollständig bleiben. Alle Kinder sollen aber die von ihnen gefundenen Zahlen nach der Grösse ordnen.

Übersicht:

Anzahl Ziffernkarten	3	4	5	6	7	n
Anzahl zweistellige Zahlen	6	12	20	30	42	n(n–1)
Anzahl zweistellige Zahlen mit Wiederholung (z. B. 22)	9	16	25	36	49	n^2

Weiterführung
Bei der weiterführenden Aufgabe werden Ziffernsets mit der gleichen Summe verglichen.
Beispiel: Ziffernsets zu 3 Ziffern mit der Summe 14

Ziffernset	mögliche Zahlen (Variationen)	Summe der 6 Zahlen
A: 3, 4, 7	34, 37, 43, 47, 73, 74	$308 = 22 \cdot (3 + 4 + 7)$
B: 2, 3, 9	23, 29, 32, 39, 92, 93	$308 = 22 \cdot (2 + 3 + 9)$
C: 1, 5, 8	15, 18, 51, 58, 81, 85	$308 = 22 \cdot (1 + 5 + 8)$

Beim Vergleich der nach Grösse geordneten Zahlen von zwei Ziffernsets fällt auf, dass keine gleichen Zahlen auftreten. Jeweils zwei oder vier Zahlen des einen Ziffernsets sind kleiner bzw. grösser als die entsprechenden Zahlen eines andern Ziffernsets. Werden die sechs Zahlen aus zwei Ziffernsets addiert, entsteht jeweils die gleiche Summe. Da jede Ziffer (z. B. die Ziffer 3 bei 34, 37, 43, 47, 73, 74) zweimal im Zehner sowie zweimal im Einer auftritt, ist die Summe der 6 Zahlen jeweils das Produkt von 22 (zwei Zehner plus 2 Einer) und der Summe der drei Ziffern (siehe auch «Immer 22», Müller/Wittmann 1992, S.80).

Wie kann man vorgehen?

Das Partnerspiel wird an einem Gruppentisch angespielt: Wir spielen mit den Ziffernkarten 1 bis 9, lassen die 0 also weg (weil Zahlen wie 03 verwirren könnten). Das Spiel wird von zwei Kindern nach Anweisungen vorgespielt und protokolliert.

Max und *Gina* ziehen die Ziffern 3 und 4, die Zielzahl ist also 34. Max zieht die Ziffern 7, 8 und 2 und bildet damit 27 (anstatt die noch günstigere Zahl 28).

Gina bildet aus ihren Ziffern 5, 6 und 9 die Zahl 56.
Max umkreist die 27. Er hat diese Spielrunde gewonnen.

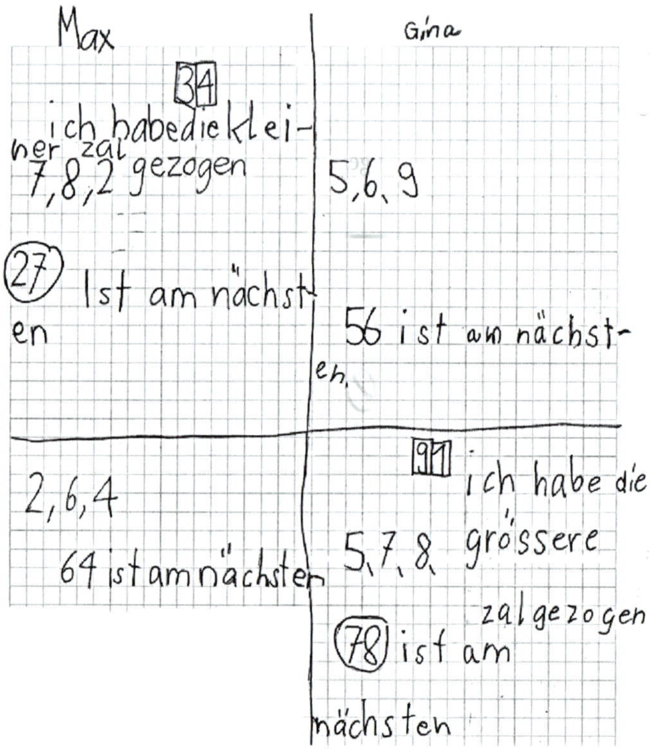

Nach einigen Spielrunden kann man die Schülerinnen und Schüler auffordern, in Zweiergruppen Gewinnstrategien zu diskutieren. Die meisten Kinder werden spätestens bei der Diskussion entdecken, dass das Spiel neben etwas Zahlgefühl viel Glück benötigt.
Für die folgende Aufgabe erhält jedes Kind einen Satz Ziffernkarten 1, 2, ..., 9. Dank der Erfahrungen aus dem Spiel muss die Aufgabe nur knapp erklärt werden.
Im Verlauf der Arbeit werden die Kinder aufgefordert, die gleiche Aufgabe mit verschiedenen Anzahlen Ziffernkarten zu lösen oder aber zwei verwandte Ziffernsets (Weiterführung) zu untersuchen. Die meisten Schülerinnen und Schüler entschieden sich in der Erprobung spontan für den ersten dieser beiden Aufträge.

Dokumente aus der Erprobung (2. Kl.)

Kommentar zum Spiel
Die meisten Kinder aus der Erprobungsklasse haben mit Begeisterung gespielt und das Spiel nach einigen Runden durchschaut. Einige Kinder haben gemerkt, dass die Zehner darüber entscheiden, welche Zahl der gezogenen Zahl näher kommt.

Mann muss einelich nicht
Rechnen mann kann Ja die
zehner Zehlen.

Einfaches Beispiel
Elijah hat sich entschieden, Zahlen mit den vier Ziffern 1, 2, 3 und 9 zu bilden. Von den zwölf möglichen verschiedenen zweistelligen Zahlen hat er sieben Zahlen gefunden, ohne sie der Grösse nach zu ordnen.

1,2,3,9
12, 39, 19, 93, 23, 21, 92,

Mittleres Beispiel
Eliane findet zunächst alle zweistelligen Zahlen mit Ziffernsets zu 3 und 4 Ziffern (nicht abgebildet). Sie wählt dann die fünf Ziffern 1, 2, 3, 5 und 9. Aus jeweils zwei Ziffern bildet sie eine Zahl und deren Umkehrzahl. Sie wählt die beiden Ziffern aus dem Set eher zufällig aus und vergisst so die Zahlen aus den Ziffern 2 und 9 (29 und 92). Die Zahlen ordnet sie nicht nach der Grösse.

1, 2, 3, 5, 9,
12, 21, 13, 31, 59, 95, 35, 53, 52, 25, 39, 93,
23, 32, 91, 19, 15, 51, ich habe 18 gefunden.

Anspruchsvolle Beispiele
Samuel formuliert sein Vorgehen. Er setzt zuerst die Zehner und gibt anschliessend die Einer «dazu».

ich habe zuerst der zehner
genommen und die einer rükwerz
dazu gegeben.

Nachdem *Dominic* alle Zahlenkombinationen mit 3, 4 und 5 Ziffern gefunden hat, löst er unaufgefordert die Aufgabe mit neuen Ziffernsets sowohl ohne (6) als auch mit Wiederholung der Ziffern (9). Die Zahlen sind nach der Grösse geordnet.

2, 9, 7: 27, 29, 72, 79, 92, 97, = (6)
2, 9, 6: 22, 26, 29, 62, 66,
69, 92, 96, 99, = (9)

Luca hat mit drei, vier und fünf Ziffern alle möglichen Zahlen gefunden und nach der Grösse geordnet. Er notiert die Anzahl möglicher Zahlen als Multiplikation: 3 · 2 für 3 Ziffern und 4 · 3 für 4 Ziffern.

Luca 9, 8, 5
98, 95, 89, 85, 59, 58 3·2
9, 8, 5, 2
98, 95, 89, 85, 82, 59, 58, 52, 29, 28, 25
92 4·3

Auch *Deborah* hat alle zwanzig Zahlen mit fünf verschiedenen Ziffern gefunden. Sie hat ausserdem die Ziffern geschickt geordnet: Unter der 1 stehen alle Zahlen mit einer 1 im Zehner, unter der 3 schreibt sie Zahlen mit 3 Zehnern etc. Die Zeilen sind sowohl in den einzelnen Spalten als auch den einzelnen Zeilen der Grösse nach geordnet.

1, 3, 4, 5, 8,

13	31	41	51	81
14	34	43	53	83
15	35	45	54	84
18	38	48	58	85

Zur Heterogenität

Alle Kinder können …
- Ziffernsets mit 3, maximal 4 Ziffern bearbeiten;
- zweistellige Zahlen bilden, notieren und ordnen;
- mehrere Spielrunden spielen.

Einige Kinder können …
- mit Ziffernsets mit bis zu 9 Ziffern arbeiten;
- die gefundenen Zahlen nach bestimmten Ordnungskriterien darstellen;
- die Zahlen verschiedener Ziffernsets miteinander vergleichen;
- berechnen, wie viele Zahlen mit 3, 4, 5, … Ziffern möglich sind;
- die Spielidee verändern – z.B. mit Spielwürfeln und dreistelligen Zahlen spielen.

Klinisches Interview

Dominik wird aufgefordert, zweistellige Zahlen mit 3, 4 und 5 Ziffernkarten zu bilden (L: Lehrperson, D: Dominik).

	L:	Nimm drei Ziffern.
2 3 7	D:	*(nimmt 2, 3, 7)*
	L:	Wie legst du mit diesen drei Karten möglichst viele zweistellige Zahlen?
23 27 32 37	D:	Ich habe immer die tiefste genommen, die es gibt und dann die zweittiefste und habe sie zusammengesetzt. Und dann die nächste genommen (legt 27) und wieder das (32) und dann 37.
	L:	Kannst du mir jetzt sagen, ohne aufzuschreiben, wie viele mögliche Zahlen du jetzt bilden kannst?
23 27 32 37	D:	*(legt 23; 27; 32; 37)* Vier.
	L:	Vier, bist du sicher?
73 72	D:	Ah nein! *(legt 73; 72)* Sechs.
2 3 5 7	L:	Ja genau. Und wenn du jetzt vier Karten hast *(D nimmt die 5 dazu)*, wie machst du das jetzt?
23 25 27	D:	Ja, wieder die tiefste Zahl, dann die zweittiefste und dann zusammenlegen.
	L:	Kannst du mir jetzt sagen, wie viele es gibt?
	D:	Acht.
	L:	Wie kommst du auf acht?
27 37 57	D:	Du kannst ja hier noch dazugeben (27), hier noch eines (37) und da noch eines (57). Drei dazu; es sind 9.
	L:	Also, lege einmal alle Zahlen der Reihe nach und zähle laut, wie viele du hast.
23 25 27 32 35 37	D:	*(legt alle Zahlen von 23 bis 75 und zählt laut mit)*. Zwölf sind es.
52 53 57 72 73 75	L:	Genau. Es sind 12 Zahlen. Hast du jetzt etwas gemerkt? Gibt es einen Trick dafür?
	D:	Immer die tiefste und dann die zweittiefste.
	L:	Gibt es eine Regel, ohne die Karten zu legen, wie du auf zwölf kommst?
	D:	*(überlegt)* Wenn ich 4 Zahlen (Ziffern) habe, kann ich mit einer drei (Zahlen) machen und nachher bei der nächsten wieder drei bis alles fertig ist.
	L:	Was heisst das nun?
	D:	4, 4 mal 3, 12.
1 2 3 5 7	L:	Wenn du jetzt 5 Karten hast *(legt eine dazu)*, kannst du mir ohne zu legen sagen, wie viele verschiedene zweistellige Zahlen du bilden kannst?
	D:	*(überlegt kurz)* 17.
	L:	Wieso 17?
	D:	Weil vorher waren es glaube ich noch 5, die dazugekommen sind, oder nein 2.
	L:	Es ist ja eine Ziffer dazugekommen. Was ändert sich jetzt?
	D:	Es kommt 4 *(überlegt)*. Das kann ich ja eigentlich rechnen. 4 mal, nein es sind 5 mal 4, also 20.
	L:	Wie bist du jetzt auf die 5 mal 4 gekommen?
	D:	Vorher waren es ja 3 mal 4, glaube ich, gewesen. Dann kommt eine (Ziffer) dazu (7), und dann kann man eine mehr machen. So gibt es 4 mal 4, äh 4 mal 5.
	L:	Genau, sehr gut.

Dominik hat jeweils alle Kombinationsmöglichkeiten gefunden. Er beginnt bei der kleinsten Zahl und steigt systematisch zur grössten Zahl auf. Am Ende hat er die Aufgabe so weit formalisiert, dass er ohne Hilfsmaterial die Anzahl zweistelliger Zahlen aus Ziffernsets zu 5 Ziffern durch die entsprechende Multiplikation ($5 \cdot 4 = 20$) bestimmen kann.

ZAHLEN UND GELDBETRÄGE BILDEN UND ORDNEN 3

Thema: Dekadische Struktur im Zahlraum bis 1000; Kombinatorik
Stufe: 3. Klasse
Material: Stellentafel und Legeplättchen;
Spielgeld: 10er-Noten, 100er-Noten, 1-Franken-(1-Euro-)Münzen
Zeitbedarf: 2 mal 2 Lektionen
Bearbeitung: S. Tschopp, E. Atz Wolfensberger, E. Hengartner

Aufgabe

Zahlen an der Stellentafel bilden

a) Nimm immer *drei* Plättchen.
Welche Zahlen kannst du darstellen?
Ordne sie nach der Grösse.
Wie viele verschiedene Zahlen sind es?

H	Z	E
● ● ●		

b) Versuche jetzt dasselbe mit immer *zwei* Plättchen, mit *einem* Plättchen, mit *fünf, sechs, …, acht* Plättchen.
Wie viele Zahlen kannst du jeweils bilden?

c) Dividiere die gefundenen Zahlen durch 9: Was fällt auf?

d) Was geschieht, wenn du noch den Stellenwert für Tausender dazunimmst?

Geldbeträge bilden

a) Nimm immer *drei* Geldstücke. Welche Geldbeträge kannst du bilden? Ordne sie nach der Grösse. Wie viele verschiedene Beträge sind es?

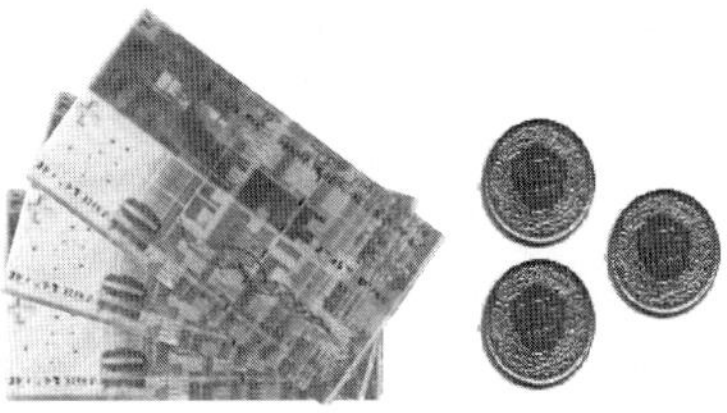

b) Versuche jetzt dasselbe mit immer *zwei* Stücken, mit *einem* Stück, mit *fünf, sechs, …, acht* Stücken.
Wie viele Beträge kannst du jeweils legen?

c) Teile die Geldbeträge unter neun Kinder: Was fällt dir auf?

d) Was geschieht, wenn du noch Tausendernoten dazu nimmst (nur CHF)?

Worum geht es?

«Zahlen an der Stellentafel bilden» und «Geldbeträge bilden» sind zwei Lernumgebungen mit gleicher Zielsetzung und Struktur. Zunächst stehen Lernziele der Zahlraumerweiterung im Zentrum: Im Tausenderraum werden Zahlen mit Legeplättchen dargestellt sowie Geldbeträge gebildet und geordnet. Ziel ist der Aufbau von Grössenvorstellungen von Zahlen. Die Zahlen sind an der Stellentafel durch Plättchen abstrakter repräsentiert als mit den dekadisch gewählten Geldwerten, wo jeder Stellenwert durch die Münzen, die Zehnernoten und die Hunderternoten unterschieden wird. Für das intendierte Lernziel – den Aufbau von Grössenvorstellungen – mag dies von Vorteil sein und langsameren Kindern entgegenkommen. Für Einsichten in Strukturen und die Gestaltung von Gedankenprotokollen scheint aber die Darstellung mit Plättchen an der Stellentafel einfacher, wie in den Schülerdokumenten deutlich wird.

Eine Übersicht über die mit unterschiedlicher Anzahl Plättchen bzw. Geldstücken gelegten und geordneten Zahlen bzw. Geldbeträge soll die Struktur verdeutlichen:

mit 1	**mit 2**	**mit 3**	**mit 4**
100	200	300	**4**00
010	110	210	**3**10
001	101	201	**3**01
	020	120	**2**20
	011	111	**2**11
	002	102	**2**02
		030	**1**30
		021	**1**21
		012	**1**12
		003	**1**03
			040
			031
			022
			013
			004
1+2=3	1+2+3=6	1+2+3+4=10	1+2+3+4+5=15

Die Anzahl möglicher Zahlen oder Geldbeträge wächst gemäss der fortgesetzten Addition der natürlichen Zahlen. Es entsteht die Folge der Dreieckzahlen. Am Beispiel *«mit 4»* wird in der Übersicht durch Hervorheben der Hunderter die Bildungsregel sichtbar: Mit 4 Hundertern gibt es eine Möglichkeit, mit 3 Hundertern zwei, mit 2 Hundertern dann drei, mit 1 Hunderter vier und mit 0 Hundertern 5 verschiedene Zahlen oder Geldbeträge, das macht 1+2+3+4+5 = 15.

Zu Aufgabe d): Nimmt man die Tausender als Stellenwert oder als Note hinzu, so wächst die Anzahl möglicher Zahlen bzw. Beträge gemäss der fortgesetzten Addition der Dreieckzahlen:

mit 1	**mit 2**	**mit 3**	**mit 4**	usw.
1+3=4	1+3+6=10	1+3+6+10=20	1+3+6+10+15=35	

Zu Aufgabe c): Bei allen Zahlen bzw. Geldbeträgen, die mit gleicher Stückzahl gebildet sind, entsteht bei der Division durch 9 der gleiche Rest. Bei den zehn Zahlen/Beträgen zum Beispiel, die mit 3 Stücken gebildet bzw. mit drei Plättchen gelegt wurden, ist der Rest stets drei. Erklärung:

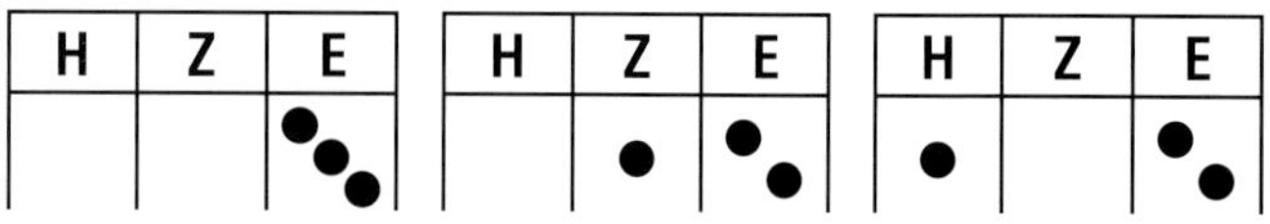

Ich lege mit den drei Plättchen zunächst die Zahl drei. Verschiebe ich nun ein Plättchen nach zehn, gebe ich «9 dazu». Mache ich aus einem Einer einen Hunderter, gebe ich «99 dazu». Und aus einem Zehner einen Hunderter machen heisst «90 dazu». So entstehen beim Verschieben der Plättchen stets Neunerdifferenzen.

Die den Aufgaben c) und d) zugrunde liegende Struktur öffnet ein mögliches Entdeckungsfeld für Schnellere. Sie ist kein Lernstoff, sondern eine zusätzliche Herausforderung für einige Kinder.

Wie kann man vorgehen?

Geldbeträge bilden (1 bis 2 Lektionen)
Die Lernumgebung mit den Geldbeträgen wählte ich zuerst, weil die Kinder konkret mit Spielgeld Beträge bilden können. Ich habe sie im Kreis eingeführt: Je drei Einfränkler, drei Zehnernoten und drei Hunderternoten lagen in der Mitte. Abwechselnd nahm ein Kind jeweils drei Geldstücke, berechnete den Betrag und notierte ihn an der Wandtafel. Wir besprachen, wie man die Arbeit darstellen und die nach Grösse geordneten Beträge notieren kann. Dann arbeiteten die Kinder allein oder zu zweit. Sie hatten Spielgeld auf den Schülerpulten zur Verfügung. Die meisten arbeiteten aber ohne das Spielgeld, also abstrakt und zudem recht systematisch.

Zahlen an der Stellentafel bilden
(etwa eine Woche später; 1 bis 2 Lektionen)
An der Wandtafel habe ich eine dreistellige Zahl mit Magnetplättchen dargestellt. Ein Kind notierte die Zahl daneben. Wir bildeten weitere Zahlen mit gleich vielen Plättchen und notierten sie. Anschliessend sollten die Kinder in Partnerarbeit möglichst viele Zahlen mit drei Plättchen finden und notieren. Eine Stellentafel und Plättchen standen ihnen zur Verfügung. Wir sammelten und ordneten die gefundenen Zahlen und besprachen die Darstellung. Die meisten Kinder erkannten in der weiteren Arbeit den Zusammenhang beider Lernumgebungen. Sie fühlten sich gefordert durch das Ordnen, Kombinieren und Darstellen im Tausenderraum. Die Arbeit machte ihnen Spass.

Dokumente aus der Erprobung

Julia hat zunächst Zahlen an der Stellentafel mit drei Plättchen gebildet: Von den zehn möglichen Zahlen hat sie sieben gefunden und korrekt der Grösse nach geordnet. Von den 21 möglichen Lösungen mit fünf Plättchen hat sie acht gefunden und von der kleinsten zur grössten Zahl richtig geordnet. Als letztes Beispiel wählt sie die drei Zahlen mit einem Plättchen. Auf der Ebene des Lernziels war sie erfolgreich.

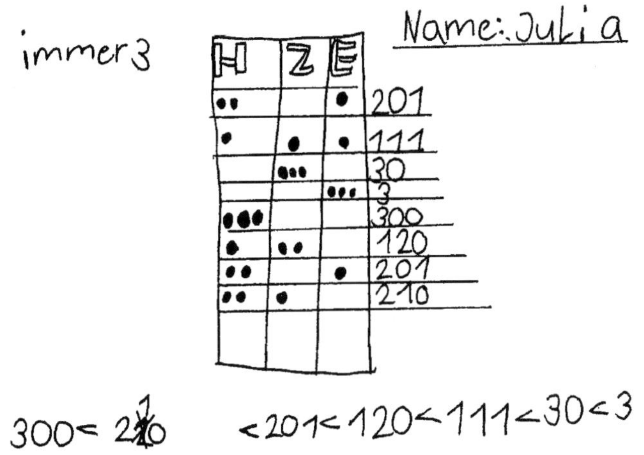

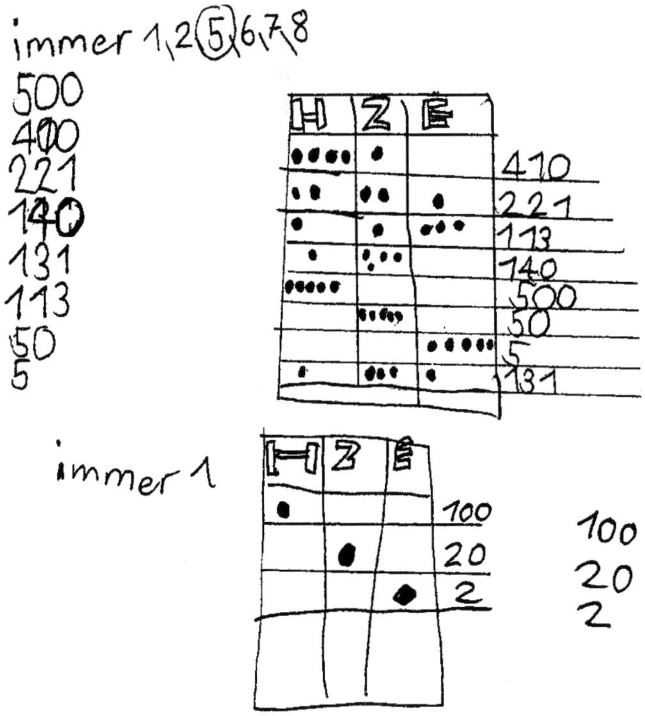

Janick bildet zuerst Zahlen an der Stellentafel mit drei Plättchen und ordnet sie nach der Grösse. Er hat alle zehn Zahlen gefunden. Interessant ist ein Vergleich mit derselben Aufgabe mit Geldbeträgen: Es scheint für ihn schwieriger zu sein, Übersicht zu bewahren.

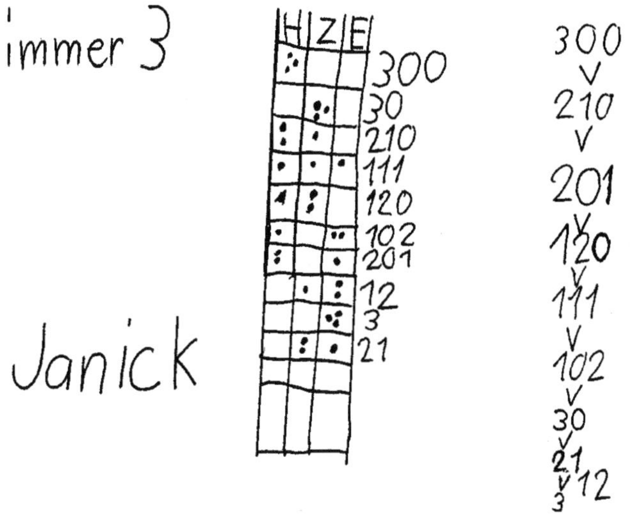

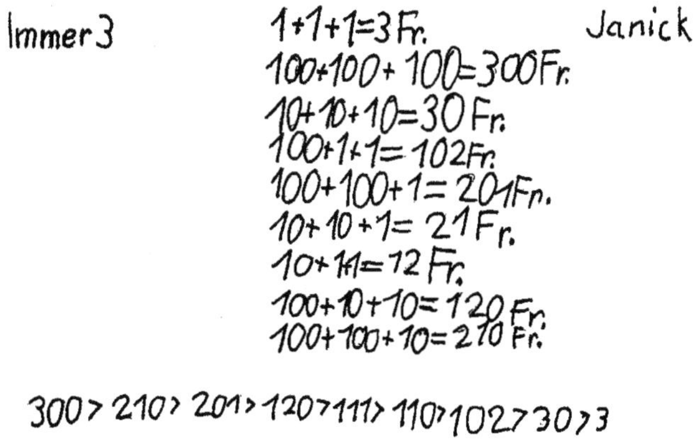

An der Stellentafel hingegen versucht *Janick* es sogar mit 8 Plättchen (s. Dokument auf folgender Seite oben). Er findet zwar nur 34 von 45 Lösungen; aber seine Suchstrategie ist bemerkenswert: Er beginnt mit acht Plättchen als Hunderter und verschiebt dann Plättchen für Plättchen zunächst an die Zehnerstelle, dann ebenso systematisch an die Einerstelle, bis alle acht Plättchen dort liegen und die Zahl 8 darstellen. Dann verschiebt er wiederum systematisch die Plättchen von der Einer- zur Zehnerstelle und gewinnt so weitere acht Zahlen. Das Lernziel – Ordnen von Zahlen nach Grösse – tritt in den Hintergrund zugunsten eines systematischen Bildens und Darstellens von Zahlen.

Cordula (s. nächste Seite unten) stellte zunächst wie Janick Zahlen mit drei, dann mit vier Plättchen an der Stellentafel dar und ordnete sie korrekt (ist hier nicht abgebildet). Die Zahlen mit 5 und mit 8 Plättchen schreibt sie sodann geordnet von der grössten zur kleinsten Zahl auf, ohne auf das Arbeitsmittel der Stellentafel zurückzugreifen. Sie hat die kombinatorische Regel der Zahlenbildung völlig begriffen.

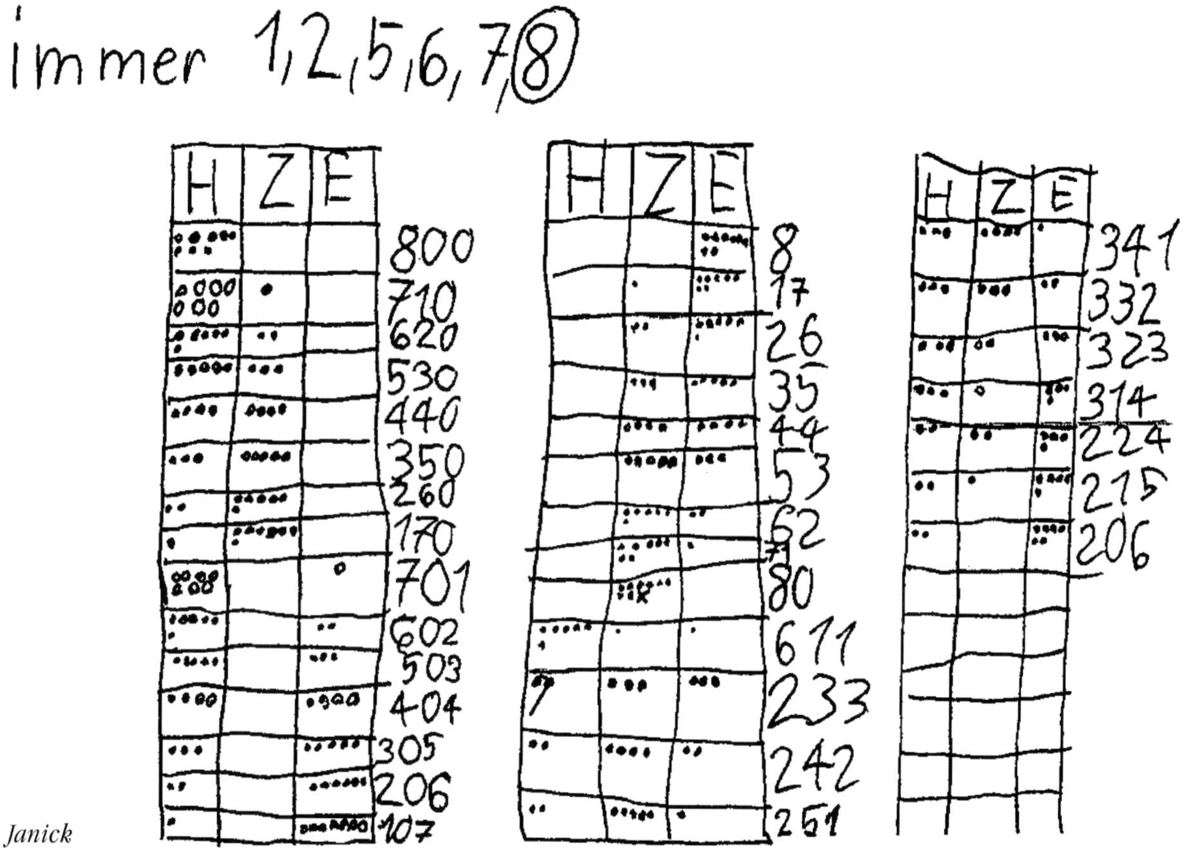

Janick

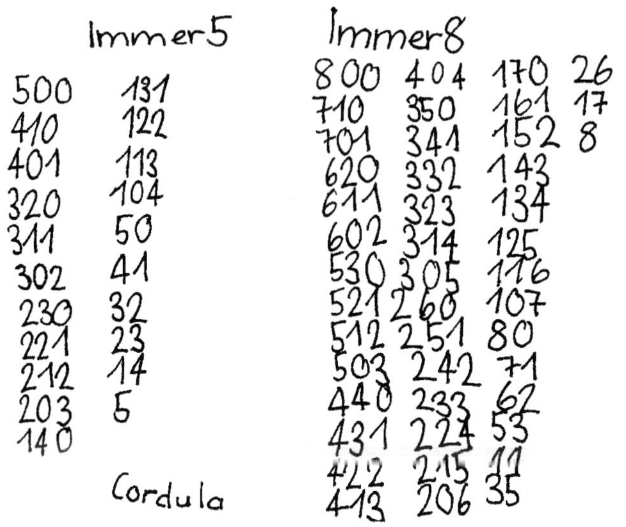

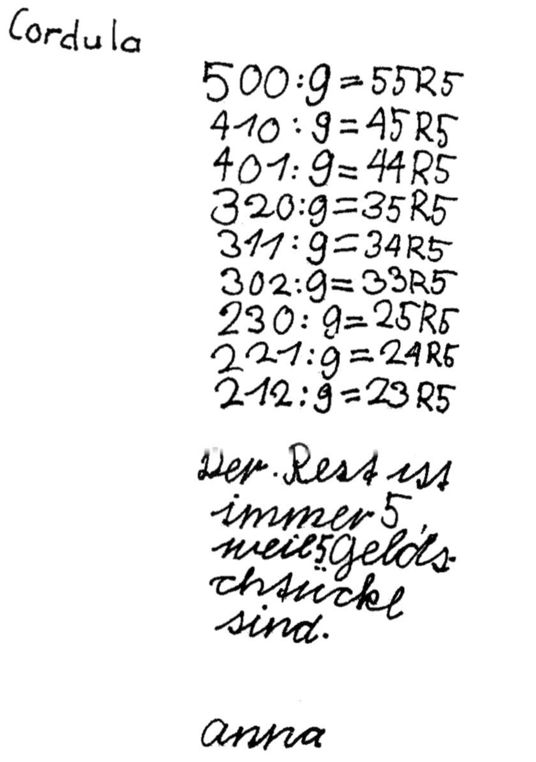

Cordula und *Anna* haben die Zusatzaufgabe c) gelöst: «Dividiere die gefundenen Zahlen durch 9. Was fällt auf?» (Die geforderten Divisionen gehören ins 4. Schuljahr!). Sie haben zutreffend beschrieben, dass mit gleicher Anzahl Plättchen bzw. Geldstücken derselbe Rest entsteht. Die Bemerkung «weil 5 Geldstücke (bzw. Plättchen) sind» ist vermutlich auch als Teil der Beschreibung und nicht als Erklärung zu verstehen.

ZAHLEN UND ZIFFERN IM TAUSENDERRAUM

Thema:	Orientierung im Zahlenraum bis 1000 mit dem Tausenderbuch
Stufe:	3. Klasse
Material:	Ziffernkarten, Tausenderbücher und Arbeitsblatt mit Zahlenseiten des Tausenderbuchs (KV 6), Farbstifte
Zeitbedarf:	1 bis 2 Lektionen
Bearbeitung:	Chr. Baumann, J. Kalbermatten, E. Ulas, E. Hengartner, B. Wälti

Aufgabe

Zahlen und Ziffern im Tausenderbuch

a) Wie oft kommen die Ziffern 0, 1, 2, 3, …, 8, 9 in einer der zehn Tafeln vor?
Wie oft kommen die Ziffern 0, 1, 2, 3, …, 6, 9 im ganzen Tausenderbuch vor?
Untersucht das und stellt eure Ergebnisse übersichtlich dar.

b) Wie viele Ziffern gibt es im Tausenderbuch:
Auf einer ausgewählten Tafel? Auf allen zehn Tafeln?

c) Suche im Tausenderbuch dreistellige Zahlen (Zahlen über 100),
- die aus gleichen Ziffern bestehen;
- bei welchen die Ziffern (für Hunderter, Zehner, Einer) um eins wachsen oder um eins abnehmen (Beispiel 567 oder 765);
- die zweimal die Ziffer 4 und einmal eine 8 haben;
- bei welchen die drei Ziffern (für Hunderter, Zehner, Einer) zusammen 6 ergeben;
- die vorwärts und rückwärts gelesen die gleiche Zahl ergeben (Palindrome). Ordne jedes Mal die gefundenen Zahlen nach der Grösse.

d) Wie viele Zahlen gibt es mit zwei oder drei gleichen Ziffern:
Auf einer ausgewählten Tafel (zum Beispiel von 201 bis 300)?
Im ganzen Tausenderbuch?

Steckbriefe und Rätsel

«Meine Zahl ist die grösste mit einer 3 (einer 8, 5, …) hinten.»
«Meine Zahl ist die grösste mit einer 4 (einer 9, 7, …) vorn.»
«Meine Zahl ist die grösste mit einer 2 (einer 5, 7, …) in der Mitte.»
«Meine Zahl hat drei gleiche Ziffern, die zusammen 9 (15, 27, …) geben.»
«Meine Zahl wächst von Ziffer zu Ziffer um 4.»
«Meine Zahlen kann man vorwärts und rückwärts lesen, und die drei Ziffern geben zusammen 6.»
«Bei meinen zehn Zahlen geben die erste und letzte Ziffer zusammen 18.»
«Bei meinen 2 Zahlen ist die folgende Ziffer immer das Doppelte der vorangehenden.»

Entwerft selber solche Steckbriefe und Zahlenrätsel. Tauscht sie aus.

Meine Zahl beginnt mit der 3 und hat zwei gleiche Ziffern und die Quersumme heisst 15.

Meine Zahl hat zwei gleiche Ziffern und die Quersumme heisst 16. Und die Zahl in der mitte heisst 5. Und sie ist von der 6. hundertertafel.

Worum geht es?

Die Zahlentafeln des Tausenderbuchs sind ein grundlegendes Darstellungsmittel für die Zahlen bis 1000. Sie erweitern die Hundertertafel der 2. Klasse und finden im Millionbuch des 4. Schuljahrs ihre Fortsetzung. Im Unterschied zu den ebenfalls dekadisch strukturierten Punktefeldern (mit Kraft der Fünf zusätzlich gegliedert) hat auf den Zahlentafeln jede Zahl ihren eindeutigen Platz. Diese betonen mehr den ordinalen, jene den kardinalen Aspekt der Zahlen.

Die Lernumgebung soll den Kindern die Orientierung im Tausenderraum erleichtern und bewusst machen, dass in jeder dreistelligen Zahl die drei Ziffern die Stellenwertbedeutung von Hundertern, Zehnern oder Einern haben. Im Tausenderraum des 3. Schuljahres wird es wichtig, dass die Kinder erkennen, dass Ziffern einen Eigenwert und einen Stellenwert besitzen. Hinzu kommt für unseren Sprachraum die Schwierigkeit, dass bei Zehnern und Einern die Reihenfolgen der gesprochenen Sprache und der Zahlensprache nicht übereinstimmen. Die Auseinandersetzung mit Ziffern und Zahlen im Tausenderbuch soll helfen, das Arbeitsmittel vertraut zu machen und tragfähige mentale Vorstellungsbilder des Zahlenraums zu entwickeln.

Wie kann man vorgehen?

Zur Vorbereitung ein Spiel mit Ziffernkarten
Es ist wichtig, dass die Kinder für die geplanten Übungen mit dem Tausenderbuch und das Entwerfen von Steckbriefen zunächst die Begriffe Ziffern und Zahlen unterscheiden lernen. Dazu eignet sich folgendes Spiel zu zweit oder zu dritt: Die Ziffernkarten liegen verdeckt zwischen den Spielpartner/-innen. Jedes nimmt drei Ziffernkarten und versucht abwechselnd, mal eine möglichst grosse, mal eine möglichst kleine Zahl zu bilden. Man kann die gelegten Zahlen im Tausenderbuch suchen und mit einem Plättchen markieren. Wer jeweils das Kriterium «möglichst gross» oder «möglichst klein» erfüllt, bekommt ein Goldräppli.

Buchstaben und Wörter, Ziffern und Zahlen
Eine Lehrperson hat im Halbkreis Buchstaben- und Ziffernkarten in die Mitte gelegt, dazu Zettel mit Angaben von Eigenschaften für eine Sortierübung: Auf dem einen Zettel stand «Buchstaben», auf dem zweiten «Wörter», auf dem dritten «Ziffern» und auf einem vierten «Zahlen». Bei den Zahlen wurde noch unterschieden zwischen «Zahlen mit einer Ziffer» und «Zahlen mit zwei und mehr Ziffern». Diese vorbereitende Übung stellt die Analogie zwischen Zeichen und Wort sowie Ziffern und Zahlen her.

Zu den Untersuchungen am Tausenderbuch a) bis d)
Die Suchaufgaben unter a), b) und c) variieren im Schwierigkeitsgrad, wenn man sie auf nur eine, auf zwei oder auf alle zehn Tafeln des Tausenderbuchs bezieht.

Zu Aufgabe d): Die Anzahl der Zahlen mit zwei oder drei gleichen Ziffern im ganzen Tausenderbuch beträgt 262. Tipp: Man geht am besten von der dritten Tafel aus, wo alle Zahlen von 201 bis 300 eingetragen sind.

201	202	203	204	205	206	207	208	209	210
211	212	213	214	215	216	217	218	219	220
221	222	223	224	225	226	227	228	229	230
231	232	233	234	235	236	237	238	239	240
241	242	243	244	245	246	247	248	249	250
251	252	253	254	255	256	257	258	259	260
261	262	263	264	265	266	267	268	269	270
271	272	273	274	275	276	277	278	279	280
281	282	283	284	285	286	287	288	289	290
291	292	293	294	295	296	297	298	299	300

Die Suchaufgaben unter c) haben Beispielcharakter und dienen zur Einführung eigener Suchaufgaben, Steckbriefe oder Zahlenrätsel.

Für die Einführung von Steckbriefen bzw. Zahlenrätseln soll man mit sehr einfachen Beispielen beginnen: «Meine Zahl liegt zwischen 300 und 400 und hat drei gleiche Ziffern» usw. Lässt man die Kinder Steckbriefe schreiben, kann man sie auffordern, einfache und anspruchsvollere Rätsel zu notieren. Man kann sie die Schwierigkeit ihrer Zahlenrätsel selber einschätzen und mit vereinbarten Zeichen kennzeichnen lassen. Beim Austausch der Steckbriefe können die Kinder so ein Stück weit den Schwierigkeitsgrad selber wählen. Die Kinder sollen die Lösungen ihrer Steckbriefe entweder hinten auf die Zettel oder gesondert festhalten.

Dokumente aus der Erprobung

Die Steckbriefe reichen von einfachen Variationen der Einführungsbeispiele bis zu recht anspruchsvollen Zahlenrätseln. Das letzte Beispiel dokumentiert eindrücklich den Prozess einer schrittweisen Eingrenzung der gedachten Zahl durch immer neue Bestimmungsmerkmale.

Meine Zahl ist die kleinste mit einer 1 hinten?

Meine Zahl ist die grösste mit einer 1 in der Mitte

Meine Zahl ist die grösste mit einer 1 vorne?

Meine Zahl ist die grösste mit einer 1 hinten? Fabian

Meine Zahl hat 2 gleiche Zifern. und ein 7. Sie ist groser als 880 und kleiner als 890.

Meine Aufgabe heisst: Sie hat 3 gleich Ziffern, und ist in der 500 Tafl.

Sie ist nicht gröser als 26. auch nicht kleiner als 26

Die zweite Ziffer ist garkeine Zahl. Die erste ist die gleiche wie die dritte. Die dritte ist von 1–10 die kleinste.

Meine Zahl hat die Quersumme 10 und sie ist in der 800 Tafel und die Ziffer in der mite ist 1.

Mein zahl ist zwischen 500-600. Mein letzter ziffer ist 2. Man muss +2 Rechnen wenn mann das mittlere ziffer suchen will.

Meine ~~Zahl~~ hat die Quersumme 6 und beginnt mit der Zahl 2 und hört auf mit der Zahl 3.

Die Erste Ziffer ist Eins kleiner weder 9 un die lezte ist 5 zusamen geben sie 22

Meine zahl hat die Quersumme 15 Sie beginnt mit der 1 und endet 6

1. Meine Zahl hat 2 gleiche Ziffern. Sie hat die Quersumme 14 sie ist gröser als 599 und kleiner als 660. Sie ist grösser als 628.

WEGE IM TAUSENDERRAUM

Thema: Orientierung im Tausenderraum
Stufe: 3. Klasse
Material: Tausenderbuch (KV 6), evtl. Zeichenkärtchen (KV 7)
Zeitbedarf: ca. 2 Lektionen
Bearbeitung: E. Dürrenberger, M. Beeler, I. Lüscher, S. Tschopp, E. Hengartner

Aufgabe

Wege im Tausenderbuch

Wir beschreiben Wege im Tausenderbuch mit folgenden Zeichen:

→	ein Feld nach rechts	↑	ein Feld nach oben
←	ein Feld nach links	↓	ein Feld nach unten
↗	schräg nach rechts oben	↘	schräg nach rechts unten
↖	schräg nach links oben	↙	schräg nach links unten
◨	nächste Tafel	◧	vorangehende Tafel

a) Erfinde Aufgaben für deine Mitschülerinnen und Mitschüler je mit Startzahl und Weg. Lass die Zielzahlen offen und notiere sie auf ein besonderes Lösungsblatt.

	Startzahl	Weg	Zielzahl	Unterschiede:
a.	645	→ ↗ ◨	737	92
b.	700	← ↖ ◧	588	212
c.	855	◨ ↑ →	946	....
d.	210	◧ ↓ ◨	220	10
e.	933	◧ ← ◧	732	201
f.	....		....	....

b) Versuche herauszufinden, wie weit Start- und Zielzahl auseinander liegen (im ersten Schülerbeispiel sind es 92).

c) Wähle eine Startzahl (nicht am Rande einer Tafel). Welche Zahlen kannst du in *einem Schritt/mit zwei gleichen Schritten* erreichen? Stelle deine Lösung übersichtlich dar.

d) Nimm Wege aus Aufgabe a): Finde zu einigen Wegen andere Wege von der Start- zur Zielzahl mit einer anderen Anzahl Schritte.

Worum geht es?

Im Zentrum dieser Lernumgebung steht – ähnlich wie in der Lernumgebung «Zahlen und Ziffern im Tausenderbuch» – die Orientierung auf den zehn Zahlentafeln des Tausenderbuchs. Der Aufbau dieses Arbeitsmittels wird hier in eher dynamischer Weise erschlossen: Indem die Kinder Wege auf den Zahlentafeln in verschiedenen Richtungen und Schrittgrössen wählen, beschreiben und mit Zeichen codieren, lernen sie die Struktur dieser Tausenderdarstellung verstehen. Sie lernen sie vor allem als Arbeitsmittel für die Ausführung von Operationen (Addition und Subtraktion) gebrauchen. Die acht Richtungspfeile bedeuten +1, –1, +10, –10, +11, –11, +9 und –9. Ergänzend hinzu kommen zwei Zeichen für den Tafelwechsel vorwärts und rückwärts an jeweils der gleichen Stelle; sie bedeuten +100 und –100.

Die Zusatzaufgabe, die Unterschiede zwischen Start- und Zielzahl zu berechnen, ist für Schnellere gedacht: Zwei Wege bieten sich dafür an, nämlich das fortgesetzte Addieren und Subtrahieren entlang der Zeichen (ohne Beachtung der Start- und Zielzahl) oder die Bildung der Differenz zwischen beiden Zahlen, wofür verschiedene Strategien offen stehen.

Eine Schwierigkeit entsteht, wenn eine Startzahl an einem Tafelrand gewählt wird, weil man beim Befolgen der Pfeile über den Rand hinaus geraten kann: Die Zeichen verlieren dann ihre direkt ablesbare Bedeutung (Beispiel: «260 ein Feld nach rechts» führt nicht nach 261, sondern nach 351). Deshalb fordern wir die Kinder auf, Startzahlen nicht am Rand der Tafeln zu wählen.

Wie kann man vorgehen?

Wir haben die Lernumgebung mit der Klasse mithilfe eines grossen Tausenderbuchs und mit zehn Zeichenkarten eingeführt: Wir wählen eine Startzahl in einer Tafel (z. B. 356), notieren sie gross auf einem Zettel und setzen etwa drei Zeichenkarten für den Weg daneben (z. B. eins nach rechts, eins nach rechts oben und einen Tafelwechsel). Der Weg wird auf der Tafel bestimmt (von 356 nach 357, dann nach 348 und schliesslich Tafelwechsel nach 448). Die Zielzahl (448) notieren wir rechts von der Wegbeschreibung.

Nach ein paar gemeinsam gelösten Beispielen erhalten die Kinder ein Arbeitsblatt (KV 7). Sie wählen eigene Startzahlen, bestimmen jeweils einen Weg und codieren ihn mit den vereinbarten Zeichen. Wir haben uns auf maximal drei bis vier Zeichen geeinigt. Die Zielzahlen werden auf dem Arbeitsblatt offen gelassen und auf einen separaten Lösungszettel notiert. Dazu sind die Aufgaben fortlaufend nummeriert oder mit Buchstaben gekennzeichnet. Schnellere Schülerinnen und Schüler berechnen auch bereits Unterschiede zwischen Start- und Zielzahlen, welche sie ebenfalls auf dem Lösungszettel (und nicht auf dem Arbeitsblatt) notieren. Letzteres dient nämlich als Aufgabenblatt für andere: Die Aufgabenfolgen werden ausgetauscht, gelöst und wechselseitig anhand der Lösungszettel verglichen und allenfalls korrigiert. Mit jenen Kindern, welche als Zusatz Unterschiede berechnet haben, soll man über die Art, wie sie das gemacht haben, sprechen.

Dokument aus der Erprobung

Ein einfaches Dokument mit fünf Aufgabenbeispielen ist der Aufgabenstellung beigefügt. Wir beschränken uns auf ein zweites, eher anspruchsvolles Dokument. Es unterscheidet sich vom ersten durch die Anzahl gelöster Aufgaben und die Lösung mehrerer Zusatzaufgaben.

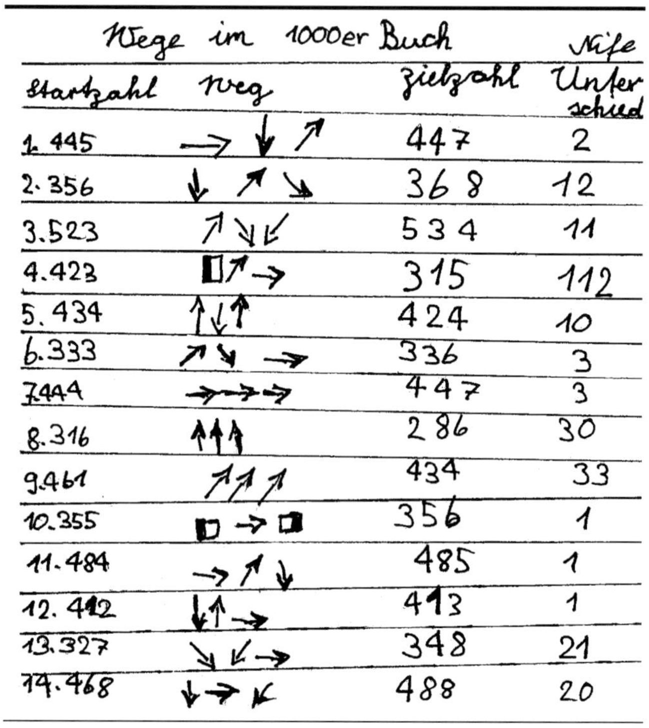

Wege im 1000er Buch — Nife

Startzahl	Weg	Zielzahl	Unterschied
1. 445	→ ↓ ↗	447	2
2. 356	↓ ↗ ↘	368	12
3. 523	↗ ↘ ↙	534	11
4. 423	□ ↗ →	315	112
5. 434	↑ ↓ ↑	424	10
6. 333	↗ ↘ →	336	3
7. 444	→ → →	447	3
8. 316	↑ ↑ ↑	286	30
9. 461	↗ ↗ ↗	434	33
10. 355	□ → □	356	1
11. 484	→ ↗ ↓	485	1
12. 412	↓ ↑ →	413	1
13. 327	↘ ↙ →	348	21
14. 468	↓ → ↙	488	20

Nife hat 14 Aufgaben entworfen und jemandem aus der Klasse zum Lösen gegeben. Die Beschränkung auf jeweils drei Zeichen war durch die Lehrerin vorgegeben. Zwei Dinge sind bemerkenswert: Erstens wählt Nife mehrmals Zeichen, die Bewegungen auf der Tafel rückgängig machen. Dadurch entstehen mitunter sehr kleine Unterschiede zwischen Start- und Zielzahl wie in den Aufgaben 10 bis 12. Zweitens gibt es bei ihr in Aufgabe 8 den Fall, dass sie – ausgehend von 316 – mit drei Pfeilen nach oben über den oberen Tafelrand hinausgerät. Sie (oder eine Kollegin) meistert diese Schwierigkeit, indem sie sich von der Tafel löst und in der Vorstellung von 316 in drei Zehnerschritten nach 286 zurückgeht. Die Unterschiede wurden richtig bestimmt.

GLEICH WEIT WEG 3

Thema: Sich orientieren und operieren an der Tausenderreihe
Stufe: 3. Klasse
Material: Tausenderreihe, Arbeitsblatt (KV 8), evtl. Plättchen
Zeitbedarf: 3 – 4 Lektionen
Bearbeitung: Th. Kaiser, J. Kalbermatten, E. Hengartner

Aufgabe

Das ist ein Ausschnitt aus der Tausenderreihe:

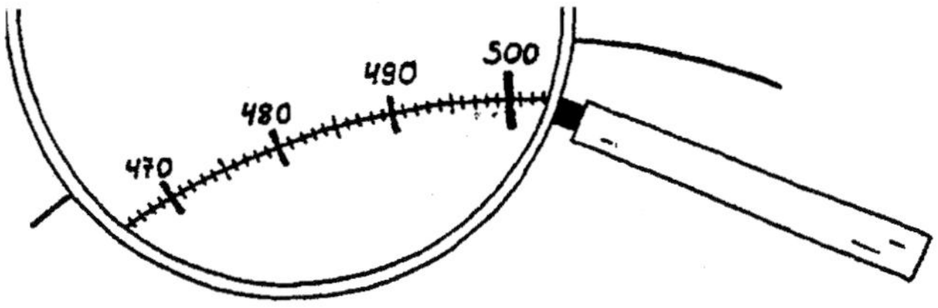

Wir wählen 482.
482 ist gleich weit weg von 480 wie von 484
von 481 wie von 483
von 472 wie von 492
von 470 wie von 494
von 400 wie von 564

a) Wir wählen nun 480.
476 und 484 sind gleich weit weg.
Suche und notiere weitere Zahlenpaare, die gleich weit weg sind von 480.

476	**480**	484
479		481
360		600
___		___

b) Wähle nun selber eine Zahl und schreibe sie ins Kästchen. Schreibe immer zwei Zahlen, die gleich weit von ihr weg sind. Mache einfache und schwierige Beispiele.

c) Kannst du jeweils die Unterschiede zwischen der kleineren und grösseren Zahl bestimmen?
Schreibe die Unterschiede rechts neben die Beispiele:

476	480	484	8
479		481	2
360		600	240
470		490	20
478		482	4
400		560	160

857	870	883	26
868		872	4
437		1303	
865		875	10
840		900	60

d) Addiere die kleinere und die grössere Zahl und vergleiche mit der mittleren Zahl. Was stellst du fest?

Worum geht es?

Die Lernumgebung dient der Orientierung im erweiterten Zahlenraum bis 1000 (und darüber) anhand der Zahlenreihe: Von einer vorgegebenen oder selbst gewählten Zahl aus sollen zwei Zahlen bestimmt werden, welche von ihr «gleich weit weg» sind. Die entsprechenden Aufgaben lösen Kinder im ersten Schuljahr an der Zwanzigerreihe, im zweiten an der Hunderterreihe und im vierten am Zahlenstrahl bis eine Million.

Die Grundidee einer Lernumgebung kommt hier klar zum Tragen: Die Aufgabe ermöglicht eine natürliche Differenzierung vom Kinde aus: Der Schwierigkeitsgrad variiert mit den gewählten Abständen von der mittleren Zahl, aber auch mit der Wahl der mittleren Zahl selbst: Von Hunderter-Zehner-Zahlen (zum Beispiel von 480) aus sind nämlich grössere Abstände einfacher zu bestimmen als von Hunderter-Zehner-Einer-Zahlen (zum Beispiel 476) aus. Eine weitere Differenzierung nach oben ergibt sich bei Überschreitung des Tausenderraumes (siehe Dokumente).

Die Grundaufgabe «Finden von Zahlenpaaren mit gleichem Abstand zur Ausgangszahl» lässt also bereits unterschiedliche Niveaus der Bearbeitung zu.
Das Berechnen der Differenzen zwischen der oberen und der unteren Zahl (in Aufgabe c) geht über das Ziel «Orientierung im Tausenderraum an der Zahlenreihe» hinaus: Gefordert ist ein Operieren an der Zahlenreihe, das vielfältige Strategien offen lässt (z. B. Ergänzen nach oben oder nach unten oder schrittweises Wegnehmen). Diese Aufgabe ist für Kinder gedacht, die zusätzliche Herausforderungen brauchen.

Das Addieren der oberen und unteren Zahl und der Vergleich der Summe mit der mittleren Zahl (Aufgabe d) ist eine weitere «Rampe» für die Schnellen. Auch hier sind unterschiedliche Strategien der Addition möglich (z. B. schrittweises Addieren der oberen zur unteren Zahl oder Addieren der Hunderter, Zehner und Einer je für sich). Die Summen der oberen und unteren Zahlen sind stets doppelt so gross wie die mittlere Zahl – ein Sachverhalt, der manche Kinder überrascht und nach Begründung verlangt. Je nach gewählter mittlerer Zahl wird beim Addieren der Tausenderraum überschritten.

Wie kann man vorgehen?

Die Schülerinnen und Schüler sollten für diese Lernumgebung mit der Tausenderreihe bereits gearbeitet haben und mit ihr vertraut sein. Die erste Aufgabe wird mit mehreren Beispielen an der Wandtafel sorgfältig eingeführt. Dabei werden einfachere mittlere Zahlen (z.B. 250 oder 480) und schwierigere mittlere Zahlen (z.B. 573 oder 497) gewählt. Und es sollen Beispiele mit kleinen Abständen (zu 480 etwa 470 und 490) und mit grösseren Abständen (zu 480 etwa 375 und 585) ins Spiel gebracht werden. Bei Schwierigkeiten kann man Plättchen zu Hilfe nehmen und mit ihnen die Zahlen auf einem vergrösserten Ausschnitt der Zahlenreihe markieren.

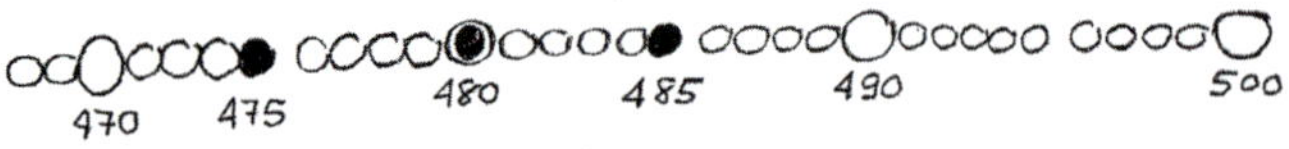

Dann lösen die Kinder Aufgaben mit vorgegebenen und/oder selbst gewählten mittleren Zahlen. Wir haben ihnen erklärt, warum reine Hunderter-Zehner-Zahlen (z. B. 530) als mittlere Zahlen einfacher sind als solche mit Einern dazu (z. B. 523). Wir haben sie ermuntert, beides zu probieren und einfache und schwierige Beispiele zu versuchen.

Fast alle Kinder haben in einem weiteren Schritt auch Unterschiede berechnet. Es kamen zwei Missverständnisse vor: a) Berechnen des Unterschieds zur mittleren Zahl und b) Addieren der mittleren zur unteren Zahl. Man muss die Arbeitsblätter immer wieder anschauen, um Missverständnissen und Fehlern zu begegnen. Es besteht sonst die Gefahr, dass ein fehlerhaftes Vorgehen ständig wiederholt wird und die Kinder in der Orientierung im neuen Zahlenraum wenig Fortschritte machen.
Nur wenige lösten die Aufgabe d) «Summe der unteren und oberen Zahl und Vergleich mit der mittleren» (meist auf einem besonderen Blatt).

Dokumente aus der Erprobung

Livia entfernt sich in einfachen Einer- oder Zehner- oder Hunderterschritten von der vorgegeben Zahl 480 und der selbst gewählten Ausgangszahl 1000.

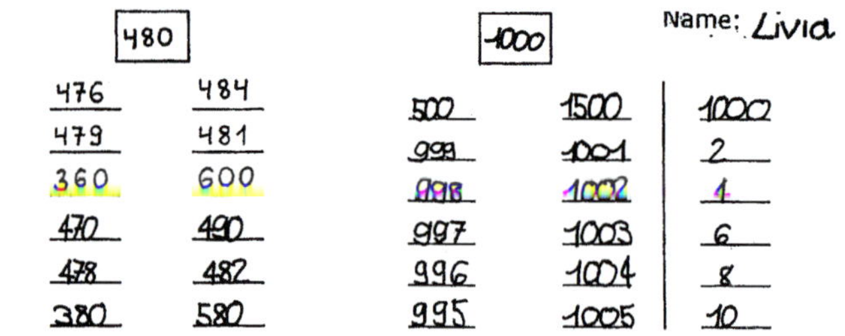

Judit wählt als Ausgangszahlen eine reine Hunderter- und eine Tausenderzahl. Sie löst fast alle Aufgaben fehlerfrei (zweimal schreibt sie bei den Unterschieden Zehner statt Hunderter). Im Tausenderraum bewegt sie sich eher vorsichtig in Einer- oder ganzen Tausenderschritten.

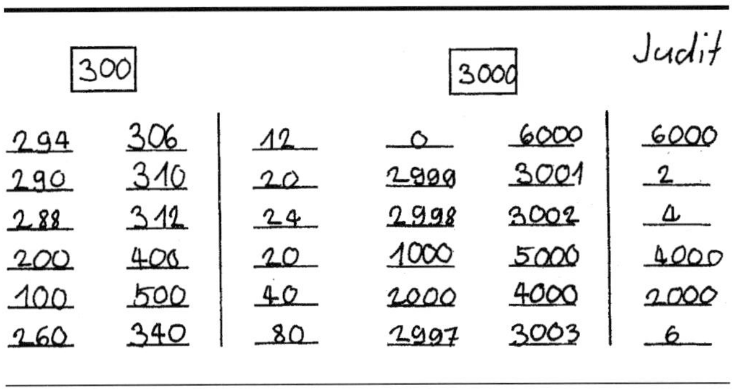

Artan entfernt sich von seinen Ausgangszahlen 5400 (!) und 650 fast ausschliesslich in reinen Zehner- oder in Hunderterschritten. Er bewegt sich dafür in einem Zahlenraum weit über Tausend. Seine Lösungen sind fast alle richtig.

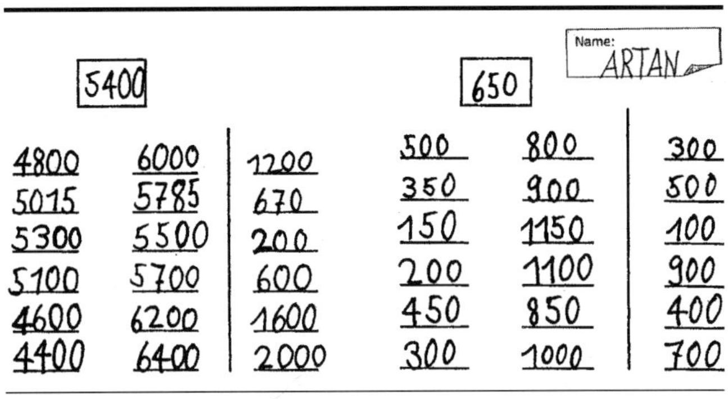

Jannik hat sich gleich zweimal gefordert: Einmal mit der Ausgangszahl 999, zu der er einfache und sehr anspruchsvolle Aufgaben erfindet. Dann durch die Million als Ausgangszahl, von der er sich in Einerschritten wegbewegt.

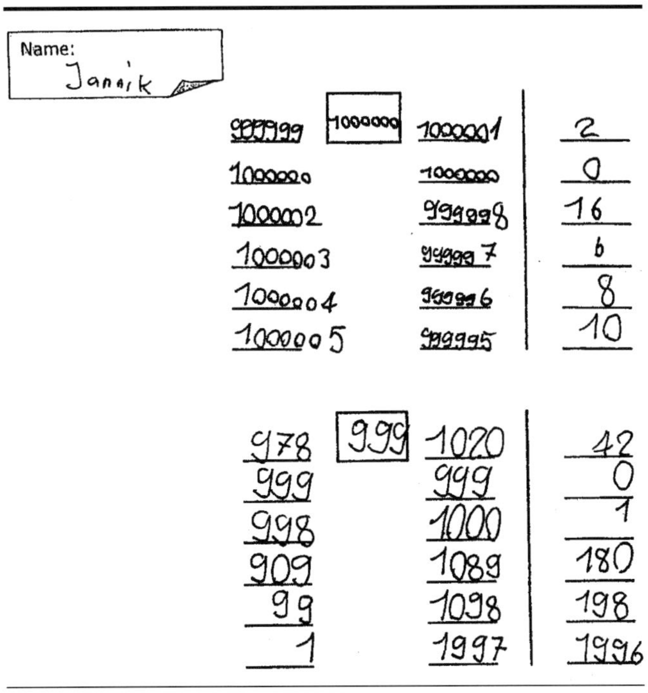

Ajmal hat sich schwierige Aufgaben gestellt: Er rechnet sicher im Zahlenraum über Tausend Aufgaben mit Zehner- und Hunderterübergängen.

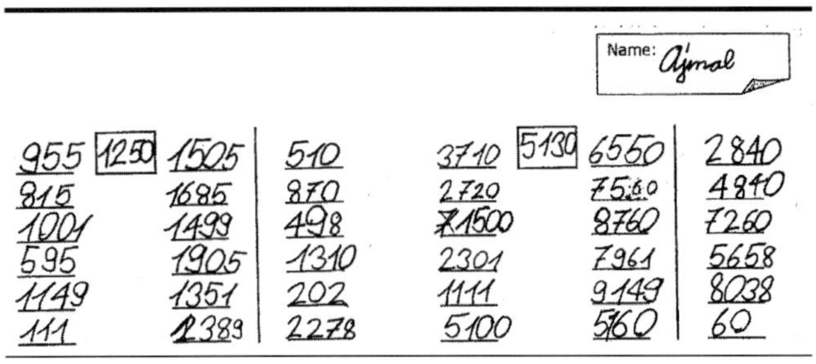

Auch *Silvan* wählte Zahlen über Tausend. Das Rechnen mit Hundertern, Zehnern und Einern bereitet ihm kaum Schwierigkeiten. Er scheint eine Vorliebe für «schöne» Zahlen (zum Beispiel Elferzahlen) zu haben.

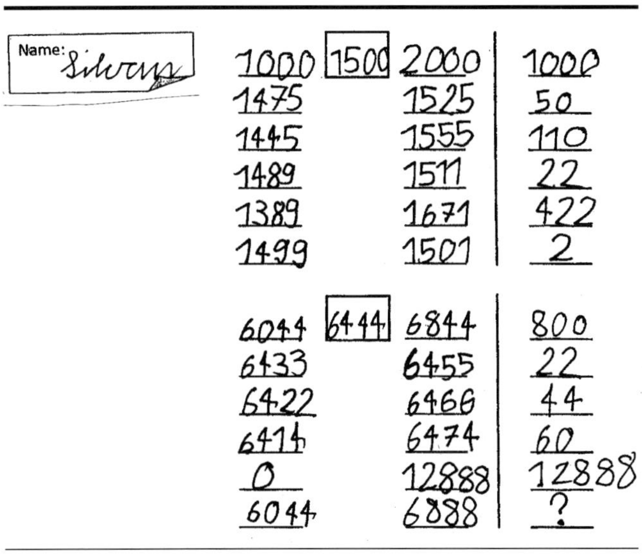

ZAHLEN AN DER STELLENTAFEL VERÄNDERN

Thema: Grosse Zahlen an der Stellentafel darstellen, systematisch verändern und nach der Grösse ordnen
Stufe: 4. – 6. Klasse
Material: Stellentafel und Wendeplättchen (auch als Demonstrationsmaterial)
Zeitbedarf: 1 bis 2 Lektionen
Bearbeitung: N. Roos, E. Hengartner

Aufgabe

An der Stellentafel lassen sich Zahlen mit Plättchen darstellen, zum Beispiel 231 432.

HT	ZT	T	H	Z	E
●●	●●●	●	●●●●	●●●	●●

Wie viele neue Zahlen findest du, wenn du
a) ein Plättchen wegnimmst/dazulegst?
b) zwei Plättchen dazulegst?
c) ein Plättchen verschiebst?

Wähle eine sechsstellige (oder fünfstellige oder vierstellige) Zahl und probiere: Ordne die gefundenen Zahlen jeweils nach der Grösse.

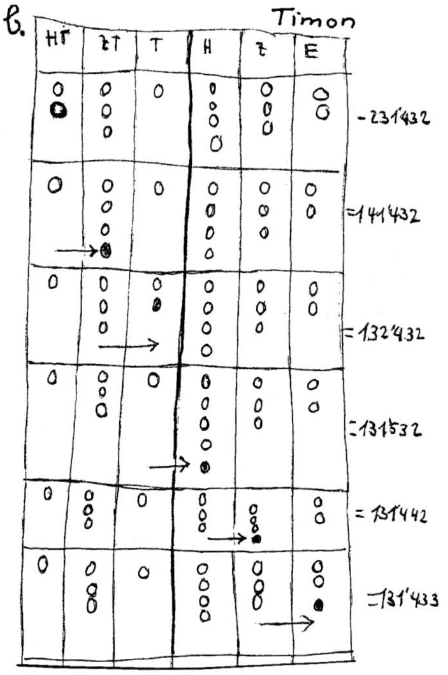

Partnerspiel «Zahlen raten»
A legt – für den andern verdeckt – eine Zahl, zum Beispiel eine fünfstellige mit 4 Plättchen (das sagt man dem Andern). B muss die Zahl durch Fragen herausfinden, auf welche A nur mit «ja» oder «nein» antwortet.

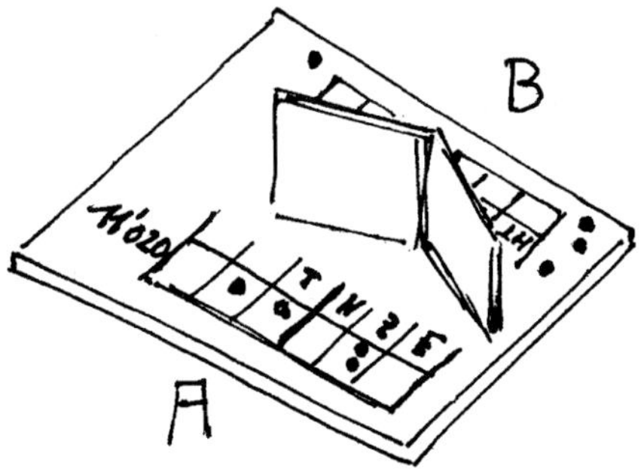

Worum geht es?

Die Lernumgebung fördert die Orientierung im Zahlenraum bis eine Million mithilfe der Stellentafel. Diese wird im Zahlenbuch seit dem 2. Schuljahr für die Darstellung von Zahlen verwendet; sie sollte den Kindern vertraut sein. Neu ist ihre Erweiterung um die Stellenwerte Zehn- und Hunderttausend. Die Kinder stellen grosse Zahlen mit Wendeplättchen dar. Durch Dazufügen, Wegnehmen und Verschieben verändern sie die Zahlen, vergleichen sie und ordnen sie nach der Grösse.

Durch *Dazufügen oder Wegnehmen eines Plättchens* entstehen aus einer sechsstelligen Zahl sechs neue Zahlen.

Durch *Hinzufügen zweier Plättchen* entstehen aus einer sechsstelligen Zahl
6 + 5 + 4 + 3 + 2 + 1 = 21 neue Zahlen.
Beispiel: Aus **231 432** entstehen durch Hinzufügen von 2 Plättchen folgende neue Zahlen:

431 432	251 432	233 432	231 632	231 452	231 434
341 432	242 432	232 532	231 542	231 443	
332 432	241 532	232 442	231 533		
331 532	241 442	232 433			
331 442	241 433				
331 433					

Durch Verschieben eines Plättchens entstehen 6 mal 5 = 30 neue Zahlen.
Beispiel: Bei **231 432** kann ein Plättchen von jedem Stellenwert an fünf andere Stellenwert-Plätze verschoben werden. Durch Verschieben eines Plättchens der Einer entstehen aus 231 432 die fünf neuen Zahlen: 231 441, 231 531, 232 431, 241 431 und 331 431. Entsprechend entstehen je fünf neue Zahlen beim Verschieben eines Plättchens aus den Z, den H, den T, den ZT und den HT.

Zahlen verändern und ordnen ist hier das inhaltliche Lehrplanziel. Das systematische Suchen der Zahlen ist das allgemeine Ziel dieser Lernumgebung.

Wie kann man vorgehen?

Man kann die Lernumgebung in spielerischer Art einführen: Die Kinder erhalten zu zweit oder zu dritt eine Stellentafel im A4-Format und Wendeplättchen. Abwechselnd denkt sich ein Kind eine vier- bis sechsstellige Zahl und nennt sie der Partnerin. Diese legt die genannte Zahl auf der Stellentafel. Für manche ist es erleichternd, die Zahl nicht nur zu diktieren, sondern auch aufzuschreiben.

Die vier Grundaufgaben (ein Plättchen dazu, eins weg, zwei dazu und eins verschieben) werden an einem Beispiel an der Wandtafel erklärt. Beim Dazutun und Verschieben ist es ganz wichtig, dass das oder die «bewegten Plättchen» markiert sind, also beispielsweise rot sind, wenn die Zahl mit blauen Plättchen dargestellt wurde. Nur so kann Übersicht bewahrt werden!

Man soll auch offen lassen, ob Schülerinnen und Schüler zunächst ungeordnet neue Zahlen notieren, die sie erst in einem zweiten Schritt ordnen oder ob sie auf Anhieb ordnen.

Dokumente aus einer 4. Klasse

(alle zur Ausgangszahl 231 432)

Einfaches Beispiel («zwei Plättchen dazu» und «ein Plättchen verschieben»)
Timon hat in Aufgabe b) «zwei Plättchen dazulegen», 9 von 21 möglichen neuen Zahlen gebildet. Er hat immer zwei Plättchen der Reihe nach in die Stellenwerte gelegt. Hätte er die beiden Plättchen auch in unterschiedliche Stellenwerte gelegt, hätte er viel mehr Lösungen gefunden.

In Aufgabe c) «ein Plättchen verschieben» s. nächste Seite, hat er ein Plättchen vom Stellenwert HT auf die andern 5 Stellenwerte ZT, T, H, Z und E verschoben und damit fünf neue Zahlen gebildet. Er hätte dasselbe mit je einem Plättchen der fünf weiteren Stellenwerte tun können und hätte dann 30 statt nur 5 neue Zahlen erhalten.

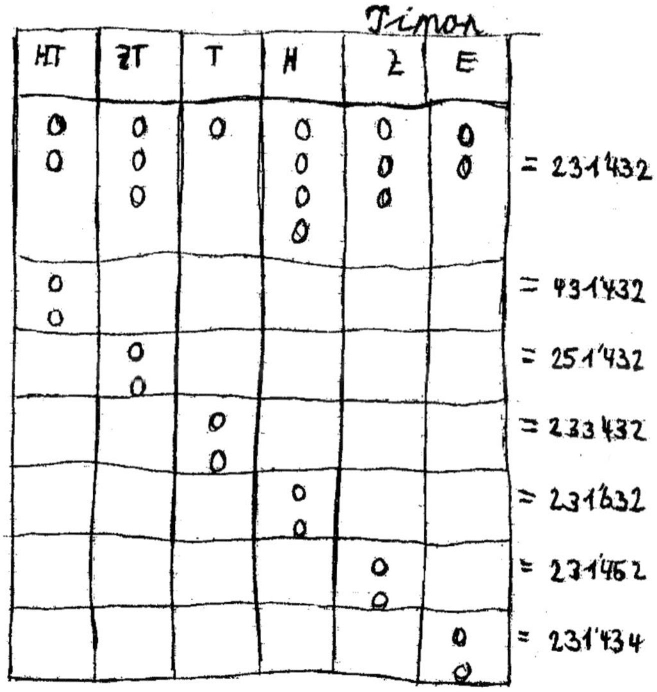

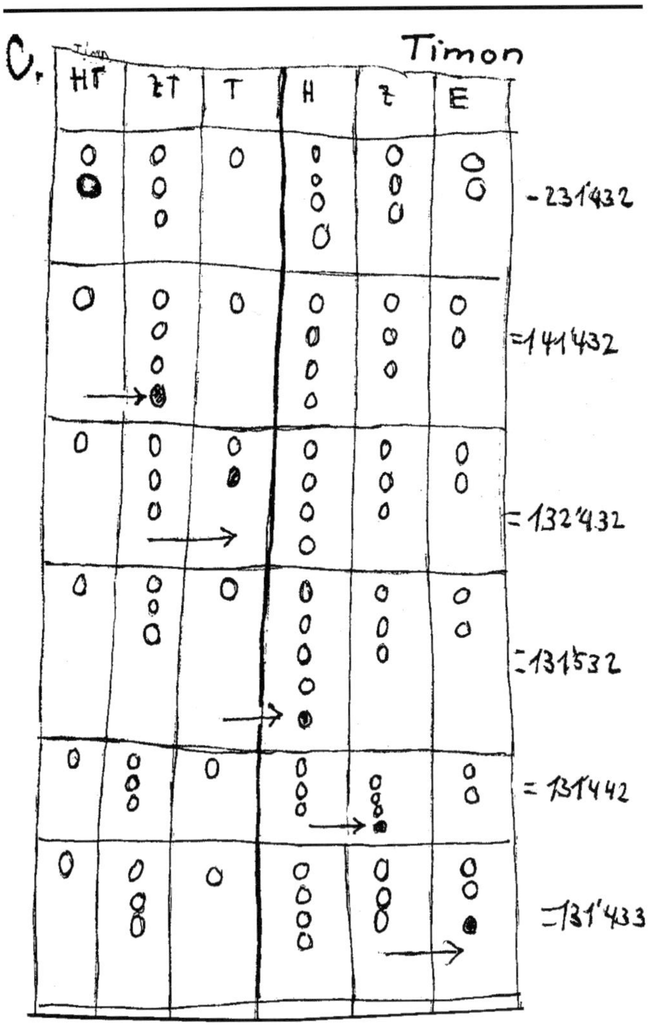

Mittleres Beispiel («zwei Plättchen dazulegen» s. unten)
Rahel hat in Aufgabe b) «zwei Plättchen dazulegen», zunächst wie Timon je Stellenwert zwei Plättchen gelegt und so 6 neue Zahlen gebildet. Dann hat sie 3 weitere Zahlen erhalten, indem sie je ein Plättchen «symmetrisch von aussen nach innen» in die Stellenwerte HT und E, ZT und Z sowie T und H legte bzw. zeichnete; sie hat dabei die zwei Plättchen auf unterschiedliche Stellenwerte verteilt.

Anspruchsvolles Beispiel («zwei Plättchen dazulegen»)
Andreina (s. nächste Seite) hat die Ausgangszahl 231 432 durch Hinzulegen zweier Plättchen in sehr systematischer Weise verändert. Das Vorgehen, nach dem sie alle 21 Zahlen gefunden und dargestellt hat, war ihr offenbar wichtiger als das Ordnen der Zahlen nach der Grösse. Ähnlich wie Timon und Rahel hat Andreina zuerst je Stellenwert zwei Plättchen dazugelegt und so 6 neue Zahlen erhalten. Dann hat sie die zwei Plättchen systematisch auf verschiedene Stellenwerte verteilt:

Mit 1 Plättchen im HT hat sie	5 neue Zahlen dargestellt;
mit 1 Plättchen im ZT hat sie	4 neue Zahlen,
mit 1 Plättchen im T hat sie	3 neue Zahlen,
mit 1 Plättchen im H hat sie	2 neue Zahlen und
mit 1 Plättchen im Z hat sie	1 neue Zahl darstellen können.

Das ergibt 6 + 5 + 4 + 3 + 2 + 1 = 21 neue Zahlen. In der Darstellung mit der Stellentafel sind sie vollständig gezeichnet; in der Auflistung ist eine Zahl (341 432) verloren gegangen.
Die Dokumente beziehen sich aus Gründen besserer Lesbarkeit alle auf die gleiche sechsstellige Zahl 231 432. Die Kinder können natürlich auch einfachere fünf- oder vierstellige Zahlen als Ausgangszahl zum Verändern wählen, womit sich die Anzahl möglicher neuer Zahlen reduziert.

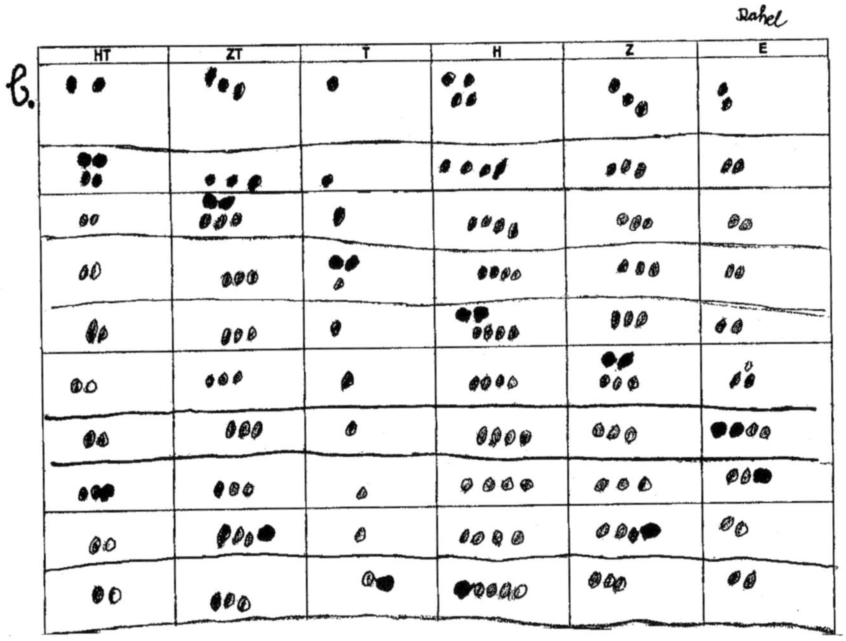

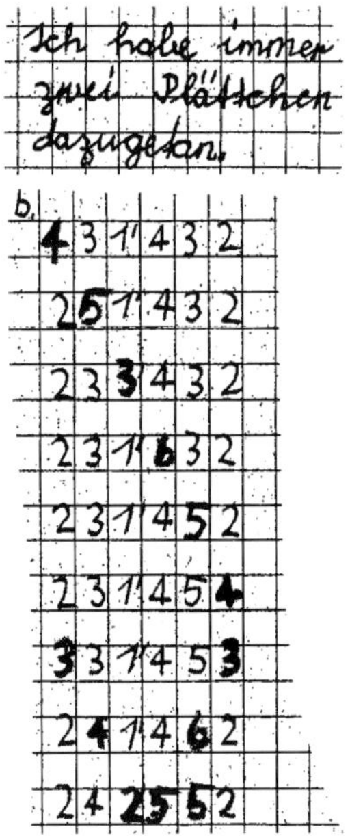

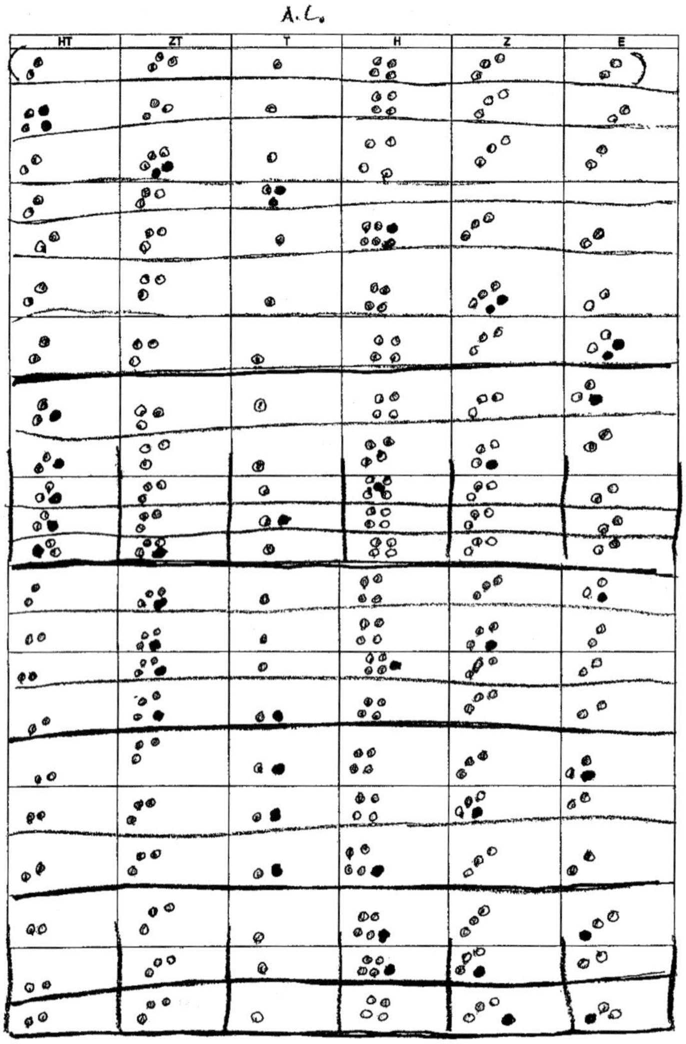
A.L.
b
HT
ZT
T
H
Z
E

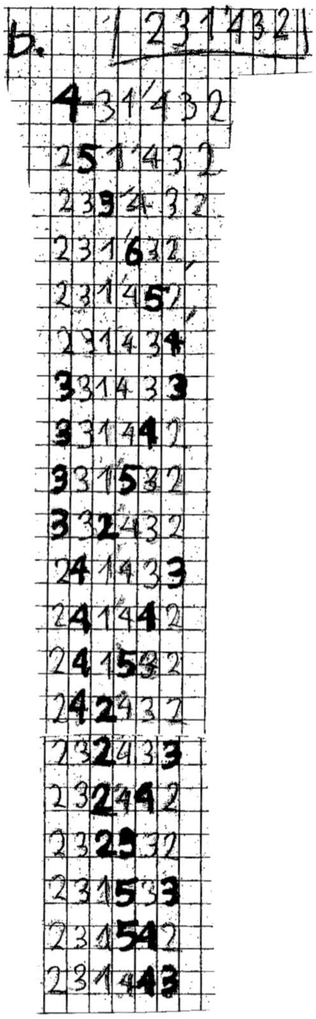
b.
231432
431432
251432
233432
231632
231452
231434
331433
331442
331532
332432
241433
241442
241532
242432
232433
232442
232532
231533
231542
231443

Andreina

ZAHLEN UND ZIFFERN IM ZAHLENRAUM BIS EINE MILLION

Thema: Orientierung im Zahlenraum bis 1 Million
Stufe: 4. – 6. Klasse
Material: Ziffernkarten, evtl. kleines Millionbuch für jedes Kind
Zeitbedarf: 2 Lektionen
Bearbeitung: B. Hoffmann, E. Dürrenberger, I. Lötscher, M. Beeler, E. Hengartner

Aufgabe

Zahlen suchen und Rätsel erfinden

Suchaufgaben *(Beispiele)*

a) Suche sechsstellige Zahlen (Zahlen über 100 000), die aus lauter gleichen Ziffern bestehen.

b) 234 567 ist eine Zahl, deren Ziffern immer um 1 wachsen. 765 432 ist eine Zahl, deren Ziffern immer um 1 abnehmen. Finde weitere solche Zahlen. Ordne sie nach der Grösse.

c) Suche Zahlen mit fünfmal der Ziffer 4 und einmal der Ziffer 2. Ordne sie nach der Grösse.

d) Suche Zahlen, deren sechs Ziffern zusammengezählt 7 ergeben (ohne Null). Ordne sie.

e) Suche Zahlen mit gleich vielen 6 wie 3. Notiere und ordne sie.

f) Bilde Zahlen aus den Ziffern 5 und 7: solche Zahlen, welche vorwärts und rückwärts gelesen die gleiche Zahl ergeben (Palindrome).
Ordne die gefundenen Zahlen nach der Grösse.

Steckbriefe und Rätsel

«Meine Zahl ist 4-stellig. Es ist die grösste mit einer 6 (einer 7, 8, ...) im Tausender.»
«Meine Zahl hat 5 Stellen. Es ist die grösste (die kleinste) mit einer 7 in der Mitte.»
«Meine Zahl ist 4-stellig. Es ist die grösste mit einer 3 im Einer (im Zehner, Hunderter).»
«Meine Zahl hat fünf gleiche Ziffern, die zusammengezählt 20 (30, 45) ergeben.»
«Meine Zahl hat 4 Stellen. Vorwärts und rückwärts gelesen ergibt sich die gleiche Zahl. Sie liegt möglichst nahe bei 5000.»
«Meine Zahl hat 5 Stellen und wächst von Ziffer zu Ziffer um 2.»
«Meine Zahl hat 4 Stellen und wächst von Ziffer zu Ziffer um 2. Die Summe der Ziffern beträgt 20.»
«Meine Zahl hat 4 Stellen. Jede Ziffer ist das Doppelte der vorangehenden.»
«Meine Zahl hat 5 Stellen. Die erste und die letzte Ziffer ergeben zusammen 18; alle Ziffern zusammen ergeben 21.»

Entwerft selber solche Steckbriefe und Zahlenrätsel. Tauscht sie aus!

Worum geht es?

Die Lernumgebungen «Ziffern und Zahlen in der Hundertertafel» und «Ziffern und Zahlen im Tausenderraum (im Tausenderbuch)» werden auf den Zahlenraum bis zu einer Million erweitert. Die Aufgaben fördern das Verstehen und die Vorstellung grosser Zahlen. Sie machen bewusst, dass Ziffern stets einen Eigenwert und eine Stellenwertbedeutung haben: Sie bezeichnen die Anzahl Einer, Zehner, Hunderter, Tausender, Zehntausender, Hunderttausender usw. Die Kinder setzen sich aktiv mit grossen Zahlen auseinander, indem sie solche erkunden, vergleichen, nach bestimmten Regeln bestimmen, «erfinden» und möglichst eindeutig beschreiben. Durch den Austausch und das wechselseitige Lösen von Zahlenrätseln gewinnt die Arbeit einen Adressatenbezug, welcher sprachliche Präzision der Beschreibungen herausfordert und Rückmeldungen an die Steckbrieferfinder in natürlicher Weise miteinschliesst. Beides unterstützt die Entwicklung differenzierter mentaler Vorstellungsbilder im erweiterten Zahlenraum.

Wie kann man vorgehen?

Zur Vorbereitung ein Spiel mit Ziffernkarten
Für die geplanten Übungen ist es wichtig, dass die Kinder Ziffern und Zahlen unterscheiden. Dafür eignet sich folgendes Partnerspiel: Zwischen je zwei Spielpartner-/innen liegen die zehn Ziffernkarten 0 bis 9 verdeckt und gemischt. Jedes nimmt fünf Ziffernkarten und versucht damit eine möglichst grosse oder eine möglichst kleine Zahl zu legen. Wer jeweils gewinnt, bekommt ein Goldräppli.

Zu den Aufgaben
In der Suchaufgabe a) «sechsstellige Zahlen mit lauter gleichen Ziffern», lassen sich neun Lösungen finden.
In Suchaufgabe b) «sechsstellige Zahlen mit um eins wachsenden oder fallenden Ziffern», sind es vier bzw. fünf Lösungen (aufsteigende Ziffern: 123 456, 234 567, 345 678 und 456 789; absteigende Ziffern 987 654, 876 543, 765 432, 654 321 und 543 210).
Bei Suchaufgabe c) können mit der Bedingung «fünfmal die 4 und einmal die 2» insgesamt sechs verschiedene Zahlen gebildet werden (aufsteigend nach Grösse: 244 444, 424 444, 442 444, 444 244, 444 424 und 444 442).

In Suchaufgabe d) «sechsstellige Zahlen mit Quersumme 7 (und ohne die Null)», sind es ebenfalls sechs Lösungen: 211 111, 121 111, 112 111, 111 211, 111 121 und 111 112.
In Suchaufgabe e) sind Zahlen gefragt mit gleich vielen 6 wie 3. Mögliche Lösungen: 36 und 63, 3366, 3636, 3663, 6336, 6363, 6633. Es gehen nur Zahlen mit einer geraden Anzahl Stellen. Mit sechs Stellen wird die systematische Suche sehr anspruchsvoll; es genügt, ein paar Zahlen zu bilden und sie nach Grössen zu ordnen (es gibt 20 davon).

In Suchaufgabe f) gibt es drei Palindrome mit viermal der Ziffer 5 und zweimal der Ziffer 7, nämlich 755 557, 575 575 und 557 755. Ebenso gibt es drei Palindrome mit viermal der Ziffer 7 und zweimal der Ziffer 5.

Die Suchaufgaben haben Beispielcharakter. Man sollte solche Aufgaben mehrmals stellen, bevor man Steckbriefe entwirft. Bei der Einführung von Steckbriefen oder Zahlenrätseln muss man mit sehr einfachen Beispielen anfangen:
«Meine Zahl ist fünfstellig, hat lauter gleiche Ziffern und die geben zusammen 15»; «Meine Zahl hat vier Stellen, eine 9 und dreimal die 8 und sie liegt nahe bei 10 000».
Man kann die Kinder auffordern, einfache und schwierige Beispiele zu erfinden. Und man kann sie die Schwierigkeit einschätzen und die Einschätzung auf den Steckbriefen markieren lassen. So können die anderen beim Austausch den Schwierigkeitsgrad wählen. Werden die Zahlenrätsel zwischen Klassen ausgetauscht, was sehr reizvoll sein kann, so empfiehlt sich ein separates Lösungsblatt für alle Zahlenrätsel der Klasse.

Dokumente aus der Erprobung

Die Zahlenrätsel enthalten Beispiele nach Art der vorher gelösten Suchaufgaben – einfache und anspruchsvollere. Sie sind nicht alle eindeutig formuliert. Einige Beschreibungen treffen auf mehrere oder gar recht viele mögliche Zahlen zu. Beim Austausch der Zahlenrätsel wird dies zur Sprache kommen, wenn andere Lösungen gefunden wurden als die vom Erfinder, der Erfinderin gedachte. Solche Situationen sind willkommen; eindeutige Kinderformulierungen sind auf dieser Stufe nicht anzustreben.

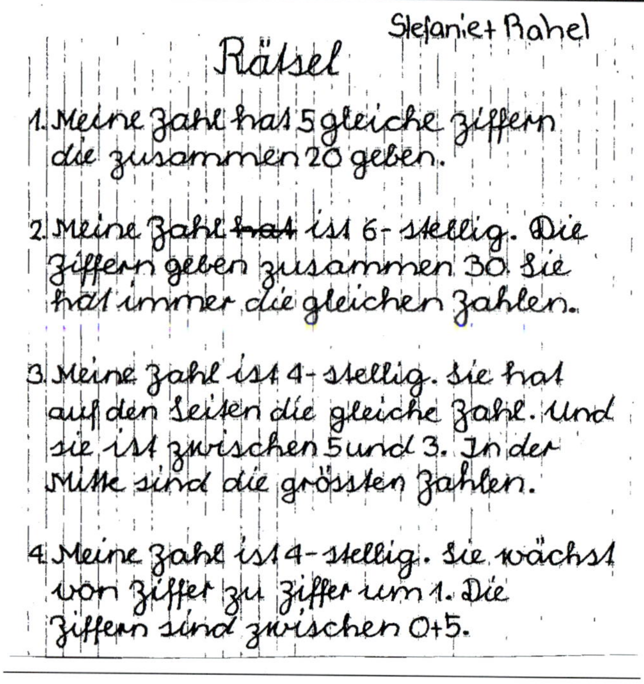
Stefanie+Rahel

Rätsel

1. Meine Zahl hat 5 gleiche Ziffern die zusammen 20 geben.

2. Meine Zahl ~~hat~~ ist 6-stellig. Die Ziffern geben zusammen 30. Sie hat immer die gleichen Zahlen.

3. Meine Zahl ist 4-stellig. Sie hat auf den Seiten die gleiche Zahl. Und sie ist zwischen 5 und 3. In der Mitte sind die grössten Zahlen.

4. Meine Zahl ist 4-stellig. Sie wächst von Ziffer zu Ziffer um 1. Die Ziffern sind zwischen 0+5.

Nicole + Kim

1.Diese Zahl ist 5-stellig und gibt auss der Ziffern 30.

2.Diese Zahl kann man von Hinten und vorne lesen und sie ist am nächsten zu 1 Million.

3.Meine Zahl ist 5 stellig. Sie hat eine Eins, eine Drei, eine Fünf, eine Sieben und eine Neun. Man liest sie von hinten nach vorne.

Marc

1. Meine Zahl ist 4-stellig. Im Einer ist eine Drei. Die andern Drei Zahlen sind das Doppelte von 3.

2. Meine Zahl ist 6-stellig. Sie hat immer die Gleiche Zifer. Es ist die Kleinste.

Sandro, Simi, Ehrigi, Rp

1. Meine Zahl ist 4-stelig. Sie ist die grösste mit einer 8 im Einer.

2. Meine Zahl ist 6-stellig. Sie ist die kleinste Zahl ~~im~~ mit einem 0 im Einer.

Rätsel

Kerstin + Julia!

1) Meine Zahl ist 4-stellig und die grösste mit einer 4 im Einer.

2) Meine Zahl hat fünf gleiche Ziffern, die zusammen 10 geben.

3) Meine Zahl ist die grösste 4-stellige Zahl mit einer zwei im Tausender.

4) Meine Zahl ist 4-stellig und sie kommt nach 7'999

1.) Meine Zahl ist 6-stellig. Sie hat 6 gleiche Ziffern. Alle Ziffern zusammen geben 24.

2) Meine Zahl ist 4-stellig. Sie wächst von Ziffer zu Ziffer um eins. Sie beginnt mit der kleinsten.

GLEICH WEIT WEG 4

Thema: Sich orientieren und operieren am Zahlenstrahl
Stufe: 4. Klasse
Material: Ausschnitte aus dem Zahlenstrahl (KV 9)
Zeitbedarf: 2 – 3 Lektionen
Bearbeitung: E. Dürrenberger, E. Grossmann, E. Hengartner

Aufgabe

Das ist ein Ausschnitt aus dem Zahlenstrahl:

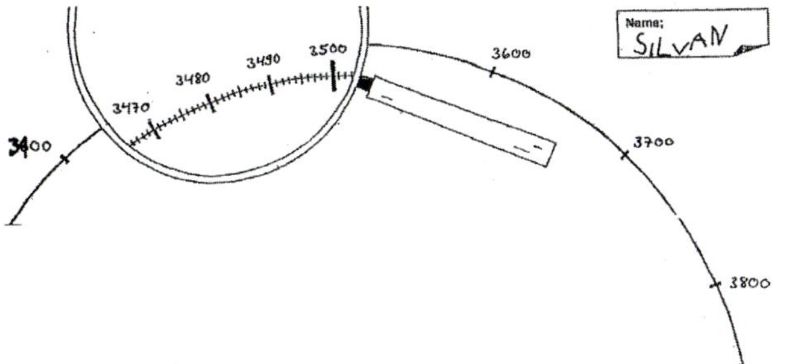

Wir wählen 3485.
3485 ist gleich weit weg von 3484 wie von 3486
von 3400 wie von 3570
von 3460 wie von 3510
von 3200 wie von 3770
von 2857 wie von 4113

a) Wir wählen nun 3780.
3776 und 3784 sind gleich weit weg. **3776 | 3780 | 3784**
Suche und notiere weitere Zahlenpaare, die gleich weit weg sind von 3780.

b) Wähle eine neue Zahl und schreibe sie ins Kästchen. Notiere immer zwei Zahlen, die gleich weit von ihr weg sind. Mache einfache und schwierige Beispiele.

c) Kannst du die Unterschiede zwischen der kleineren und grösseren Zahl jeweils bestimmen? Schreibe die Unterschiede rechts neben die Beispiele.

4000	4500	5000	1000
3000		6000	3000
4499		4501	2
4499 $\frac{1}{2}$		4500 $\frac{1}{2}$	1
4497		4503	6
4100		4900	800

5000	5100	5200	200
5099 $\frac{1}{2}$		5100 $\frac{1}{2}$	1
5050		5750	100
5005		5195	190
5090		5710	20
5099		5701	2

d) Addiere die kleinere und die grössere Zahl und vergleiche mit der mittleren Zahl. Was stellst du fest?

Worum geht es?

Diese Lernumgebung fördert die Orientierung im Zahlenraum über 1000 bis zu einer Million anhand der Zahlenreihe der natürlichen Zahlen. Zu einer vorgegebenen oder selbst gewählten Zahl sollen wiederholt Zahlenpaare bestimmt werden, die von ihr «gleich weit weg» sind. Es sind dieselben Aufgaben, welche Kinder im ersten Schuljahr an der Zwanzigerreihe (und darüber hinaus) lösen, im zweiten an der Hunderter- und im dritten Schuljahr an der Tausenderreihe. Im fünften Schuljahr werden sie am Zahlenstrahl mit gebrochenen Zahlen (Dezimalbrüchen) erneut gestellt.

In jedem Schuljahr – so auch im vierten – kann die Lernumgebung auf ganz unterschiedlichen Niveaus bearbeitet werden: Der Schwierigkeitsgrad hängt zunächst einmal von der Wahl der mittleren Ausgangszahl ab. Diese kann vier-, fünf- oder sechsstellig gewählt werden. Weiter ergeben Vielfache von 1000 (z.B. 61'000) einfachere Rechnungen als wenn die meisten Ziffern von Null verschieden gewählt werden (z.B. 61'365). Sodann variiert der Schwierigkeitsgrad mit den gewählten Abständen von der mittleren Zahl.

Zwei «Rampen» sind vorgesehen, welche über die Orientierung im erweiterten Zahlenraum hinaus ein Operieren erfordern. Das Berechnen der Differenzen zwischen gewählten Zahlenpaaren verlangt ein Operieren an der Zahlenreihe, für das sich verschiedene Strategien anbieten, wie etwa das Ergänzen oder schrittweises Wegnehmen. Auch für das Addieren der jeweils unteren und oberen Zahl mit anschliessendem Vergleich der Summen mit der mittleren Ausgangszahl stehen verschiedene Strategien offen, zum Beispiel schrittweises Addieren oder gesondertes Addieren der einzelnen Stellenwerte. Beide Aufgaben sind für schnellere Kinder gedacht und gehen über die Lehrplanziele hinaus. Übrigens waren manche Kinder überrascht, dass die Summe verschiedener Zahlenpaare zur selben Ausgangszahl immer gleich bleibt und doppelt so gross wie diese ist; sie suchten nach Begründungen.

Wie kann man vorgehen?

Die Kinder sollten vor dieser Lernumgebung bereits am Zahlenstrahl bzw. an Zahlenstrahlausschnitten bis 10'000, bis 100'000, bis eine Million gearbeitet haben, zum Beispiel mit Aufgaben, *wie sie in Zahlenbuch 4 vorgesehen* sind: Zahlen bestimmen, Nachbarn suchen, weiterzählen in Schritten vorwärts und rückwärts, ergänzen auf eine nächste dekadische Einheit usw. In der Vorlage dieser Lernumgebung haben wir bewusst einen Ausschnitt des Zahlenstrahls gewählt, auf dem sich unter der Lupe auch Zahlen bestimmen lassen, die sich in den Zehnern und Einern unterscheiden. Man kann den Kindern verschiedene solche Ausschnitte aus dem Zahlenstrahl bis eine Million zur Verfügung stellen.

Die ersten Aufgaben werden mit jeweils mehreren Beispielen an der Wandtafel gemeinsam gelöst: Dabei werden einfachere mittlere Zahlen (etwa 3500) und schwierigere mittlere Zahlen (etwa 3486) gewählt. Und es werden Beispiele mit kleinen Abständen (zu 3486 zum Beispiel 3484 und 3488) und solche mit grösseren Abständen (zu 3486 zum Beispiel 3450 und 3522) gelöst. Bei Schwierigkeiten kann es hilfreich sein, einen kleinen Ausschnitt der Zahlenreihe, passend zur gewählten mittleren Zahl, so aufzuzeichnen, dass jede Zahl ihren Platz hat und mit Legeplättchen markiert werden kann. Es ist wichtig, dass die Einführungsbeispiele die Palette der Schwierigkeitsgrade bewusst macht. Die Kinder werden sodann aufgefordert, eigene einfache und schwierige Beispiele zu erfinden und auch grössere Zahlen als Ausgangszahl zu wählen.

Fast alle Kinder haben auch Unterschiede berechnet. Dabei sind uns zwei Missverständnisse aufgefallen: Manchmal wurden die Differenzen einer äusseren zur mittleren Zahl berechnet (bei 3432 3500 3568 ergab das also 68 statt 136). Und vereinzelt sind Zahlen (etwa die untere und die mittlere) addiert worden. Solche Missverständnisse treten auf den entstehenden Kinderarbeiten zutage und können während der Übungsphase geklärt werden. Manche Kinder brauchen auch konkrete Vorschläge seitens der Lehrperson, etwa wenn sie sich wiederholen und Herausforderungen vermeiden.

Dokumente aus der Erprobung

Die Dokumente der Kinder offenbaren eine erstaunliche Vielfalt der Auseinandersetzung mit der dekadischen Struktur sowie eine grosse Experimentierfreude beim Operieren am Zahlenstrahl. Eine Anmerkung zur Ergebniskontrolle: Ob die Zahlenpaare jeweils richtig oder falsch bestimmt sind, lässt sich durch die Kinder selbst relativ einfach überprüfen: Richtig gesetzt ergeben sie zusammen stets das Doppelte der Ausgangszahl, da $(a+b) + (a-b) = 2a$. Die Überprüfung, ob die Differenzen zwischen unterer und oberer Zahl richtig berechnet sind, ist aufwändiger; die Lehrperson sollte sich auf die Kontrolle dieser Differenzen konzentrieren. Wir machen mit den folgenden Beispielen wiederum das Spektrum der zu erwartenden Ergebnisse sichtbar. Es sind durchwegs kleine Ausschnitte aus umfassenderen Dokumenten einzelner Kinder.

Einfache Beispiele
Kevin und *Patrizia* bewegen sich im Rahmen vierstelliger Zahlen, wie es das Eingangsbeispiel vorzeichnet. Patrizia entfernt sich von ihren selbst gewählten Ausgangszahlen in gleichmässigen Hunderter- oder Zehnerschritten.

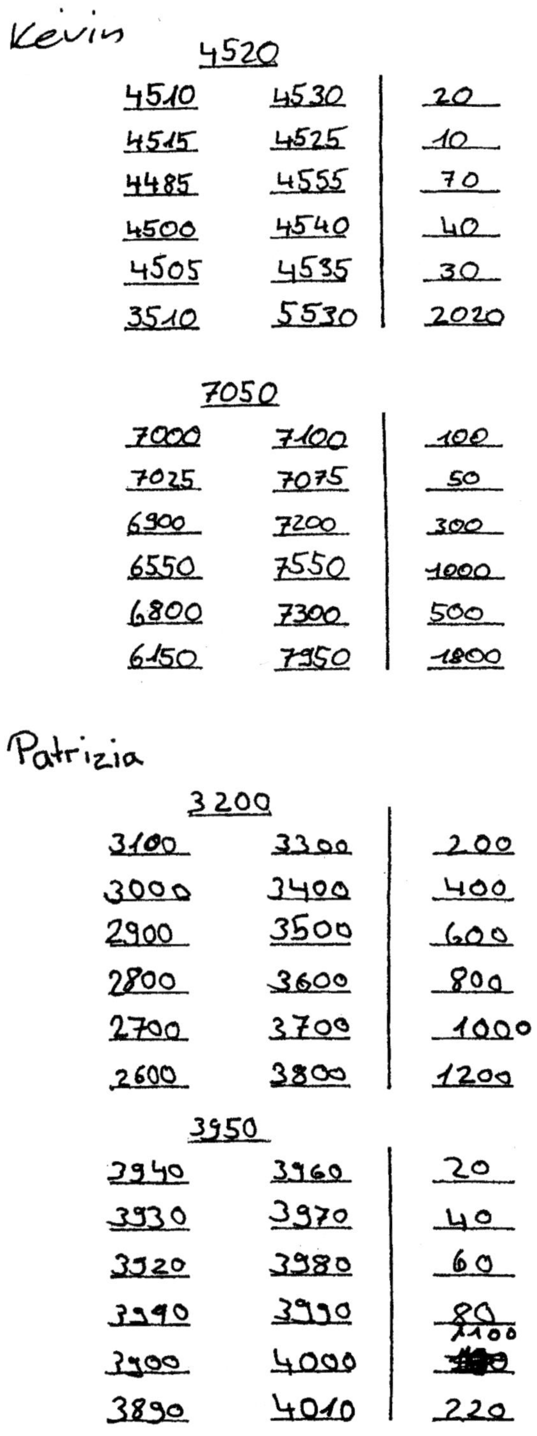

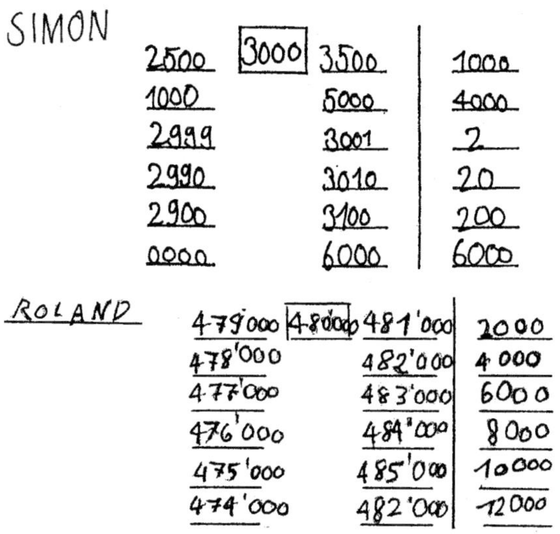

Mittlere Beispiele
Silvan bewegt sich wie *Kevin* im Zahlenraum unter 10'000. Seine Beispiele mit systematischem Verändern von Einern, Zehnern und Hundertern und seine Versuche mit gebrochenen Zahlen weisen auf eine bemerkenswerte Experimentierhaltung hin. Dasselbe gilt für *Anja:* Besonders schön und aufschlussreich ist ihre Erkundung zum Verändern von Stellenwerten zur Ausgangszahl 3333.

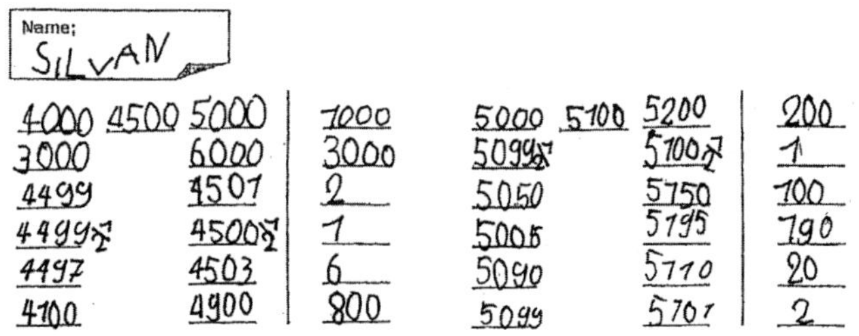

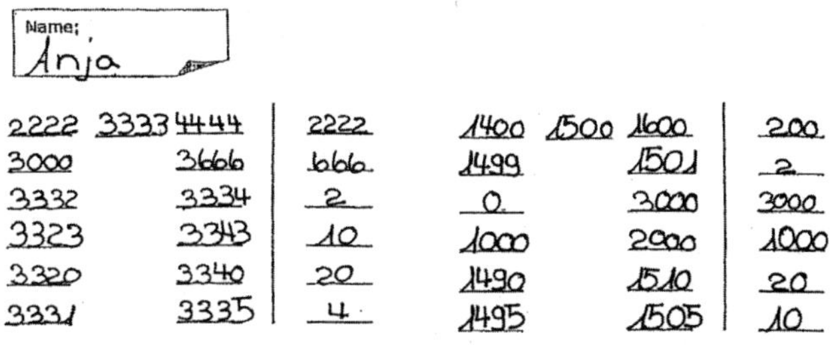

Simon wählte als Ausgangszahl 3000, also einen reinen Tausender. Interessant ist seine dekadische Etüde mit systematischer Veränderung der Zahlenpaare von 2999 – 3001 zu 2990 – 3010 zu 2900 – 3100 (mit den Differenzen 2, 20 und 200). *Roland* arbeitet mit grossen Zahlen zwischen 400'000 und 500'000. Da er aber nur reine Tausenderzahlen in Beziehung zu 480'000 setzt, rechnet er eigentlich wie mit Hundertern, Zehnern und Einern. Er geht über entsprechende Aufgaben des 3. Schuljahres nicht hinaus.

Anspruchsvolle Beispiele finden sich bei *Burak, Manuel* und *Stephan. Burak* wählt zwar einfache Ausgangszahlen 5000 und 10'000. Er sucht dazu aber Zahlenpaare, die in den Tausendern, Hundertern, Zehnern und Einern variieren, was besonders die Berechnung der Unterschiede schwieriger macht. Bis auf eine Ausnahme bestimmt er korrekt die Zahlenpaare und ihre Differenzen. *Manuel* stellt Untersuchungen zu 500'000 an: Sein Interesse gilt den beiden Extremfällen von Zahlenpaaren in unmittelbarer Nachbarschaft der Ausgangszahl und jenen, die am weitesten auseinander liegen. *Stephan* schliesslich berechnet zu sechsstelligen

Zahlen Paare, für deren Bestimmung und Differenzbildung eigentlich schriftliches Rechnen oder der Taschenrechner angebracht wären. Er fordert sich hier offensichtlich selber heraus und geht bis an die Grenzen seiner Rechenfähigkeit.

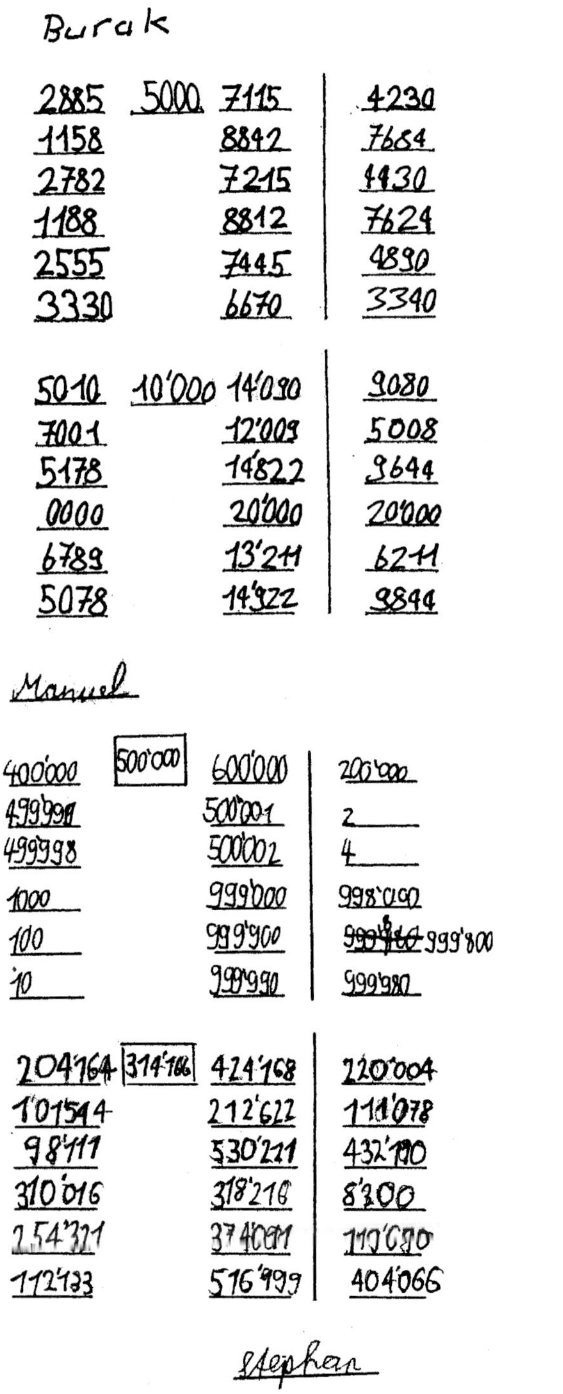

UNSERE SCHULWEGE

Thema:	Grössenvorstellung von Zahlen im Tausenderraum (und darüber)
Stufe:	3. und 4. Klasse
Material:	Rollmeter; KV 10
Zeitbedarf:	Über längeren Zeitraum Schulwege messen und in Tabelle eintragen; 2 Lektionen, je eine für das Erfinden und Lösen von Aufgaben
Bearbeitung:	Th. Müller, Chr. Baumann, J. Kalbermatten, E. Ulas, E. Hengartner

Aufgabe

Schulwege messen und Ergebnisse in eine Klassentabelle eintragen

Je zwei Kinder mit ähnlichem Schulweg bilden Zweiergruppen. Während das eine Kind seinen Schulweg mit dem Rollmeter misst, begleitet und beobachtet die Partnerin/der Partner das messende Kind und sorgt besonders bei Strassenüberquerungen für die Sicherheit. Die Länge der Schulwege aller Kinder werden in eine Klassentabelle eingetragen.

Aufgaben anhand der Tabelle erfinden – wechselseitig Aufgaben lösen

Die Kinder entwerfen – ausgehend von den Längenangaben auf der Tabelle – Aufgaben und geben sie einander zum Lösen.

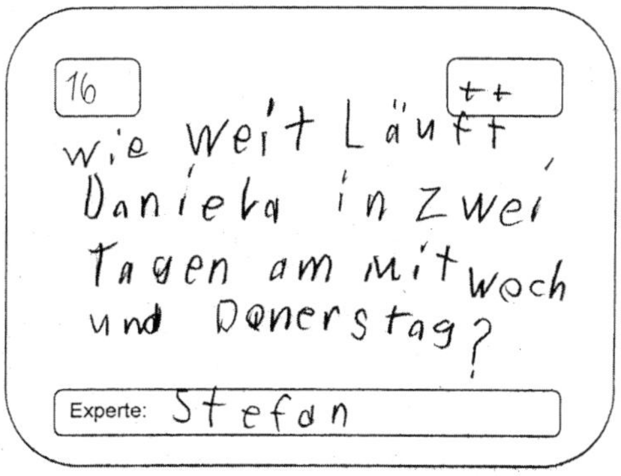

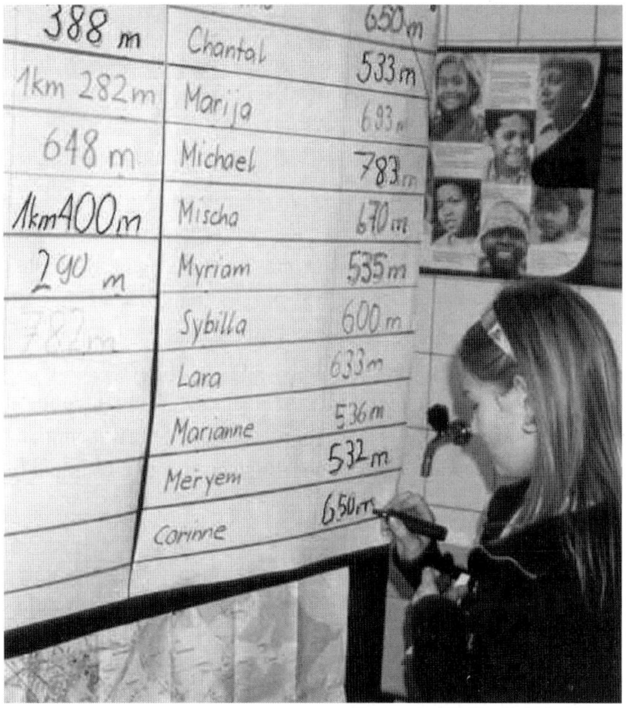

Worum geht es?

Der Tausenderraum wird im Zahlenbuch ganzheitlich in mehreren Durchgängen erarbeitet. Dazu gehören Bündelungsübungen, die Arbeit mit Zahlentafeln und Punktefeldern (Tausenderbuch), Aufgaben an der Tausenderreihe, mit Geld, mit Ziffernkarten und mit der Stellentafel. Sozusagen eingerahmt werden diese eher innermathematischen Tätigkeiten durch Aufgaben mit Anzahlen und Grössenangaben bis Tausend aus der Lebenswelt der Kinder. In diesem Rahmen kommt dem Schulweg eine herausragende Bedeutung zu, da er zur alltäglichen Erfahrung der Kinder gehört, die sich ungezählte Male wiederholt. Diese Lernumgebung kann auf besondere Weise Grössenvorstellungen von Zahlen bis Tausend und mehr fördern.

Nutzen wir die Klassentabelle mit allen Schulweglängen sodann, um Aufgaben zu erfinden, zu formulieren und wechselseitig zu lösen, wird damit auch ein Zugang zu Sachaufgaben und zum Sachrechnen geschaffen, der für die Kinder erleichternd ist. Sie formulieren ja die Texte selber, und deren Inhalt dreht sich um etwas für sie Vertrautes.

Wie kann man vorgehen?

Das Messen der Schulwege beansprucht je nach Anzahl verfügbarer Rollmeter und je nach Klassengrösse unterschiedlich viel Zeit. Mit Hilfe des Messrades misst jedes Kind seinen eigenen Schulweg. Es ist sehr wichtig, dass jedes Kind von einem anderen, das auf Strassengefahren achtet, beim Messen begleitet wird. Die in Metern gezählten Distanzen von der Schulhaustüre zur Haustüre daheim werden auf einem gemeinsamen Plakat eingetragen.

Zur ausgefüllten Tabelle haben wir sodann verschiedene Fragen gestellt und mit ihr Aufgabenvarianten angespielt. Mit gerundeten Zahlangaben haben wir Schulweglängen verschiedener Kinder verglichen. Wir haben den längsten und kürzesten Weg bestimmt. Wir haben uns gefragt, welchen Weg ein bestimmtes Kind am Mittwoch mit Halbtagsunterricht oder am Montag zurücklegt usw. Wenig Sinn macht der Vorschlag, Schulwege verschiedener Kinder zu addieren. Falls man bestimmte Aufgaben an der Wandtafel notiert, sollte man möglichst viele Varianten festhalten. Sonst «erfinden» die Kinder nur Aufgaben gemäss dem Beispiel an der Wandtafel.

Wir liessen die Kinder ihre selbst erfundenen Aufgaben auf Zettel schreiben. Die Zettel wurden von uns nummeriert (siehe das obere linke Feld). Auf einem grossen Lösungsblatt vorn an der Wandtafel mussten die Aufgabenerfinder («Experten») die Lösung ihrer Aufgabe notieren, zur Kontrolle für die anderen. Zudem sollten sie die Schwierigkeit ihrer Aufgabe einschätzen und mit einem Kreuz (leicht), zwei Kreuzen (mittel) oder drei Kreuzen(schwierig) kennzeichnen. Die Mitschülerinnen und Mitschüler sollten auf diese Weise über den Schwierigkeitsgrad der zu lösenden Aufgaben selber entscheiden können. Die Namen der jeweiligen Erfinder («Experten») haben wir notieren lassen, damit man bei Unklarheiten oder abweichenden Ergebnissen nachfragen kann. Dies kam häufig vor: Bei Abweichungen entstanden jeweils grosse Diskussionen, und die Aufgabe wurde zur Kontrolle nochmals gemeinsam gelöst.

Aufgaben zu Schulwegen erfinden

Die unterschiedlichen Schwierigkeitsgrade haben die Kinder selber eingeschätzt.
Erscheinen die erfundenen Aufgaben zu wenig variantenreich, kann die Lehrperson weitere Aufgaben hinzufügen, einfachere und schwierigere. Beispiele:

- Wie viel länger ist der Schulweg von Marina als jener von Aljohn?
- Wie gross ist der Unterschied zwischen den Wegen von Lisa (zweitlängster Weg) und Luljeta (kürzester Weg)?
- Wie viel weiter ist es für Artan als für Lisa?
- Wie weit ist es für dich von daheim zur Schule und wieder zurück? Und für Michèle? Für Rebekka?

Mein Schulweg

Diana	513 m
Marina	635 m
Christian	470 m
Judit	450 m
Aljohn	500 m
Ariana	541 m
Silvan	750 m
Luljeta	200 m
Marco	685 m
Lisa	805 m
Michèle	208 m
Ajmal	268 m
Sead	269 m
Artan	1500 m
Arben	530 m
Rebekka	257 m
Livia	476 m
Jannick	280 m
Sara	307 m
Simone	724 m

18 | +

Wie viel muss Lisa am Mittwoch Morgen in die Schule und zurück laufen?

Experte: Sarah

39 | ++

Wie lang geht Artan, in zwei Tage.

Experte: Aljohn

16 | xx

Wie viel ist an Lisa's schulweg am Freitag hin und zurük am Morgen und Nachmitag?

Experte: Sarah

7 | ++

Wie viel leuft Arben an einem Montag?

Experte: Silvan

6 | XX

Wie viel muss Artan bro Morgen Laufen

Experte: Jannik

61 | ++

Wie viele Meter legt Artan am Mittwoch merzurück als Marina

Experte: Diana

84 | ++

Wie weit laufen Lisa, Sarah, Michèle und Livia am Mittwoch zusammen?

Experte: Lisa

1 | +++

Wieviel leuft Marina in einer Woche.

Experte: Marina

DEZIMALZAHLEN AN DER STELLENTAFEL VERÄNDERN

Thema: Dezimalzahlen an der Stellentafel darstellen, systematisch verändern und der Grösse nach ordnen
Stufe: 5. Klasse und 6. Klasse
Material: Stellentafel und Plättchen, roter Stift zum Markieren; KV 10
Zeitbedarf: 2 bis 3 Lektionen
Bearbeitung: U. Hirt, B. Wälti

Aufgabe

An der Stellentafel lassen sich Zahlen mit Plättchen darstellen, zum Beispiel 21,4.

a) Wähle eine eigene Zahl und untersuche, wie viele Zahlen du neu bilden kannst, wenn du
  - ein Plättchen wegnimmst;
  - ein Plättchen dazulegst;
  - ein Plättchen verschiebst;
  - zwei Plättchen dazulegst.

  Begründe deine Antworten.

H	Z	E	z $\frac{1}{10}$	h $\frac{1}{100}$	t $\frac{1}{1000}$
	●●	●	●●●●		

b) Wie viele Zahlen zwischen 10 und 20 kannst du mit 5 Plättchen legen?

c) Partnerspiel «Zahlen raten»
A legt – für die Partnerin verdeckt – eine Zahl mit höchstens 6 Plättchen. A sagt: «Ich habe 4 Plättchen gebraucht und 3 Spalten sind besetzt.»
B muss die Zahl durch Fragen herausfinden, auf welche A nur mit «ja» oder «nein» antwortet.
Im Beispiel unten hat A die Zahl 1,12 gelegt.

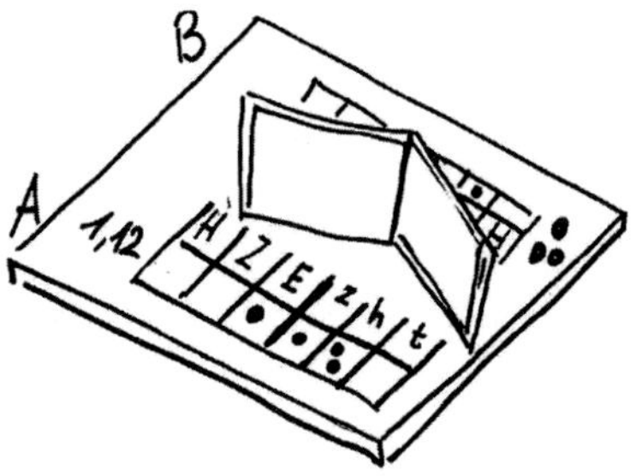

Arbeit zu a) ein Plättchen verschieben

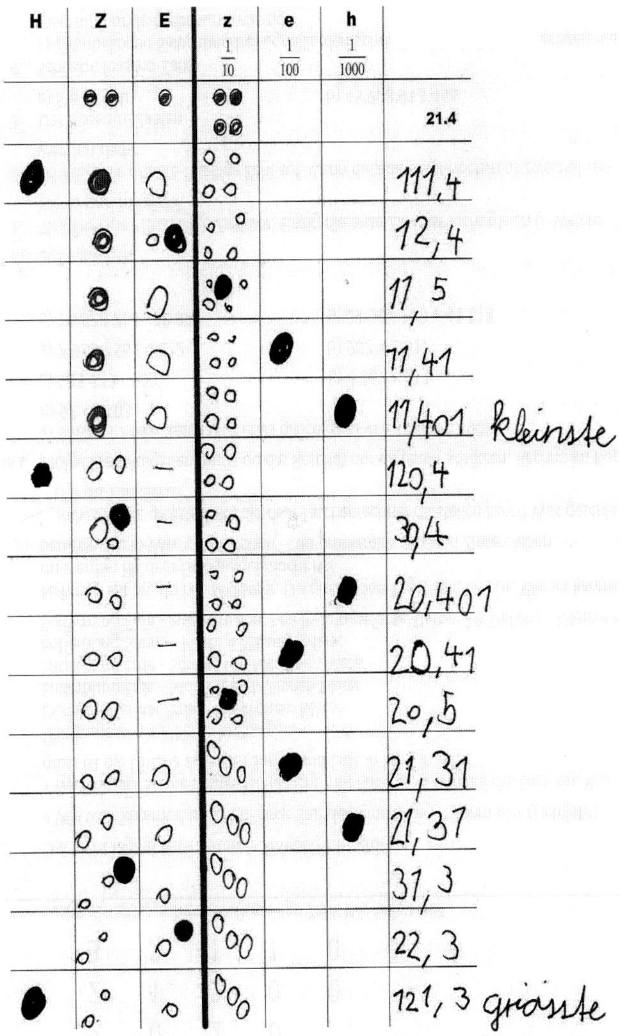

Worum geht es?

Die Lernumgebung fördert die Vorstellungen zu Stellenwerten. Arbeitsmittel ist die Stellentafel, welche ab dem 2. Schuljahr für die Darstellung von Zahlen verwendet wird. Wir nutzen sie nun zur Veranschaulichung von Dezimalzahlen. Dazu wird die Stellentafel aus dem 4. Schuljahr um die Stellenwerte Zehntel, Hundertstel und Tausendstel erweitert. Die Kinder stellen mit Plättchen dezimale Zahlen dar und übersetzen Darstellungen in der Stellentafel in Zahlen und umgekehrt. Durch Dazufügen, Wegnehmen oder Verschieben von Plättchen verändern sie die Zahlen, vergleichen sie und ordnen sie der Grösse nach.
Ein Grössenvergleich von Zahlen wie 20.401 < 20.41 wird durch die Stellentafel vereinfacht. Spontan neigen viele Kinder zur Aussage, 20.401 sei grösser als 20.41, weil sie die Anzahl Stellenwerte auch als entscheidend für die Grösse von Dezimalzahlen halten. Die Darstellung an der Stellentafel hilft klären und stärkt das Verständnis für gebrochene Stellenwerte und Grössenrelationen. Oft werden beim Ordnen von Zahlen nach der Grösse Stellen nach dem Komma mit Nullen aufgefüllt (20.4100). Da diese Praxis gerade in Sachsituationen zu falschen Aussagen bzw. Interpretationen führen kann, raten wir davon ab.

Operieren mit Plättchen

- Durch *Hinzufügen eines Plättchens* entstehen unabhängig von der gewählten Ausgangszahl bei sechs Stellenwerten jeweils sechs neue Zahlen.
- Durch *Hinzufügen von zwei Plättchen* entstehen – wiederum unabhängig von der gewählten Ausgangszahl – jeweils 6 + 5 + 4 + 3 + 2 + 1 = 21 neue Zahlen.

Beispiel: Aus **231'432** entstehen durch Hinzufügen von zwei Plättchen:

431.432	341.432	332.432	331.532	331.442	331.433
	251.432	242.432	241.532	241.442	241.433
		233.432	232.532	233.442	232.433
			231.632	231.542	231.533
				231.453	231.443
					231.434

- Durch *Wegnehmen eines Plättchens* entstehen entsprechend der Anzahl «besetzter» Stellenwerte neue Zahlen (bei 21,4 sowie bei 21,04 also drei neue Zahlen).
- Durch *Verschieben eines Plättchens* können je besetztem Stellenwert jeweils fünf neue Zahlen gebildet werden, da ein Plättchen von einer Spalte in eine der fünf andern Spalten verschoben wird. Bei drei besetzten Stellenwerten – wie im Aufgabenbeispiel 21,4 – kann ein Plättchen von jedem der drei besetzten Stellenwerte an fünf andere Stellenwertplätze verschoben werden.

H	Z	E	z	h	t
	○○	○	○○○ ◎		
	○○	○	○○○		◎
	○○	○	○○○	◎	
	○○	○◎	○○○		
	○○◎	○	○○○		
◎	○○	○	○○○		

Durch Verschieben eines Zehntels entstehen aus 21,4 die fünf neuen Zahlen 21,301; 21,31; 22,3; 31,3 und 121,3. Entsprechend entstehen je fünf neue Zahlen beim Verschieben eines Plättchens aus den Einern und den Zehnern.

Mit 5 Plättchen lassen sich 32 Zahlen zwischen 10 und 20 bilden (Aufgabe b).

10.004	10.013	11.012	12.002	13.001	14.000
10.040	10.031	11.021	12.020	13.010	
10.400	10.130	11.102	12.200	13.100	
	10.103	11.120	12.011		
	10.310	11.201	12.110		
	10.301	11.210	12.101		
	10.112	11.003			
	10.121	11.030			
	10.211	11.300			
	10.22	11.111			
	10.022				
	10.202				

Das inhaltliche Lernziel, das mit dieser Lernumgebung angestrebt werden kann, ist das Verändern und Ordnen von Zahlen. Dadurch erhalten die Schülerinnen und Schüler Einsicht in die Stellenwerte. Systematisches Vorgehen ist das im Vordergrund stehende allgemeine Ziel.

Wie kann man vorgehen?

Die Lernumgebung lässt sich auf spielerische Art einführen: Die Kinder arbeiten zu zweit und erhalten je eine Stellentafel im A4-Format sowie einige Plättchen. Abwechselnd legt und schreibt ein Kind eine Zahl in die Stellentafel und nennt sie der Partnerin. Diese legt die genannte Zahl auf ihrer Stellentafel. Nun vergleichen die beiden Kinder ihre gelegten und geschriebenen Zahlen.
Die vier Grundaufgaben (ein Plättchen dazu, eines weg, eines verschieben und zwei dazu) werden je an einem Beispiel an der Wandtafel erklärt. In der Erprobung wurden die Schülerinnen und Schüler darauf hingewiesen, beim Hinzufügen und beim Verschieben auch die nicht belegten Stellenwerte einzubeziehen. Die Schülerinnen und Schüler erhalten nun eine Stellentafel (KV 10). Sie schreiben eine selbst gewählte Zahl in die rechte Spalte. In Klammer schreiben sie die Art der Grundaufgabe (z.B. «1 wegnehmen» oder «1 verschieben») und bearbeiten sie. Nach der Bearbeitung tauschen die Kinder in Kleingruppen ihre Ergebnisse aus.
Zugunsten einer übersichtlichen Darstellung werden beim Hinzufügen und Verschieben die «bewegten Plättchen» rot markiert. Es bleibt offen, ob die Schülerinnen und Schüler zunächst ungeordnet neue Zahlen notieren, die sie erst in einem zweiten Schritt ordnen oder ob sie auf Anhieb ordnen.
Nach einem Austausch in Gruppen können lernstarke Kinder untersuchen, wie die Anzahl Zahlen, die sich bilden lassen, von der Anzahl besetzter Stellenwerte abhängt. Andere Kinder überprüfen ihre Erkenntnisse mit neuen Zahlen.

Aufgabe b) ist ein Angebot für Kinder, die gerne weitere Fragestellungen untersuchen. Die vorgeschlagene Aufgabe, alle Zahlen zwischen 10 und 20 mit 4 Plättchen zu finden, kann sowohl in Bezug auf die Anzahl Plättchen als auch in Bezug auf den Zahlenraum variiert werden. Hochbegabte könnten sich überlegen, wie viele Zahlen mit 5 Plättchen gebildet werden können.
Es sind $10 \cdot 9 \cdot 8 \cdot 7 \cdot 6 / (5 \cdot 4 \cdot 3 \cdot 2)$ Zahlen = 252 Zahlen. In Abhängigkeit der besetzten Stellenwerte gilt für diese Aufgabe:
6 Zahlen mit 1 Stellenwert + 75 Zahlen mit 2 Stellenw. + 120 Zahlen mit 3 Stellenw. + 45 Zahlen mit 4 Stellenw. + 6 Zahlen mit 5 Stellenw. = 252 Zahlen.
Nach einem erneuten Austausch können die Kinder das in Aufgabe c) vorgeschlagene Spiel spielen.

Dokumente aus der Erprobung (5. Klasse)

Einfaches Beispiel («Ein Plättchen dazulegen»)
Aida geht von der Zahl 42,43 aus und bildet neue Zahlen durch Dazulegen von einem Plättchen. Sie findet alle Zahlen, übersieht aber, dass sie zwei Zahlen (42,53 und 42,44) zwei Mal aufgezeichnet hat.

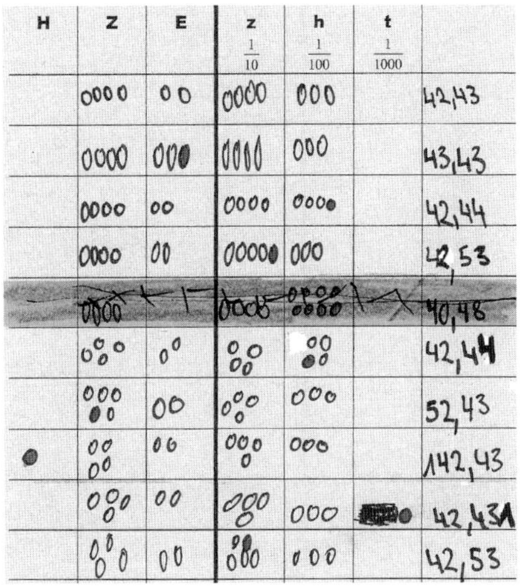

Mittleres Beispiel («Zwei Plättchen dazu»)
Fabienne geht von 22,223 aus und findet dazu alle 21 möglichen Zahlen. Die schwarzen Plättchen verdeutlichen das systematische Vorgehen von Fabienne: Sie variiert das Muster, indem sie die Plättchen auf immer kleinere Stellenwerte legt.

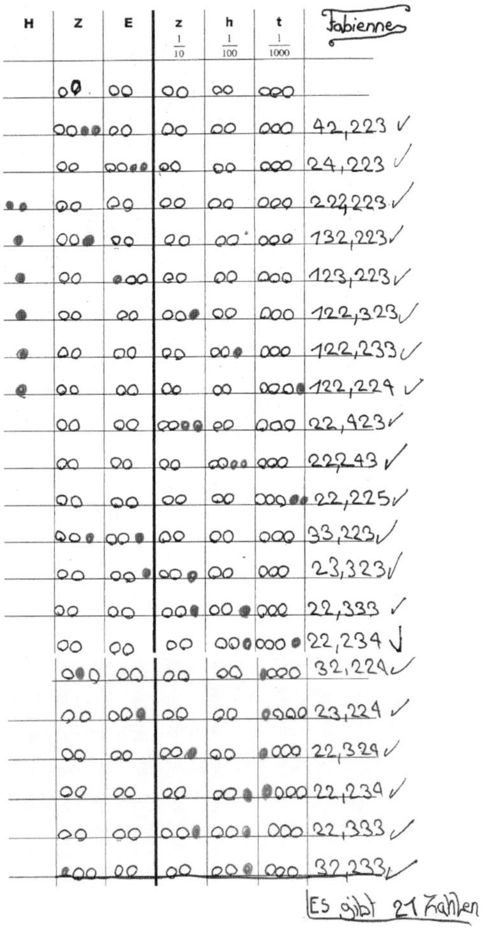

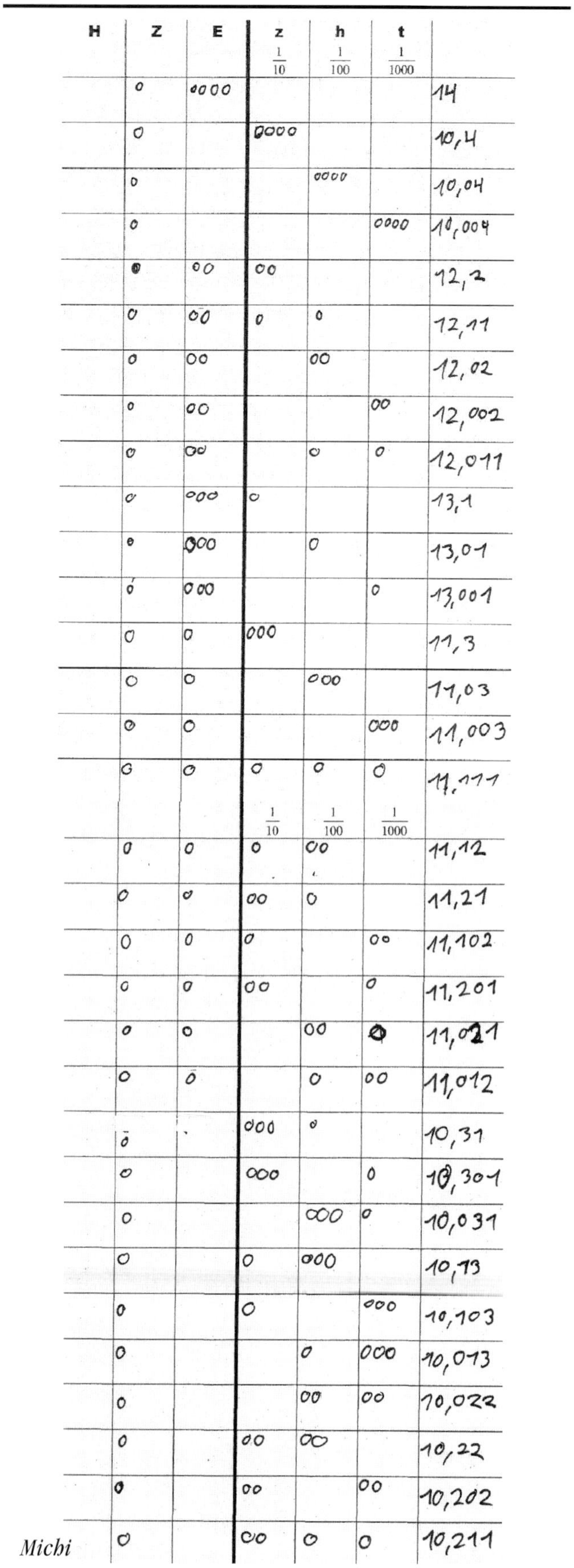

H	Z	E	z $\frac{1}{10}$	h $\frac{1}{100}$	t $\frac{1}{1000}$	
	o	oooo				14
	o		oooo			10,4
	o			oooo		10,04
	o				oooo	10,004
	o	oo	oo			12,2
	o	oo	o	o		12,11
	o	oo		oo		12,02
	o	oo			oo	12,002
	o	oo		o	o	12,011
	o	ooo	o			13,1
	o	ooo		o		13,01
	o	ooo			o	13,001
	o	o	ooo			11,3
	o	o		ooo		11,03
	o	o			ooo	11,003
	o	o	o	o	o	11,111
			$\frac{1}{10}$	$\frac{1}{100}$	$\frac{1}{1000}$	
	o	o	o	oo		11,12
	o	o	oo	o		11,21
	o	o	o		oo	11,102
	o	o	oo		o	11,201
	o	o		oo	o	11,021
	o	o		o	oo	11,012
	o		ooo	o		10,31
	o		ooo		o	10,301
	o			ooo	o	10,031
	o		o	ooo		10,13
	o		o		ooo	10,103
	o			o	ooo	10,013
	o			oo	oo	10,022
	o		oo	oo		10,22
	o		oo		oo	10,202
	o		oo	o	o	10,211

Michi

Mittleres Beispiel («Zahlen zwischen 10 und 20», links)
Michi bearbeitet Aufgabe b), bei der alle Zahlen zwischen 10 und 20 mit 5 Plättchen gefunden werden müssen. Auch er geht mit System vor. Zuerst sucht er alle Zahlen mit einem Plättchen im Zehner und 4 Plättchen an einer anderen Stelle. Dann sucht er systematisch alle Zahlen mit 2, 3, 1 Einern und schliesslich jene ohne Einer. So findet er 32 der 35 Zahlen.

Die Beispiele auf der nächsten Seite werden hier kurz erläutert.

Anspruchsvolle Beispiele
(«Verschieben, dazulegen, wegnehmen»)
Simon begründet, warum bei vier besetzten Stellenwerten durch Verschieben eines Plättchens 20 Zahlen gebildet werden können: Bei sechs verfügbaren Stellenwerten kann ein Plättchen aus einem Stellenwert in fünf andere verschoben werden. Für vier besetzte Stellenwerte ergibt das 4 mal 5 = 20 mögliche Zahlen.

Anspruchsvolles Beispiel
Janic beschreibt die Anzahl Zahlen, die man durch Verschieben, Dazulegen und Wegnehmen bilden kann. Seine Begründungen sind trotz der Knappheit absolut stichhaltig.

Auch *Diana* begründet ihre Lösungen zu den Anzahlen möglicher Zahlen, die man durch Verschieben, Wegnehmen oder Dazulegen bilden kann. Zusätzlich wagt sie sich an die Begründung der Anzahl möglicher Zahlen bei der Aufgabe «zwei Plättchen dazu». Dabei unterläuft ihr jedoch ein Überlegungsfehler. Ihr Vorgehen führt dazu, dass einige (insgesamt 15) Zahlen zweimal auftreten. Prompt zählt Diana diese Zahlen doppelt und erhält so 36 Zahlen. In Wirklichkeit können lediglich 6+5+4+3+2+1=21 Zahlen gebildet werden.

Zur Heterogenität

Kinder mit einfachen Lösungen können ...
- einzelne Grundaufgaben lösen und mit Plättchen Dezimalzahlen darstellen.
- Dezimalzahlen der Grösse nach ordnen.

Kinder mit anspruchsvollen Lösungen können ...
- alle Grundaufgaben lösen, auch ohne Plättchen.
- systematisches Vorgehen planen.
- verallgemeinern und begründen.
- Aufgaben variieren.

Von der Zahl 432,1 kann man eines in 5 Stellenwerte legen und das ganze 5 mal bei jeder Zahl. Darum gibt es 5 mal 4 und 20 möglichkeiten bei der Zahl 432,1.
Hier sieht man ein Beispiel:

H	Z	E	1/10	1/100	1/1000
④	3	2	1		
↑	↑	↑	↑		
1.	2.	3.	4.		
	↑	↑	↑	↑	↑
	1.	2.	3.	4.	5.

4 mal 5 = 20

Simon

Janic

Pro Plättchen das man von einer Zahl verschiebt gibt es 5 möglichkeiten mal 4 Zahlen wo man verschieben kann also gibt es 20 Zahlen.

Weil es eine 6 stellige Tabelle gibt kann man an 6 orten dazulegen darum gibt es 6 Zahlen.

Weil es ~~er~~ 4 Zahlen sind kann man nur an 4 orten wegnehmen also gibt es 4 Zahlen.

Diana

1 verscieben
Ich habe 6 Steller zur verfügung und 4 Steller. Von jeder Ziffer kann man auf die anderen 5 verschieben also rechnet man 4·5 sind 20 verschiedene Zahlen.

1 wegnehmen
Ich habe eine 4 Stellige Zahl bei jeder Ziffer kann ich eines wegnehmen, dann gibt es 4 möglichkeiten.

1 dazulegen
Ich habe 6 Stellen bei jeder Stelle kann ich eines dazulegen, dann gibt es 6 möglichkeiten.

2 dazulegen
Ich habe 6 Stellen zur verfügung wenn ich 2 Plätchen lege, lege ich zuerst eines in die erste Stelle das andere Plätchen verschiebe ich immer ~~um~~ eines, dann lege ich das Platchen in das zweite kästchen und ver-siebe das Andere wieder. So bis es in der letzten Stelle ist. Also rechne 6·6 =36.

GLEICH WEIT WEG 5/6

Thema: Sich orientieren und operieren mit Dezimalbrüchen am Zahlenstrahl
Stufe: 5. Klasse und 6. Klasse
Material: Zahlenstrahl mit dezimaler Unterteilung; KV 11
Zeitbedarf: 2 Lektionen (mit Wiederholung zu einem späteren Zeitpunkt)
Bearbeitung: S. Isenring, G. Schnetz, J. Brunner, E. Hengartner

Aufgabe

Das ist ein Ausschnitt aus dem Zahlenstrahl.

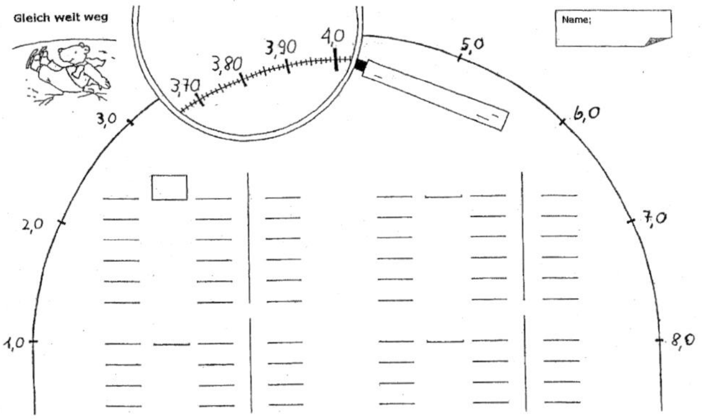

Wir wählen **3.80**

3.80 ist gleich weit weg von 3.70 wie von 3.90
von 3.75 wie von 3.85
von 3.00 wie von 4.60
von 2.95 wie von 4.65
usw.

a) Wir wählen nun **1.90.**
1.70 und 2.10 sind gleich weit weg.
Suche und notiere weitere Zahlenpaare, die gleich weit weg sind von 1.90.

	1,90		U
	1,70	2,10	0,40
	1,65.	2,15.	0,50
	1,30	2,50	1,20
	1,15.	2,65	1,50

+		3,20		U
6,40	3,10		3,30	0,10
6,40	2,80		3,60	0,40
6,40	2,00		4,40	1,20

b) Wähle selber eine gebrochene Zahl und schreibe sie ins Kästchen. Suche immer zwei Zahlen, die gleich weit weg von deiner Zahl sind.
Mache einfache und schwierige Beispiele.

c) Kannst du die Unterschiede zwischen der kleineren und der grösseren Zahl bestimmen?
Schreibe die Unterschiede rechts neben die Beispiele.

d) Addiere die kleinere und die grössere Zahl.
Vergleiche mit der mittleren Zahl.
Was stellst du fest?

Das Resultat ist immer das doppelte von der Zahl die in der Mitte steht.

Worum geht es?

Für die Erarbeitung der Dezimalzahlen im 5. Schuljahr gibt es – wie dies bei den Zahlraumerweiterungen der vorangehenden Schuljahre schon der Fall war – mehrere Arbeits- und Anschauungsmittel: Am häufigsten verwendet man für Dezimalbrüche Grössenangaben (z.B. 2.45 m; 3.8 l; 35.7 kg), den Zahlenstrahl und die Stellentafel mit Zehntel, Hundertstel, Tausendstel etc. nach dem Komma. In dieser Lernumgebung steht der Zahlenstrahl im Zentrum. Drei Aufträge sollen die Orientierung im Bereich von Dezimalzahlen sowie das Operieren mit ihnen fördern:

1. Zu einem vorgegebenen oder selbst gewählten Dezimalbruch (Ausgangszahl) sollen Paare von Dezimalzahlen bestimmt werden. Diese sollen auf dem Zahlenstrahl gleich weit weg von der Ausgangszahl sein (Aufträge a und b).

2. Zwischen den gefundenen Paaren sollen in einem nächsten Schritt die Differenzen bestimmt werden (Auftrag c). Dies kann auf verschiedene Arten geschehen: Man kann schrittweise von der kleineren auf die grössere Dezimalzahl ergänzen oder die kleinere von der grösseren wegnehmen oder den Unterschied zur mittleren Zahl verdoppeln; dies sind die häufigsten Strategien.

3. Es sollen die Summen der Dezimalzahlpaare berechnet und mit der mittleren Zahl verglichen werden (Auftrag d). Die Summe ist bei jedem Paar das Doppelte der mittleren Zahl a, weil $(a - b) + (a + b) = 2a$.

Die entsprechenden Aufträge werden im 1. Schuljahr zur Zahlenreihe bis 20 (und darüber) gestellt, im 2. Schuljahr zur individuell erweiterbaren Zahlenreihe bis 100, im 3. Schuljahr bis Tausend und im 4. Schuljahr an Zahlenstrahlausschnitten bis eine Million. Im 5. Schuljahr ermöglichen sie jedem Kind, sich auf seinem Lernniveau im Bereich der Dezimalzahlen zu orientieren und mit ihnen zu operieren. Das Niveau der Lösungen variiert mit der Wahl der Ausgangszahl (z. B. 2.0 oder 1.35 oder 12.76), mit der Wahl der Abstände zur mittleren Zahl sowie mit der Anzahl Stellen hinter dem Komma bei den gewählten Dezimalzahlen.

Wie kann man vorgehen?

Die Schülerinnen und Schüler sollten vor der Bearbeitung der Lernumgebung Aufgaben mit Dezimalzahlen am Zahlenstrahl gelöst haben. Dezimalzahlen bestimmen, in Schritten weiterzählen, ergänzen u.a.m. Für den Einstieg in die Lernumgebung kann man vom Zahlenstrahl unter der Lupe (wie auf der Kopiervorlage vorgezeichnet) ausgehen und mehrere Beispiele gemeinsam lösen. Es sollen einfache und schwierigere Ausgangszahlen gewählt werden (z.B. 3.80 und 3.78). Und es sollen Paare bestimmt werden, bei denen nur mit Zehnteln, also mit einer Stelle nach dem Komma gerechnet werden muss, und solche mit mehreren Stellen.

Für manche Kinder ist es hilfreich, den abstrakten Zahlenstrahl mit einem Klappmeter (Zollstock) zu veranschaulichen. Auf einem Abschnitt (z. B. zwischen 1.40 m und 2.00 m) werden die Aufträge in der Vorstellung von Längenangaben gelöst. 1,80 bedeutet die Länge von 1 m 80 cm; 1.65 und 1.95 sind je 15 cm oder 0.15 m von der Ausgangslänge entfernt. Ihr Unterschied beträgt 30 cm oder 0.30 m.

Dokumente aus der Erprobung

Einfache Beispiele
Bei *Michi* haben sowohl die Ausgangszahlen wie die dazugehörigen Zahlenpaare jeweils nur eine Stelle nach dem Komma. *Fabienne* wählt zwar – entsprechend den Einführungsbeispielen – Dezimalzahlen mit zwei Stellen nach dem Komma, aber bei den Hundertsteln steht immer eine 0 oder eine 5. Vielleicht hat sie sich dazu Geldbeträge vorgestellt, was die erforderliche Denkleistung nochmals vereinfacht.

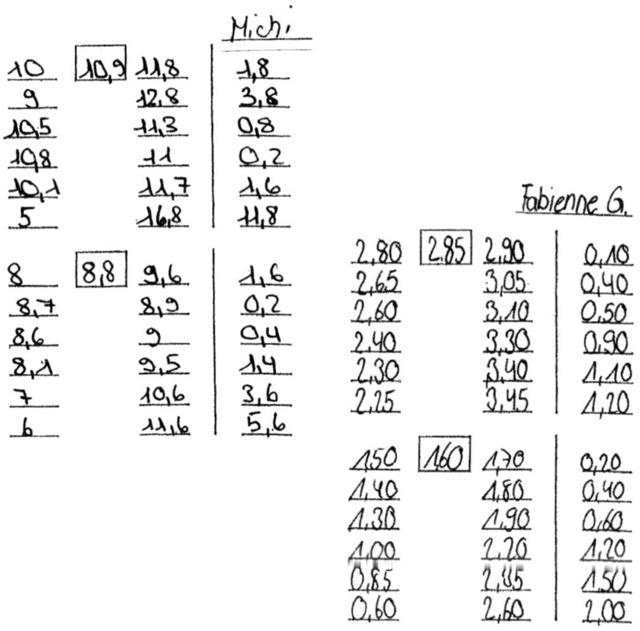

Mittlere Beispiele
Daniela wie auch *Fabian* lösen zunächst einfache Aufgaben zur Ausgangszahl 3.80. Beide steigern dann ihre Anforderungen mit der Wahl der mittleren Dezimalzahl wie auch der unteren und oberen Zahlen. Daniela hat aber keine Unterschiede berechnet. Und Fabian beschränkt sich auf Dezimalzahlen mit Zehnteln.

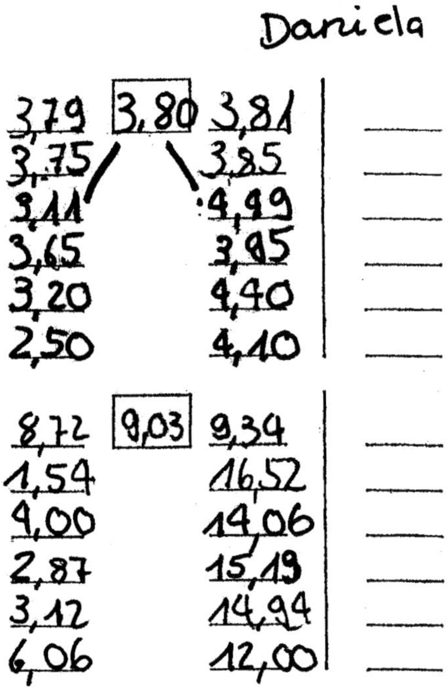

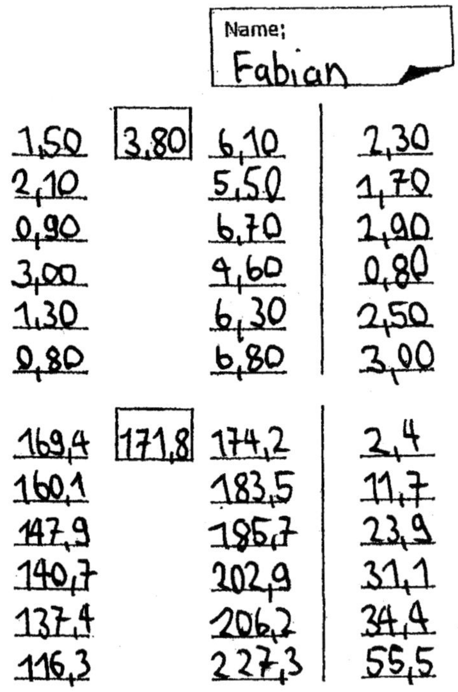

Anspruchsvolle Beispiele

In der Mitte stehen bei *Sarah* wie bei *Philippe* einfache Dezimalzahlen. Rechnet man die Zahlenpaare von *Sarah* aber nach, wird man der hohen Anforderungen gewahr, denen sie sich gestellt hat. Vermutlich hat sie jeweils eine untere Zahl frei gewählt, sodann den Unterschied zur mittleren bestimmt und diesen zur Ausgangszahl addiert, um die obere Zahl zu erhalten. Dafür gibt es verschiedene Rechenwege, über die man erst in einem klinischen Interview Aufschluss bekäme. Abweichend vom Auftrag berechnet sie nicht die Unterschiede zwischen unterer und oberer Dezimalzahl, sondern notiert die bereits bestimmte Differenz zur mittleren Zahl. Die Beispiele, die *Philippe* berechnet, weisen über die Primarstufe hinaus: Philippe berechnet den Unterschied zwischen einer negativen und einer positiven Dezimalzahl (zwischen –1.2345 und +8.8345), und er vermag Unterschiede zwischen Dezimalzahlen mit bis zu sieben Stellen nach dem Komma korrekt auszurechnen.

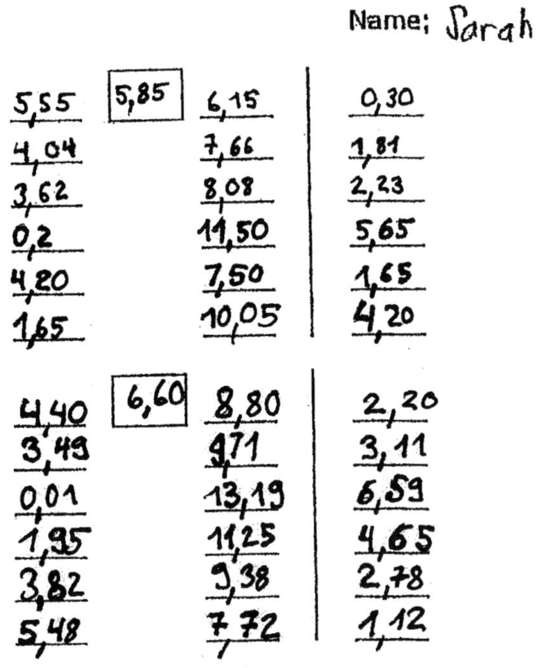

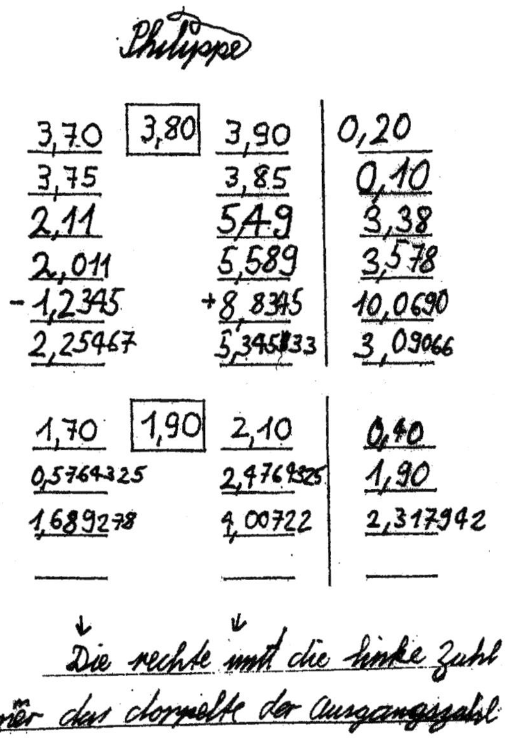

BRÜCHE BILDEN UND ORDNEN

Thema:	Brüche bilden und ordnen, Kombinatorik
Stufe:	5. Klasse und 6. Klasse
Material:	Zahlenkarten 1 bis 10 (evtl. bis 20)
Zeitbedarf:	2 bis 3 Lektionen
Bearbeitung:	E. Dürrenberger, R. Roth, U. Hirt, B. Wälti

Aufgabe

Mit vier Zahlenkarten Brüche bilden und ordnen

a) Wähle vier Zahlenkarten aus den Zahlen 1 bis 10. Bilde mit immer zwei Karten alle möglichen Brüche. Ordne sie der Grösse nach.
Wie viele Brüche kannst du bilden?

b) Löse dieselbe Aufgabe mit drei, vier, fünf, sechs, … Zahlenkarten.
Wie viele Brüche kannst du jedes Mal bilden?
Entdeckst du eine Gesetzmässigkeit?

c) Wie viele Brüche kannst du bilden, wenn du jede Zahlenkarte zweimal zur Verfügung hast?

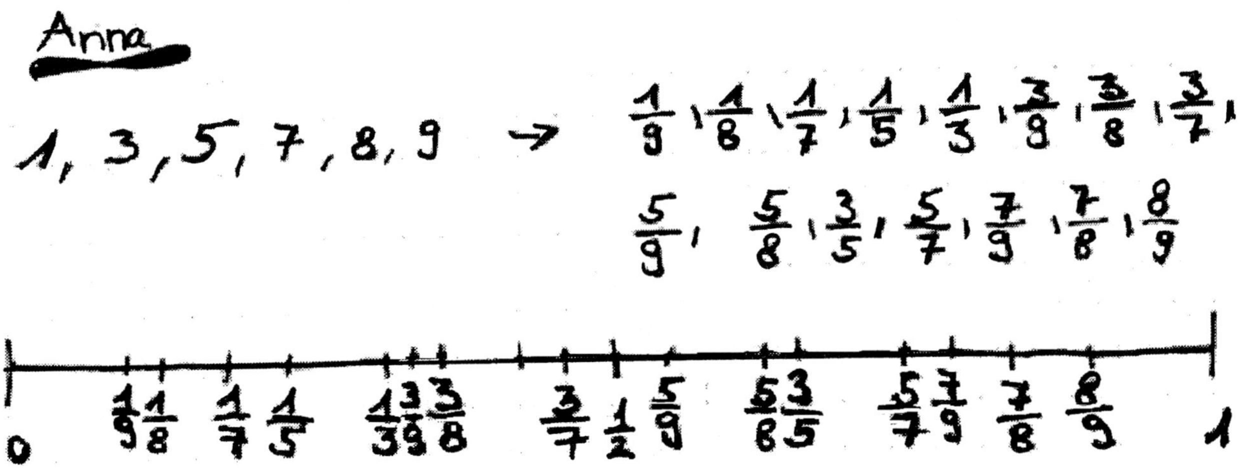

Worum geht es?

Bei der vorliegenden Lernumgebung werden Brüche «erzeugt», indem die Kinder aus einem Set Zahlenkarten eine Zahl in den Zähler, eine andere in den Nenner des Bruches legen. Dabei geht es einerseits um das Bilden und Ordnen von Brüchen, andererseits werden kombinatorische Fragestellungen bearbeitet.
Nachdem die Schülerinnen und Schüler im Vorfeld der Bearbeitung dieser Lernumgebung eine Vorstellung über Bruchgrössen aufgebaut haben, werden in dieser Lernumgebung Brüche formal nach ihrer Grösse unterschieden. Die gewonnenen Vorstellungen werden vertieft, formal korrekte Vergleiche werden nicht angestrebt.

Durch systematisches Vorgehen bei der Erzeugung von Brüchen mit Hilfe von Zahlenkarten können die Schülerinnen und Schüler entdecken, dass mit 4 Zahlenkarten insgesamt 12 Brüche gebildet werden können. Einige Kinder werden sich auf Brüche kleiner als 1 konzentrieren und so lediglich 6 Brüche bilden.

	1	3	4	7	8
1	$\frac{1}{1}$	$\frac{3}{1}$	$\frac{4}{1}$	$\frac{7}{1}$	$\frac{8}{1}$
3	$\frac{1}{3}$	$\frac{3}{3}$	$\frac{4}{3}$	$\frac{7}{3}$	$\frac{8}{3}$
4	$\frac{1}{4}$	$\frac{3}{4}$	$\frac{4}{4}$	$\frac{7}{4}$	$\frac{8}{4}$
7	$\frac{1}{7}$	$\frac{3}{7}$	$\frac{4}{7}$	$\frac{7}{7}$	$\frac{8}{7}$
8	$\frac{1}{8}$	$\frac{3}{8}$	$\frac{4}{8}$	$\frac{7}{8}$	$\frac{8}{8}$

Die Übersicht macht deutlich, dass mit 5 Zahlenkarten 25 verschiedene Brüche gebildet werden können. Bei den 5 Brüchen in der eingefärbten Diagonale wurde für Nenner und Zähler dieselbe Zahlenkarte verwendet. Ein Sachverhalt, der in Aufgabe c) untersucht wird.
Zwanzig Brüche in der Übersicht oben sind ungleich 1. Zwanzig ist die vierte Rechteckzahl. Jeweils 10 Brüche (10 ist die vierte Dreieckzahl) befinden sich oberhalb und unterhalb der eingefärbten Diagonalen.

Die 10 Brüche unterhalb der Diagonalen sind kleiner als 1, oberhalb der Diagonalen befinden sich die Brüche grösser als 1.
Je nach Wahl der Zahlenkarten entstehen mehrere Brüche mit dem gleichen Wert; besonders viele gleichwertige Brüche entstehen mit den Zahlen 1, 2, 4 und 8.

Wie kann man vorgehen?

Zur Klärung der Aufgabe wird ein Beispiel mit der ganzen Klasse bearbeitet. Dazu werden die Zahlen 1 bis 10 an die Wandtafel geschrieben oder entsprechende Zahlenkarten angeheftet. Ein Kind wählt drei Zahlen aus. Damit werden in Zusammenarbeit mit der Klasse die sechs möglichen Brüche (wovon je drei grösser und drei kleiner als 1 sind) aufgeschrieben und der Grösse nach geordnet. Die Schülerinnen und Schüler bearbeiten die Lernumgebung nun selbstständig. In der Erprobung hat sich gezeigt, dass ein Eintragen der gefundenen Brüche auf dem Zahlenstrahl hilfreich sein kann.

Die bei Aufgabe b) gefundenen Gesetzmässigkeiten können im Rahmen einer Partner- oder Gruppenarbeit ausgetauscht, begründet und auf einem Plakat festgehalten werden. Bei diesem Austausch wird sich zeigen, dass einige Gruppen mit ihren Zahlensets nicht alle möglichen Brüche gefunden haben. Bei solchen Gruppen ist ein Hinweis der Lehrkraft nötig, da sonst die zugrunde liegenden Zahlenmuster (Dreieckzahl, Rechteckzahl oder Quadratzahl) nicht erkannt werden können.
Einige Schülerinnen und Schüler benötigen beim Bilden und Ordnen der Brüche viel Zeit. Die Lehrperson kann mit den langsam Lernenden gemeinsam eine Übersicht über die Anzahl Brüche in Abhängigkeit der Anzahl Zahlenkarten erstellen. Davon ausgehend können dann auch diese Kinder in Einzel- oder Partnerarbeit nach Zahlenmustern suchen.
Bei einigen Kindern mag der Eindruck entstehen, dass die Aufgabenstellungen auf maximal 10 Zahlenkarten beschränkt sind. Um diesem Eindruck vorzubeugen, können weitere Karten (z. B. Elfer raus) bereitgehalten oder gleich zu Beginn der Lernumgebung ausgeteilt werden.

	Brüche kleiner als 1	Brüche ungleich 1	Gleiche Zahlenkarte in Nenner und Zähler erlaubt
2 Zahlenkarten	1	2	4
3 Zahlenkarten	3	6	9
4 Zahlenkarten	6	12	16
5 Zahlenkarten	10	20	25
6 Zahlenkarten	15	30	36
n Zahlenkarten	$n (n-1) : 2$	$n (n-1) = n^2 - n$	n^2
	Dreieckzahlen	Rechteckzahlen	Quadratzahlen

Dokumente aus der Erprobung

Einfaches Beispiel (unten)
Melanie beschränkt sich bei ihrer Arbeit auf Brüche kleiner als 1. Sie findet zuerst mit 5 Zahlenkarten alle zehn Brüche (nicht abgebildet) und bearbeitet danach die Aufgabe mit 6 Zahlenkarten. Sie bildet zuerst alle (15) möglichen Brüche indem sie der Reihe nach alle Brüche mit den Zählern 1, 2, 3, 4 und 6 bildet. In der nächsten Zeile ordnet sie die Brüche nach der Grösse und trägt sie schliesslich auf einem Zahlenstrahl ein.

Mittleres Beispiel (nächste Seite unten)
Gilles bildet jeweils alle möglichen Brüche mit zwei, drei, vier und fünf Zahlenkarten. Er ordnet die Brüche jedoch nicht nach der Grösse, sondern gemäss der Strategie, nach der er die Brüche gebildet hat. Er entdeckt, dass die Differenz der Anzahl Brüche jeweils um 2 zunimmt («man muss immer plus zwei mehr rechnen»).

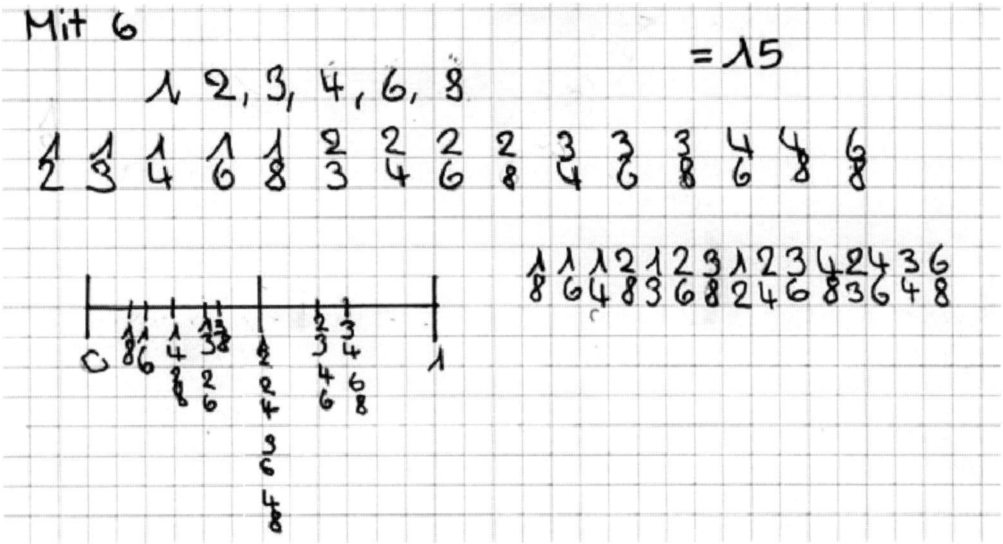

Melanie

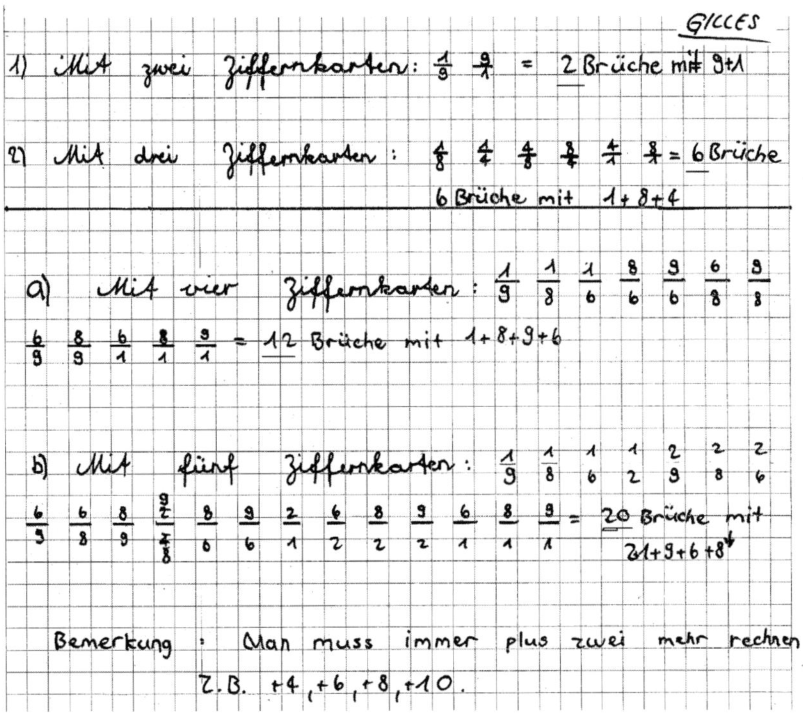

Anspruchsvolles Beispiel
Léa bildet jeweils alle Brüche mit 2, 3, 4 und 5 Zahlenkarten. Im Gegensatz zu Gilles entdeckt sie dabei, dass die Anzahl Brüche, die gebildet werden können, Rechteckzahlen sind. Da sie noch keine Erfahrung im Umgang mit Termen hat, hält sie ihre Beobachtung sowohl sprachlich als auch mit Beispielen fest.

Auch bei Aufgabe c) geht *Léa* systematisch vor. Sie ordnet die Brüche gleich von Anfang an korrekt der Grösse nach, wobei sie gleich grosse Brüche untereinander schreibt. Sie beobachtet folgerichtig, dass die Anzahl möglicher Brüche immer Quadratzahlen sind.

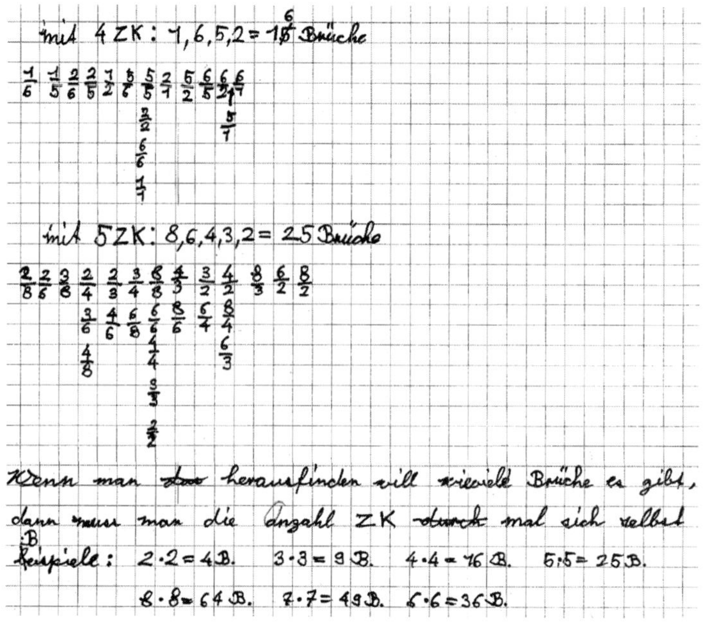

Zur Heterogenität

Kinder mit einfachen Lösungen können…
- mit Zahlenkarten Brüche bilden und ordnen.
- mit wenigen Zahlenkarten (z.B. vier) alle Brüche finden.
- einfache Brüche auf dem Zahlenstrahl richtig darstellen.

Kinder mit anspruchsvollen Lösungen können…
- verschiedene Zahlensets anwenden.
- eine Systematik entwickeln, mit der sich alle Brüche finden lassen.
- die gefundenen Brüche übersichtlich darstellen und auf dem Zahlenstrahl ordnen.
- die möglichen Anzahlen allgemein formulieren.
- herausfinden, mit welchen Zahlensets gleichwertige Brüche entstehen.

BRÜCHE MIT BUCHSTABEN

Thema:	Bruchteile bestimmen und vergleichen, Bruchteile mit sprachlichen Mitteln erfahren, Brüche erweitern und kürzen
Stufe:	5. Klasse und 6. Klasse (vor, während oder nach der ersten Begegnung mit gewöhnlichen Brüchen)
Zeitbedarf:	2 bis 4 Lektionen
Bearbeitung:	R. Roth, B. Wälti, U. Hirt

Aufgabe

Das Wort «Seelebewesen» hat 6 «*e*». Es besteht aus 12 Buchstaben. ${}^{6}/_{12}$ oder ${}^{1}/_{2}$ der Buchstaben sind «*e*».

Der Satz «Die Feuerwehr löschte ein brennendes Auto» besteht aus 36 Buchstaben, davon 9 «*e*». Einer von vier Buchstaben oder eben ${}^{1}/_{4}$ der Buchstaben sind «*e*».

Diese Feuerwehr Löscht brennende Autos.

Die Feuerwehr Löschte ein brennendes Auto.

a) Finde Wörter und Sätze, in denen unterschiedlich viele «*e*» vorkommen.
Bestimme den Bruchteil, zu dem die Wörter und Sätze aus «*e*» bestehen.

b) Finde Wörter und Sätze, die zu ${}^{1}/_{2}$, ${}^{1}/_{3}$, ${}^{1}/_{4}$, aus «*e*» bestehen.

c) Schreibe Wörter oder Sätze auf.
Ordne die Sätze. Der Satz, in dem der «*e*»-Anteil am grössten ist, kommt zuerst.

sehen 2 von 5 $\frac{2}{5}$

erfinden 2 von 8 $\frac{2}{8}$

Lauenensee 4 von 10 $\frac{4}{10}$

Ich sehe ein Elefant. 4 von 17 $\frac{4}{17}$

Die Leute denken zu viel. 6 von 20 $\frac{6}{20}$

Alle Tiere sehen eine Katze. 8 von 23 $\frac{8}{23}$

Alle Vögel Pfeifen. 4 von 16 $\frac{4}{16}$

Worum geht es?

Die Buchstaben kommen zu unterschiedlichen Anteilen in Wörtern und Sätzen vor. Der Anteil eines bestimmten Buchstabens in einem Wort oder Satz kann mit einem Bruch beschrieben werden.
In der Lernumgebung notieren die Schülerinnen und Schüler Wörter und Sätze, von denen sie den Anteil des Buchstabens «e» bestimmen. Diese Anteile werden mit Bruchzahlen ausgedrückt und nach der Grösse geordnet. Im Nenner der Bruchzahlen steht jeweils die Anzahl Buchstaben, im Zähler die Anzahl «e». Die Bruchanteile werden also nicht vorgegeben, sondern von den Kindern selbst «produziert».
Ein Bruchteil bezieht sich immer auf ein Ganzes. In diesem Fall ist das Ganze ein Wort oder ein Satz; die Lernenden bewegen sich also auf vertrautem Terrain. Das Bestimmen von Bruchteilen ausgehend von auszählbaren «Buchstabenmengen» erleichtert vielen Kindern den Zugang zum Bruchdenken.

Verschiedene Beschreibungen des gleichen Anteils
In der Lernumgebung ist «Erweitern und Kürzen» angelegt:

- Beim Bestimmen und Vergleichen von Bruchteilen beträgt der Anteil «e» beim Wort «Seelebewesen» 6 von 12 Buchstaben oder $^{6}/_{12}$. Gleichzeitig ist jeder zweite Buchstabe, also $^{1}/_{2}$ aller Buchstaben, ein «e».
  Die Lernenden stossen bei der Arbeit auf verschiedene gleichwertige Brüche. Die Brüche werden verglichen und – bewusst oder unbewusst – gekürzt.
- Bei der Suche nach Sätzen, die zu $^{1}/_{4}$ aus «e» bestehen, kommen nur Sätze aus 8, 12, 16, ... Buchstaben in Betracht. Davon sind $^{1}/_{4}$, also 2, 3, 4, ... Buchstaben, «e». Beim Suchen nach möglichen Wort- oder Satzlängen wird der vorgegebene Bruch erweitert.
- Wir empfehlen, in diesem Zusammenhang den Fokus auf die Gleichwertigkeit verschiedener Brüche und nicht auf die beiden Begriffe «Erweitern und Kürzen» zu richten.

Bedeutung von Zähler und Nenner
Beim Vergleichen von Bruchteilen (insbesondere beim Ordnen der Bruchteile nach der Grösse des Anteils «e» erfahren die Schülerinnen und Schüler die Bedeutung von Zähler und Nenner. Beispiel: Durch Vergleichen von ähnlichen Sätzen wird klar, dass der Anteil «e» im Satz «Die Lehrer säen» ($^{4}/_{13}$) kleiner ist als im Satz «Die Lehrer sehen» ($^{5}/_{14}$). Das ist unmittelbar einsichtig, da im zweiten Satz ein «ä» durch ein «e» ersetzt und ein zusätzliches «h» eingefügt wurde.

Spielerischer Umgang mit Sprache
Beim Finden von Wörtern und Sätzen zu einer bestimmten Vorgabe (z. B. zu $^{1}/_{3}$ «e») wird zu einem kreativen Umgang mit Sprache aufgefordert. Wie im ersten Beispiel auf dem Aufgabenblatt können Sätze auf spielerische Weise verändert werden, bis sie mit der Vorgabe übereinstimmen. Dabei werden Sprache und Mathematik fächerverbindend genutzt.
Die Lernumgebung lässt sich grundsätzlich vor, während oder nach der Bearbeitung von Brüchen einsetzen. Sie kann in mehreren Sequenzen bearbeitet werden.

Wie kann man vorgehen?

Am Beispiel von Worten wie «Seelebewesen» und «Lehrer» sowie Sätzen wie «Die Feuerwehr löschte ein brennendes Auto» kann den Schülerinnen und Schülern erläutert werden, was es heisst, den Anteil des Buchstabens «e» an einem Wort- oder einem Satz zu bestimmen. Dementsprechend notieren die Kinder in einer ersten Phase individuell beliebige Wörter oder Sätze und bestimmen jeweils den darin enthaltenen Anteil «e». Einige Kinder wagen sich schon hier an längere Sätze und Wörter bzw. an komplexere Bruchteile.
Danach werden Wörter und Sätze zu einem vorgegebenen Anteil «e» gesucht. Die meisten Wörter und Sätze werden nicht auf Anhieb mit einer der Vorgaben ($^{1}/_{2}$, $^{1}/_{3}$, $^{1}/_{4}$) übereinstimmen. Das Wort oder der Satz muss nun abgeändert, der Bruchteil neu bestimmt und wieder mit der Vorgabe verglichen werden. Hier wird ein Satz mit einem «e» ergänzt werden müssen, dort fehlt ein «e» bei gleich bleibender Anzahl Buchstaben, in einem anderen Fall müssen zwei Buchstaben eliminiert werden. Bei diesem Spiel mit der Sprache werden intensiv Bruchteile bestimmt und verglichen. Ein wechselseitiger Austausch soll das Prinzip des Variierens eines Wortes oder eines Satzes klären. Die Lernumgebung lässt sich auf einfache Art zu einer eigentlichen Erkundung ausbauen, indem die Kinder zu bestimmten Vorgaben eigene Beispiele suchen, sich gegenseitig Aufgaben stellen oder Sätze aufgrund frei gewählter Kriterien untersuchen. Beispiele:

- $^{1}/_{2}$ aller Buchstaben in einem Satz sind «e» oder «n».
  «Nonnen können singen» besteht zu $^{1}/_{2}$ aus «n» und zu $^{2}/_{3}$ aus «e» oder «n».
- $^{3}/_{4}$ aller Buchstaben sind Konsonanten.
- $^{1}/_{3}$ aller Wörter in einem Satz haben drei Buchstaben.
- Die Hälfte aller Wörter in einem Satz haben vier Buchstaben.

Dokumente aus der Erprobung

Einfache und mittlere Beispiele
Da alle Kinder den Einstieg in die Lernumgebung gefunden haben und Bruchteile korrekt bestimmten, verzichten wir an dieser Stelle auf eine Unterscheidung zwischen einfachen und mittleren Beispielen.

Anteil «e» bestimmen
Thimo bestimmt zu einigen Wörtern und Sätzen den Anteil «e» (z.B. 1 von 7) und schreibt die entsprechenden Bruchteile auf. Bei der 2. Aufgabe nimmt er sich den Bruchteil $^1/_4$ vor. Er sucht einen Satz mit dem entsprechenden Anteil «e» und findet einen mit dem Bruchteil $^4/_{28}$, den er auf $^1/_7$ kürzt. Beim zweiten Versuch ist er mit $^7/_{29}$ beinahe erfolgreich. Weitere Bruchteile gibt er sich nicht vor.

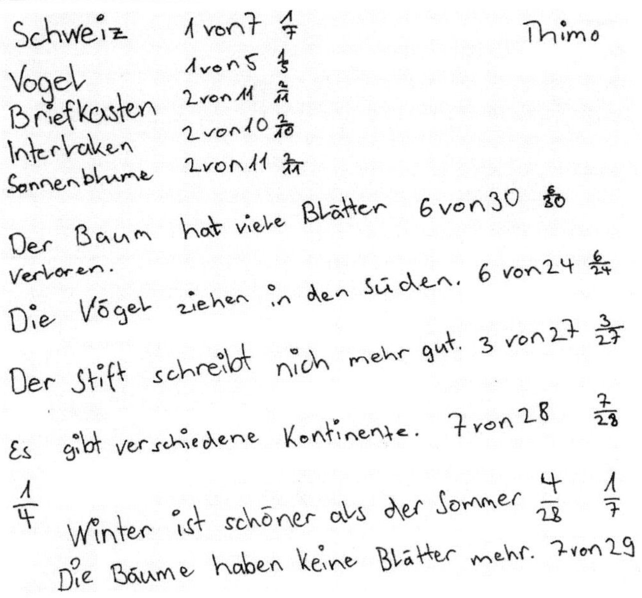
Thimo
Schweiz 1 von 7 1/7
Vogel 1 von 5 1/5
Briefkasten 2 von 11 2/11
Interlaken 2 von 10 2/10
Sonnenblume 2 von 11 2/11
Der Baum hat viele Blätter verloren. 6 von 30 6/30
Die Vögel ziehen in den Süden. 6 von 24 6/24
Der Stift schreibt nich mehr gut. 3 von 27 3/27
Es gibt verschiedene Kontinente. 7 von 28 7/28
1/4 Winter ist schöner als der Sommer 4/28 1/7
Die Bäume haben keine Blätter mehr. 7 von 29

Wörter nach «e»-Anteilen ordnen
Thimo bestimmt die «e»-Anteile und ordnet sie in einer Rangliste korrekt nach Grösse.

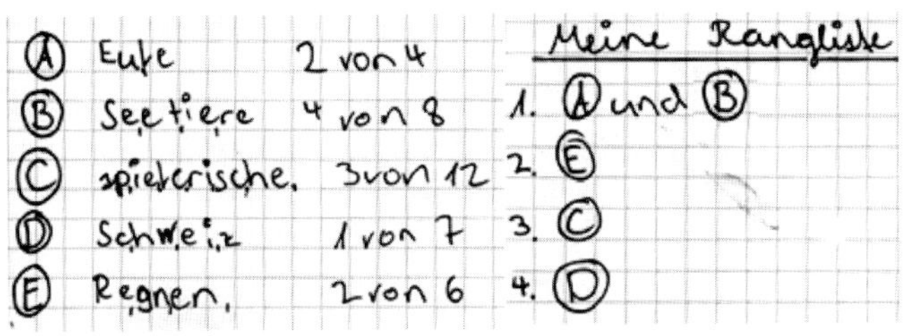
Ⓐ Eule 2 von 4
Ⓑ Seetiere 4 von 8
Ⓒ spielerische. 3 von 12
Ⓓ Schweiz 1 von 7
Ⓔ Regnen. 2 von 6
Meine Rangliste
1. Ⓐ und Ⓑ
2. Ⓔ
3. Ⓒ
4. Ⓓ

Anteil «e» bestimmen
Michi bestimmt den Anteil «e» von einer recht grossen Anzahl Wörtern und kurzen Sätzen. Die einzelnen Bruchteile notiert er jeweils korrekt.

Michi

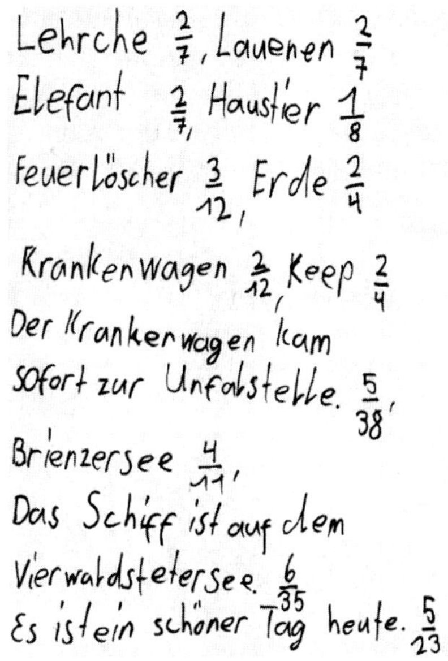
Lehrche 2/7, Lauenen 2/7
Elefant 2/7, Haustier 1/8
Feuerlöscher 3/12, Erde 2/4
Krankenwagen 2/12, Keep 2/4
Der Krankenwagen kam sofort zur Unfalstelle. 5/38
Brienzersee 4/11
Das Schiff ist auf dem Vierwaldstetersee. 6/35
Es istein schöner Tag heute. 5/23

Suche nach bestimmten «e»-Anteilen
Ausgehend vom Wort «Ei» oder «Eier» bildet *Michi* viele kurze Sätze um einen vorgegebenen Bruchteil zu erreichen. Es wird aber nicht deutlich, welchen Bruchteil er erreichen möchte. Zwei Mal trifft er $^1/_4$ ($^3/_{12}$ und $^4/_{16}$), vermutlich ohne sich dessen bewusst zu sein.

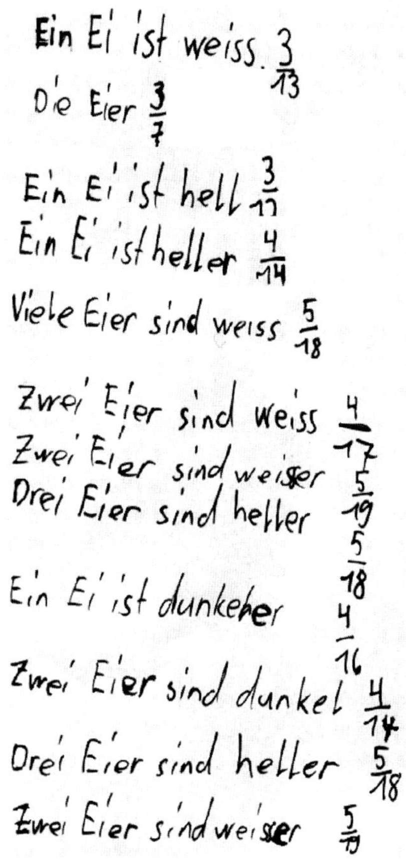
Ein Ei ist weiss. 3/13
Die Eier 3/7
Ein Ei ist hell 3/11
Ein Ei ist heller 4/14
Viele Eier sind weiss 5/18
Zwei Eier sind weiss 4/17
Zwei Eier sind weisser 5/19
Drei Eier sind heller 5/18
Ein Ei ist dunkeler 4/16
Zwei Eier sind dunkel 4/14
Drei Eier sind heller 5/18
Zwei Eier sind weisser 5/19

Anspruchsvolles Beispiel: Verschiedene «e»-Anteile suchen
Riana sucht der Reihe nach Wörter bzw. Sätze zu $\frac{1}{2}$ $\frac{1}{3}$ $\frac{1}{4}$ und $\frac{1}{5}$ e-Anteilen. Durch Variieren einer ersten Idee findet sie jeweils schnell einen passenden Satz. Bemerkenswert ist, dass Riana von Beginn weg die Brüche kürzt und mehrere Lösungen zu $^1/_2$ findet.

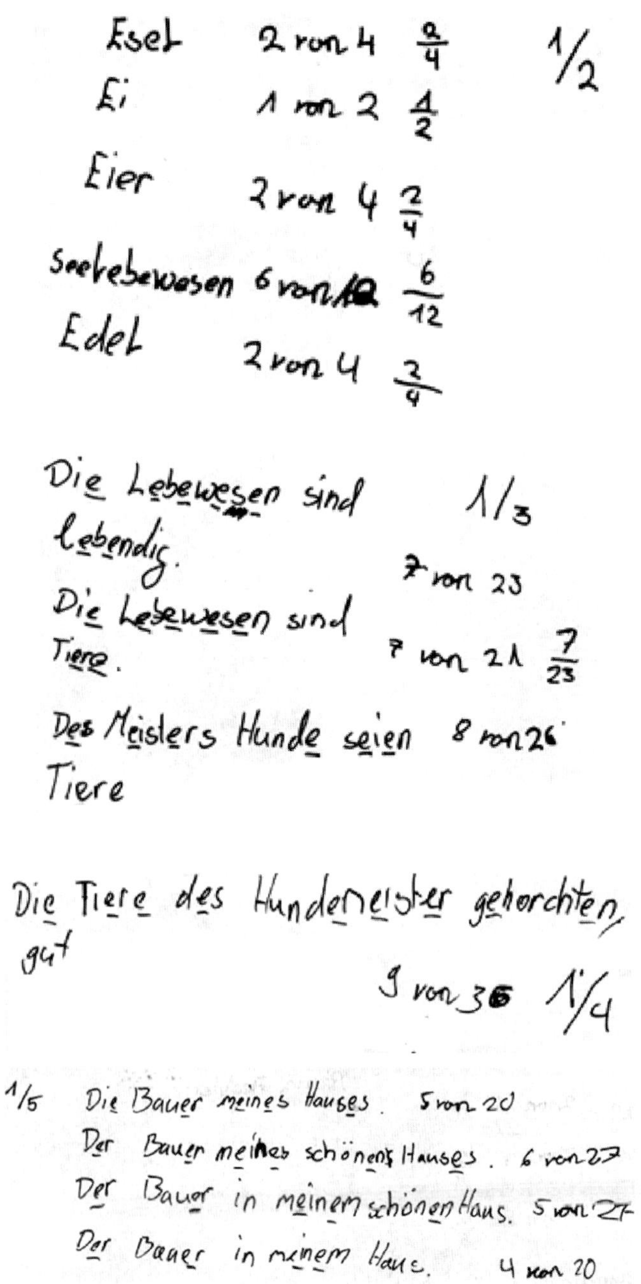
Esel 2 von 4 2/4 1/2
Ei 1 von 2 1/2
Eier 2 von 4 2/4
Seelebewesen 6 von 12 6/12
Edel 2 von 4 2/4

Die Lebewesen sind lebendig. 1/3 7 von 23
Die Lebewesen sind Tiere. 7 von 21 7/23
Des Meisters Hunde seien Tiere 8 von 26

Die Tiere des Hundemeister gehorchten gut 9 von 36 1/4

1/5 Die Bauer meines Hauses. 5 von 20
Der Bauer meines schönens Hauses. 6 von 27
Der Bauer in meinem schönen Haus. 5 von 27
Der Bauer in meinem Haus. 4 von 20

Die Sätze nach der Grösse der «e»-Anteile zu ordnen ist mit den Bruchteilen von Riana schwierig. Die beiden nur schwer unterscheidbaren Bruchteile $\frac{6}{22}$ und $\frac{6}{29}$ müssten in Rianas Rangliste vertauscht werden. Dennoch wird sichtbar, dass Riana Grössenordnungen von Bruchteilen richtig einschätzt, sind doch die anderen Bruchteile korrekt der Grösse nach geordnet.

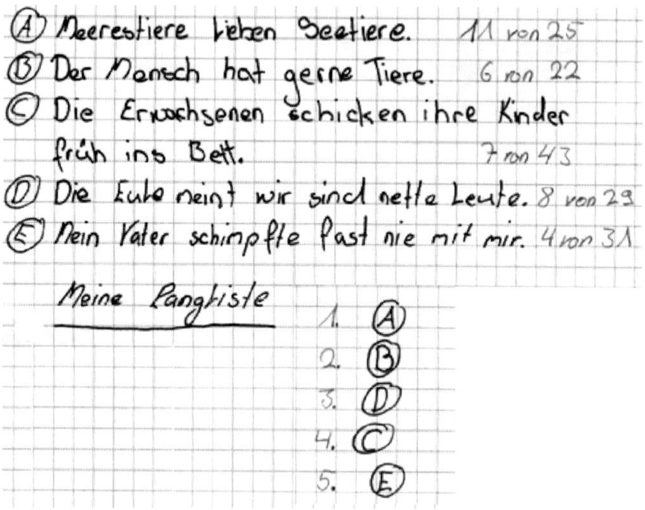
(A) Meerestiere lieben Seetiere. 11 von 25
(B) Der Mensch hat gerne Tiere. 6 von 22
(C) Die Erwachsenen schicken ihre Kinder früh ins Bett. 7 von 43
(D) Die Eule meint wir sind nette Leute. 8 von 29
(E) Mein Vater schimpfte fast nie mit mir. 4 von 31
Meine Rangliste
1. (A)
2. (B)
3. (D)
4. (C)
5. (E)

ERPROBTE LERNUMGEBUNGEN
Muster und Übungsformate

ZAHLENMUSTER AUS MUSTERSCHLANGEN

Thema:	Zahlenfolgen
Stufe:	Kindergarten, 1. Klasse, 2. Klasse (erste Hälfte)
Material:	Wendeplättchen; KV 12 – 15 (KV 12 – 14 auf A3 vergrössern)
Zeitbedarf:	2 Doppelstunden
Bearbeitung:	S. Tschopp, M. Hubmann, E. Hengartner

Aufgabe

Musterschlangen – Zahlenmuster

a) Wir legen mit Wendeplättchen Schlangenmuster. Wir erklären einander die Muster.

b) Auf dem Arbeitsblatt (KV 12) legen und zeichnen wir schön gemusterte Schlangen. Auf die Zeile darunter schreiben wir die für die gelegten und gezeichneten Muster wichtigen Zahlen.

Beispiel gelegter Muster:

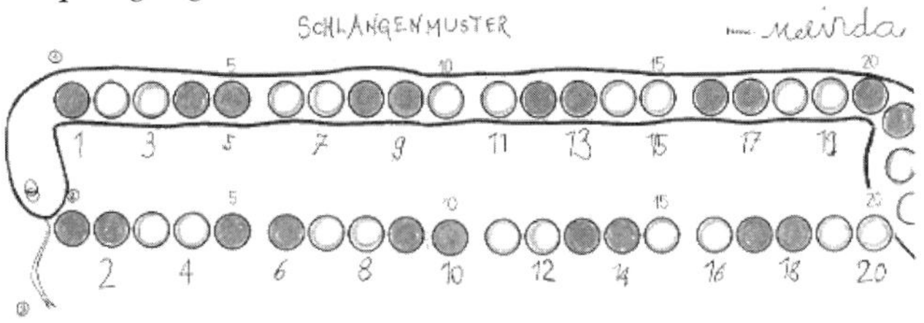

Beispiel gezeichneter Muster:

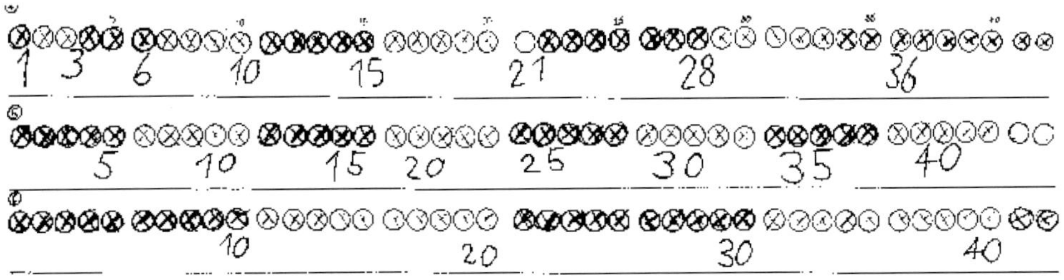

c) Auf Zetteln notieren die Kinder ihre Namen und die Zahlen ihres liebsten Musters – aber nur den Anfang, so weit dass andere die Regel herausfinden und das Muster fortsetzen können. Die Zettel werden getauscht, die Regeln gesucht und die Muster fortgesetzt.

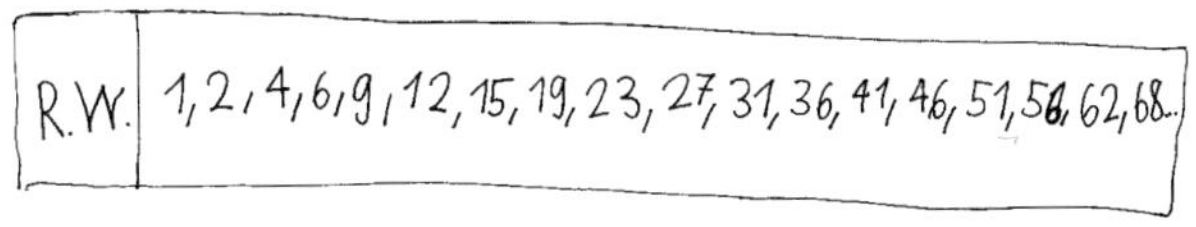

Die Kinder des 1. Schuljahres erhielten für das Erfinden, Austauschen und Fortsetzen von Musterschlangen die Arbeitsvorlage «Rate mal» (KV 13).

Aufgabe

Muster auf Quadratfeldern

Wir legen oder zeichnen Muster in einem Karofeld und beschreiben sie mit Zahlen. Im Beispiel zeichneten drei Kinder des 2. Schuljahres Muster auf einem 9 mal 9 Quadratfeld – jedes Kind ein eigenes. Sie schrieben darunter die für ihre Muster wichtigen Zahlen. Sie setzten neben die ihr eigenes Muster kennzeichnende Zahlenfolge ein Kreuz.

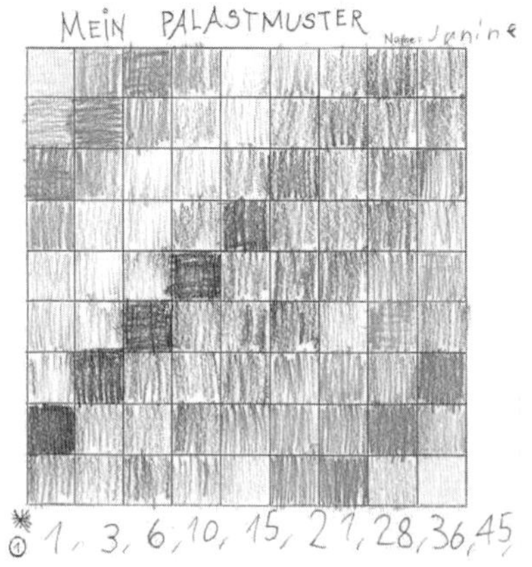

Beispiele aus dem Kindergarten (ohne Beschreibung mit Zahlen): Das Mädchen legt ein Pyramidenmuster, das von Zeile zu Zeile nach der Folge der geraden Zahlen wächst. Der Knabe legt ein Muster, das nach der Folge der ungeraden Zahlen wächst, das also der Quadratzahlenfolge entspricht.

Worum geht es?

Die Lernumgebung «Zahlenmuster aus Musterschlangen» haben wir für den Kindergarten und die ersten zwei Schuljahre – für die Basisstufe – geplant.
Ihr Thema wird fortgesetzt in den Lernumgebungen «Fahre fort» (2. – 4. Schuljahr) und in der Lernumgebung «Mit Würfeln bauen: Zahlenmuster entdecken» (ab 4. Schuljahr).

Im *Kindergarten* legen die Kinder mit Wendplättchen linear oder in Quadratfelder Muster, die sie einander zeigen und erklären können. Es entstehen einerseits eher bildhaft-figürliche Darstellungen, andererseits auch numerisch bestimmbare Muster, die nach einer bestimmten Regel erfunden sind. Reizvoll ist das Wechselspiel: Die Kinder beginnen ein Muster nach einer Regel; der Partner oder die Partnerin muss aus dem angefangenen Muster eine Regel erkennen und soll es fortsetzen.

Im *1. und 2. Schuljahr* werden die Muster als Zahlenfolgen beschrieben: Linear legten die Kinder häufig
- die Folge der natürlichen Zahlen 1, 2, 3, 4, ...;
- die Folge der geraden Zahlen 2, 4, 6, 8, ...;
- die Folge der ungeraden Zahlen 1, 3, 5, 7, 9, ...; aber auch
- Folgen des kleinen Einmaleins wie z. B. 4, 8, 12, 16, ...; oder auch
- Folgen mit alternierenden Schritten wie z. B. +1 und +2: 1, 2, 4, 5, 7, 8, 10, 11,...; oder Folgen mit stets um eins grösser werdenden Schritten 1, 3, 6, 10, 15, ... (das ist die Folge der Dreieckzahlen);

Die Folgen der Dreieckzahlen, der Quadratzahlen 1, 4, 9, 16, 25, ...(aus der fortgesetzten Addition der ungeraden Zahlen) und die Folge der Rechteckzahlen 2, 6, 12, 20, ... (aus der fortgesetzten Addition der geraden Zahlen) legten die Kinder vor allem in die Quadratfelder (siehe Dokumente).
Das Bilden von Zahlenfolgen und das Fortsetzen von Folgen nach einer gefundenen Regel ist ein anregendes Spielfeld für aktiv-entdeckendes Lernen und Anlass für intensives produktives Kopfrechnen.

Wie kann man vorgehen?

1. und 2. Klasse
Angeregt durch Bilder von lebenden, sich windenden Schlangen legen die Kinder gemusterte Schlangen mit Wendeplättchen. Die Muster werden einander vorgestellt und besprochen. Das Augenmerk wird auf regelmässige Muster gelegt, also auf Muster, in denen eine (später mit Zahlen beschreibbare) Bildungsregel erkennbar ist.

Die Kinder erhalten nun ein Arbeitsblatt (KV 12): Das Format A3 erlaubt das Legen der ersten drei Muster mit Wendeplättchen. Jedes Kind legt nun regelmässige Muster. Gemeinsam wird erarbeitet, wie man das Muster mit Zahlen beschreiben kann. Regel: Bevor die Farbe wechselt, notieren wir, wie viele Plättchen es bis dahin sind. Diese Regel muss man auf mehrere Beispiele anwenden, bis alle sie verstanden haben.

Für die Erstklässler/-innen sind die Zahlen zur Erleichterung in die Kreise der ersten Zahlenreihen eingeschrieben. Auf dem Legefeld der Zweitklässler-/innen stehen durchwegs nur die Fünferzahlen am Rand (KV 12–15). Abstände nach jedem Fünfer (Gestaltlücken) erleichtern die Orientierung auf der Zahlenreihe. Um für die Aufgaben 4 bis 6 auf der Kopiervorlage Zahlenreihen bis über 40 zu gestalten, wurden die einzelnen Zahlenkreise verkleinert. Die Muster werden durch Ankreuzen der einzelnen Kreise verdeutlicht, weil Ausmalen zu lange dauert.
In einem nächsten Schritt stellen sich die Schülerinnen und Schüler wechselseitig Aufgaben.

1. Klasse
Auf dem Blatt «Rate mal!» (KV 13) legen oder zeichnen sie den Anfang einer Musterreihe, bis der Partner oder die Partnerin sagt: «Ich weiss, wie es weitergeht.» Diese legt oder zeichnet sodann eine Fortsetzung nach gedachter Regel und notiert darunter die entsprechende Zahlenfolge.

Eine schöne Variante ist der Versuch, Muster akustisch umzusetzen: Die Lehrerin gibt immer zwei Kindern Muster mit Wendeplättchen. Die Schüler versuchen, mit Schlaginstrumenten die Folge musikalisch umzusetzen und den anderen vorzutragen.

2. Klasse
Die Lehrperson zeigt, wie man Muster und Zahlenfolgen auf dem Arbeitsblatt in «kompakter Form» auf einen Papierstreifen übertragen kann. Vor der Zahlenfolge stehen die Initialen des Erfinders auf den Streifen und auf der Rückseite die Einschätzung des Schwierigkeitsgrades. Jedes Kind wählt ein oder zwei bevorzugte Muster seines Arbeitsblattes und schreibt die ersten Zahlen der Folgen je auf einen Papierstreifen. Alle bringen die Streifen nach vorn. Diese bilden einen Pool, aus dem die Kinder einzelne Streifen auswählen. Sie übertragen die Folgen auf ein A4-Blatt (quer) und setzen die Folge fort bis an den Blattrand oder so weit es ihnen möglich ist. Jede Folge wird mit einer Linie unterstrichen und so von der nächsten abgetrennt. Die Kinder bilden Zahlenfolgen nach selbst gewähltem Schwierigkeitsgrad. Abweichungen von der gedachten Lösung des Erfinders sind Anlass, über die Zahlenfolgen und deren Bildungsregel zu diskutieren.

Schülerdokumente 1. Klasse

Valérie hat die Folgen der Dreier-, der Vierer- und der Zweierreihe gelegt, die der Fünferreihe gezeichnet und alle mit Zahlenfolgen beschrieben.

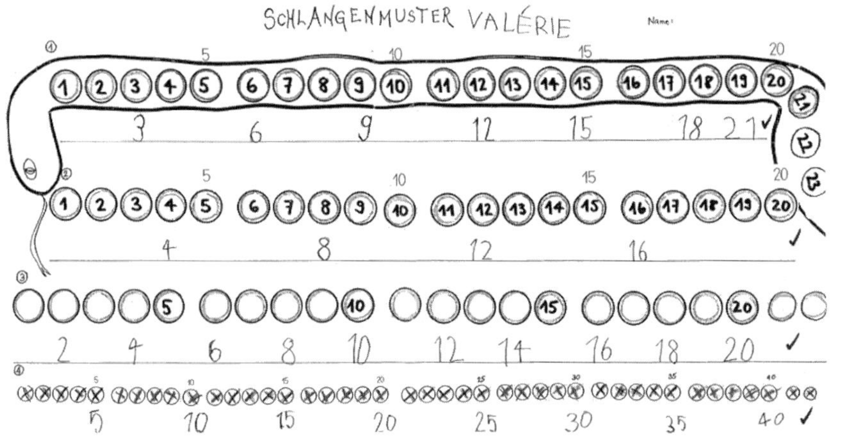

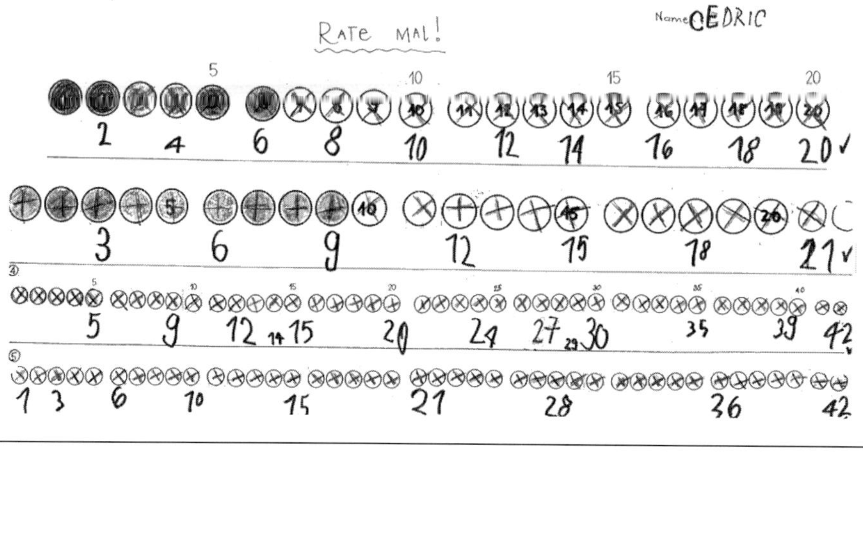

Cédric hat in «Rate mal!» für seine Partnerin die Folgen der Zweier- und Dreierreihen begonnen und sie fortsetzen lassen. Die Bildungsregel seiner dritten Folge lautet +5, +4, +3, +2, +1, +5, +4, ... und im vierten Beispiel lässt er die Folge der Dreieckzahlen fortsetzen.

Schülerdokumente 2. Klasse

Die Kinder erarbeiteten sich im ersten Halbjahr des 2. Schuljahres – also vor der Behandlung der Multiplikation – Reihen des kleinen Einmaleins. Ausgehend von Musterschlangen haben sie die Einmaleinsfolgen gelegt, gezeichnet und mit Zahlen beschrieben, teils auch ohne Anschauung. Wir beschränken uns auf die Wiedergabe eines Beispiels:

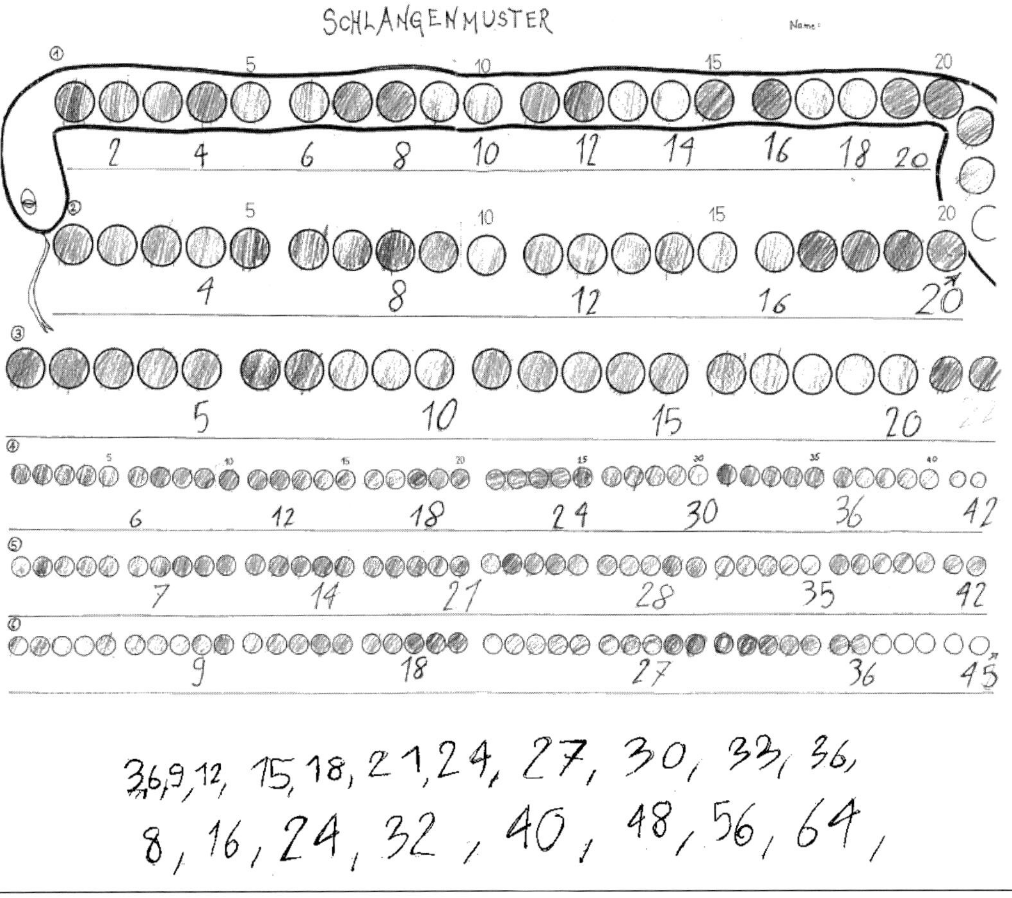

Beim Fortsetzen angefangener Zahlenfolgen gab es Kinder, die die einzelnen Zeilen jeweils füllten:

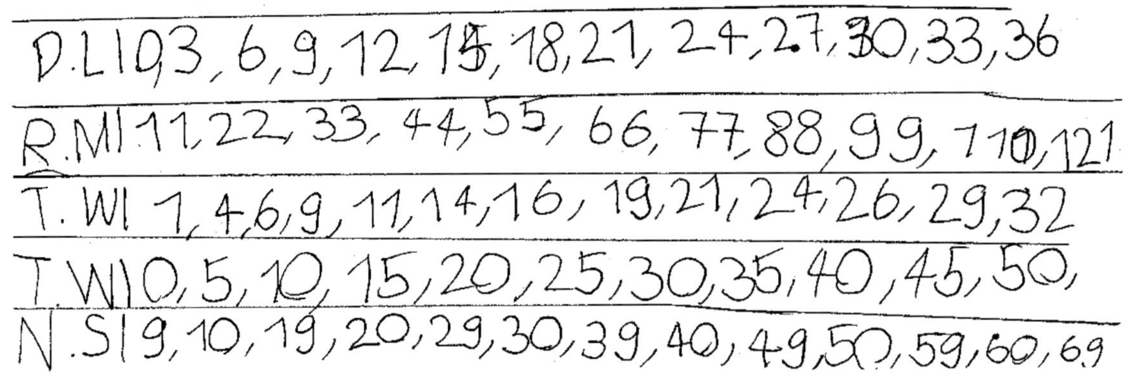

Andere haben Zahlenfolgen bis in höhere Zahlenräume fortgesetzt – im Beispiel die 5er-Reihe bis 170 und die 10er-Reihe bis 1000:

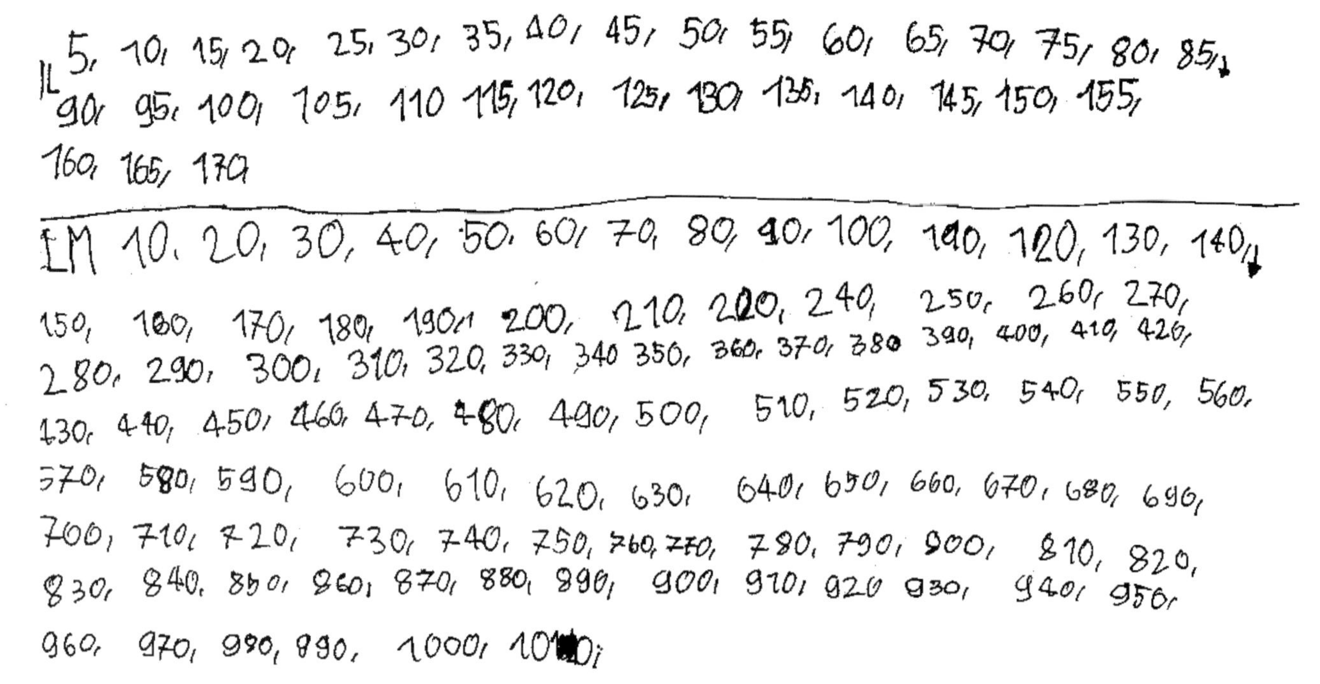
IL 5, 10, 15, 20, 25, 30, 35, 40, 45, 50, 55, 60, 65, 70, 75, 80, 85, 90, 95, 100, 105, 110 115, 120, 125, 130 135, 140, 145, 150, 155, 160, 165, 170

EM 10, 20, 30, 40, 50, 60, 70, 80, 90, 100, 110, 120, 130, 140, 150, 160, 170, 180, 190, 200, 210, 220, 240, 250, 260, 270, 280, 290, 300, 310, 320, 330, 340 350, 360, 370, 380 390, 400, 410, 420, 130, 440, 450, 460, 470, 480, 490, 500, 510, 520, 530, 540, 550, 560, 570, 580, 590, 600, 610, 620, 630, 640, 650, 660, 670, 680, 690, 700, 710, 720, 730, 740, 750, 760, 770, 780, 790, 900, 810, 820, 830, 840, 850, 860, 870, 880, 890, 900, 910, 920 930, 940, 950, 960, 970, 990, 990, 1000, 1010

Die Kinder legten oder malten auch Muster auf Quadratfelder. Sie beschrieben ihr eigenes Muster und jene der anderen Kinder ihrer Gruppe mit Zahlen. Die Folge des eigenen Musters bezeichneten sie mit einem Stern.

Cordula beschreibt in der ersten Zahlenfolge ihr eigenes Muster, die Quadratzahlenfolge, welche ein weiteres Kind der Gruppe gemalt hat. Das dritte Beispiel entspricht dem Muster von *Janine* (siehe das Aufgabenbeispiel oben). Ein weiteres Kind liess sich von den 81 Feldern inspirieren und entwickelte die 9er-Reihe. Beim Beschreiben ihrer Muster mit Zahlen haben sich die Kinder intensiv mit den Bildungsgesetzen von Zahlenfolgen und mit den Einmaleinsreihen auseinander gesetzt.

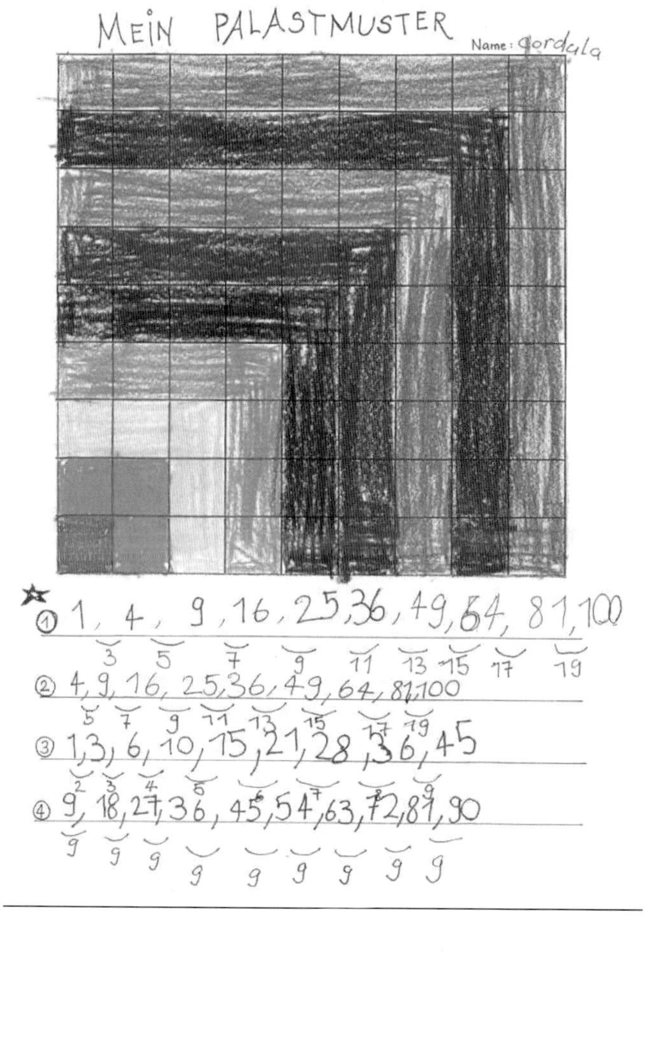

FAHRE FORT 2

Thema: Zahlenfolgen (Fortsetzung von Zahlenmuster aus Musterschlangen)
Stufe: 2. Klasse
Material: evtl. 100er-Tafel oder 100er-Reihe; KV 16
Zeitbedarf: 2 Lektionen
Bearbeitung: N. Gutknecht, U. Hirt

Aufgabe

a) Finde die Regel, nach der Zahlen aufeinander folgen und fahre fort.

a) 8, 16, 24, 32, ...

b) 90, 85, 80, 75, ...

c) 53, 51, 49, 47, ...

d) 1, 3, 6, 10, 15, ...

e) 15, 10, 25, 20, 35, ...

b) Erfinde eigene Beispiele – einfache und schwierige.

...

...

...

c) Bilde Zahlenfolgen zum Fortsetzen für Mitschülerinnen und Mitschüler. Mache einfache und schwierige Beispiele. Tauscht aus und vergleicht die Lösungen sowie die gefundene Regel.

1000'000, 2000'000, 3000'000, 4000'000, 5000'000

20, 100, 180, 260, 340, 420, 500, 560, 740, 820, 900

3, 8, 13, 18, 22, 26, 30, 35, 40, 45, 49, 53, 57, 62, 67, 72, 76, 80, 84, 89

1000, 500, 250, 125

Worum geht es?

In «Fahre fort» setzen sich die Kinder mit Zahlenfolgen auseinander. Die Zahlen folgen dabei nach bestimmten Regeln aufeinander. Entweder bestimmen die Schülerinnen und Schüler selber Regeln und erfinden dazu passende Zahlenfolgen oder sie gehen von einer vorgegebenen Zahlenfolge aus, suchen die Regel und setzen die Folge entsprechend fort.
Beim Herstellen von Zahlenfolgen nach Regeln wie auch beim Finden der Regeln in vorgegebenen Zahlenfolgen berechnen die Schülerinnen und Schüler vielfältige Differenzen auf ihrem persönlichen Niveau. Sie durchschreiten den erweiterten Zahlenraum in grösseren und kleineren Schritten – gleichartigen oder alternierenden nach mehr als einer Regel. «Fahre fort» ist eine Lernumgebung, die neben inhaltlichen Zielen (Orientierung im erweiterten Zahlenraum, Bilden von Differenzen, Grundfertigkeiten im Kopfrechnen) auch die allgemeinen Ziele fördert (Entdecken, Problem lösen, Erklären und Begründen).

Wie kann man vorgehen?

Anknüpfen an «Zahlenmuster aus Musterschlangen»
Man kann die Kinder nochmals Muster oder Ketten mit rot-blauen Wendeplättchen legen und das Muster mit Zahlenfolgen beschreiben lassen (siehe Lernumgebung «Zahlenmuster aus Musterschlangen» für Kindergarten, 1. und 2. Schuljahr). Was in dieser Lernumgebung nun dazukommt, ist die Möglichkeit des Vorwärts- und Rückwärtsschreitens in einer Zahlenfolge. Mit Legeplättchen könnte zum Beispiel die Folge 10, 13, 11, 14, 12, 15 ... nicht gelegt werden. Die Lernumgebung «Fahre fort» sollte deshalb gleich mit Zahlenfolgen (und nicht anschauungsgebunden) eingeführt werden.

Einführung mit Zahlenfolgen
Man macht mit den Kindern an der Wandtafel einführende Beispiele für Zahlenfolgen. Dabei sollten mehrere einfache Beispiele durchgespielt werden, sodass alle Schülerinnen und Schüler verstehen, wie sie Zahlenfolgen erfinden können. Man kann anschliessend die vorgegebenen Beispiele auf dem Arbeitsblatt analysieren, fortsetzen und auf anspruchsvollere Varianten aufmerksam machen.

Aufgabe c) ist eine Fortsetzung von «Rate mal» und «Fortsetzungsaufgaben Zahlenmuster» aus der Lernumgebung «Zahlenmuster aus Musterschlangen».

Erfahrungen aus der Erprobung
Es zeigte sich, dass einige Schülerinnen und Schüler in ihren Zahlenfolgen plötzlich die Regel änderten. Dieses Problem muss in der Einführung angesprochen werden: «Macht so viele Schritte, dass eine Mitschülerin oder ein Mitschüler zweifelsfrei herausfinden kann, wie sich eure Zahlenfolge weiter fortsetzen lässt. Dazu müsst ihr eure gewählte Regel beibehalten und nicht mitten in der Reihe ändern.»
Es besteht die Tendenz, dass die Schülerinnen und Schüler beim Erfinden eigener Beispiele möglichst viele, jedoch eher einfache Zahlenfolgen erfinden. Man muss sie ermuntern, schwierige und knifflige Zahlenfolgen zu suchen.

Dokumente aus der Erprobung

Einfaches Beispiel

1. Mache einfache und schwierige Beispiele:
1,2,3,4,5,6,7,8,9,10,11,12,13,14,15,16,17
3,6,9,12,15,18,21,

Anduena hat sehr langsam gearbeitet. Beim Erstellen eigener Beispiele hat sie zwei einfache Folgen aufgeschrieben: Die Folge der natürlichen Zahlen und die Dreierreihe.

Mittleres Beispiel

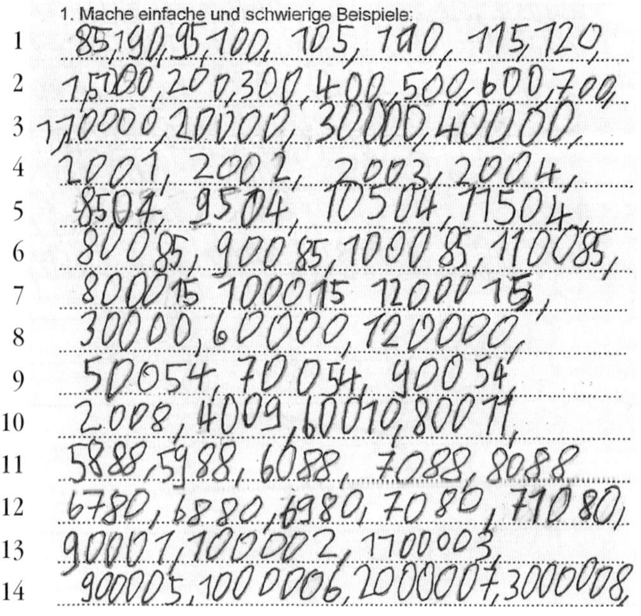
1. Mache einfache und schwierige Beispiele:
1 85,90,95,100, 105, 110, 115,120,
2 1,5100,200,300,400,500,600,700,
3 1,10000,20000, 30000,40000,
4 2001, 2002, 2003,2004,
5 8504, 9504, 10504,11504,
6 80085, 90085,100085,110085,
7 800015 100015 120001 15,
8 30000,60000,120000,
9 50054,70054, 90054
10 2008,4009,60010,80011,
11 5888,5988, 6088, 7088,8088
12 6780,6880,6980,7080,71080,
13 90001,100002,1100003
14 900005,1000006,2000007,3000008,

Maik erstellt viele Beispiele, bei denen er durchwegs grosse Zahlen wählt. Sein Zugang scheint die Variation einzelner Ziffern unter Beibehaltung anderer Ziffern zu sein. Auf der fünften Zeile beispielsweise sind die drei letzten Ziffern (504) konstant, während er die erste Ziffer (8, 9, 10, 11) variiert. Dieses Vorgehen ist auch auf den folgenden Zeilen sichtbar. Interessant sind die 10. und die letzten zwei Zeilen, bei denen er Ziffern vorne und hinten variiert und die mittleren Ziffern (zwei oder vier Nullen) konstant hält. Beim Achten auf die Ziffern gelangt er zu einem regelmässigen Muster der Zeichen, nicht aber der Zahlen.

Anspruchsvolle Beispiele
Céline hat eine Reihe interessanter Zahlenfolgen mit komplexen Regeln erfunden:

1. Zeile: +5, −2, +3, +5, −2, +3, ...
2. Zeile: +6, -4, +6, −4, ...
3. Zeile: jeweils +8
4. Zeile: +1, -2, +3, −4, +5, ...
5. Zeile: · 3, · 2, · 3, · 2, ...
6. Zeile: · 2, −7, · 2, −7, ...
7. Zeile: +1, −2, +3, −4, +5, ...
8. Zeile: −50, −100, −50, −100, ...

---

2. Erfinde eigene Beispiele - einfache und schwierige:

1 5, 10, 8, 11, 16, 14, 17, 22, 20, 23, 28, 26, 29, 34, 32
2 4, 10, 14, 20, 24, 30, 34, 40, 44, 50, 54, 60, 64, 70,
3 4, 12, 20, 28, 36, 44, 52, 60, 68, 76, 84, 92, 100, 108
4 50, 51, 49, 52, 48, 53, 47, 54, 46, 55, 45,
5 2, 6, 12, 36, 72, 216, 432,
6 10, 20, 13, 26, 19, 38, 31, 62, 55,
7 11, 12, 10, 13, 9, 14, 8, 15, 7, 16, 6, 17, 5, 18
8 1000, 950, 850, 800, 700, 650, 550, 500, 400, 350, 250

MIT WÜRFELN BAUEN UND ZAHLENFOLGEN ENTDECKEN

Thema: Zahlenfolgen (Dreieckzahlen, Quadratzahlen, …) geometrisch darstellen und in Wertetabellen beschreiben
Stufe: 3. – 6. Klasse
Material: Holzwürfel; KV 17
Zeitbedarf: 1 bis 2 Lektionen
Bearbeitung: B. Hoffmann, E. Dürrenberger, M. Beeler, I. Lötscher, E. Hengartner

Aufgabe

«Fastquadrate»

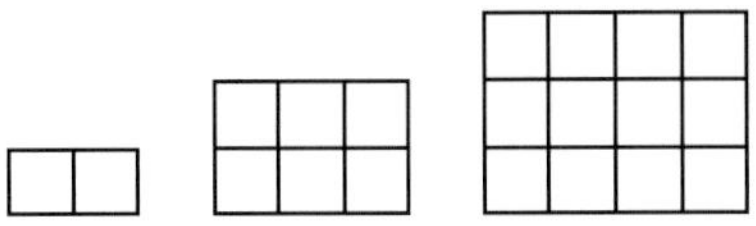

Höhe	1	2	3	4	5	6	7	8	9	10				20
Anzahl														

a) Baue weitere Figuren und fülle die Tabellen aus.
b) Wie wächst die Anzahl Würfel? Beschreibe deine Beobachtungen.

Treppen

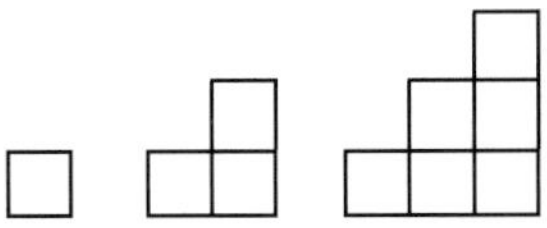

Höhe	1	2	3	4	5	6	7	8	9	10				20
Anzahl														

a) Baue weitere Figuren und fülle die Tabellen aus.
b) Wie wächst die Anzahl Würfel? Beschreibe deine Beobachtungen.

Doppeltreppen

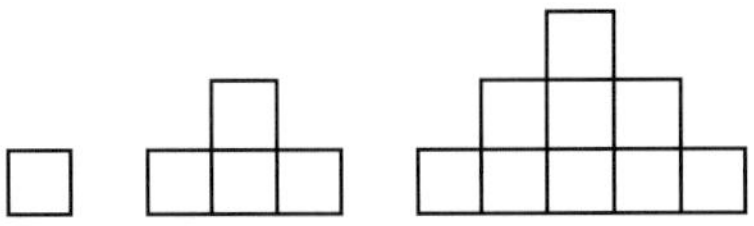

Höhe	1	2	3	4	5	6	7	8	9	10				20
Anzahl														

a) Baue weitere Figuren und fülle die Tabellen aus.
b) Wie wächst die Anzahl Würfel? Beschreibe deine Beobachtungen.

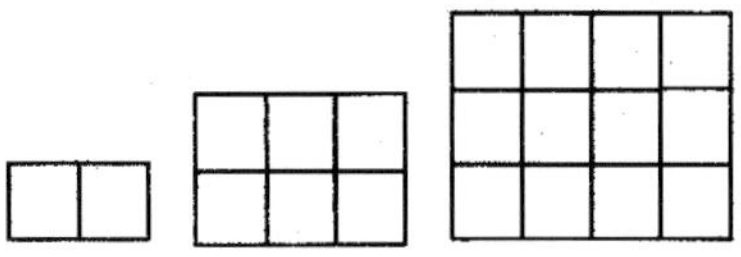

Höhe	1	2	3	4	5	6	7	8	20!
Anzahl	2	6	12	20	30	42	56	72	420

Ich habe die zahl der Höhegenomen und immer + einz gerechet Ich habe sie mal gerechet.

Erfinde selbst eine Reihe von Figuren.

Worum geht es?

Die Kinder setzen mit Holzwürfeln Folgen fort, welche grundlegende Zahlenfolgen darstellen: die Folgen der Dreieckzahlen, der Quadratzahlen und Rechteckzahlen.

Für die einfache aufsteigende *Treppe* werden von Stufe zu Stufe +2, +3, +4, +5, +6, ... zusätzliche Würfel gebraucht. Als Ergebnis entsteht in der Tabelle unter Anzahl benötigter Würfel die Folge der *Dreieckzahlen:* 1 + 2 = 3, 1 + 2 + 3 = 6, 1 + 2 + 3 + 4 = 10, 1 + 2 + 3 + 4 + 5 = 15 usw.

Für die *Doppeltreppe* mit auf- und absteigenden Stufen werden mit wachsender Höhe +3, +5, +7, +9, +11, ... weitere Würfel gebraucht. Zu jeder Höhe entsteht in der Zeile «Anzahl» der Tabelle die entsprechende *Quadratzahl:* Zur Höhe «zwei» nämlich 2 x 2 = 4 Würfel, zur Höhe «drei» 9, zur Höhe «vier» 16, zur Höhe «fünf» 25, zur Höhe «sechs» 36 Würfel usw.
Werden die Würfel der absteigenden Treppe auf die Stufen der aufsteigenden umgelegt, werden die Quadrate sichtbar. Das Umlegen kann auch deutlich machen, dass es sich jeweils um die Summe zweier aufeinander folgender Dreieckzahlen handelt. Die Doppeltreppe der Höhe «fünf» etwa setzt sich aus einfachen Treppen mit 10 und 15 Würfeln zusammen.

Die *rechteckigen Folgen aus Würfelbauten* 1 x 2, 2 x 3, 3 x 4, 4 x 5, ...nennen wir hier (in Anlehnung an das Zahlenbuch) «Fastquadrate»: Für sie werden mit zunehmender Höhe +2, +4, +6, +8, +10, ... zusätzliche Würfel benötigt. Es entsteht die Folge der sogenannten Rechteckzahlen.

Für ein «Fastquadrat» der Höhe n braucht es stets n Würfel mehr als für die Doppeltreppe der Höhe n. Bei Höhe 4 zum Beispiel hat das Fastquadrat vier Würfel mehr als die Doppeltreppe gleicher Höhe, bei Höhe 5 fünf Würfel mehr und bei Höhe 6 sechs Würfel mehr. Der Zusammenhang wird deutlich, wenn man «Fastquadrate» in Doppeltreppen verwandelt.

Aus der fortgesetzten Addition der natürlichen Zahlen entsteht die Folge der Dreieckzahlen.
Aus der fortgesetzten Addition der ungeraden Zahlen entsteht die Folge der Quadratzahlen.
Aus der fortgesetzten Addition der geraden Zahlen entsteht die Folge der Rechteckzahlen.
Diese Zahlenfolgen bilden Muster, welche vielen produktiven Übungsaufgaben im Zahlenbuch zugrunde liegen.

Wie kann man vorgehen?

Diese Lernumgebung sollte man sehr sorgfältig und anschaulich einführen, damit die Kinder anschliessend möglichst selbstständig arbeiten können. Wir haben die Klasse um einen Tisch versammelt und für jede Figurenreihe die ersten drei Figuren gemeinsam gelegt und besprochen. Dabei haben wir die jeweiligen Merkmale (Fastquadrat, Doppeltreppe, Treppe) ausführlich besprochen. Dann haben wir den Aufbau des Arbeitsblattes erklärt: Nach der ersten Erprobung haben wir die Fastquadrate an den Anfang gestellt, weil die Kinder damit am leichtesten zurechtkamen. Wir haben die Kinder aufgefordert, Regelmässigkeiten zwischen der Höhe und der Anzahl benötigter Würfel zu suchen und zu beschreiben. Die Höhe 20 haben wir dazu genommen, um sie herauszufordern, das Bildungsgesetz der Zahlenfolge zu entdecken. Da die benötigte Menge Würfel fehlt, lässt sie sich nur bestimmen, wenn man das Bildungsgesetz der Figurenreihe auch quantitativ verstanden hat. Die Kinder sind deshalb darauf angewiesen, die Anzahl (rekursiv oder funktional) zu berechnen.

Nun stellten wir folgende Aufgaben:

- Zuerst baut ihr die Figuren nach. Die Höhe der Figuren könnt ihr der Tabelle entnehmen.
- Dann zählt ihr die einzelnen Würfel der Figur und schreibt das Resultat in die Tabelle.
- Vergleicht eure Resultate in der Tabelle. Entdeckt ihr eine Regelmässigkeit zwischen den Lösungen? Was fällt euch auf? Schreibt eure Beobachtungen aufs Blatt.
- Wer Lust hat, eine knifflige Aufgabe zu lösen, kann ausrechnen, wie viele Würfel für einen Turm mit einer Höhe von 20 Stufen benötigt würden.
- Ihr könnt schliesslich eine eigene Folge erfinden und untersuchen.

Schülerdokumente zur aufsteigenden Treppe

Das Bildungsgesetz für die Folge der Dreieckzahlen schien vielen Kindern aus dem Bauvorgang der Treppen ersichtlich: Mit jeder neuen Stufe wird zur bisherigen Anzahl gebrauchter Würfel die Höhenzahl addiert. *Andreas* und *Olivia* formulieren dies unterschiedlich; beide verallgemeinern das Bildungsgesetz aber durch die Wörter «immer» und «undsoweiter».

Andreas

1. Treppe

Höhe	1	2	3	4	5	6	7	8	9	10	11
Anzahl	1	3	6	10	15	21	28	36	45	55	66

• Wie wächst die Anzahl Würfel? Beschreibe deine Beobachtungen.

Man muss immer Plus diese Zahl rechnen, die die höhe hat

Höhe	1	2	3	4	5	6	7	8	9	10	11
Anzahl	1	3	6	10	15	21	28	36	45	55	66

• Wie wächst die Anzahl Würfel? Beschreibe deine Beobachtungen.

1 Anzahl + 2 Höhe = Ergebnis
2 Anzahl + 3 Höhe = Ergebnis
undsoweiter

Allgemeiner: Die Zahlenfolge entsteht durch fortgesetzte Addition der natürlichen Zahlen – so drückt es *Léa* aus. Sie hat vermutlich einen weiteren Zusammenhang entdeckt, den sie nicht ganz auszudrücken vermag: «Wenn man die Höhe malrechnet, dann ist die Hälfte immer die Anzahl». Sie meint vermutlich: «Wenn man die Höhe mal die nächstfolgende Höhe rechnet, dann …».

Léa

1. Treppe

Höhe	1	2	3	4	5	6	7	8			
Anzahl	1	3	6	10	15	21	28	36			

• Wie wächst die Anzahl Würfel? Beschreibe deine Beobachtungen.

Es ist immer + 1 mehr zb. 1+2=3 3+3=6 6+4=10 10+5=15
Wen man die Höhe mal rechnet dan ist die helfte immer die Anzahl.

Schülerdokumente zu Doppeltreppen

Rahel achtet auf die Unterschiede zwischen den Würfelanzahlen: Diese nehmen um die Folge der ungeraden Zahlen zu.

Rahel

b. Doppeltreppe

Höhe	1	2	3	4	5	6	7	8	20!	40
Anzahl	1	4	9	16	25	36	49	64	400	1600

Es kommen immer die Ungeraden Zahlen dazu. Also: +3 +5 +7 +9 und so weiter.

Philipp vergleicht die Zahlen der Treppenhöhen mit den Anzahlen benötigter Würfel. Er entdeckt, dass die Anzahlen Quadratzahlen der Höhenzahlen sind.

Philipp

b. Doppeltreppe

Höhe	1	2	3	4	5	6	7	8	20!	20·20
Anzahl	1	4	9	16	25	36	49	64	400	

Es ist immer 1 mal 1, 2 mal 2, 3 mal 3, 4 mal 4, 5 mal 5, 6 mal 6, 7 mal 7, 8 mal 8, also immer mal.

Stephanie umschreibt den gleichen Sachverhalt. Sie verallgemeinert die Beziehung und berechnet die (Quadrat-)Zahlen für 100 und 1000 Würfel hohe Treppen.

Stephanie

b. Doppeltreppe

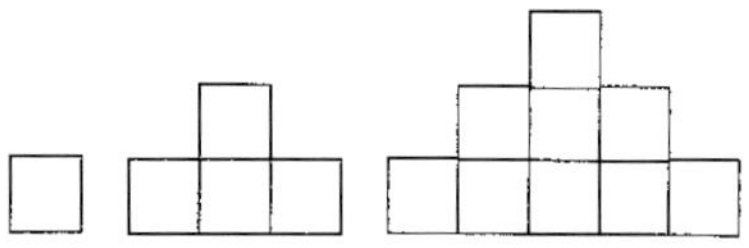

Höhe	1	2	3	4	5	6	7	8	20!
Anzahl	1	4	9	16	25	36	49	64	400

Man mus immer zwei gleiche Zahlen mal Rechnen. Wenn die Trepe 100 hoch ist brauchen 10'000. Wenn die Trepe 1000 hoch were braucht es 1'000'000.

Die Beschreibung von *Léa* schliesslich umfasst beide Regeln: jene für die Bildung der Zahlenfolge (der Quadratzahlen) und die Beziehung zwischen den Wertepaaren «Höhe und Würfelanzahl». Sie ist fähig zur rekursiven und zur funktionalen Betrachtung der Wertetabelle.

2. Doppeltreppe

Höhe	1	2	3	4	5	6					
Anzahl	1	4	9	16	25	36					

Léa

- **Wie wächst die Anzahl Würfel ? Beschreibe deine Beobachtungen.**

Ab drei sindes es immer + die Ungeradenzahlen. z.b. +3 +7 +9 +11 +13 ......

Wen man die Höhenzahl • sie selber rechned dann ist das Resultat die Anzahl. z.b. 1·1=1 2·2 = 4 3·3 = 9 4·4 = 16.

Schülerdokumente zu Fastquadraten

Auch bei der Beschreibung der Rechteckzahlen (der «Fastquadrate») kamen beide Betrachtungsarten vor. Im ersten Dokument steht die Beschreibung des Zuwachses von Würfelanzahlen von Bau zu Bau im Vordergrund, also eine eher rekursive Betrachtung.

c. Fast-Quadrate

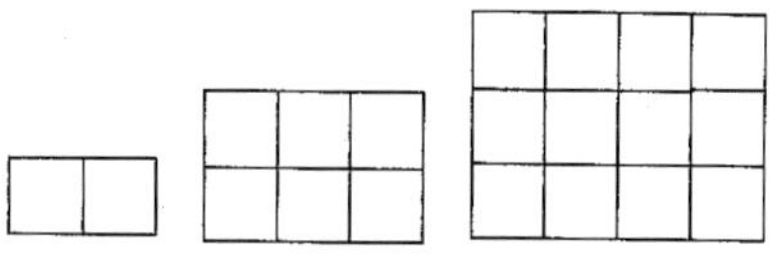

4 6 8 10 12 14 16

Höhe	1	2	3	4	5	6	7	8	20!
Anzahl	2	6	12	20	30	42	56	72	420

Es ist immer zwei Zahlen mehr, 4, 6, 8, 10, 12, 14, bis auf 16 immer so,

In den folgenden zwei Dokumenten wird der Zusammenhang zischen den Wertepaaren «Höhe» und «Anzahlen von Würfeln» beschrieben.

c. Fast-Quadrate

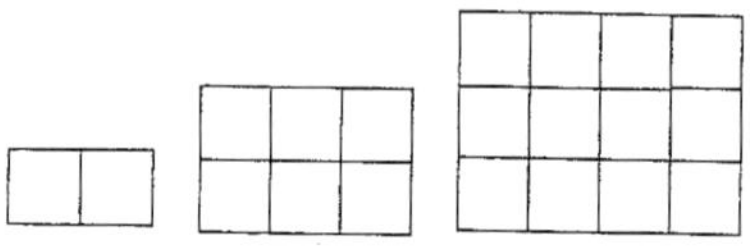

Höhe	1	2	3	4	5	6	7	8	20!
Anzahl	2	6	12	20	30	42	56	72	420

Ich habe die zahl der Höhe genomen und immer + einz gerechet. Ich habe sie mal gerechnet.

Höhe	1	2	3	4	5	6	7	8	20!	40
Anzahl	2	6	12	20	30	42	56	72	420	1640

immer 1·2 2·3 3·4 5·6 6·7 8·9 10 haben wirs gemacht

Interview mit Kerstin: Ein Unterrichtsprotokoll zur Treppe

Kerstin baut immer höhere Treppen und trägt die Würfelanzahlen laufend in die Tabelle ein. Dabei zählt sie jedes Mal zur Anzahl Würfel der vorangegangenen Treppe die Zahl der eben gelegten dazu: zur vierstufigen Treppe mit 10 Würfeln die 5 neuen, zu 15 die 6 weiteren, zu 21 die 7 neuen usw.

Kerstin baut Treppen bis zur Höhe 10 und schreibt unter Würfelanzahl 55 in die Tabelle. Als sie als Nächstes die Treppenhöhe 20 sieht, stutzt sie und fragt mich: «Wie kann ich das ausrechnen?» Bevor ich etwas antworte, sagt sie: «Ah, das sind doppelt so viele!»

Da ich nichts entgegne, zögert sie. «Stimmt gar nicht!», merkt sie an. Da sie diese Aufgabe lösen möchte, versuche ich ihr mit einem Tipp zu helfen. Ich frage sie: «Wie hast du denn bisher gerechnet?» Kerstin antwortet: «Ja, + 2, + 3, + 4, + 5, usw.» Sie überlegt längere Zeit schweigend. Plötzlich wiederholt sie, dass 20 das Doppelte von 10 ist, also ist das Resultat 2 mal 55, beträgt also 110!

Ich skizziere die Treppe mit 10 Stufen auf ein kariertes Blatt und fordere sie auf, die Treppe um zehn weitere Stufen zu ergänzen. Sie zeichnet es auf und merkt plötzlich, dass es dazu viel mehr Würfel braucht als das Doppelte. Ich zeichne zur zehnten Stufe eine senkrechte und eine waagrechte Linie: Es entsteht ein Quadrat und zwei 10-stufige Treppen. Ich schraffiere die beiden symmetrischen Treppen. Obwohl Kerstin sieht, dass die beiden Treppen gleich gross sind, trägt sie für jede Stufe die Anzahl Würfel ein. Sie zählt 1 bis 10 zusammen und kommt auf 55 Würfel. Ihr ist nicht klar, wie sie nun die Anzahl Würfel der quadratischen Fläche errechnen soll. Meine Frage nach der Höhe und der Breite kann Kerstin dann aber problemlos beantworten. Nun addiert sie und kommt auf das richtige Resultat: 55 + 55 + 100 = 210.

a. Treppe

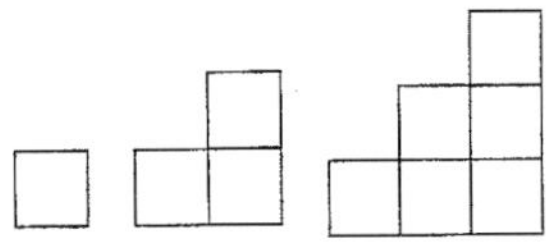

Höhe	1	2	3	4	5	6	7	8	20!
Anzahl	1	3	6	10	15	21	28	36	210

+2 +3 +4 +5 +6 +7 +8

10	11	12	13	14	15	16	17	18	19	20
55	66	78	91	105	120	136	153	171	190	210

+11 +12 +13 +14 +15 +16 +17 +18 +19 +20

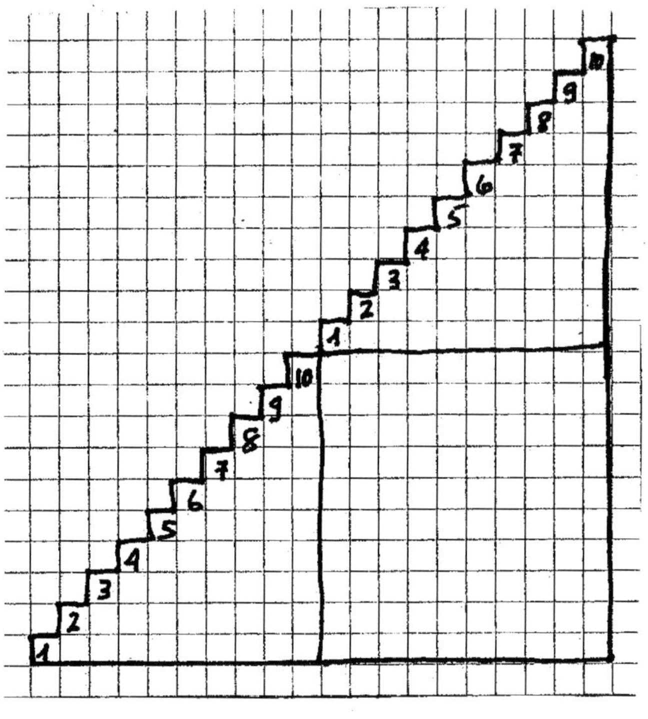

Zur Kontrolle der Ergebnisse schreibt Kerstin die Unterschiede zwischen den Würfelanzahlen aufs Blatt. Sie entdeckt die Regelmässigkeit. Für die Treppen bis 20 Stufen zeichnet Kerstin eine weitere Tabelle. In kürzester Zeit hat sie alle Ergebnisse eingetragen. Mit grosser Freude stellt sie fest, dass sie im letzten Kästchen wieder auf die Zahl 210 kommt! Nach der Lektion erklärt Kerstin, dass ihr diese Stunde grossen Spass gemacht habe. Ihr habe das Bauen und das Rechnen gefallen.

FAHRE FORT 3

Thema: Zahlenfolgen
Stufe: 3. Klasse
Material: Arbeitsblatt (KV 18)
Zeitbedarf: 2 bis 3 Lektionen
Bearbeitung: Th. Kaiser, C. Häberli, U. Hirt, E. Hengartner

Aufgabe

a) Finde die Regel, nach der Zahlen aufeinander folgen, und fahre fort.

180, 200, 220, ...

360, 355, 350, ...

900, 800, 850, 750, 800, ...

612, 615, 605, 608, 598, ...

b) Erfinde eigene Beispiele – einfache und schwierige.

c) Beginne Zahlenfolgen, die ein Mitschüler oder eine Mitschülerin fortsetzen kann. Schreibe genügend Zahlen auf, sodass klar ist, wie es weitergeht. Mache einfache und schwierige Beispiele.

308, 316, 324, 332, 339, 347, 355,

505, 510, 515, 520, 525, 530, 535

909, 918, 927, 936, 945, 954, 963

190, 280, 370, 460, 550, 640, 730

Stephanie

Worum geht es?

In «Fahre fort» setzen sich die Kinder mit Zahlenfolgen auseinander. Sie ordnen Zahlen nach einer oder mehreren Regeln so an, dass eine Struktur entsteht, nach welcher die Zahlen aufeinander folgen. Entweder bestimmen sie selbst Regeln und erfinden danach Zahlenfolgen, oder sie gehen von einer vorgegebenen Zahlenfolge aus, suchen die Regel und setzen die Folge entsprechend fort. Nach Regeln Abschnitte des Tausenderraums zu durchschreiten kann helfen, die Tausenderstruktur in der Vorstellung vielseitig zu verankern.

Beim Herstellen von Zahlenfolgen berechnen die Schülerinnen und Schüler vielfältige Differenzen gemäss ihrem persönlichen Niveau im Zahlenraum bis 1000 oder auch darüber hinaus. Sie durchschreiten den erweiterten Zahlenraum in grösseren und kleineren Schritten – gleichartigen oder alternierend nach mehr als einer Regel. «Fahre fort» ist eine Lernumgebung, welche neben inhaltlichen Zielen (Orientierung im erweiterten Zahlenraum, Bilden von Differenzen, Grundfertigkeiten im Kopfrechnen) auch die allgemeinen Ziele aktiv-entdeckenden Lernens und produktiven Übens anregt.

Wie kann man vorgehen?

Man macht mit den Kindern an der Wandtafel einführende Beispiele für Zahlenfolgen. Dabei sollten zunächst mehrere einfache Beispiele durchgespielt werden, sodass alle Schülerinnen und Schüler verstehen, wie sie fortlaufende Zahlenfolgen erfinden können. Man kann mit den Schülerinnen und Schülern anschliessend die Musterbeispiele auf dem Arbeitsblatt (KV18) analysieren und fortsetzen sowie mit den Beispielen 3 und 4 auf anspruchsvollere Varianten aufmerksam machen. Manche erfinden möglichst viele, aber recht einfache Zahlenfolgen. Man muss sie dazu ermuntern, auch schwierige und knifflige Zahlenfolgen zu suchen.

Aufgabe c) eignet sich als Partnerarbeit, wobei sich die Schüler und Schülerinnen gegenseitig Aufgaben stellen, diese lösen und dann gemeinsam die Lösungen besprechen.

Erfahrungen aus der Erprobung
Ein Problem war, dass einige Schülerinnen und Schüler in ihren Zahlenfolgen z. T. plötzlich die Regel änderten. Dieses Problem sollte in der Einführung auf einfache Weise angesprochen werden: «Macht so viele Schritte, dass euer Partner oder eure Partnerin zweifelsfrei herausfinden kann, wie sich eure Zahlenfolge weiter fortsetzen lässt. Dazu müsst ihr eure gewählte Regeln beibehalten und nicht mitten in der Reihe ändern.»

Dokumente aus der Erprobung

Einfaches Beispiel
Anna-Katherina ging vorsichtig, aber systematisch ans Werk. Sie machte fast ausschliesslich Additionsschritte und verwendete dafür bei jedem ihrer Vorschläge konsequent immer nur einen der folgenden Schritte: +1, +2, +4, +5, +100. Das letzte Beispiel bildet in zweierlei Hinsicht eine interessante Ausnahme: Hier bildete sie eine verschlungene Reihe mit zwei unterschiedlichen Schritten, die alternierend verwendet werden.

500, 505, 510, 515, 520, 525, 530, 535, 540, 545, 550,
100, 200, 300, 400, 500, 600, 700, 800, 900
400, 404, 408, 412, 416, 420, 424, 428, 432, ...
100, 110, 120, 130, 140, 150, 160, 170, 180, ...
101, 102, 103, 104, 105, 106, 107, 108, 109 ...
202, 204, 206, 208, 210, 212, 214, 218, 220
220, 224, 228, 230, 232, 234, 236, 238
100, 300, 200, 600, 300, 900, 400 ...

Mittleres Beilspiel
Bei *Fabiennes* Vorschlägen finden wir sowohl Additions- wie auch Subtraktionsschritte. Sie versucht es auch mit Zahlen über 1000, wobei es ab 10000 mit der korrekten Anzahl Nullen nicht mehr klappt. Die ersten drei Beispiele folgen mehr als nur einer Regel. Der jeweilige Sprung hängt vermutlich mit Schwierigkeiten der Zahlschreibweise über 1000 zusammen. Fabienne hat bei diesen Beispielen die späteren Schritte um jeweils den Faktor 10 vergrössert:
Bsp. 1) +300, +300, +3000, +3000
Bsp. 2) +400, +4000
Bsp. 3) +500, +5000
Bei den Beispielen 6) und 7) verwendet sie alternierend die Schritte –25, –75 bzw. +25, +75

1) 300, 600, 900, 2000, 5000, 8000
2) 400, 800, 2000, 6000, 1000000, ...
3) 500, 1000, 5000, 1000000, 5000000, ...
4) 100, 200, 300, 400, 500, 600, 700, 800, ...
5) ... 1000, 2000, 3000, 4000, 5000, 6000, ...
6) 1000, 825, 800, 725, 700, 625, 600, 525 ...
7) 100, 125, 200, 225, 300, 325, 400, 425, ...
500, 525, 600, 625, 700, 725, 800, 825, 900,

Anspruchsvolles Beispiel
Marianne produzierte 11 Beispiele, die sehr variantenreich sind. Beispiel 5) besteht aus 50er-Schritten bis 450. Dann geht sie von 450 in alternierenden Schritten minus 150, plus 50 zurück. Die letzte Zahl müsste 0 und nicht 50 heissen. Beispiel 7) besteht ebenfalls aus einer interessanten Schrittfolge, die insgesamt vier Mal wiederholt wird:
+10, +10, +10, +10, +160.

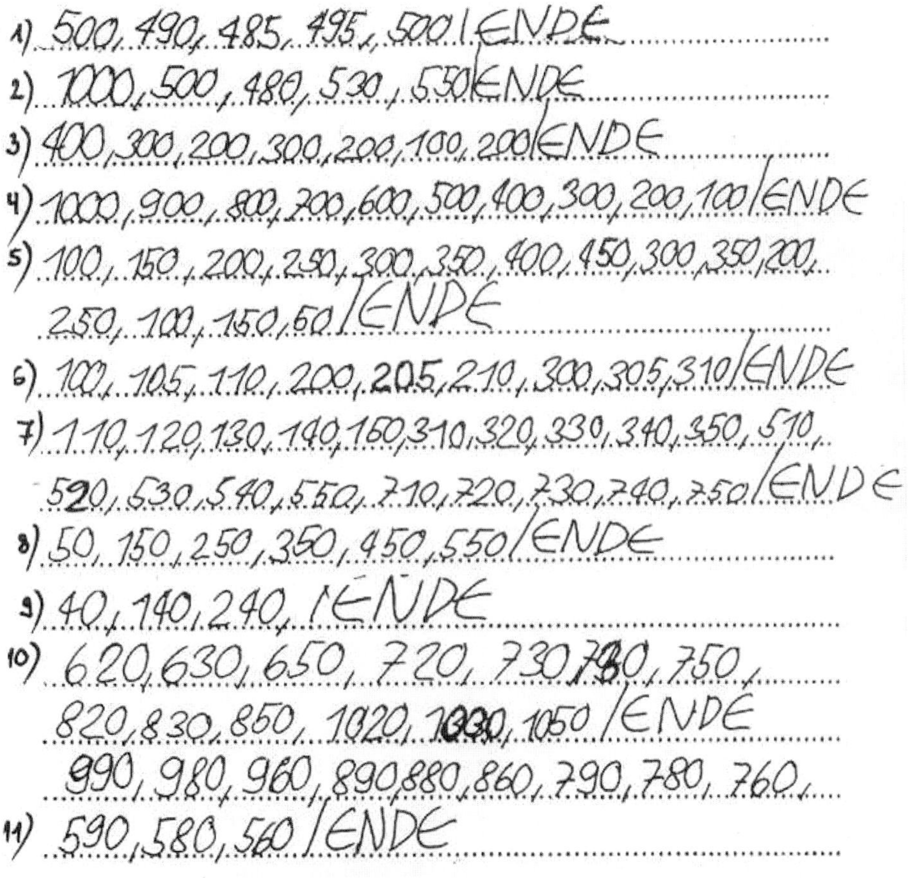
1) 500, 490, 485, 495, 500 / ENDE
2) 1000, 500, 480, 530, 550 / ENDE
3) 400, 300, 200, 300, 200, 100, 200 / ENDE
4) 1000, 900, 800, 700, 600, 500, 400, 300, 200, 100 / ENDE
5) 100, 150, 200, 250, 300, 350, 400, 450, 300, 350, 200, 250, 100, 150, 50 / ENDE
6) 100, 105, 110, 200, 205, 210, 300, 305, 310 / ENDE
7) 110, 120, 130, 140, 150, 310, 320, 330, 340, 350, 510, 520, 530, 540, 550, 710, 720, 730, 740, 750 / ENDE
8) 50, 150, 250, 350, 450, 550 / ENDE
9) 40, 140, 240, / ENDE
10) 620, 630, 650, 720, 730, 780, 750, 820, 830, 850, 1020, 1030, 1050 / ENDE
990, 980, 960, 890, 880, 860, 790, 780, 760,
11) 590, 580, 560 / ENDE

MIT WÜRFELN BAUEN UND ZAHLENFOLGEN BESCHREIBEN

Thema: Aus Würfelbauten Zahlenfolgen entwickeln und beschreiben
Stufe: 5. Klasse und 6. Klasse
Material: Holzwürfel; KV 19
Zeitbedarf: 1 bis 2 Lektionen
Bearbeitung: G. Schnetz, B. Wälti, N. Roos, E. Hengartner

Aufgabe

Setze die folgenden Bauten (oder eigene Folge von Bauten) fort. Halte in der Tabelle fest, wie viele Würfel du bei wachsender Höhe brauchst. Beschreibe die Folgen der Anzahlen.

a) Zwei sich kreuzende Doppeltreppen

1

	1	
1	2	1
	1	

		1		
		2		
1	2	3	2	1
		2		
		1		

...

Höhe	1	2	3	4	5	6	7	8	9	10			20
Anzahl													

b) Pyramiden

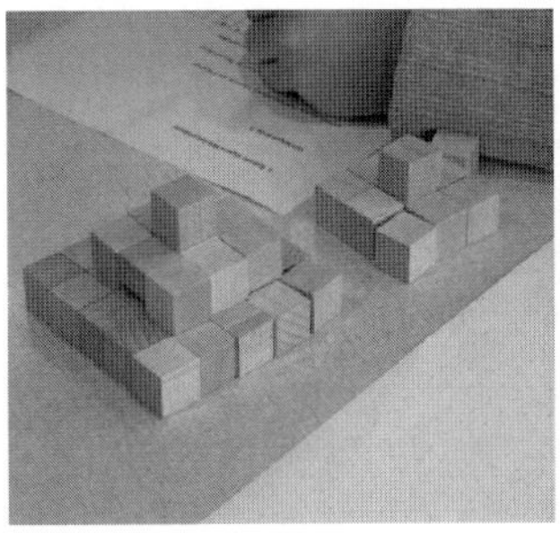

1

1	1	1
1	2	1
1	1	1

1	1	1	1	1
1	2	2	2	1
1	2	3	2	1
1	2	2	2	1
1	1	1	1	1

...

Höhe	1	2	3	4	5	6	7	8	9	10			20
Anzahl													

1

1	1
2	1

1	1	1
2	2	1
3	2	1

...

Höhe	1	2	3	4	5	6	7	8	9	10			20
Anzahl													

Worum geht es?

Die Kinder bauen mit Holzwürfeln Folgen von Körpern, die sich beliebig weiterführen lassen. Die Folgen lassen sich mit Wertetabellen auswerten: Zu den wachsenden Höhen der Bauten wird jeweils die Anzahl benötigter Würfel notiert. Es entstehen so Zahlenfolgen, deren Bildungsgesetze nicht immer so einfach zu durchschauen sind. Alle Zahlenfolgen werden durch geometrische Bauten illustriert. Wir sprechen in diesem Zusammenhang von figurierten Zahlen.

Die Lernumgebung «Mit Würfeln bauen und Zahlenfolgen entdecken» (S. 117) sollte vor dieser Lernumgebung bearbeitet werden. Es ist auch denkbar, die beiden Lernumgebungen in einem grösseren Unterrichtsprojekt zu verbinden.

a) Sich kreuzende Doppeltreppen
Für zwei sich kreuzende Doppeltreppen werden mit wachsender Höhe + 5 + 9 + 13, + 17, ... weitere Würfel gebraucht. Das ist leicht einsichtig, wird doch der «Mittelturm» jeweils um einen Würfel erhöht und es werden jeweils auf den vier um den Mittelturm wachsenden Treppen 4, 8, 12, 16, ... Würfel zur vorangehenden Figur hinzugefügt. Dabei entsteht die Zahlenfolge 1, 6, 15, 28, 45, ...

Höhe	1	2	3	4	5	6	7	10	20	n
Neue Würfel		5	9	13	17	21	25	37	77	$4n - 3$
Anzahl	1	6	15	28	45	66	91	190	780	$2n^2 - n$

Eine Doppeltreppe lässt sich leicht zu einem Quadrat umformen: Für die Höhe n braucht man deshalb n^2 Würfel. Für zwei Doppeltreppen bräuchte man demnach zwei Mal n^2 Würfel. Da sie sich aber kreuzen, würde die Höhe n doppelt gezählt; sie muss also subtrahiert werden. Für sich kreuzende Doppeltreppen der Höhe n braucht man also $2n^2 - n$ Würfel.

b) Zu eigenen Würfelbauten die Zahlenfolgen untersuchen
Beim Erfinden und Verändern eigener Würfelbauten können die Kinder an Zahlenfolgen arbeiten, die ihren Fähigkeiten entsprechen. Die Schülerdokumente deuten auf eine grosse Vielfalt möglicher Erkundungen.

c) Pyramiden (anspruchsvollere Vorlagen)
In der Lernumgebung werden ergänzend zwei Pyramiden vorgeschlagen, die sich formal nur schwer fassen lassen. Gerade die Arbeit an den Pyramiden lässt daher viel Spielraum für Vermutungen und Vergleiche. Die Anzahl Würfel wächst um die Folge der ungeraden Quadratzahlen + 1, + 9, + 25, + 49, ...; dadurch ergibt sich die Folge der Anzahl benötigter Würfel 1, 10, 35, 84, 165, ...

Höhe	1	2	3	4	5	6	7	10	20	n
Neue Würfel	1	9	25	49	81	121	169	361	1521	$(2n-1)^2$
Anzahl	1	10	35	84	165	286	455	1330	10660	$(2n-1)2n(2n+1):6$

Ist bei der ersten Pyramide die Anzahl Würfel in jedem «Stockwerk» eine ungerade Quadratzahl, so werden in der zweiten Pyramide noch jene «Stockwerke» dazwischen eingefügt, deren Anzahl Würfel den geraden Quadratzahlen entsprechen. Oder anders ausgedrückt: Die Anzahl Würfel für eine Pyramide mit n Stockwerken ist die Summe der ersten n Quadratzahlen. Es entsteht dabei die Zahlenfolge 1, 5, 14, 30, 55, 91, ...

Höhe	1	2	3	4	5	6	7	10	20	n
Neue Würfel	1	4	9	16	25	36	49	100	400	n^2
Anzahl	1	5	14	30	55	91	140	204	285	$n(2n + 1)(n + 1):6$

Es kann keinesfalls darum gehen, das Bildungsgesetz der hier entstehenden Zahlenfolgen zu finden. Die Kinder sollen vielmehr die entstehenden Pyramiden vergleichen, die Anzahl benötigter Würfel für einige Stockwerke berechnen und grössere Anzahlen in Diskussionen abschätzen.

Wie kann man vorgehen?

Um die Kinder nicht zu überfordern, muss der Einstieg bewusst niederschwellig gehalten werden. Sofern alle Kinder an der Lernumgebung «Mit Würfeln bauen und Zahlenfolgen entdecken» gearbeitet haben, sollte die Lernumgebung allen Kindern zugänglich sein.

Vorgehen: Man legt zunächst den Anfang einer Folge von Würfelbauten – zum Beispiel der Doppeltreppen – so weit, dass allen eindeutig klar ist, welche nächsten Bauten folgen müssen. Die Kinder legen nun zu zweit die Folge der begonnenen Würfelbauten und protokollieren laufend die benötigte Anzahl Würfel. Man kann ihnen folgende Aufträge vorgeben:

- Zuerst baut ihr die Figuren nach. Die Höhe der Figuren könnt ihr der Tabelle entnehmen.
  Dann zählt ihr die einzelnen Würfel jeder Figur und schreibt die Anzahlen in die Tabelle zu den passenden Höhen.
- Vergleicht eure Ergebnisse in der Tabelle. Entdeckt ihr eine Regelmässigkeit zwischen den Lösungen? Schreibt eure Beobachtungen aufs Blatt.
- Wer Lust hat, eine knifflige Aufgabe zu lösen, kann ausrechnen, wie viele Würfel für einen Turm mit einer Höhe von 20 Stufen benötigt würden.
- In Aufgabe b) könnt ihr ein eigenes Gebilde bauen und untersuchen.

Die Frage, wie viele Würfel man bei einer Höhe von 20 benötigt, lenkt die Aufmerksamkeit auf die Bildungsregel der entstehenden Zahlenfolge und/oder auf die (funktionale) Beziehung zwischen den wachsenden Höhen und den entsprechenden Würfelanzahlen. Denn ein Gebilde der Höhe 20 lässt sich kaum mehr bauen und auszählen; man muss die zugehörige Anzahl Würfel denkend erschliessen.

Dokumente zu den sich kreuzenden Doppeltreppen

Im Klassenverband sind einleitend einfache Doppeltreppen gelegt worden, um den Kindern das Protokollieren in Wertetabellen in Erinnerung zu rufen. Einzelne Kinder erkannten, dass die Anzahl benötigter Würfel dem Quadrat der Höhe entspricht: Das wird sichtbar, wenn man die absteigenden Treppenstufen auf die aufsteigenden umlegt.

Nadine und *Rabel* haben erkannt, dass sich kreuzende Doppeltreppen zweimal das Quadrat der Würfelhöhe brauchen. Da die Mitte – also die Höhe selbst – dabei aber doppelt gezählt wurde, muss sie subtrahiert werden. Sie erklären dies mit Zahlenbeispielen der ersten fünf Treppen.

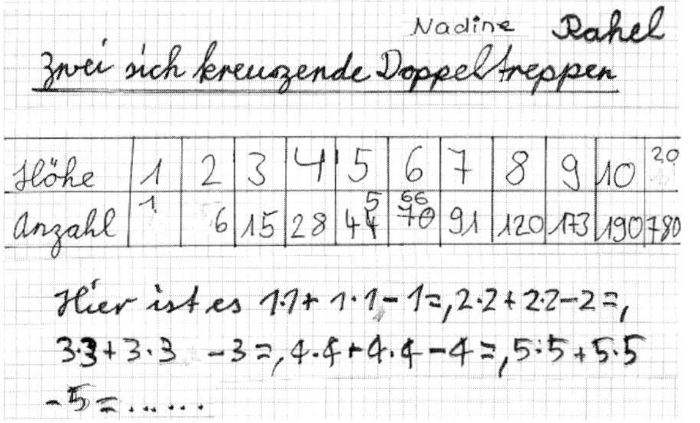
Nadine Rahel

Zwei sich kreuzende Doppeltreppen

Höhe	1	2	3	4	5	6	7	8	9	10	20
Anzahl	1	6	15	28	45	66	91	120	153	190	780

Hier ist es 1·1+1·1−1=, 2·2+2·2−2=, 3·3+3·3 −3=, 4·4+4·4−4=, 5·5+5·5 −5=......

Valerio beschreibt dieselbe Überlegung mit nur einem Beispiel; er berechnet die Anzahl Würfel in der Tabelle für die Höhe 1000: Es braucht 2 mal 1000 mal 1000, also zwei Millionen Würfel minus 1000, also 1'999'000 Würfel.

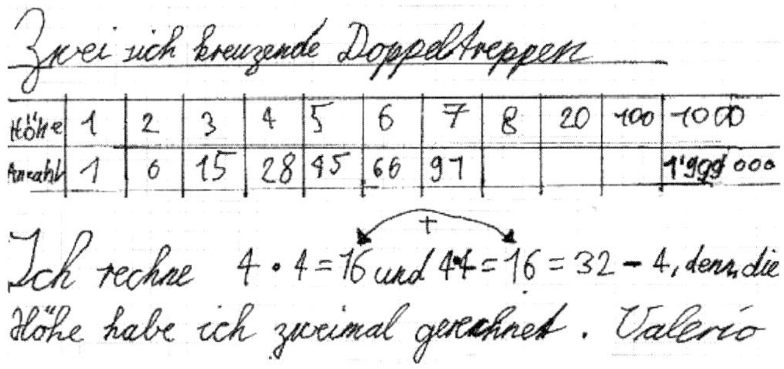
Zwei sich kreuzende Doppeltreppen

Höhe	1	2	3	4	5	6	7	8	20	100	1000
Anzahl	1	6	15	28	45	66	91				1'999'000

Ich rechne 4·4=16 und 4·4=16 = 32 − 4, denn die Höhe habe ich zweimal gerechnet. Valerio

Lydia gelingt eine Verallgemeinerung der funktionalen Beziehung zwischen Höhe und Anzahl Würfel, indem sie für die Höhe allgemein «die gewünschte Zahl» einsetzt.
Sie formuliert den Zusammenhang algebraisch.

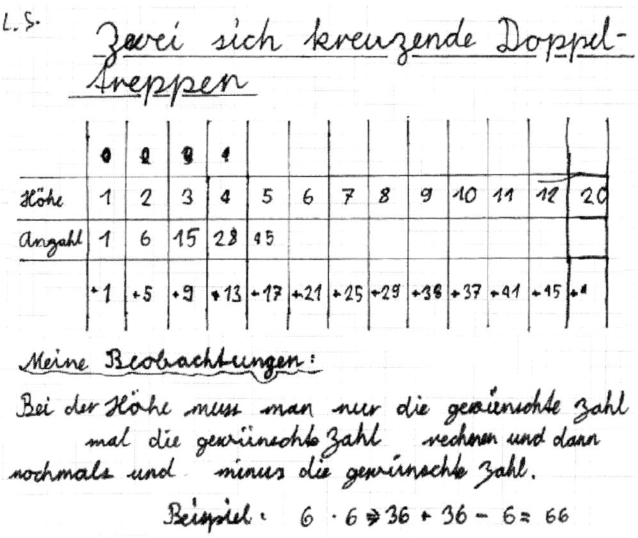
L.S.

Zwei sich kreuzende Doppel-treppen

	0	2	9	4									
Höhe	1	2	3	4	5	6	7	8	9	10	11	12	20
Anzahl	1	6	15	28	45								
	+1	+5	+9	+13	+17	+21	+25	+29	+33	+37	+41	+45	+[illegible]

Meine Beobachtungen:

Bei der Höhe muss man nur die gewünschte Zahl mal die gewünschte Zahl rechnen und dann nochmals und minus die gewünschte Zahl.

Beispiel: 6 · 6 = 36 + 36 − 6 = 66

Andreina beschreibt, wie sich die Zahlwerte benötigter Würfel entwickeln: Man multipliziert die aufeinander folgenden Höhen mit der jeweils nächstfolgenden ungeraden Zahl.

Andreina Zwei sich kreuzende Doppeltreppen

Höhe	1	2	3	4	5	6	7	8	9	10	11	12	20
Anzahl	1	6	15	28	45	66	91	120	153	190	231		

Zb: 2·3=6 Dann 3·5=15 die nächste ungerade Zahl nehmen.

Dann 4·7=28, 5·9=45, 6·11=66, 7·13=91

8·15=120,

Sie hat dies in der Folge der Zahlen entdeckt – das heisst, sie kann die Werte rekursiv der Reihe nach ermitteln, vermutlich aber nicht funktional – zum Beispiel für die Höhe 20. Für letzteres müsste sie erkennen, dass die nächstfolgende ungerade Zahl eben stets das Doppelte der jeweiligen Höhe minus 1 beträgt. Das entspricht zweimal dem Quadrat der Höhe minus die Höhe.

Larissa hat eine «Rechentechnik» gefunden, die es erlaubt, für beliebige Höhen die Anzahl Würfel zu bestimmen: Für n lautet sie (n – 1 + n) n, was zweimal dem Quadrat der Höhe minus die Höhe entspricht. Ob sie den Zusammenhang begriffen hat, bleibt unklar.

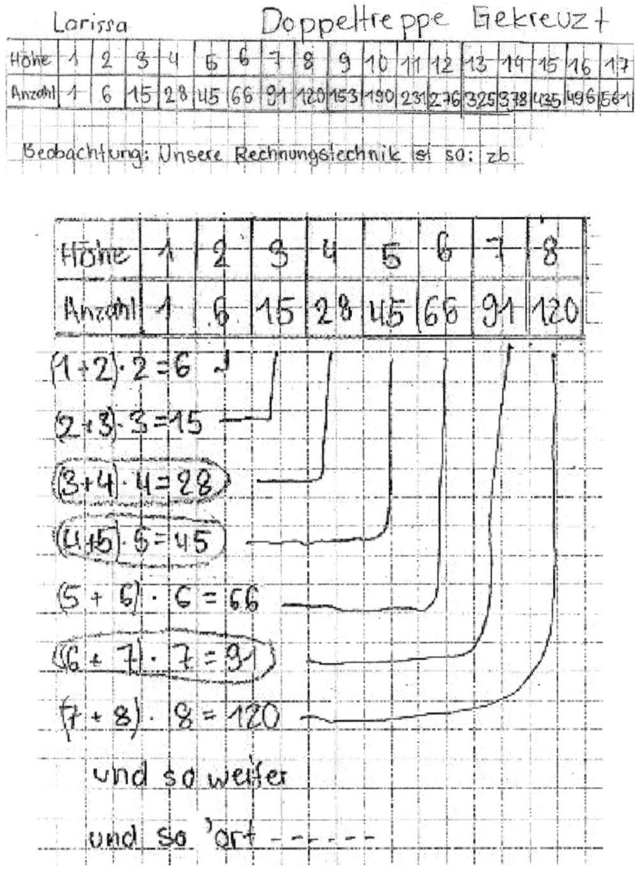

Dokumente zu Zahlenfolgen an eigenen Bauten und gezeichneten Figuren

Die Kinder einer Erprobungsklasse wurden aufgefordert, zunächst eigene Bauten zu legen, zu beschreiben und sie dann als Aufgaben für andere zu formulieren. Sie haben dabei fast durchweg eher einfache Figurenfolgen gewählt. Umso erstaunlicher ist die Vielfalt der Figuren und der gewählten Darstellungen. Nachstehend sind Ausschnitte aus einigen Kinderdokumenten zu sehen. Offenbar hat die Aufgabe besonders die Mädchen gepackt. Fast alle Mädchen der Klasse haben zur Sammlung beigesteuert.

Jeanine wandelt die ihr bereits bekannte Folge der Dreieckzahlen ab, indem sie jeweils zwei Würfel dazufügt.

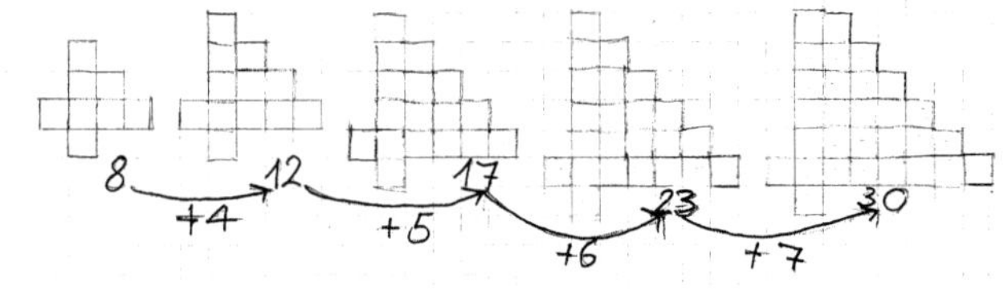

Ylenia wandelt die ihr bereits bekannte Rechteckzahlenfolge ab, indem sie die längere Seite um jeweils 2 Würfel verlängert. Sie hat in ihrer Arbeit Rechtecke bis zu 12 mal 15 Seitenlänge gezeichnet (nicht abgebildet) und die Anzahl dazu benötigter Würfel berechnet.

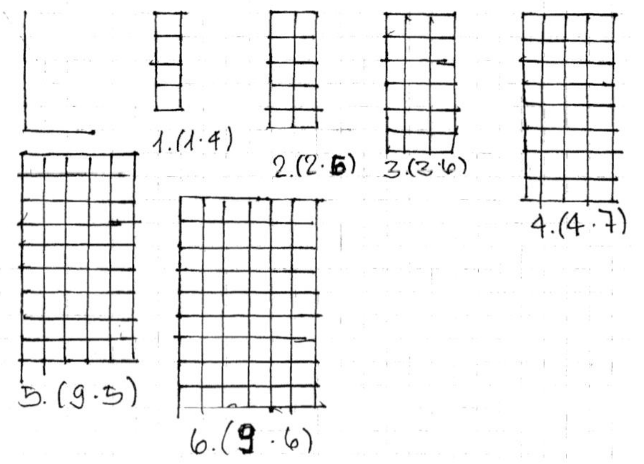

Annika orientiert sich an der Doppeltreppe, ohne sie jedoch mit Stufen aufzufüllen. Ihre Bauten vergrössern sich von Figur zu Figur um 3 Würfel. Sie beschreibt diesen Sachverhalt sowohl mit einem Text als auch mit einer Skizze. Die Anzahl Würfel ergibt sich aus 1 + (Höhe – 1) mal 3.

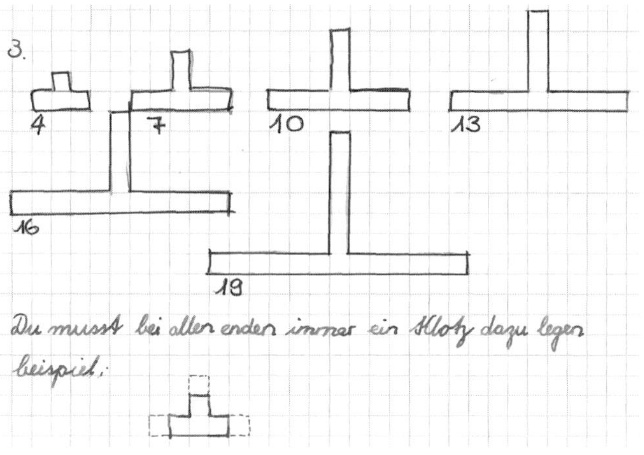

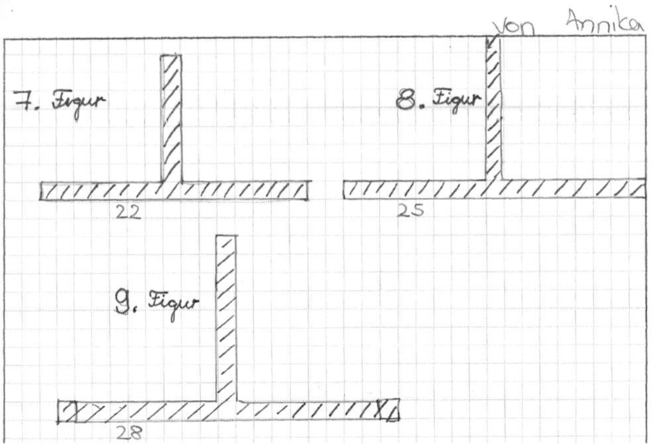

Simon wählt beinahe die gleiche Figurenfolge. Er zeichnet sie jedoch in der T-Lage. Ausserdem ist der Hals bei den Figuren von Simon jeweils um einen Würfel länger, weshalb seine Figuren die Zahlenfolge 5, 8, 11, 14, …, diejenige von Annika die Folge 4, 7, 10, 13, … darstellt.

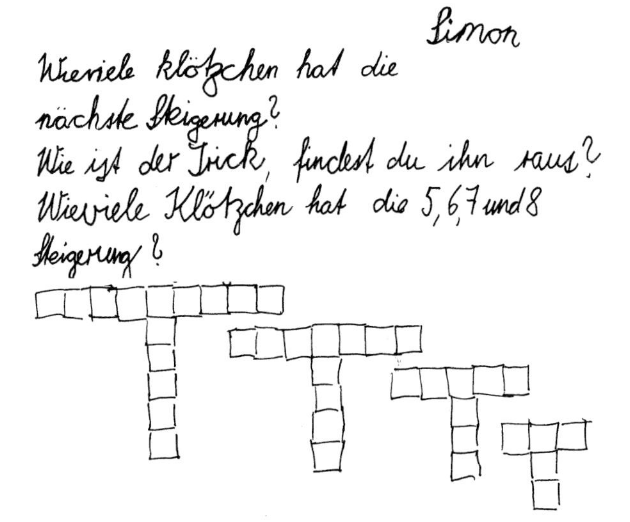

Angela bildet Quadrate, die sie mit Würfeln umgibt. Die Anzahl benötigter Würfel ist 8, 12, 16, 20, … – die Viererreihe.

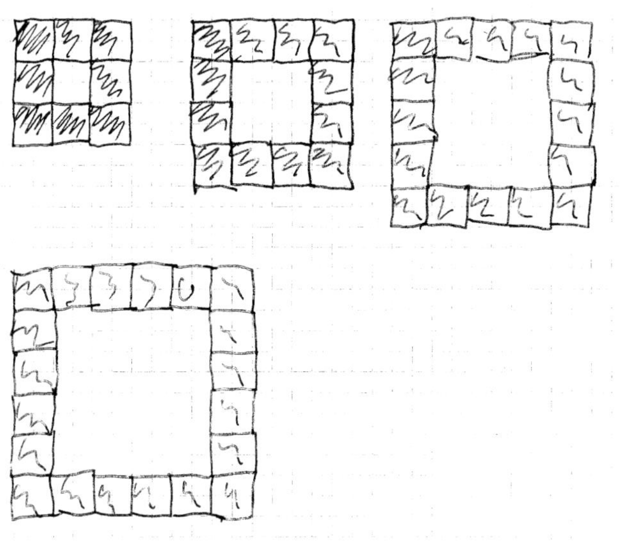

Anja beschäftigt sich mit einer etwas komplexeren Folge, die jedoch nach einfachen Gesetzmässigkeiten wächst: Die Anzahl Würfel unterscheidet sich von Figur zu Figur jeweils um 4.

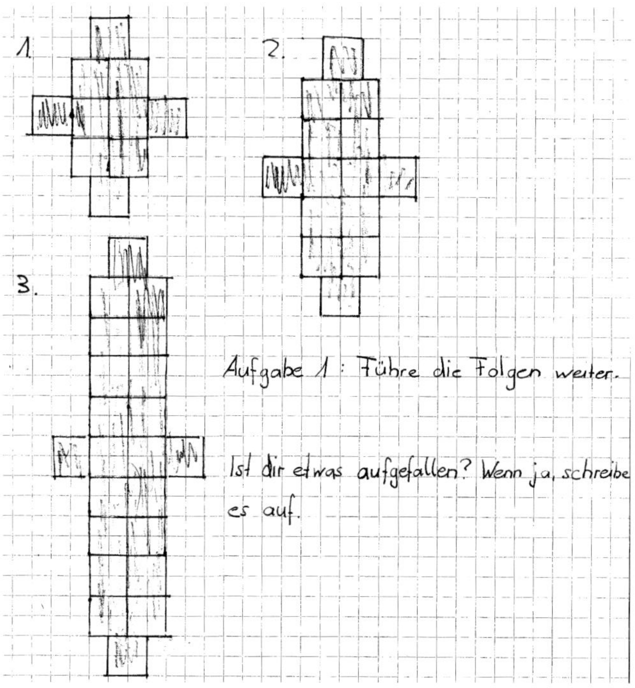

ZAUBERDREIECKE

Thema: Grundoperationen, Strukturen erkennen
Stufe: 2. bis 6. Klasse
Material: Zahlenkärtchen (bedruckte und leere),
Kopiervorlage mit leeren Zauberdreiecken (KV 20)
Zeitbedarf: 3 bis 5 Lektionen (mit Wiederaufnahme)
Bearbeitung: Primarschulteam Lupsingen, E. Kofler, E. Hengartner

Aufgabe

Für Zauberdreiecke wählen wir sechs Zahlen einer Folge mit gleichem Abstand von Zahl zu Zahl. Die Zahlen werden so angeordnet, dass sie auf allen drei Seiten die gleiche Summe ergeben.

a) Nimm die Zahlen(karten) 1 bis 6.
Ordne sie so, dass auf jeder Dreiecksseite die gleiche Summe entsteht. Findest du mehrere Lösungen?

Versuche das nun mit sechs aufeinander folgenden geraden oder ungeraden Zahlen.

Wähle sechs Zahlen einer Zahlenreihe mit gleichem Abstand von Zahl zu Zahl und lege Zauberdreiecke.

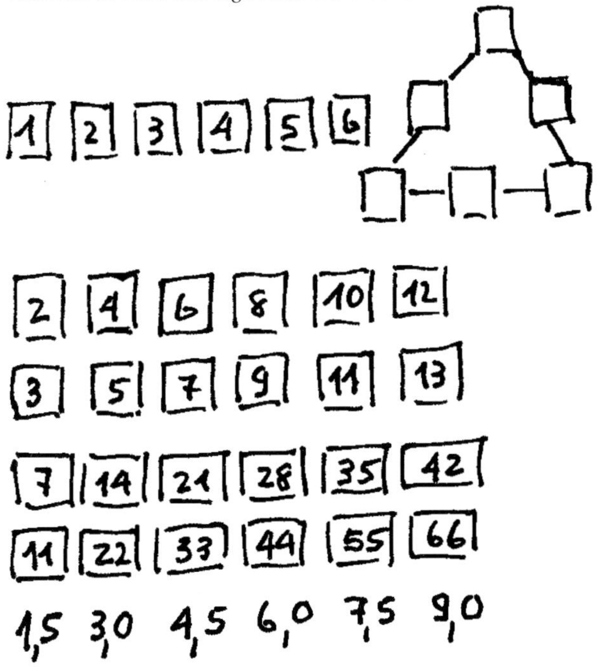

b) Wähle eines deiner Zauberdreiecke und vergrössere (verkleinere) jede Zahl um denselben Wert. Entsteht wieder ein Zauberdreieck? Erkläre, weshalb ja oder nein.

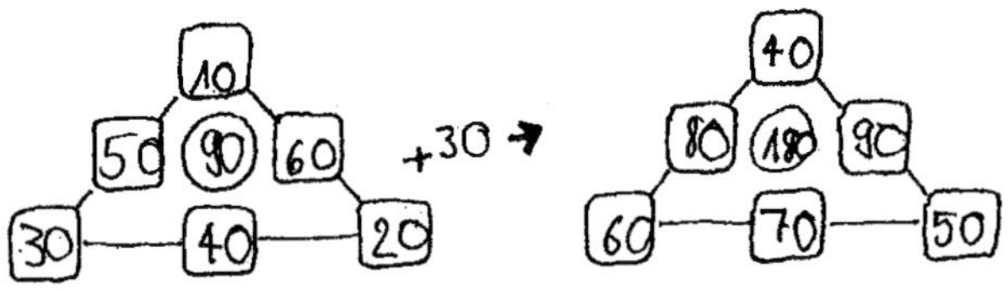

c) Wähle eines deiner Zauberdreiecke und multipliziere jede Zahl mit dem gleichen Faktor (oder dividiere durch die gleiche Zahl).
Entsteht wieder ein Zauberdreieck? Erkläre, weshalb ja oder nein.

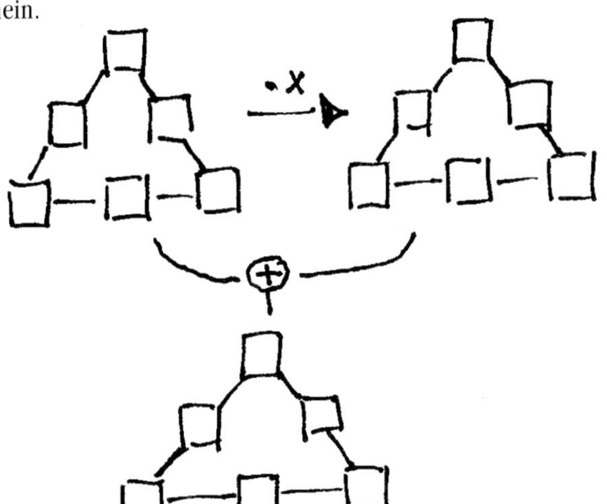

d) Addiere zwei deiner Zauberdreiecke, immer zwei Zahlen an der gleichen Stelle.
Entsteht wieder ein Zauberdreieck? Begründe, weshalb ja oder nein.

Worum geht es?

Zauberdreiecke mit je drei Zahlen auf jeder Dreiecksseite bilden wir mit sechs Zahlen aus einer arithmetischen Zahlenfolge (mit gleichem Abstand von Zahl zu Zahl). Es gibt zu jeder Zahlenfolge vier Lösungen mit verschiedenen Summen. Die Summen nennen wir Zauberzahlen. Wir schreiben sie in die Dreiecksmitte.

Zu den Zahlen 1 bis 6 gibt es vier Lösungen mit den Zauberzahlen 9, 10, 11 und 12:

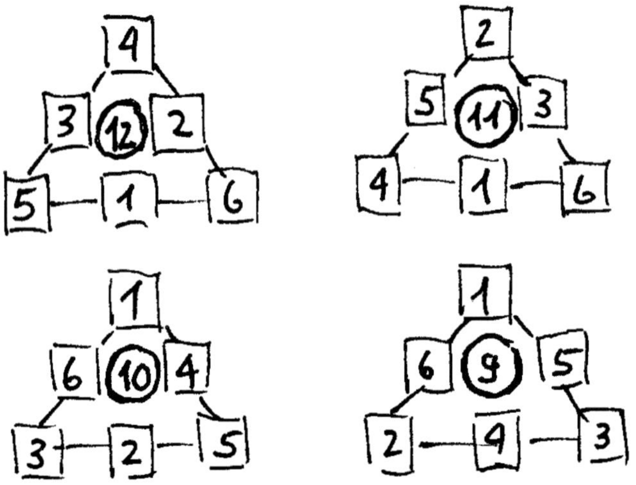

In den vier Zauberdreiecken kann man je drei kleine Dreiecke betrachten:

$$4 + 3 + 2 \\ = 3 + 5 + 1 \\ = 2 + 1 + 6 = 9$$

In jedem Zauberdreieck sind die Teilsummen der Zahlen in den markierten kleinen Dreiecken wiederum gleich, wobei diese Teilsummen sich gegensinnig zu den Zauberzahlen verändern: Zur Zauberzahl 12 gehören die Teilsummen 9, zu 11 die 10, zu 10 die 11 und zur Zauberzahl 9 die Teilsummen 12. Die Summe von Teilsumme und Zauberzahl ist also immer gleich: 9 + 12 = 10 + 11 = 11 + 10= 12 + 9 = 1 + 2 + 3 + 4 + 5 + 6 = 21. Diese Struktureigenschaft wird in dieser Lernumgebung nicht thematisiert. Sie zu untersuchen kann aber eine reizvolle Herausforderung für sehr schnelle Schülerinnen und Schüler sein.

Verändern und Verknüpfen von Zauberdreiecken (Aufgaben 2 bis 4)
Zauberdreiecke lassen sich in neue Zauberdreiecke umwandeln, indem jede Zahl mit der gleichen Zahl addiert, subtrahiert, multipliziert oder dividiert wird. Beispiel:

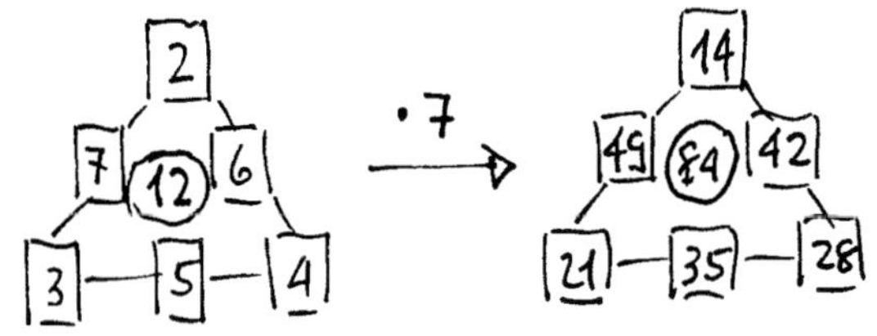

Wie die Schülerdokumente deutlich machen, können die Kinder durch die Wahl der Zahlenfolgen und das Verändern ihrer Zauberdreiecke das Anspruchsniveau selbst bestimmen. Im 5. Schuljahr wird auch mit Bruchzahlen geordnet und gerechnet.

Auch durch das *Verknüpfen zweier Zauberdreiecke* entsteht wieder ein Zauberdreieck. Es wird dabei dreimal die Summe gleicher Summen gebildet.

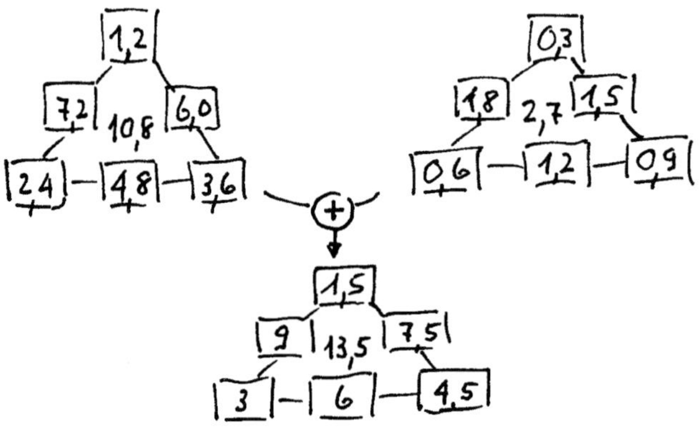

Wie kann man vorgehen?

Vorgegebene Zauberdreiecke berechnen und erkunden
Wir haben die Lernumgebung für alle Klassen des 2. bis 5. Schuljahres gemeinsam geplant: Wir haben zunächst vorgegebene Zauberdreiecke ausgerechnet und analysiert. Beispiel:

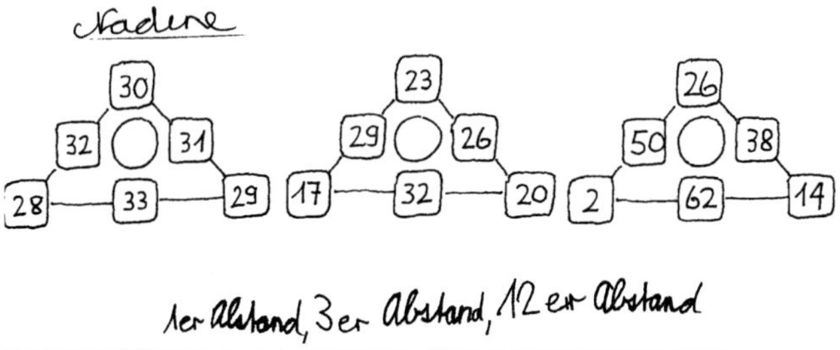

In allen Zauberdreiecken hat *Nadine* die Folge der gewählten Zahlen durch Beschreibung der Abstände von Zahl zu Zahl charakterisiert.

Gemeinsames Klären der Struktur von Zauberdreiecken
Liess man die Kinder nun selber mit sechs aufeinander folgenden Zahlen Zauberdreiecke legen, waren einige Schüler/-innen überfordert. Zum Beispiel schreibt Erwin Kofler (Feldthurns) nach der Erprobung: «Die Schüler taten sich sehr schwer, mit den Ziffernkarten Zauberdreiecke zu erstellen. Sie legten die Ziffernkarten und waren oft nicht imstande, auf allen drei Seiten dasselbe Ergebnis zu finden. Und wenn sie das nicht bald zustande brachten, ... verloren sie relativ schnell die Motivation und beschäftigten sich anderweitig.» Wir zogen aus dieser Erfahrung den Schluss, dass es besser sein könnte, eingangs gemeinsam mit den Kindern die Struktur von Zauberdreiecken zu klären. In allen Klassen versuchten die Schülerinnen und Schüler zunächst, Zauberdreiecke mit den Zahlen 1 bis 6 herzustellen. Die gefundenen Lösungen wurden notiert und nach Zauberzahlen geordnet. Zauberdreiecke mit unterschiedlichen Zauberzahlen wurden im Hinblick auf die Eckzahlen verglichen:

Mit den grössten Zahlen
4, 5 und 6 als Eckzahlen entsteht die Summe 12.
Mit den kleinsten Zahlen
1, 2 und 3 als Eckzahlen entsteht die Summe 9.
Mit den ungeraden Zahlen
1, 3 und 5 als Eckzahlen entsteht die Summe 10.
Mit den geraden Zahlen
2, 4 und 6 als Eckzahlen entsteht die Summe 11.

Es schien uns wichtig, ausgehend von den Lösungsversuchen der Kinder, ihnen Aufbau und Struktur der Zauberdreiecke bewusst zu machen. Und sie haben versucht, diese zu beschreiben:

Andi (5. Klasse) hält in einer Tabelle übersichtlich fest, welche Eckzahlen zu welchen Zauberzahlen führen.

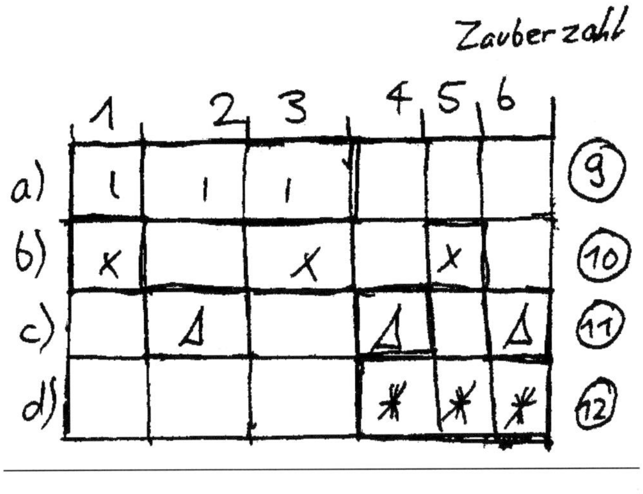

	1	2	3	4	5	6	Zauberzahl
a)	l	l	l				9
b)	x		x		x		10
c)		Δ		Δ		Δ	11
d)				*	*	*	12

Diego (4. Klasse) beschreibt zu den Zahlen 50, 100, 150, 200, 150 und 300, wie man sie legen muss, um vier verschiedene Zauberdreiecke zu erhalten.

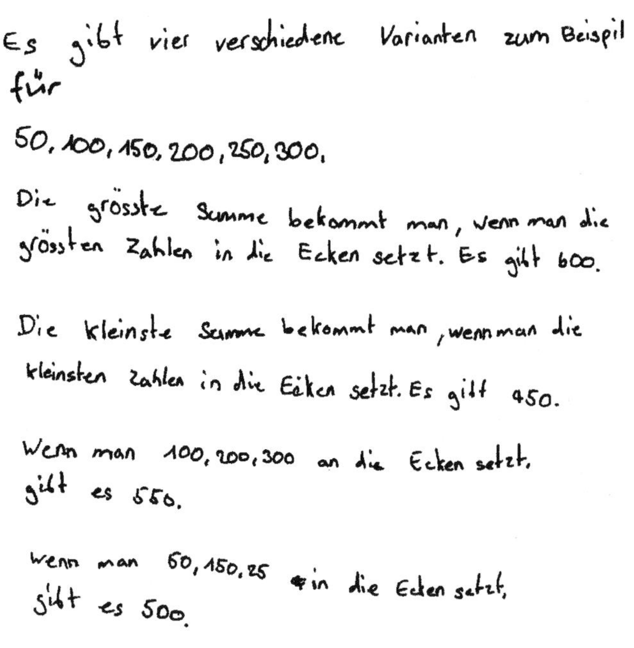

Es gibt vier verschiedene Varianten zum Beispil für

50, 100, 150, 200, 250, 300,

Die grösste Summe bekommt man, wenn man die grössten Zahlen in die Ecken setzt. Es gibt 600.

Die kleinste Summe bekommt man, wenn man die kleinsten Zahlen in die Eiken setzt. Es gilt 450.

Wenn man 100, 200, 300 an die Ecken setzt, gibt es 550.

wenn man 50, 150, 25 in die Ecken setzt, gibt es 500.

Legen und Verändern von Zauberdreiecken
Nach dieser Einführungslektion haben die Schülerinnen und Schüler des 2. bis 5. Schuljahres Zauberdreiecke mit selbst gewählten Zahlen gelegt und diese auch verändert. Für das Herstellen war es hilfreich, die gewählten sechs Zahlen zunächst auf Kärtchen zu schreiben, damit man probieren, verschieben und tauschen kann, ehe man auf einem Blatt notiert. Das Verändern von Zauberdreiecken – meist durch Addieren oder Multiplizieren mit der gleichen Zahl – geschah dann direkt auf dem Arbeitsblatt.

Dokumente aus der Erprobung

2. Schuljahr: Herstellen von Zauberdreiecken
Cordula hat die ersten sechs Achterzahlen gewählt und vier verschiedene Lösungen durch systematische Anordnung der Eckzahlen konstruiert.

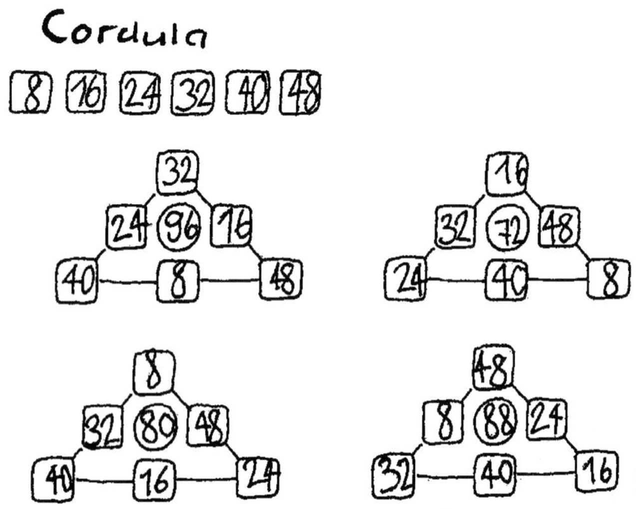

3. Schuljahr: Verändern von Zauberdreiecken
Lennart hat drei verschiedene Zauberdreiecke verändert, zunächst eines mit den ersten 6 geraden Zahlen 2, 4, 6, 8, 10 und 12 – so angeordnet, dass die grösstmögliche Zauberzahl 24 herauskommt. Er addiert zu jeder Zahl 10 und stellt fest, dass die Zauberzahl nun 3 mal 10 grösser geworden ist, statt 24 also 54.

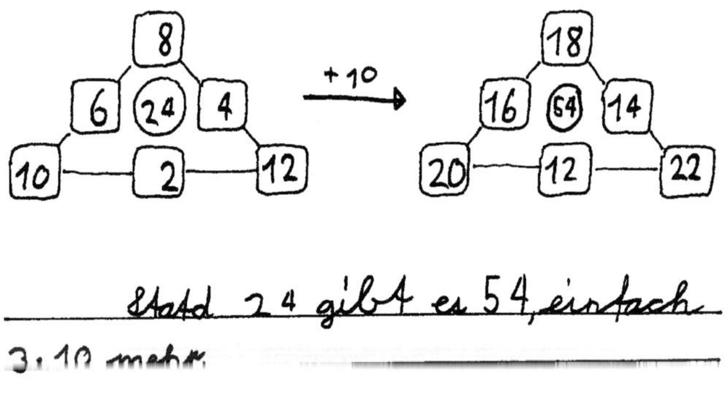

In einem zweiten Zauberdreieck sind die Zehner 10, 20, 30, 40, 50 und 60 so angeordnet, dass die kleinstmögliche Zauberzahl 90 herauskommt. Durch Addieren von 100 zu jeder Zahl entsteht ein Zauberdreieck mit der Zauberzahl 390 statt 90. Schliesslich addiert er in einem Zauberdreieck mit den Zahlen 1 bis 6 (und der Zauberzahl 10) zu jeder Zahl 800 und erhält neu 2410 statt 10 als Zauberzahl, also 3 mal 800 mehr.

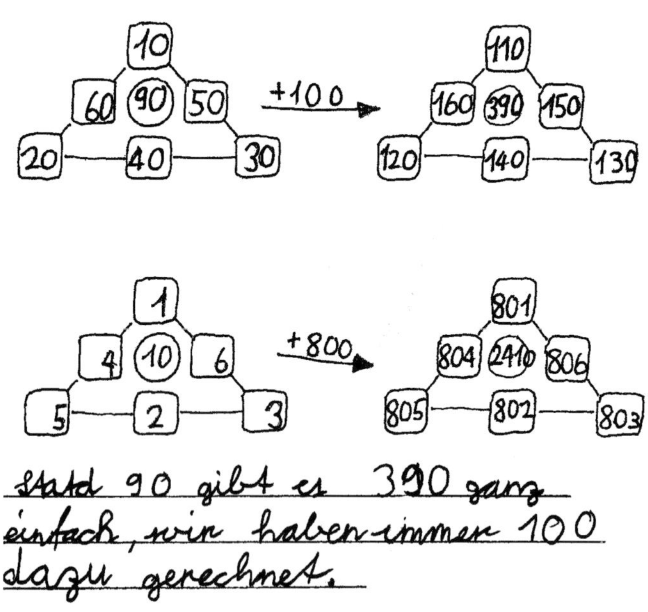

5. Schuljahr: Zauberdreiecke mit Dezimalbrüchen
Das Beispiel von *Andreas* dokumentiert das Verändern von Zauberdreiecken mit Dezimalbrüchen. Voraus ging das Herstellen von jeweils vier verschiedenen Zauberdreiecken mit Folgen von sechs Dezimalbrüchen.

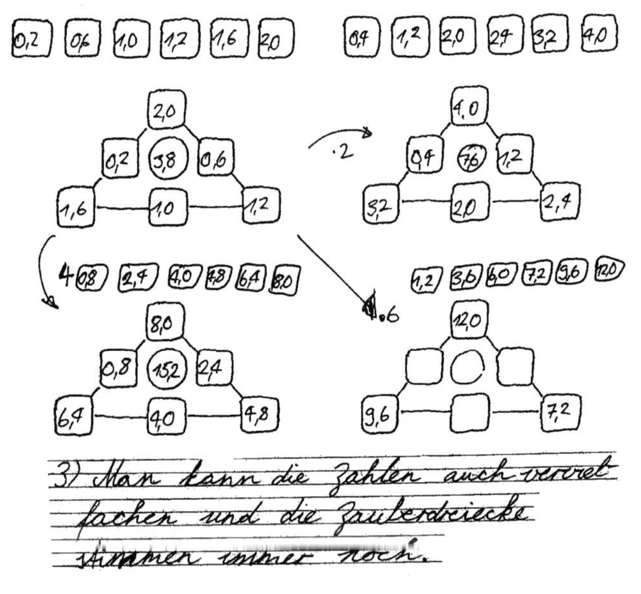

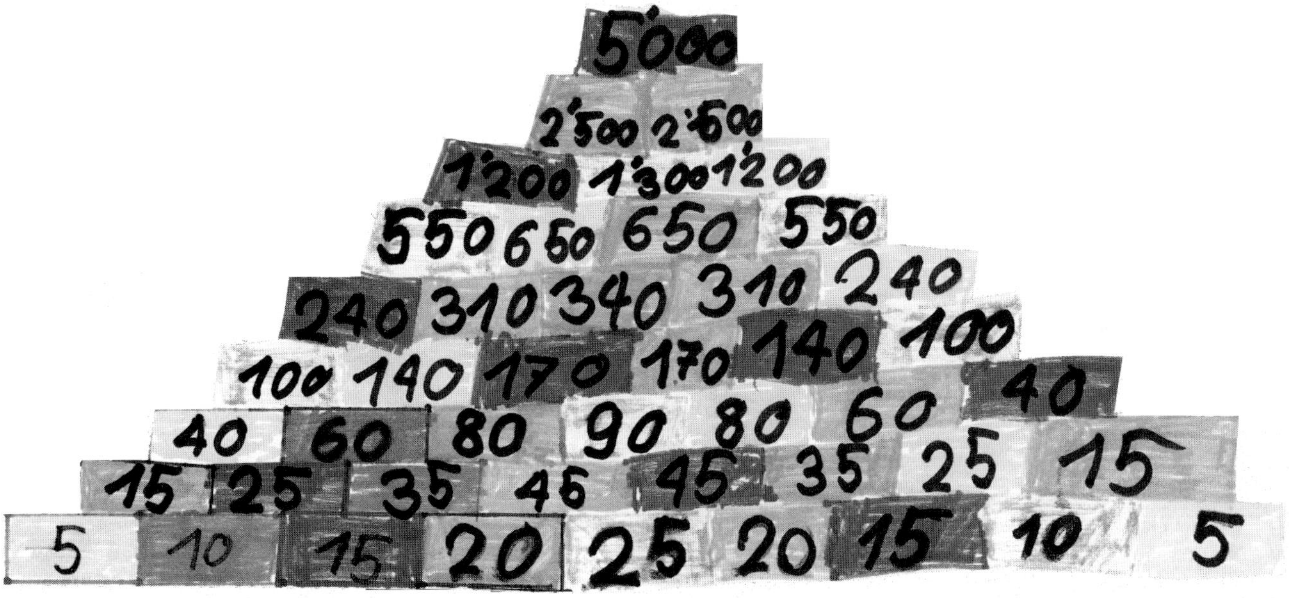
5'000
2'500 2'500
1'200 1'300 1'200
550 650 650 550
240 310 340 310 240
100 140 170 170 140 100
40 60 80 90 80 60 40
15 25 35 45 45 35 25 15
5 10 15 20 25 20 15 10 5

ZAHLENMAUERN ERKUNDEN UND ERFINDEN

Thema: Addieren und Zerlegen; Muster entdecken
Stufe: 1. Klasse
Material: Kopiervorlagen für dreistöckige Zahlenmauern (KV 21 – KV 24)
Zeitbedarf: 3 bis 4 Lektionen
Bearbeitung: E. Dürrenberger, D. Meier, A. und E. Hengartner

Aufgabe

Erkundung 1:
Gleiche Basiszahlen – verschieden angeordnet

Wählt drei Zahlen einer Folge, zum Beispiel 2, 3, 4 oder 2, 4, 6. Berechnet mit ihnen Zahlenmauern. Verwendet immer die gleichen drei Zahlen. Ordnet sie aber verschieden an.

Beschreibt, was ihr beobachtet.
Versucht, zu erklären.

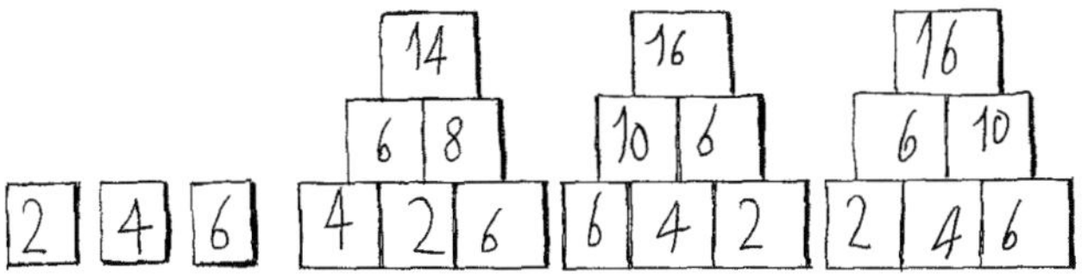

Erkundung 2:
Verschiedene Zahlenmauern zu einer Spitzenzahl

Berechnet Zahlenmauern mit dem Spitzenstein 10 (oder 8, 12, ...).
Sucht zur gleichen Spitzenzahl verschiedene Zahlenmauern.
Tauscht eure Lösungen in der Gruppe aus.
Versucht, sie zu ordnen.

Beschreibt, was ihr gefunden und wie ihr geordnet habt.

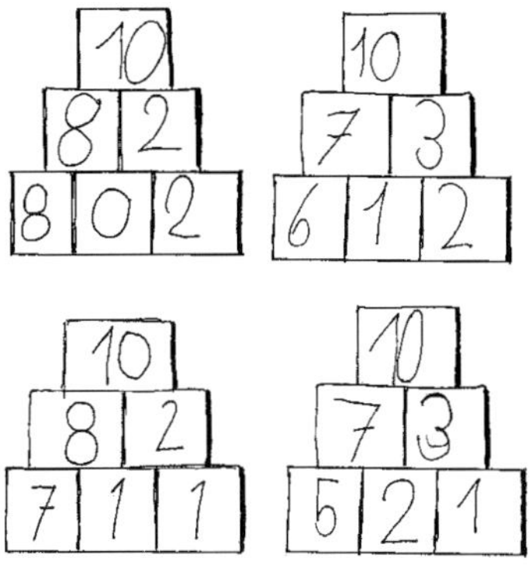

3. Zahlenmauern erfinden und austauschen

Du brauchst Kärtchen: 6 für eine dreistöckige Zahlenmauer, 10 für eine vierstöckige Zahlenmauer.

Erfinde eine Zahlenmauer. Mischt die Kärtchen und tauscht sie aus.

Legt die Kärtchen so, dass alles stimmt und klebt dann die Zahlenmauer.

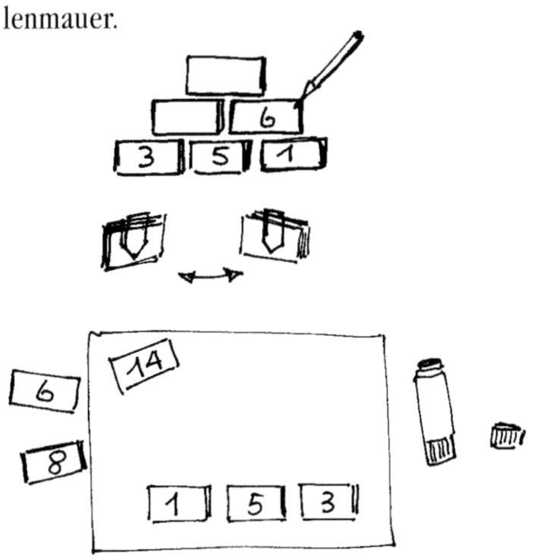

4. Erfindet eigene Zahlenmauern.

Worum geht es?

Kinder des 1. Schuljahres sind in der Arbeit mit Zahlenmauern oft mit Rechnen so sehr gefordert, dass ihnen das Erkennen von Strukturen nicht leicht fällt. Wir schlagen für sie zwei Erkundungen vor, die es ihnen ermöglichen, über das Rechnen hinaus einige Besonderheiten von Zahlenmauern zu entdecken. Wir sollten darüber hinaus Raum geben für eigene Erfindungen, in denen die Kinder mit Zahlenmauern experimentieren und bis an die Grenzen ihrer Rechenfähigkeit gehen können. Mit welcher Neugierde manche Kinder diesen Spielraum nutzen, zeigen Dokumente einer Bergschule in Südtirol in schöner Weise (siehe S. 142). Im Folgenden sollen ein paar sachliche Zusammenhänge der beiden Erkundungen dargestellt werden.

Erkundung 1: Gleiche Basiszahlen – verschieden angeordnet
Es sollen drei Zahlen einer Folge mit gleichem Abstand von Zahl zu Zahl gewählt werden, damit die Strukturen deutlich sichtbar werden; also zum Beispiel die Zahlen 1, 2, 3 oder 4, 5, 6 oder 2, 4, 6 oder 3, 6, 9. Es werden sodann immer die gleichen drei Zahlen in verschiedener Anordnung an der Basis verwendet.

Durch verschiedenes Anordnen der gewählten drei Basiszahlen können insgesamt sechs verschiedene Zahlenmauern gebildet werden, wobei je zwei spiegelbildlich zueinander sind und zur selben Spitzenzahl führen. Mit den gleichen drei Basiszahlen können drei verschiedene Spitzenzahlen erreicht werden. Begründung: Die mittlere Basiszahl ist in der Spitzenzahl zweimal enthalten, die am Rand gesetzten Zahlen sind es nur einmal. Wird die grösste der drei gewählten Zahlen als mittlere Basiszahl gesetzt, führt dies zur grössten Spitzenzahl. Und mit der kleinsten als mittlere Zahl ergibt sich die kleinste Spitzenzahl.

Beispiele
mit 1, 2, 3 als Basiszahlen — mit 3, 6, 9 als Basiszahlen

7	8	9	21	24	27
3 4	3 5	4 5	9 12	9 15	15 12
2 1 3	1 2 3	1 3 2	6 3 9	3 6 9	6 9 3

Die Abstände zwischen den nach der Grösse geordneten Spitzenzahlen entsprechen den Abständen zwischen den nach der Grösse geordneten Basiszahlen.

Erkundung 2: Verschiedene Zahlenmauern zu einer Spitzenzahl
Die folgende Klärung bezieht sich auf dreistöckige Zahlenmauern mit der Spitzenzahl 10. Auf dem mittleren Stockwerk der Zahlenmauer muss die Spitzenzahl in zwei Zahlen zerlegt werden. Für die gewählte Spitzenzahl 10 führt die Zerlegung von 10 in 10 und 0, in 9 und 1, in 8 und 2, in 7 und 3, in 6 und 4 und schliesslich in die den Kindern nächstgelegene Zerlegung in 5 und 5 zu einer wachsenden Anzahl von Zahlenmauern mit unterschiedlichen Basiszahlen. Gibt es zur Zerlegung von 10 in 10 und 0 nur eine Lösung (und natürlich ihr Spiegelbild), so können zur Zerlegung von 10 in 5 und 5 sechs verschiedene Lösungen gefunden werden. In der Übersicht sind es 1 + 2 + 3 + 4 + 5 + 6 = 21 verschiedene Zahlenmauern (wiederum ohne die gespiegelten Lösungen).

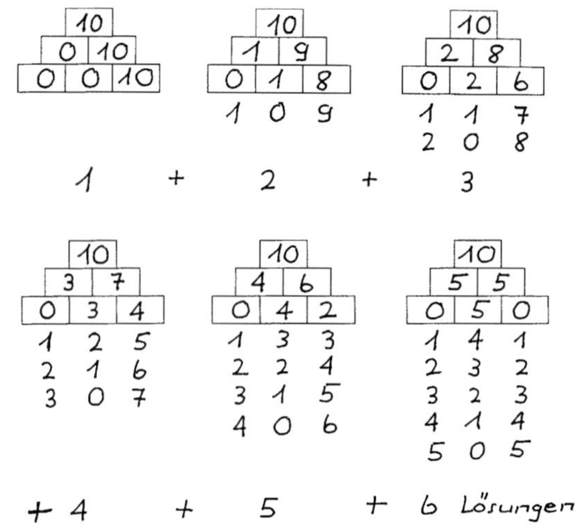

Es ist nicht das Ziel, mit Kindern des 1. Schuljahres alle Lösungen zu finden. Es genügt, wenn sie verschiedene Lösungen finden und merken, dass es je nach Zerlegung der Spitzenzahl unterschiedlich viele Lösungen gibt.

Wie kann man vorgehen?

Erkundung 1: Gleiche Basiszahlen – verschieden angeordnet
Am Beispiel einer dreistöckigen Zahlenmauer mit 1 – 2 – 3 oder 2 – 4 – 6 an der Basis haben wir die Bildungsregel in Erinnerung gerufen: Ein aufliegender Stein trägt stets die Summe der beiden ihn tragenden Steine. Dann haben wir die Bezeichnungen Zahlenmauer, Grundsteine und Spitzenstein bzw. Spitzenzahl geklärt und ein weiteres Beispiel gerechnet.

Die Grundaufgabe der ersten Erkundung wurde mit den Basissteinen 1 – 2 – 3 eingeführt. In zwei weitere dreistöckige Zahlenmauern haben wir die gleichen Zahlen in anderer Reihenfolge in die Grundsteine gesetzt : 2 – 1 – 3 und 1 – 3 – 2. «Die gleichen drei Zahlen anders angeordnet – gibt das nun die gleiche oder eine andere Spitzenzahl?» Auf diese Frage antworteten die meisten Kinder: «Die gleiche Spitzenzahl!» Diese Vermutung sollten sie nun überprüfen. Wir haben mehrere Folgen von je drei Zahlen zur Auswahl an die Wandtafel geschrieben: a) 2 – 3 – 4 ; b) 2 – 4 – 6 ; c) 1 – 3 – 5 ; d) 5 – 6 – 7 ; e) 3 – 6 – 9 ; f) 5 – 10 – 15. Die Kinder sollten eine der Folgen wählen und die drei Zahlen unterschiedlich in den Grundsteinen leerer Zahlenmauern anordnen (KV 21). Die Kinder zeigten sich überrascht, dass verschiedene Spitzenzahlen entstehen. Sie rechneten ihre Zahlenmauern mehrmals nach.

Für das nachfolgende Klassengespräch haben wir zu jeder der bearbeiteten Zahlenfolgen drei Zahlenmauern mit verschiedenen Spitzenzahlen gross aufgezeichnet. Zu den Zahlenmauern mit 1 – 3 – 5 an der Basis zum Beispiel meinten die Kinder: «Es gibt drei Spitzenzahlen 10, 12 und 14. Die mittlere Zahl unten gibt die mittelgrosse Spitzenzahl. Die grösste Zahl unten in der Mitte gibt die grösste Spitzenzahl, weil sie auf beide Seiten dazugerechnet wird. Bei der kleinsten Spitzenzahl ist die 5 am Rand.». Ein Kind drückte sich so aus: «Die Zahl unten in der Mitte hat jeweils am meisten Kraft.» (aus einem Gesprächsprotokoll).

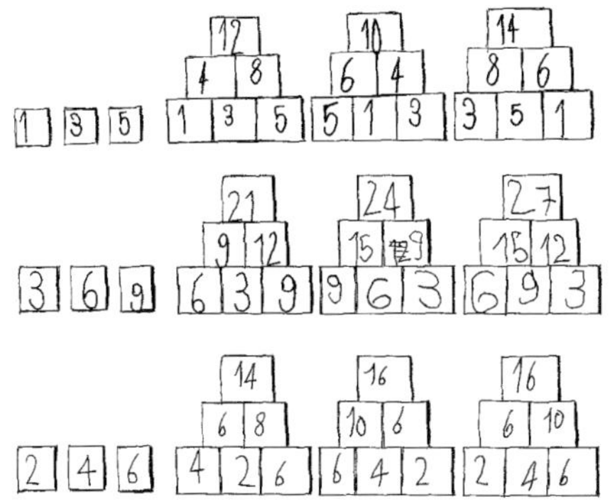

Erkundung 2: Verschiedene Zahlenmauern zu einer vorgegebenen Spitzenzahl
Zur Einführung wählten wir eine Zahlenmauer mit der Spitzenzahl 7 (dem Alter der meisten Kinder): «Wie kann die Zahlenmauer mit diesem Spitzenstein unten aussehen?» Zwei, drei verschiedene Lösungen wurden aufgezeichnet. Dann erhielten die Kinder die Aufgabe, verschiedene Zahlenmauern mit dem Spitzenstein 10 zu rechnen (KV 21 – KV 23). Unterschiedliche Zahlenmauern wurden gross aufgezeichnet und für das Klassengespräch an der Wandtafel geordnet.

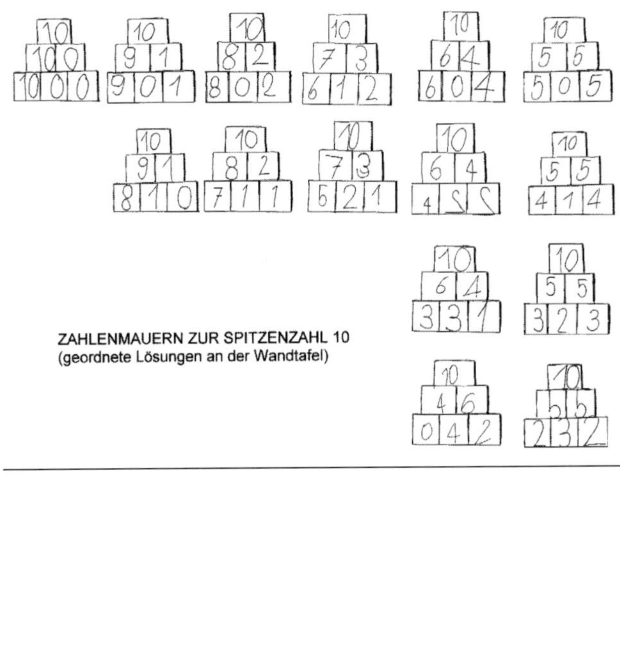

ZAHLENMAUERN ZUR SPITZENZAHL 10
(geordnete Lösungen an der Wandtafel)

Spiegelbildlich gleiche Zahlenmauern wurden übereinander geheftet. Die Zahlenmauern sind von der Lehrperson nach unterschiedlicher Zerlegung der 10 im mittleren Stockwerk geordnet worden. Die Kinder hatten insgesamt 15 der 21 möglichen Lösungen gefunden. Es ist nicht das Ziel dieser Erkundung, dass alle Lösungen gefunden werden! Aber die Kinder haben gemerkt, dass es zu jeder Zahlenmauer noch eine spiegelbildliche Lösung gibt. Und sie stellten fest, dass zur Zerlegung von 10 in 10 und 0 nur eine Lösung gefunden wurde, zur Zerlegung von 10 in 5 und 5 (oder in 6 und 4) aber mehrere verschiedene Zahlenmauern.

Dokumente aus der Erprobung

Erkundungen 1 und 2
Die Arbeiten der Kinder unterscheiden sich in mehrfacher Hinsicht: In der Erkundung «Gleiche Basiszahlen – verschieden angeordnet» (Beispiele *Ladina* und *Luca*) wählen sie einfachere oder anspruchsvollere Zahlenfolgen. Sie arbeiten nur mit einer oder mit mehreren Zahlenfolgen. Und sie finden nur wenige oder alle sechs verschiedenen Lösungen. Die Arbeiten zur zweiten Erkundung «Zahlenmauern mit Spitzenstein 10» (Beispiel *Rémy,* nächste Seite) unterschieden sich vor allem in der Anzahl gefundener Lösungen.

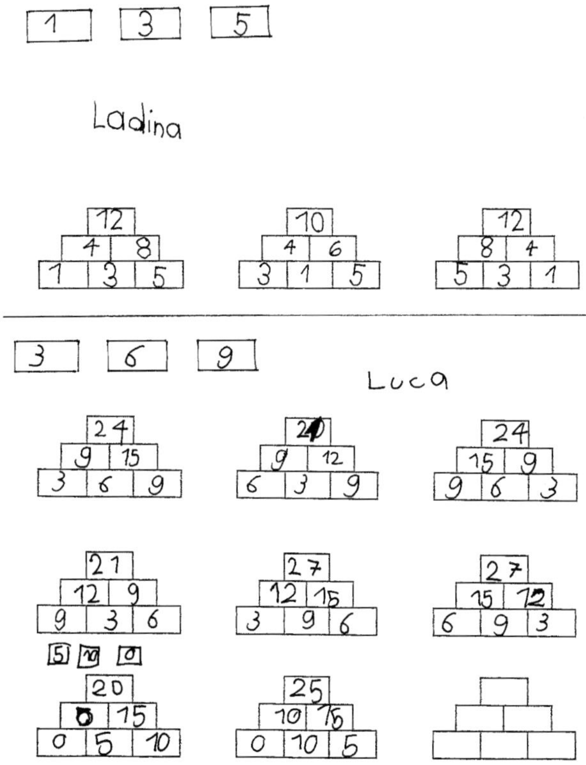

Ladina hat drei Lösungen zu 1 – 3 – 5 gefunden, davon zwei spiegelbildliche mit gleicher Spitzenzahl. *Luca* hat alle 6 Lösungen notiert und mit einer weiteren Folge begonnen.

Rémy hat 12 Zahlenmauern zur Spitzenzahl 10 gerechnet. Nur zwei davon sind spiegelbildlich zueinander.

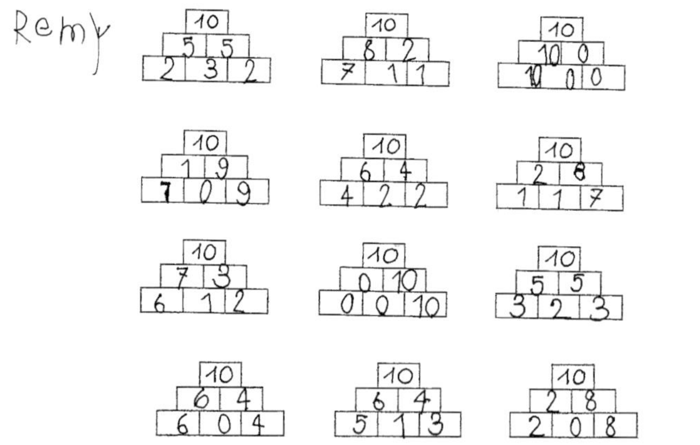

3. Zahlenmauern erfinden und austauschen

Die zwei Beispiele zeigen eine einfachere und eine anspruchvollere Zahlenmauer. Die Kinder konnten wählen, ob sie eine dreistöckige (grüne Kärtchen) oder eine vierstöckige Mauer (rote Kärtchen) erfinden und nach dem Austausch lösen wollten. Und sie haben mit der Wahl der Zahlen auf unterschiedlichen Niveaus gearbeitet. Auf der Rückseite des Kärtchensets haben sie mit Kreuzen angegeben, ob sie ihre Zahlenmauer als einfach (ein Kreuz), mittelschwer (zwei Kreuze) oder anspruchsvoll (drei Kreuze) einschätzen.

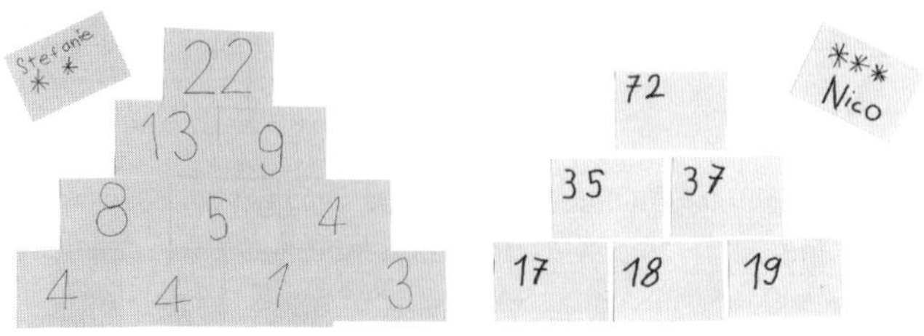

4. Zahlenmauern erfinden

Das letzte Dokument stammt aus der 1. Klasse von Erwin Kofler in Felthurns in Südtirol. Es zeigt, welchen Fähigkeitsunterschieden man begegnen kann, wenn Kinder selber Zahlenmauern erfinden und mit ihnen frei experimentieren dürfen. Die hier wiedergegebenen Kinderbeispiele stehen für das breite Spektrum arithmetischer Fähigkeiten am Schulanfang. Sie reichen von einfachen, auch fehlerhaften Beispielen im Zahlenraum bis 12 (mit teils noch seitenverkehrt geschriebenen Zahlen) bis hin zu Rechnungen des 3. und 4. Schuljahres. Und die Zahlenmauern verraten eine überraschende Lust am Erkunden und Experimentieren; etwa im Beispiel unten rechts, wenn die Basissteine 6-6-6-6 verändert werden zu 6-10-6-6 und dann zu 1000-6-100-10. Hier hat ein Kind eine eigentliche Etüde zur dekadischen Struktur gewagt. Mit ihren Eigenproduktionen fordern uns die Kinder heraus, den Unterricht auf ein breites Fähigkeitsspektrum hin zu öffnen. Es streut in den Extremen über drei bis vier Schuljahre.

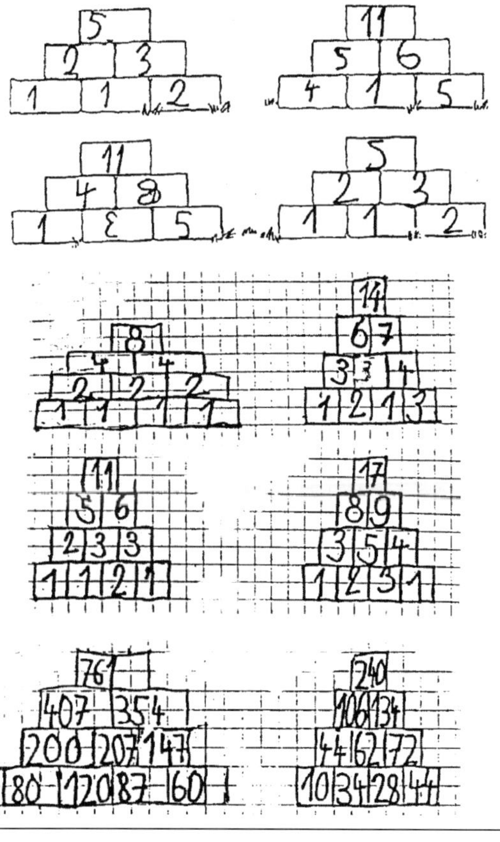

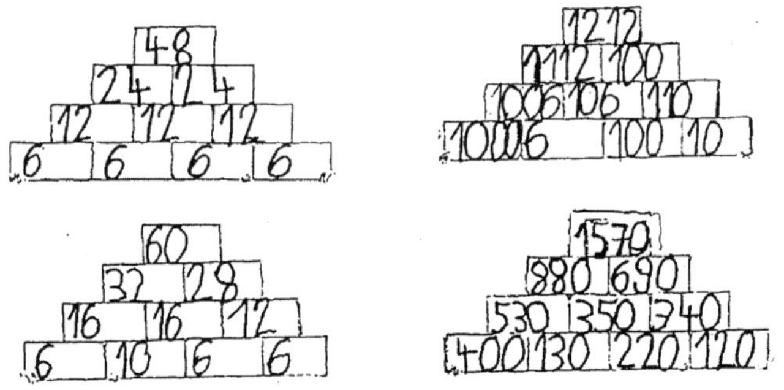

ZAHLENMAUERN MIT AUFEINANDER FOLGENDEN BASISZAHLEN

Thema: Muster in Zahlenmauern entdecken
Stufe: 2. – 6. Klasse
Material: Kopiervorlagen für drei- und vierstöckige Zahlenmauern (KV 24, KV 25)
Zeitbedarf: 1 bis 2 Lektionen
Bearbeitung: G. Schnetz, N. Roos, S. Tschopp, M. Hubmann, E. Hengartner

Aufgabe

Zahlenmauern mit aufeinander folgenden Zahlen an der Basis

Wir wählen eine dreistöckige und eine vierstöckige Zahlenmauer und setzen an der Basis aufeinander folgende Zahlen (in ordinaler Reihenfolge) ein.

Beispiele

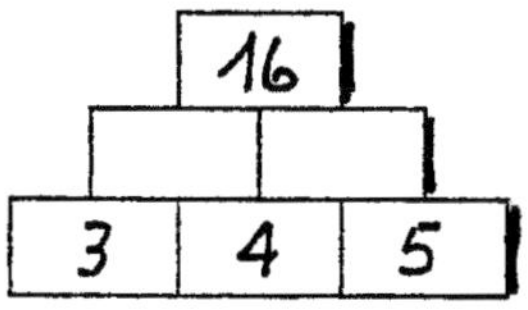

Mit 3, 4 und 5 erhält man im Spitzenstein 16.

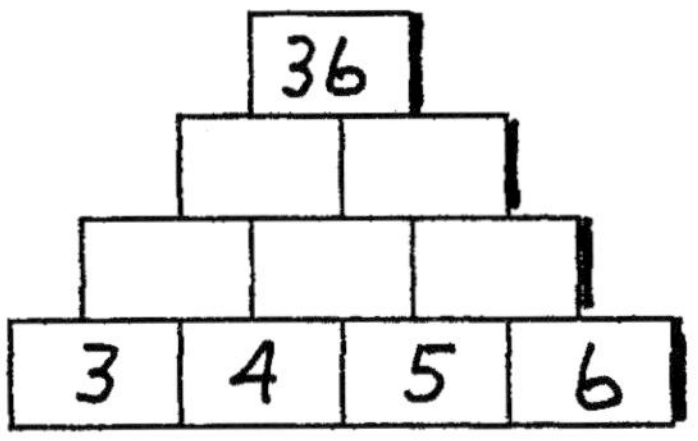

Mit 3, 4, 5 und 6 erhält man zuoberst 36.

Wählt dreistöckige oder vierstöckige Zahlenmauern. Setzt unten stets aufeinander folgende Zahlen ein und berechnet so mehrere Zahlenmauern.

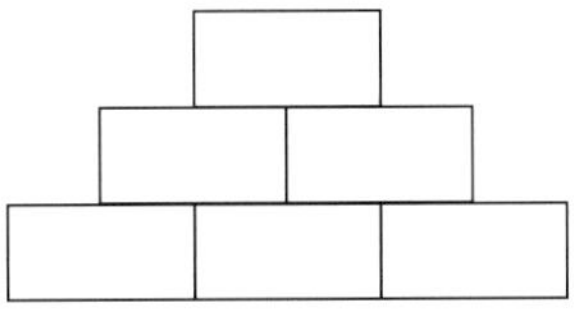

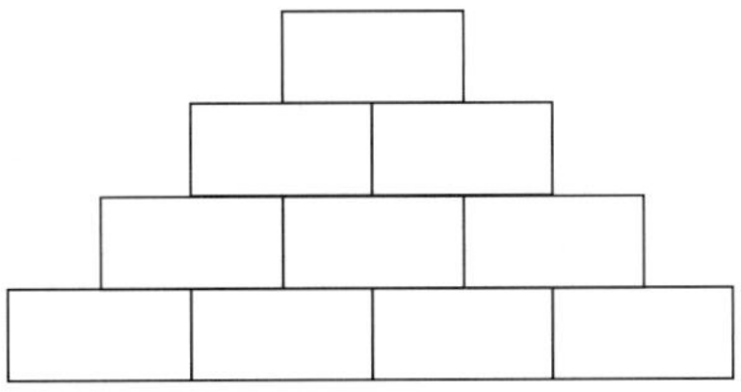

Tipp

Erkundet zuerst Zahlenmauern, bei denen die Zahlen an der Basis von Mauer zu Mauer um 1 erhöht werden.

Fragen zu euren Zahlenmauern

Welches ist die kleinstmögliche Spitzenzahl?
Welche Spitzenzahlen sind überhaupt möglich? Welche nicht?
Was fällt an den Zahlen in den einzelnen Stockwerken auf?
Welche Beziehungen gibt es zwischen den Zahlen verschiedener Stockwerke?

Beschreibt eure Beobachtungen und versucht zu erklären.

Worum geht es?

Vorbemerkung: Strukturell ist diese Lernumgebung stark an die Lernumgebung «Zahlenmauern: gleiche Basiszahlen – verschieden angeordnet» (S. 149) angelehnt. Die Beschränkung auf aufeinander folgende Zahlen erlaubt uns, einige Strukturmerkmale gesondert zu untersuchen. Im Prinzip lassen sich die Aufgabenstellungen auf beliebige arithmetische Zahlenfolgen übertragen.

Setzt man in Zahlenmauern aufeinander folgende Zahlen an der Basis, werden einige hinter dem Übungsformat liegende Muster für die Kinder leichter zugänglich. Betrachten wir fünfstöckige Zahlenmauern mit den Basiszahlen 1, 2, 3, 4, 5 oder 2, 3, 4, 5, 6 oder 3, 4, 5, 6, 7:

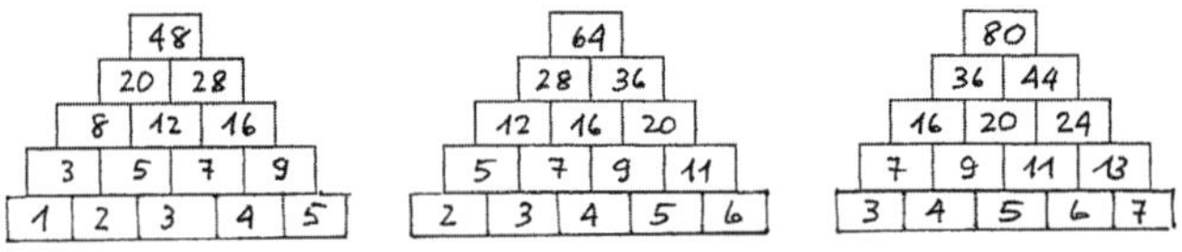

Die Summe von zwei aufeinander folgenden Zahlen an der Basis ergibt auf dem zweiten Stockwerk die Folge der ungeraden Zahlen. Erklärung: Die Summe einer geraden und einer ungeraden Zahl führt stets zu einer ungeraden Zahl. Die Summe von je zwei aufeinander folgenden ungeraden Zahlen ergibt auf dem nächsthöheren Stockwerk die Folge der Viererzahlen. Werden sodann immer zwei aufeinander folgende Viererzahlen addiert, entsteht eine Folge von Viererzahlen, die nicht zugleich Achterzahlen sind. Von Zahl zu Zahl bestehen auf diesem Stockwerk Achterabstände. An der Spitze der fünfstöckigen Zahlenmauern stehen Sechzehnerzahlen.

Betrachten wir die Zahlenfolge in jedem Stockwerk.

An der Basis folgen sich die Zahlen mit Abstand 1.	2^0
Darüber sind die ungeraden Zahlen mit Abstand 2.	2^1
Es folgen sich darüber die Viererzahlen mit Abstand 4.	2^2
Die Zahlen darüber haben Achterabstände.	2^3
Und die Abstände zwischen den Spitzenzahlen sind 16.	2^4

Folgende Vermutung lässt sich experimentell (also auch allgemein) leicht bestätigen:
In einer sechsstöckigen Mauer wären die Abstände zwischen den Spitzenzahlen 2^5.
Oder allgemein: In einer Mauer mit n Stockwerken sind die Abstände zwischen den Spitzensteinen 2^{n-1}.

Alternative Einstiegsaufgabe (erprobt im 4. und 5. Schuljahr)
Man kann den Einstieg durch folgende Aufgabenstellung erschweren: Die Kinder sollen in drei- und vierstöckigen Zahlenmauern mit vorgegebenen Spitzenzahlen aufeinander folgende Basiszahlen finden:

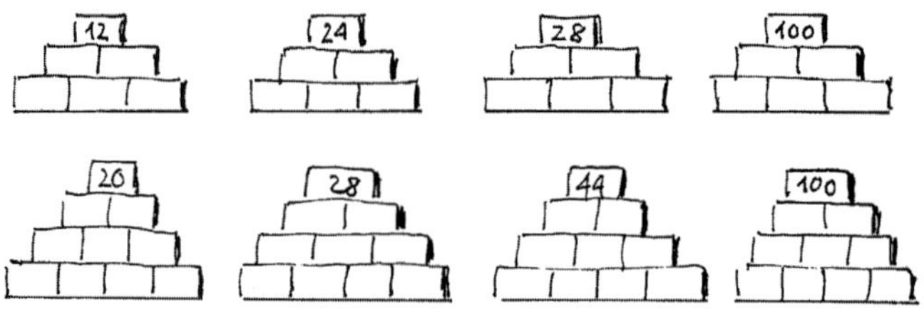

Viele werden dies mit Schätzen und Überprüfen versuchen. In der dreistöckigen Mauer mit 100 an der Spitze geben die Basiszahlen 23, 24, 25 nur 96 und die Basiszahlen 25, 26, 27 ergeben die Spitzenzahl 104. Die Basiszahlen 24, 25, 26 führen an der Spitze zur Zahl 100.

Allgemein besteht folgender Zusammenhang (hier für eine vierstöckige Zahlenmauer mit Spitzenzahl 100): An der Basis sind die Zahlen a, a+1, a+2 und a+3. An der Spitze sind es zusammen $8a + 12 = 100$. Es gilt
$8a = 100 - 12 = 88$
$a = 11$

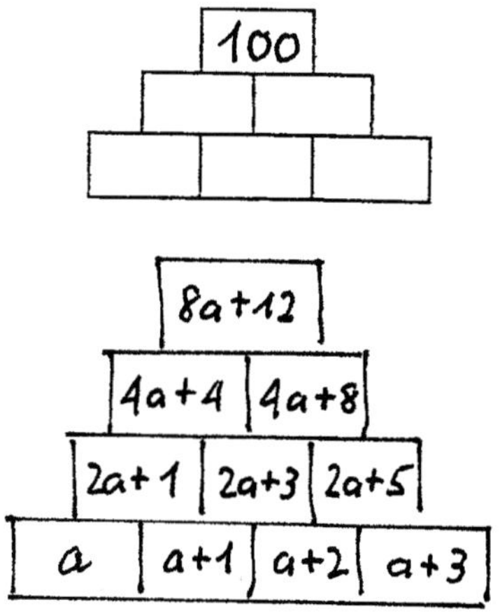

Diese Zusammenhänge beschreiben die Kinder zwar anders; ihre Formulierungen lassen sich aber auf dieses Muster zurückführen.

Wie kann man vorgehen?

Klärung der Begriffe
In allen Klassen ist eingangs das Verständnis von Zahlenmauern geklärt worden: In Zahlenmauern trägt ein aufliegender Stein stets die Summe der ihn tragenden Steine. Ferner wurden Begriffe wie Basissteine und Basiszahlen, Spitzensteine und Spitzenzahlen, drei- und vierstöckige Zahlenmauern in Erinnerung gerufen. Die Basissteine sind – in Abweichung von Stockwerken von Häusern – als 1. Stockwerk bezeichnet worden. Diese Klärung sollte das sprach-

liche Formulieren und Austauschen von Beobachtungen an Zahlenmauern erleichtern.

Aufgabenstellung
Die Kinder sollten drei- und vierstöckige Zahlenmauern mit aufeinander folgenden Zahlen (in ordinaler Reihenfolge) an der Basis berechnen, zum Beispiel mit 2, 3, 4, 5 oder mit 7, 8, 9, 11. Die Kinder des 2. und 3. Schuljahres regten wir an, systematisch vorzugehen und die Zahlenfolge an der Basis sukzessive grösser werden zu lassen. Das erleichtert das Beobachten von Veränderungen in den einzelnen Stockwerken und das Erkennen von Strukturen. In einzelnen Klassen wurden zudem die Fragen der Aufgabenstellung vorgelegt. Dadurch wurde die Aufmerksamkeit auf die in geordneten Beispielen sichtbar werdenden Muster gelenkt.

Einstiegsvarianten
Die Kinder des 2. und 3. Schuljahres wählten drei- oder vierstöckige Zahlenmauern und berechneten erst einmal mehrere Mauern, in denen sie die Grösse der Basiszahlen kontinuierlich steigerten. Die einen bemerkten bereits nach drei oder vier Zahlenmauern Besonderheiten (Strukturmerkmale), während andere eine ganze Menge Zahlenmauern berechneten, ehe sie sich dem Beobachten von Mustern zuwandten.

Im 4. und 5. Schuljahr kann der folgende anspruchsvollere Einstieg durchgespielt werden (siehe die Beispiele oben): Die Kinder sollen zu vorgegebenen Spitzenzahlen – also zu Viererzahlen in dreistöckigen Mauern und zu Viererzahlen, die nicht auch Achterzahlen sind, in vierstöckigen Mauern – aufeinander folgende Zahlen in ordinaler Reihenfolge für die Basis finden, so dass die Mauern stimmen. Erst in einem zweiten Schritt verwenden sie leere Zahlenmauern und berechnen sie mit selbst gewählten Basiszahlen, wobei sie dann die Basiszahlen systematisch verändern sollen. Dieser Einstieg ist schwieriger, aber er fordert eher zu Erklärungen von Beobachtetem heraus.

Rechnen und Muster erkennen
In der ersten Phase ist es wichtig, dass die Lehrperson die berechneten Zahlenmauern auf ihre Richtigkeit überprüft, weil mit fehlerhaften Zahlen keine Muster erkennbar werden. Die einzelnen Kinder haben sehr unterschiedlich viele Zahlenmauern berechnet, bevor sie Erkundungen entlang der Fragen nach den Spitzenzahlen oder nach den Zahlenfolgen auf den verschiedenen Stockwerken anstellten. Einige waren einfach mehr am Rechnen interessiert und probierten vor allem Zahlenmauern mit grösseren und sehr grossen Zahlen auszurechnen. Andere wendeten sich schon nach wenigen Beispielen den Mustern zu.

Austausch
Hilfreich kann ein zwischenzeitlicher Austausch in Gruppen, zwischen Lernpartnern oder im Kreis sein: Er vermag die Suche nach Mustern anzuregen. Man kann auch je nach Verlauf der Erkundung zusätzliche Fragen an der Tafel notieren wie zum Beispiel: «Wieso ist in all euren Zahlenmauern die Zahl im Spitzenstein grösser als die Summe der von euch gewählten Zahlen an der Basis?» oder: «Weshalb sind alle Zahlen auf dem zweiten Stockwerk ungerade?» oder: «Wieso sind die Spitzenzahlen in der Viererreihe?» oder: «Welche Spitzenzahlen sind zwischen 100 und 120 erreichbar?»

Am Schluss dieser Lernumgebung ist ein Austausch der Ergebnisse vorzusehen, sei es in Gruppen, zwischen Paaren oder im Klassenverband.

Dokumente aus der Erprobung im 2. bis 5. Schuljahr

Die folgenden Dokumente stammen aus vier verschiedenen Klassenstufen. Sie entstanden während einer Erprobung, die von den Lehrerinnen und Lehrern des 2. bis 5. Schuljahres gemeinsam geplant und anschliessend ausgewertet wurde. Die Dokumente sind so angeordnet, dass sie das Spektrum von einfachen bis zu anspruchsvollen Arbeiten wiedergeben.

Dreistöckige Zahlenmauern
Lisa (2. Klasse) hat 12 Zahlenmauern berechnet. Sie stellt fest, dass im 1. Stock der Unterschied von Zahl zu Zahl 2 beträgt und dass die Spitzenzahl stets das Vierfache der mittleren Basiszahl ist.

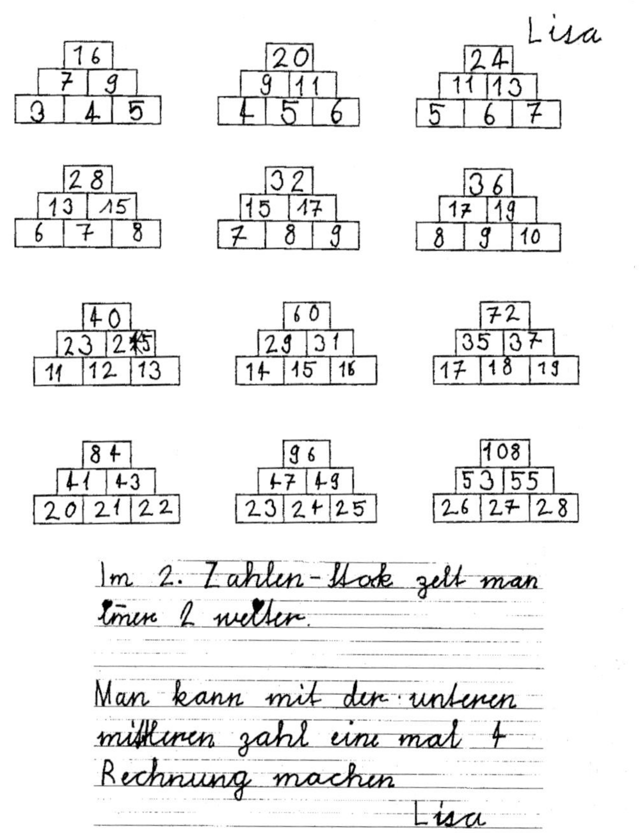

Andreina (4. Klasse) stellt zusätzlich einen Zusammenhang her: Die Spitzenzahlen sind Viererzahlen; man rechnet ja die mittlere Basiszahl mal vier. Um die möglichen Spitzenzahlen zwischen 100 und 120 zu bestimmen, braucht sie nur die entsprechenden Viererzahlen zu suchen: 100, 104, 108, 112, 116 und 120. Es folgen in ihrem Dokument sodann zwei Zahlenmauern zu den Spitzenzahlen 108 und 112. Ob diese als Beispiele gedacht sind oder zur Überprüfung ihrer Aussage berechnet wurden, bleibt offen. Andreina beobachtet ferner, dass im mittleren Stockwerk durchwegs ungerade Zahlen erscheinen.

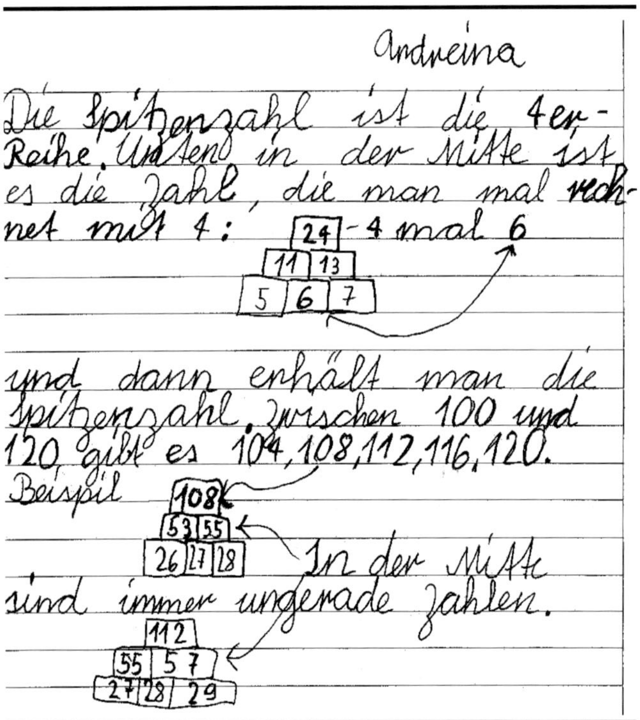

Simon (5. Klasse) begründet die von Lisa und Andreina festgestellte Beziehung zwischen Spitzenzahl und Basiszahlen: «Wenn man die Basiszahlen zusammenzählt, muss man die mittlere Zahl zwei Mal zählen, dass man das Spitze-Resultat bekommt.»

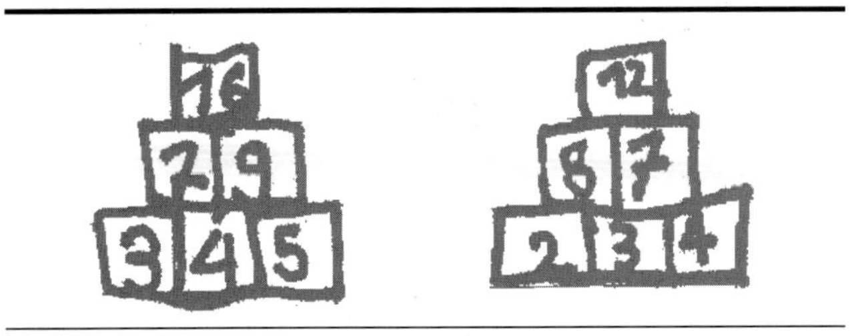

Vierstöckige Zahlenmauern

Tanja (2. Klasse) hat vierstöckige Zahlenmauern berechnet und dabei von Mauer zu Mauer die Basiszahlen stets um 1 grösser werden lassen. Sie beobachtet und beschreibt für jedes Stockwerk die Unterschiede von Zahl zu Zahl. Sie entdeckt, dass die Summe der Basiszahlen immer die Hälfte der Spitzenzahl ist.

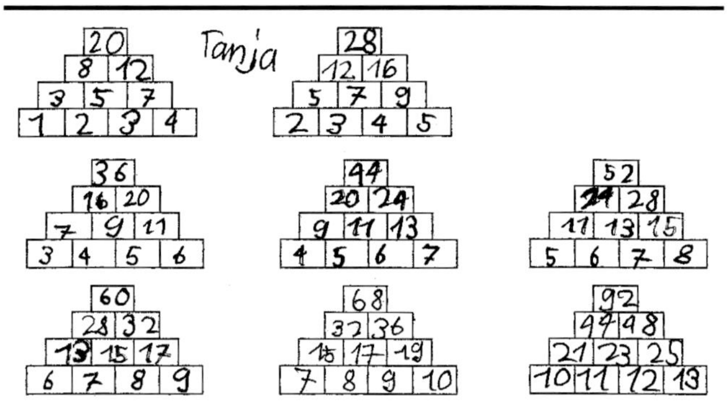

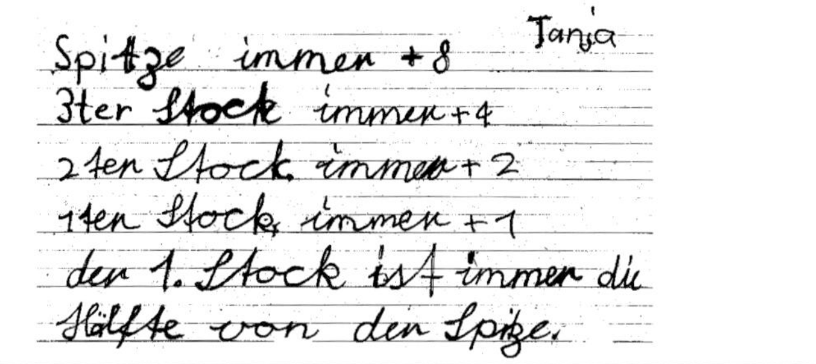

Jana (3. Klasse) bleibt wie Tanja auf der Ebene des Beobachtens und Beschreibens von Merkmalen. Sie stützt sich dabei allerdings auf 22 Zahlenmauern, die sie berechnet hat (hier sind nur die letzten 12 abgebildet). Begründungen fehlen.

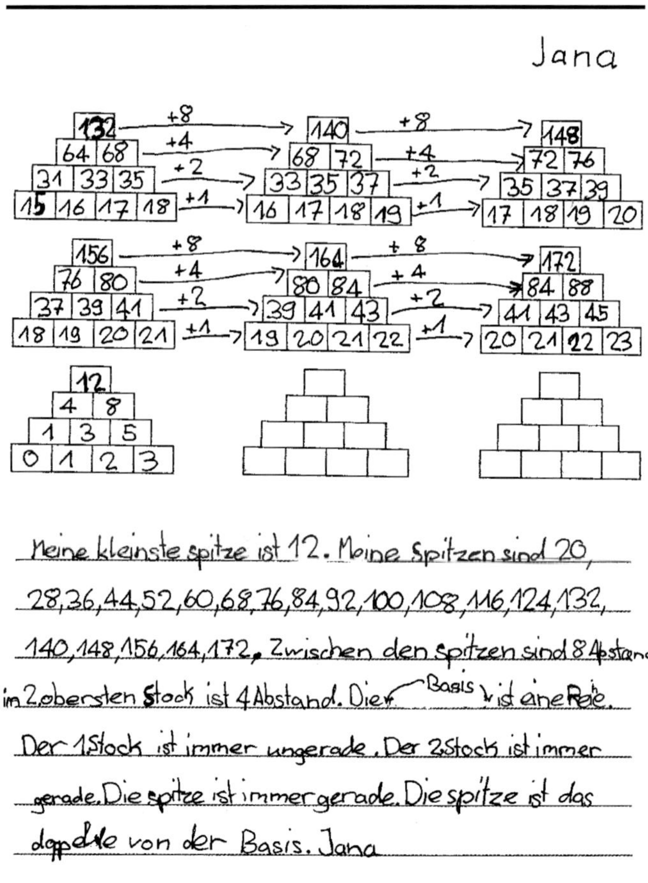

Nife (3. Klasse) überlegt, wie gross die Abstände zwischen den Spitzenzahlen in Zahlenmauern bis zu 12 Stockwerken sein müssen: Sie setzt die festgestellte Verdoppelung der Abstände nach oben fort.

Larissa (5. Klasse) versucht dasselbe wie Nife, aber sie kennzeichnet ihre Überlegungen als Vermutung, die sie sodann an zwei Beispielen experimentell überprüft und bestätigt findet.

Diego (5. Klasse) suchte wie die anderen nach der kleinst möglichen Spitzenzahl in vierstöckigen Zahlenmauern. Nach der Spitzenzahl 20 mit den Basiszahlen 1, 2, 3, und 4 fand er die 12 mit 0, 1, 2 und 3 an der Basis (im abgebildeten Dokument nicht enthalten). Dann versucht er, noch kleinere Spitzenzahlen zu finden, indem er auch negative Zahlen in die Basissteine setzt. Dabei bildet er korrekt auch Summen aus einem negativen und einem positiven Summanden sowie aus zwei negativen Summanden. Er merkt schliesslich an, dass es nie aufhört, dass er eine immer noch kleinere Spitzenzahl erreichen kann: «Mit minus geht es immer weiter.»

Bei der

4-stöckigen Mauer gibt es oben einen 8-er Abstand, aber bei einer 5-stöckigen Mauer muss man das doppelte von der 8 rechnen u. s. w. 6-stöckige Mauer: 32. 7 stöckige Mauer: 64. 8 stöckige Mauer: 128. 9-stöckige Mauer: 2 56. 10-stöckgie Mauer: 512. 11-stöckge Mauer: 1024. 12-stöckige Mauer gibt in der Spitze 2048.

Nife

Larissa

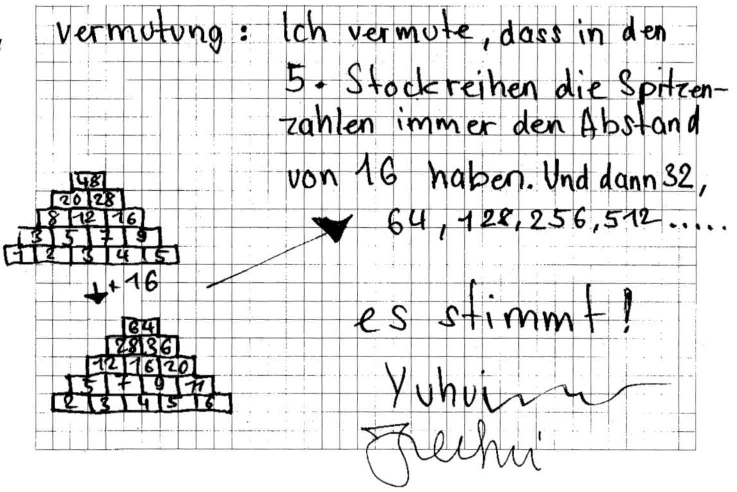

Diego

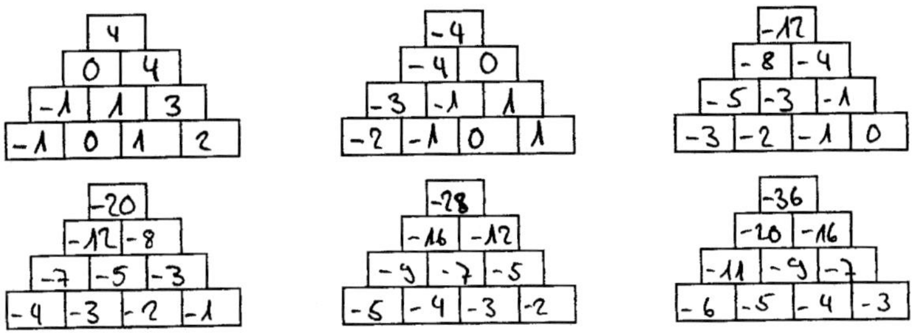

Mit – geht es immer weiter.

ZAHLENMAUERN: GLEICHE BASISZAHLEN – VERSCHIEDEN ANGEORDNET

Thema:	Verändern von Zahlenmauern; Untersuchen von Gesetzmässigkeiten
Stufe:	2. bis 6. Klasse
Material:	Kopiervorlage für drei-, vier- und evt. mehrstöckige Zahlenmauern (KV 24, KV 25)
Zeitbedarf:	2 – 3 Lektionen
Bearbeitung:	S. Tschopp, N. Roos, G. Schnetz, E. Hengartner

Aufgabe

Zahlenmauern: gleiche Basiszahlen – verschieden angeordnet

Drei- oder vierstöckige Zahlenmauern

Wähle als Basissteine Zahlen mit gleichem Abstand (zum Beispiel 4, 6, 8 oder 12, 24, 36, 48). Bilde mit den gewählten Zahlen Zahlenmauern.

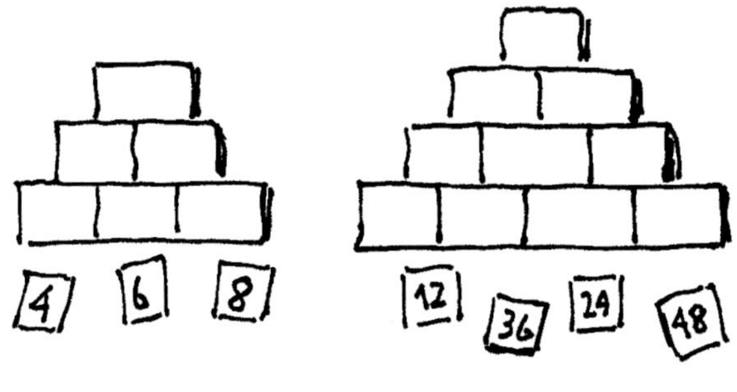

a) Wie viele verschiedene Spitzenzahlen (Deckzahlen) findest du mit diesen Basissteinen? Hast du alle gefunden? Tauscht euch aus.

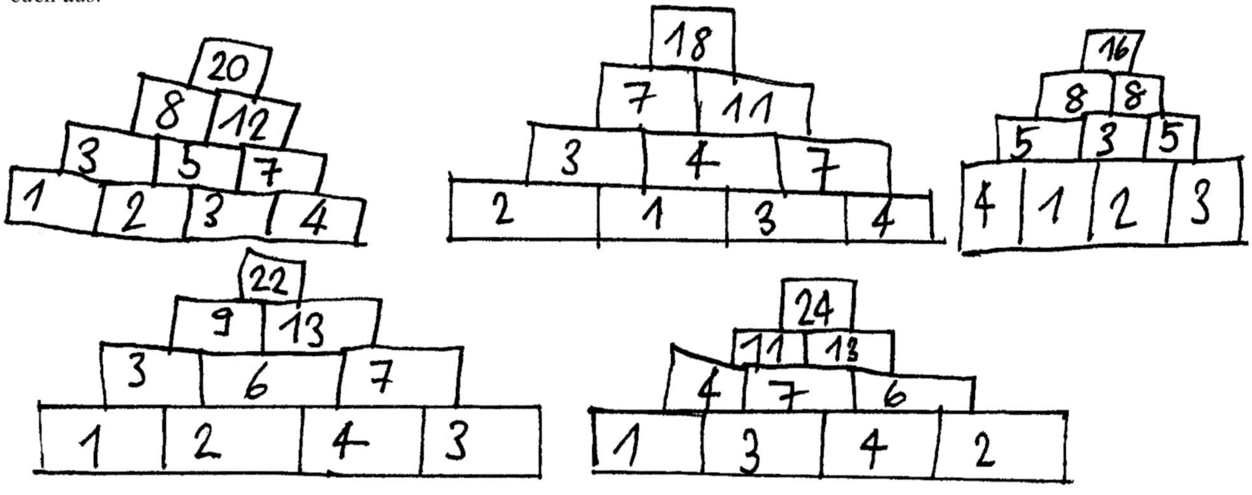

b) Ordnet die Mauern nach der Grösse der Spitzenzahlen.
Wie bekommt man den grössten Spitzenstein?
Und wie den kleinsten?
Vergleicht die Abstände zwischen den Spitzenzahlen mit jenen der Basiszahlen.

Beschreibt, was ihr beobachtet und entdeckt habt.

Worum geht es?

Wenn wir Zahlen mit gleichem Abstand als Basiszahlen wählen, sind die arithmetischen Strukturen von Zahlenmauern leichter erkennbar. Wir untersuchen ein Beispiel mit den Basiszahlen 1, 2, 3 und 4. Durch unterschiedliches Anordnen der vier Basiszahlen können in vierstöckigen Zahlenmauern fünf verschiedene Spitzenzahlen erreicht werden:

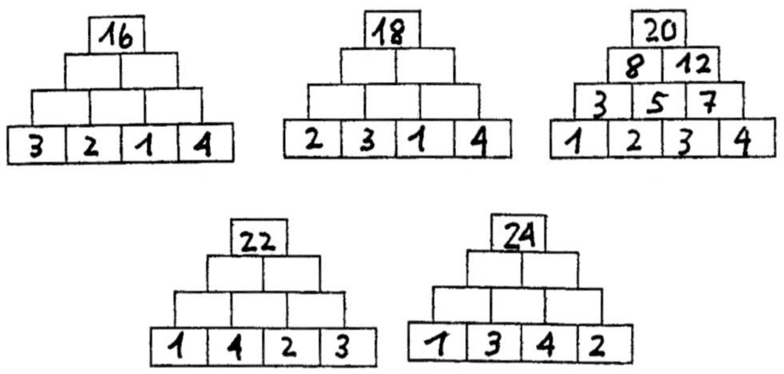

Zu den einzelnen Spitzensteinen gibt es verschiedene Zahlenmauern.

Die äusseren zwei Basiszahlen sind in der Spitzenzahl nur einmal enthalten; die mittleren aber jede dreimal. In der mittleren Zahlenmauer mit Spitzenzahl 20 sind zum Beispiel enthalten:
Je einmal die 1 und die 4 und je dreimal die 2 und die 3; das macht 20.
Die beiden Zahlen in der Mitte haben demnach dreimal mehr Einfluss auf die Grösse der Spitzenzahl als die zwei äusseren Zahlen. Mit den Basiszahlen 1, 2, 3, 4 ergeben sich folgende Möglichkeiten:

mittlere Zahlen		Spitzenstein	Anzahl versch. Mauern
1 und 2	⟶	16	4
1 und 3	⟶	18	4
1 und 4	⟶	20	8
2 und 3	⟶	20	
2 und 4	⟶	22	4
3 und 4	⟶	24	4

Die Spitzenzahl 20 ist das arithmetische Mittel der minimalen und der maximalen Spitzenzahl. Sie ist das Doppelte der Summe der Basiszahlen. Der Abstand zwischen den nach Grösse geordneten Spitzensteinen ist doppelt so gross wie der Abstand zwischen den nach Grösse geordneten Basissteinen.

Mit den Basiszahlen 4, 8, 12, 16 sind die Spitzenzahlen 64, 72, 80, 88 und 96 möglich. Ihr Abstand (8) ist doppelt so gross wie der Abstand der nach Grösse geordneten Basissteine. Die mittlere Spitzenzahl (80) ist doppelt so gross wie die Summe der Basissteine.

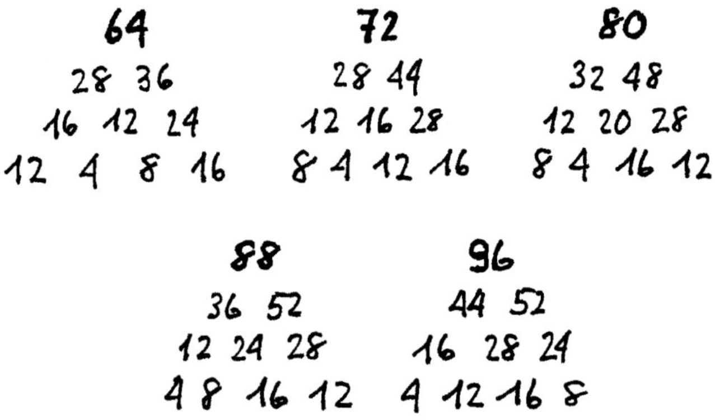

In *dreistöckigen Mauern* sind drei verschiedene Spitzenzahlen erreichbar. Beispiele mit 3, 6, 9 als Basiszahlen:

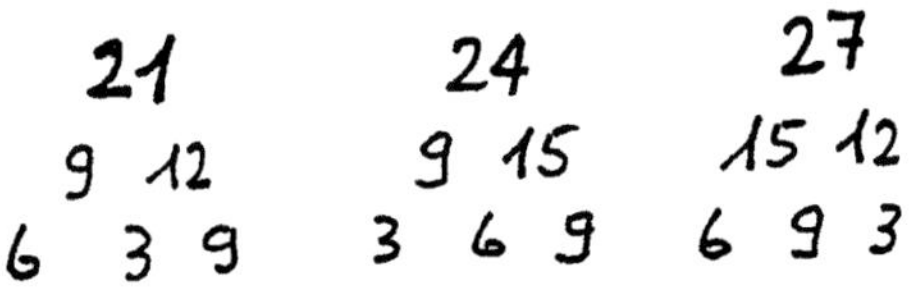

Die Abstände zwischen den nach der Grösse geordneten Spitzenzahlen entsprechen den Abständen zwischen den nach der Grösse geordneten Basiszahlen.

Wie kann man vorgehen?

Am Beispiel einer Zahlenmauer an der Wandtafel werden einleitend die Begriffe Zahlenmauer, Basiszahlen, Spitzenzahlen (Spitzensteine) und Zahlenfolgen in Erinnerung gerufen bzw. geklärt. Dies soll die spätere Beschreibung von Beobachtungen an Zahlenmauern erleichtern. Die Grundaufgabe der Lernumgebung wird am Beispiel einer drei- oder vierstöckigen Zahlenmauer eingeführt. Zu einer vierstöckigen Zahlenmauer wählen wir vier Zahlen einer Zahlenreihe – also vier Zahlen mit gleichen Abständen – und ordnen sie als Basiszahlen unterschiedlich an.

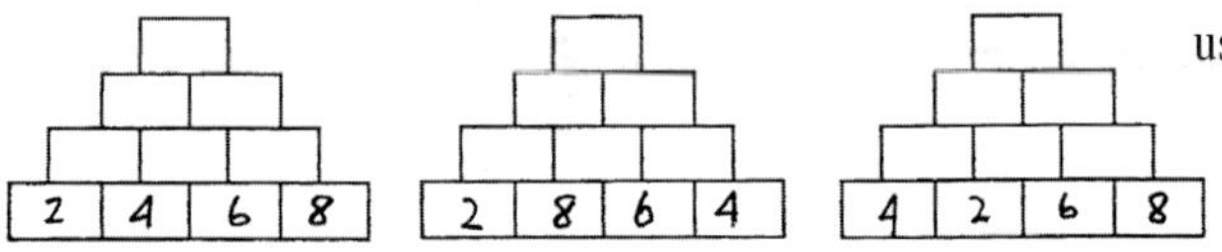

usw.

Die leitende Frage für die anschliessende Untersuchung durch die Kinder lautet: «Wir haben an der Basis immer dieselben vier Zahlen. Wird die Spitzenzahl jedes Mal gleich gross werden oder unterschiedlich sein?» Vermutungen werden geäussert – die Meinungen gehen auseinander.

Die Schülerinnen und Schüler erhalten nun das Aufgabenblatt und ein Blatt mit drei- oder vierstöckigen Zahlenmauern (KV 24, KV 25). Sie sollen sich vorerst für eins von beiden entscheiden. Sie wählen Zahlen einer Folge, ordnen diese verschieden als Basiszahlen an und machen sich an die Überprüfung ihrer Vermutungen. Langsameren Kindern empfiehlt man am besten, Zahlen einer eher kleinen Folge (zum Beispiel 2, 4, 6, 8) zu wählen, weil im Zentrum das Entdecken von Gesetzmässigkeiten stehen soll und weniger das Rechnen. Wir stellen den Kindern frei, ob sie allein, zu zweit oder zu dritt arbeiten wollen. Arbeiten sie zusammen, verfügen sie in der Regel über mehr verschiedene Beispiele. Der Austausch unter ihnen bereitet die sprachliche Formulierung von Beobachtungen und Entdeckungen vor. Andererseits gibt es Kinder, die weiter kommen, wenn sie für sich arbeiten können.

Um die Übersicht zu erleichtern und den Austausch untereinander anzuregen, haben wir einige Kinder aufgefordert, die gefundenen Zahlenmauern mit verschiedenen Spitzenzahlen – geordnet von der kleinsten zur grössten – an der Wandtafel zu notieren. Beispiel mit 2, 4, 6 und 8 an der Basis:

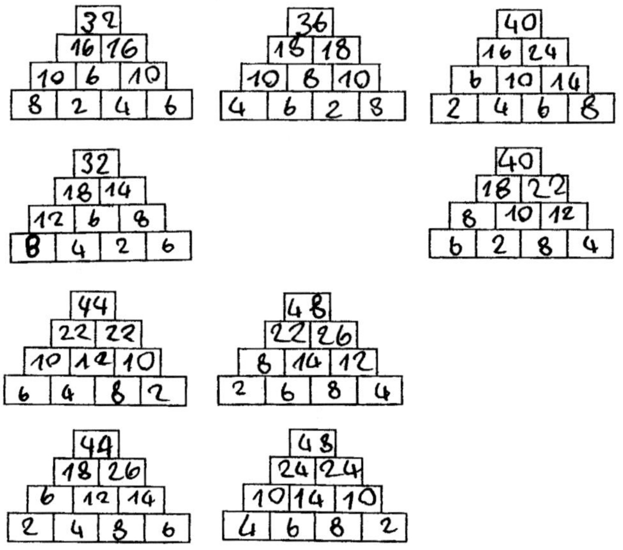

Zu einzelnen Spitzenzahlen fanden die Kinder auch verschiedene Zahlenmauern. Diese Übersicht über Zahlenmauern mit ausgewählten Basiszahlen half in der zweiten Phase, die eigenen Zahlenmauern auf Vollständigkeit zu überprüfen, sie zu vergleichen, zu ordnen, Beobachtungen anzustellen und zu notieren. Die Beobachtungen kann man auf besondere Blätter notieren lassen. Die im Aufgabenblatt enthaltenen Fragen haben die Aufmerksamkeit auf Gesetzmässigkeiten gelenkt. Kinder und Lehrer haben aber auch eigene Fragen gestellt, zum Beispiel diese: «Kann man zu einer beliebigen Zahlenfolge ohne zu rechnen sagen, welche Spitzenzahlen erreicht werden können?» Oder umgekehrt: «Kann man aufgrund der 5 Spitzenzahlen die Basissteine bestimmen?» Vergleiche dazu die Dokumente aus der 5. Klasse.

Den Abschluss bilden Austausch und Präsentation der Ergebnisse einzelner Kinder und Gruppen. Die Präsentation erfordert ein nochmaliges Ordnen und Umschreiben gemachter Beobachtungen und Entdeckungen, damit sie verständlich, nachvollziehbar und an Beispielen überprüfbar sind. Dies ist der Lerngewinn der berichtenden Gruppe. Auf der andern Seite werden beim Zuhören Erkenntnisse bestätigt, erweitert oder neue gewonnen.

Dokumente aus der Erprobung im 3. bis 5. Schuljahr

Die folgenden Dokumente sollen zeigen, welche Erkenntnisse Schülerinnen und Schüler des 3. bis 5. Schuljahres gewonnen haben. Sie sind so angeordnet, dass sie das Spektrum von einfacheren bis zu anspruchvollen Arbeiten wiedergeben.

Elena (3. Klasse) hat sich für dreistöckige Zahlenmauern entschieden und verschiedene Zahlenfolgen als Basiszahlen durchgespielt, im abgebildeten Dokument die Folge 3, 6, 9. Sie hat alle sechs Möglichkeiten der Anordnung gefunden und ausprobiert. Sie stellte fest, dass die grösste (kleinste) Basiszahl in der Mitte die grösste (kleinste) Spitzenzahl ergibt, begründet dies aber nicht weiter. Ferner stellt sie fest, dass zwischen der unteren mittleren und der Spitzenzahl in allen sechs Mauern derselbe Abstand besteht (ohne dies zu begründen).

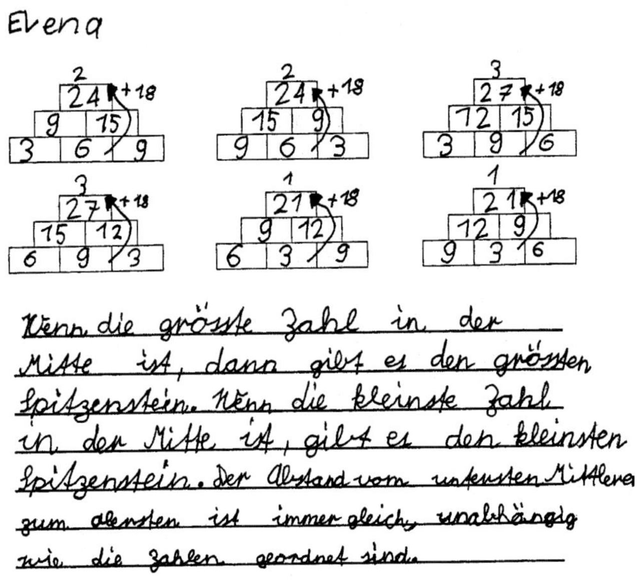

Cordula (3. Klasse) versucht zu begründen, weshalb die mittlere Basiszahl für die Grösse der Spitzenzahl entscheidend ist: «Die Mitte hat am meisten Kraft» meint sinngemäss, dass die mittlere Zahl mehr (eben zweimal) in der Spitzenzahl enthalten ist, die Randzahlen aber weniger (nur einmal).

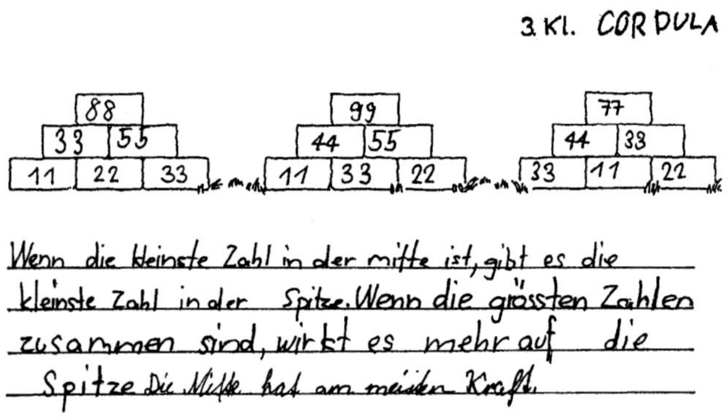

Nife (3. Klasse) hat vierstöckige Mauern gewählt und mit den Basiszahlen 4, 8, 12, 16 experimentiert. Sie hat Zahlenmauern zu allen fünf möglichen Spitzenzahlen gefunden, auch mehrere Lösungen zur selben Spitzenzahl. Ihr Interesse gilt aber vor allem der systematischen Ermittlung aller möglichen Anordnungen der vier Basiszahlen: Sie kommt auf 24 verschiedene Lösungen, wobei die Hälfte davon gespiegelte Mauern sind.

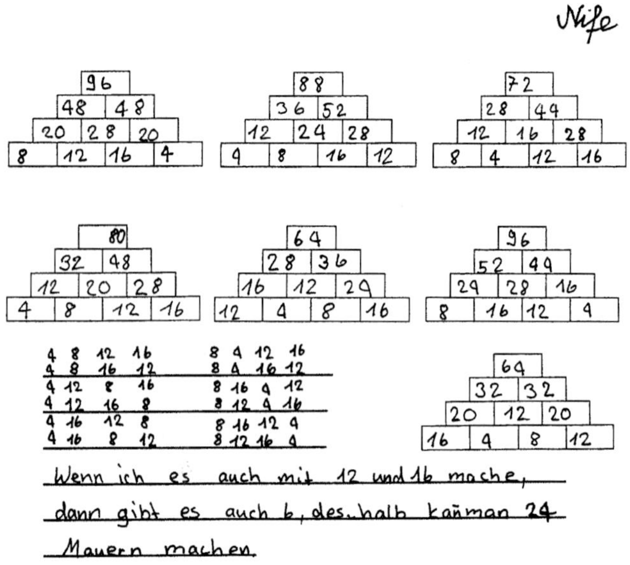

Rahel (4. Klasse) hat gemeinsam mit *Stephanie* vierstöckige Zahlenmauern mit den Basiszahlen 2, 4, 6, 8 erkundet. Deren unterschiedliche Anordnung führt zu verschiedenen Spitzensteinen, die zu einer Reihe gehören (in ihrem Beispiel zur Viererreihe). Das stellen sie zunächst fest. Sie entdecken, dass die Abstände zwischen den nach Grösse geordneten Spitzensteinen doppelt so gross sind wie jene zwischen den Basissteinen (bei den Spitzensteinen 4, bei den Basissteinen 2).

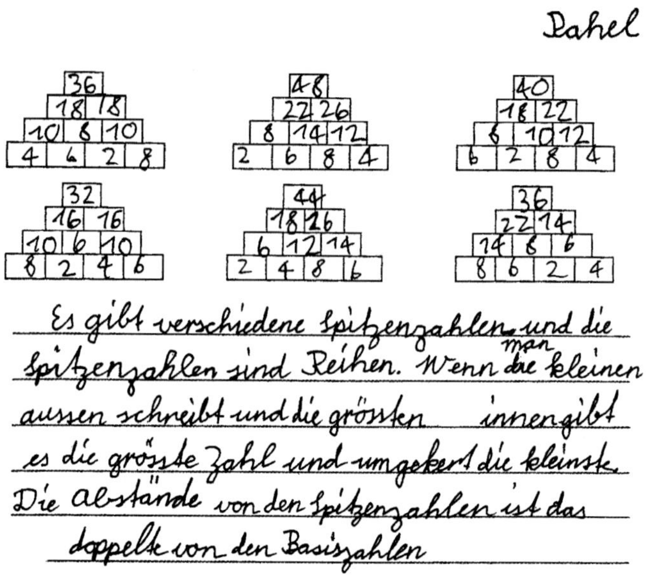

Ramona und *Laura* (5. Klasse) fassen ihre Erkundungsergebnisse zu vierstöckigen Zahlenmauern mit den Basiszahlen 2, 4, 6, 8 übersichtlich zusammen: Sie führen die fünf möglichen Spitzenzahlen von der kleinsten zur grössten geordnet an. Sie erkennen, dass deren Abstände doppelt so gross sind wie jene der Basiszahlen. Und sie stellen den Zusammenhang zwischen der mittleren Spitzenzahl und der Summe der Basiszahlen her: Diese ist die Hälfte der mittleren Spitzenzahl.

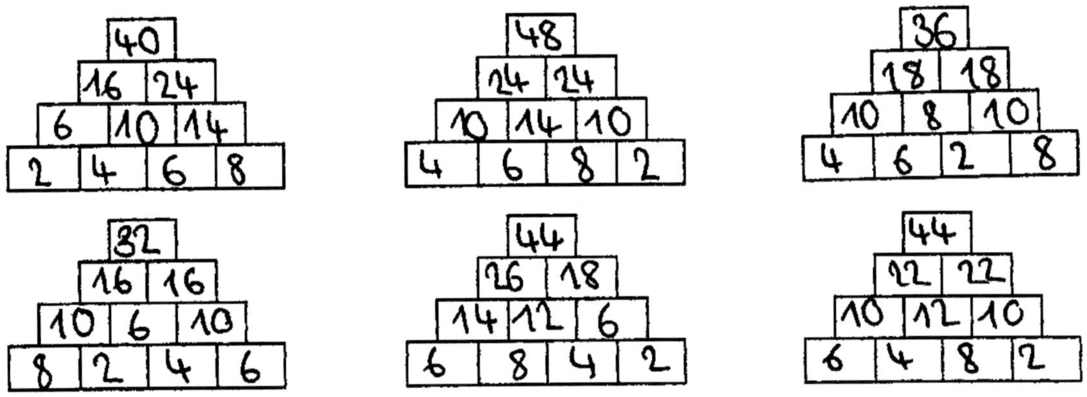

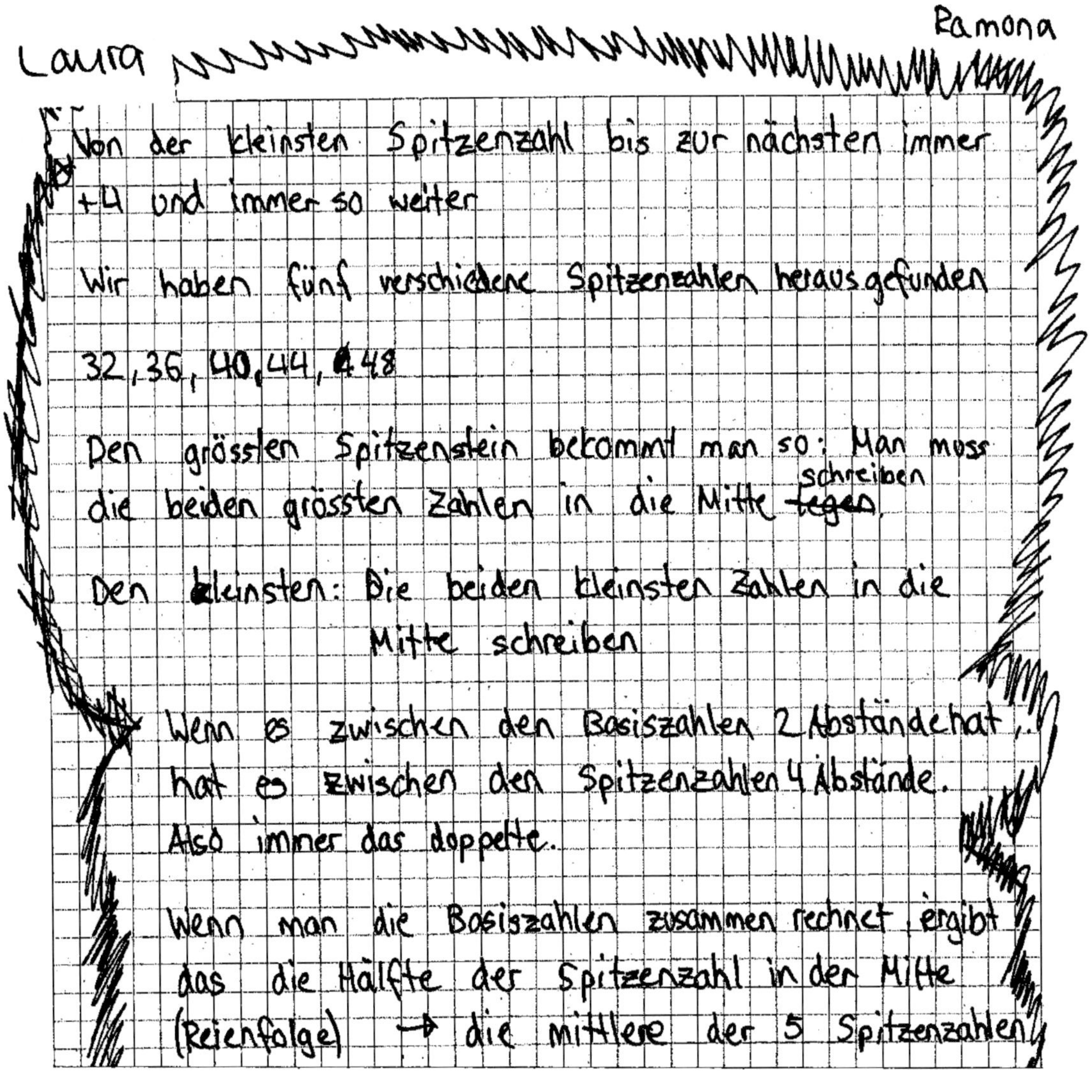
Laura
Ramona

Von der kleinsten Spitzenzahl bis zur nächsten immer +4 und immer so weiter

Wir haben fünf verschiedene Spitzenzahlen herausgefunden

32, 36, 40, 44, 48

Den grössten Spitzenstein bekommt man so: Man muss die beiden grössten Zahlen in die Mitte ~~legen~~ schreiben.

Den kleinsten: Die beiden kleinsten Zahlen in die Mitte schreiben

Wenn es zwischen den Basiszahlen 2 Abstände hat, hat es zwischen den Spitzenzahlen 4 Abstände. Also immer das doppelte.

Wenn man die Basiszahlen zusammen rechnet, ergibt das die Hälfte der Spitzenzahl in der Mitte (Reienfolge) → die mittlere der 5 Spitzenzahlen

Jasmin (5. Klasse) erklärt, wie man für die Folge der Basiszahlen 4, 8, 12, 16 die mittlere Spitzenzahl und von ihr aus die weiteren vier Spitzenzahlen berechnen kann:

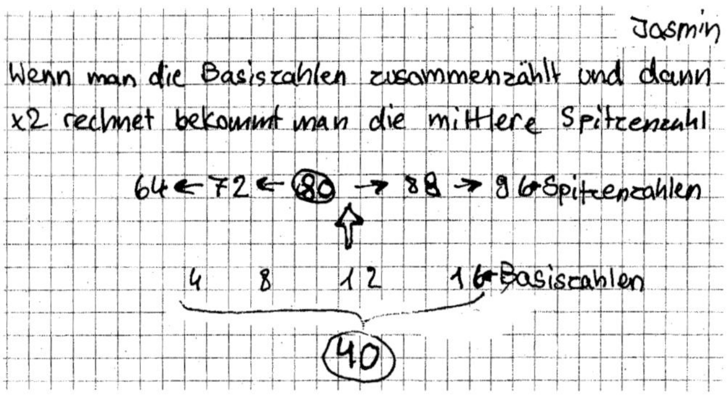

Und *Diego* (5. Klasse) formuliert die Berechnung der Spitzenzahlen für beliebige Folgen von Basiszahlen (mit regelmässigen Abständen).

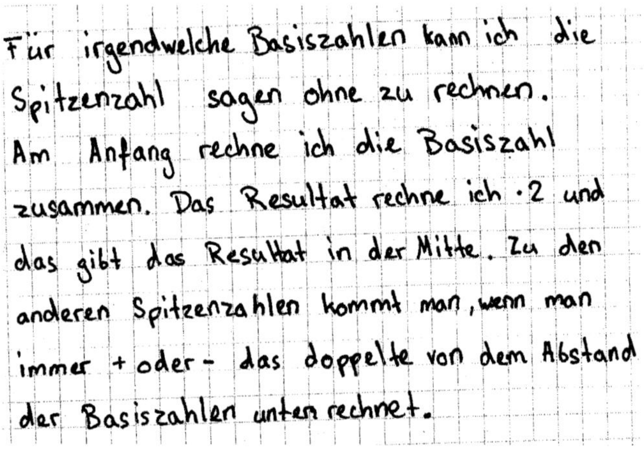

Angeregt durch den Lehrer, die vier Basiszahlen mit vier verschiedenen Zeichen auszudrücken, entdecken mehrere Kinder schliesslich, wie man zu beliebigen Zahlenfolgen die mittlere Spitzenzahl berechnen kann.

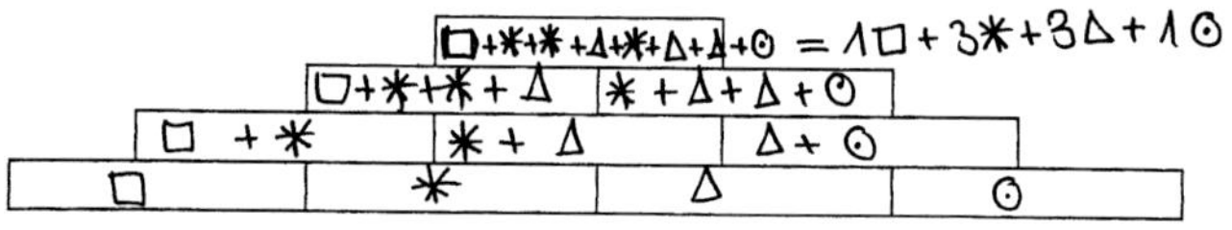

ZAHLENMAUERN BESCHREIBEN UND AUSTAUSCHEN

Thema:	Zahlenmauer, Zahlenmuster
Stufe:	4. bis 6. Klasse
Material:	Kleine Kärtchen (leer), vier- oder fünfstöckige leere Zahlenmauern (KV 26a, KV 26b)
Zeitbedarf:	2 Lektionen
Bearbeitung:	U. Hirt, R. Roth

Aufgabe

a) Schreibt eine Zahlenfolge in die unterste Schicht einer Zahlenmauer. Berechnet die Zahlenmauer und beschreibt die entstandenen Regelmässigkeiten.

b) Schreibt nun die Zahlen eurer Zahlenmauer auf kleine Kärtchen. Mischt eure Sets und tauscht sie aus.

c) Erstellt mit dem erhaltenen Kärtchenset eine Zahlenmauer und schreibt sie auf ein Blatt. Beschreibt die Regelmässigkeiten, die ihr in dieser Zahlenmauer findet.

d) Tauscht die gefundenen Regelmässigkeiten mit der Autorin/dem Autor der Zahlenmauer aus. Untersucht gemeinsam die Regelmässigkeiten und ergänzt eure Feststellungen.

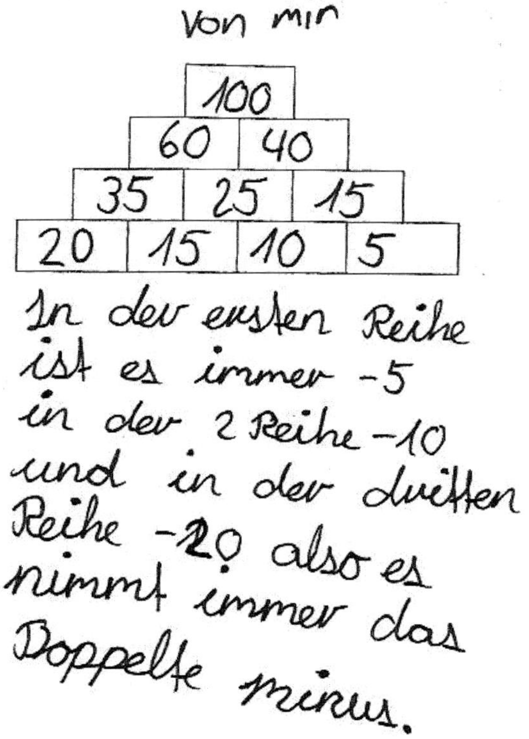

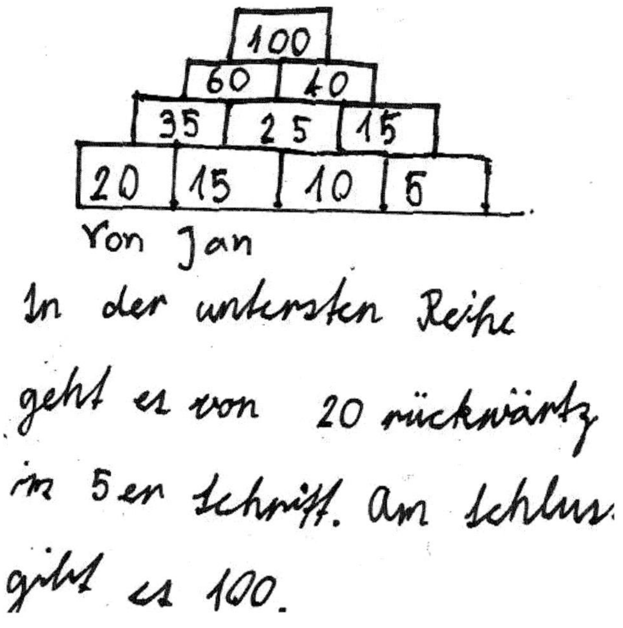

Worum geht es?

Beim Herstellen der Zahlenmauern wählen die Schülerinnen und Schüler Zahlenfolgen und schreiben sie in die unterste Schicht als Grundsteine. Es entstehen dadurch in den oberen Schichten Regelmässigkeiten, die sie beschreiben sollen. Dabei beschäftigen sich die Schülerinnen und Schüler mit Mustern, die sie auf spielerische Weise selber erzeugen und ausgestalten. Wittmann 2004 (S. 26) schreibt dazu: «Mathematische Muster dürfen nicht als fest Gegebenes angesehen werden, das man nur betrachten und reproduzieren kann. Ganz im Gegenteil: Es gehört zu ihrem Wesen, dass man sie erforschen, fortsetzen, ausgestalten und selbst erzeugen kann. Der Umgang mit ihnen schliesst also Offenheit und spielerische Variation konstitutiv ein.»

Das Untersuchen und Beschreiben der Regelmässigkeiten fördert in hohem Masse die allgemeinen Lernziele (Entdecken, Formulieren, Argumentieren). Es versteht sich von selbst, dass beim Erstellen der Zahlenmauern immer auch Fertigkeiten im Kopfrechnen trainiert werden. Durch den Austausch der erzeugten Zahlenmauern und durch das gemeinsame Untersuchen der Muster lernen die Schülerinnen und Schüler nicht nur aktiv-entdeckend sondern auch von– und miteinander.

Mit den folgenden Zahlen haben wir gute Erfahrungen zur Konstruktion regelmässiger Zahlenmauern gemacht:

Dreieckzahlen (aus fortgesetzter Addition der natürlichen Zahlen)

104
38 66
13 25 41
4 9 16 25
1 3 6 10 15

Auf der zweiten Schicht entstehen die Quadratzahlen, auf der dritten Schicht ungerade Zahlen und auf der vierten Schicht gerade Zahlen.

Folge der ungeraden Zahlen

80
32 48
12 20 28
4 8 12 16
1 3 5 7 9

Auf den oberen Schichten entstehen gerade Zahlen. Die Differenz zwischen den Zahlen auf der zweiten Schicht beträgt 4, auf der dritten Schicht ist die Differenz 8 und auf der vierten Schicht 16. Die auf der übernächsten Schicht direkt oberhalb einer Zahl stehende Zahl ist das Vierfache der unteren Zahl.

Fibonacci-Folge

34
13 21
5 8 13
2 3 5 8
1 1 2 3 5

Die Fibonacci-Folge zeichnet sich dadurch aus, dass die Summe der zwei vorangehenden Zahlen immer die nächste Zahl bestimmt. Auf jeder Schicht der Zahlenmauer entsteht wieder eine Fibonacci-Folge. Gerade und ungerade Zahlen wechseln sich in regelmässiger Folge ab (zwei ungerade, eine gerade Zahl).

Weitere geeignete Folgen sind:
- Folge der geraden Zahlen
- Einmaleinsreihen
- Quadratzahlreihe
- Folgen mit wechselnder Addition und Subtraktion der stets gleichen Zahl
- Folgen mit Einbezug der Multiplikation (geometrische Folgen)

Wie kann man vorgehen?

Zur Klärung der Spielregel ist an der Wandtafel eine leere Zahlenmauer mit vier oder fünf Stockwerken aufgezeichnet. Die Schülerinnen und Schüler nennen eine Zahlenfolge, die in die Grundsteine eingetragen wird. Nach dem Erstellen der Zahlenmauer werden die Regelmässigkeiten so beschrieben, dass die Kinder deren Entstehung erkennen.

Nun soll jedes Kind Zahlenmauern mit Zahlenfolgen erstellen. Je nach Voraussetzung der Klasse werden Beispiele von Folgen zusammengetragen. Die Schülerinnen und Schüler wählen aus. Es ist aber auch möglich, den Kindern Folgen vorzugeben (besonders ergiebige wie z. B. die Folge der geraden oder der ungeraden Zahlen, die 2er-Potenzen, die Dreieckzahlen, die Zahlen einer Reihe oder die Fibonacci-Folge).

Zur Herstellung einer Zahlenmauer erhalten die Schülerinnen und Schüler die Kopiervorlage 26A oder 26B. Möglichst vielfältig beschreiben sie die selber erzeugte Zahlenmauer. Danach schreiben sie die Zahlen je auf kleine Zahlenkärtchen, die sie einer Kollegin oder einem Kollegen geben.

Die erhaltenen Zahlenkärtchen setzen die Kinder zu einer Zahlenmauer zusammen, die sie dann auf der ensprechenden Kopiervorlage festhalten. Diese neue Zahlenmauer beschreiben sie wiederum. Danach vergleichen sie ihre Beschreibung mit jener Beschreibung, die die Autorin oder der Autor der Zahlenmauer erstellt hat. Das Entdecken, Formulieren und Argumentieren der Regelmässigkeiten führen die Kinder zu zweit weiter. Es ist darauf zu achten, dass auf den Dokumenten sichtbar wird, von wem die Zahlenmauer stammt und wer die Zahlenmauer rekonstruiert und beschrieben hat.

Dokumente aus der Erprobung (5. Klasse)

Einfaches Beispiel

Sandra erstellt eine Zahlenmauer mit Zweierzahlen ausgehend von 10. Sie erkennt, dass auf der zweiten Schicht sich die Zahlen um 4 und auf der dritten Schicht um 8 unterscheiden bzw. dass sich die Unterschiede von Schicht zu Schicht jeweils verdoppeln.

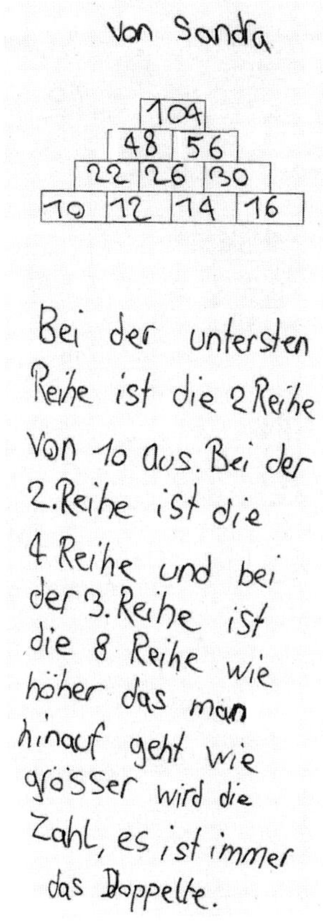
Von Sandra

104
48 56
22 26 30
10 12 14 16

Bei der untersten Reihe ist die 2 Reihe von 10 aus. Bei der 2. Reihe ist die 4 Reihe und bei der 3. Reihe ist die 8 Reihe wie höher das man hinauf geht wie grösser wird die Zahl, es ist immer das Doppelte.

Ajitha hat die Zahlen der Mauer von *Sandra* übernommen und die Zahlenmauer rekonstruiert. Ihre Beschreibung enthält die Feststellung der Unterschiede auf der ersten und auf der zweiten Schicht.

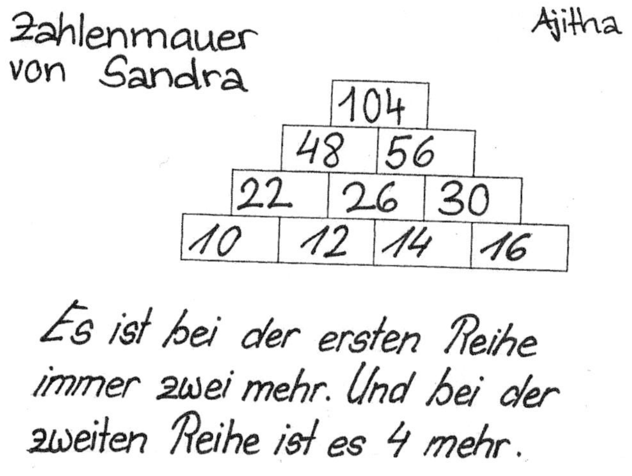
Zahlenmauer von Sandra

Ajitha

104
48 56
22 26 30
10 12 14 16

Es ist bei der ersten Reihe immer zwei mehr. Und bei der zweiten Reihe ist es 4 mehr.

Marielle und *Simon* tauschen ihre Beschreibungen der eigenen und der rekonstruierten Zahlenmauer aus.

Samuel und *Simon* haben die Zahlenkarten ihrer selbst erzeugten Zahlenmauern ausgetausch. Aus den gemischten Kärtchen rekonstruieren sie die Zahlenmauer und übertragen sie auf ein Blatt.

Mittlere Beispiele

Simon beschreibt sein Vorgehen bei der Herstellung seiner Zahlenmauer. Ausgehend von einer Zahl grösser als zehn verdoppelt bzw. halbiert er die Zahl und das Ergebnis. Er erkennt, dass aus den Summen der geraden Zahlen wieder gerade Zahlen entstehen.

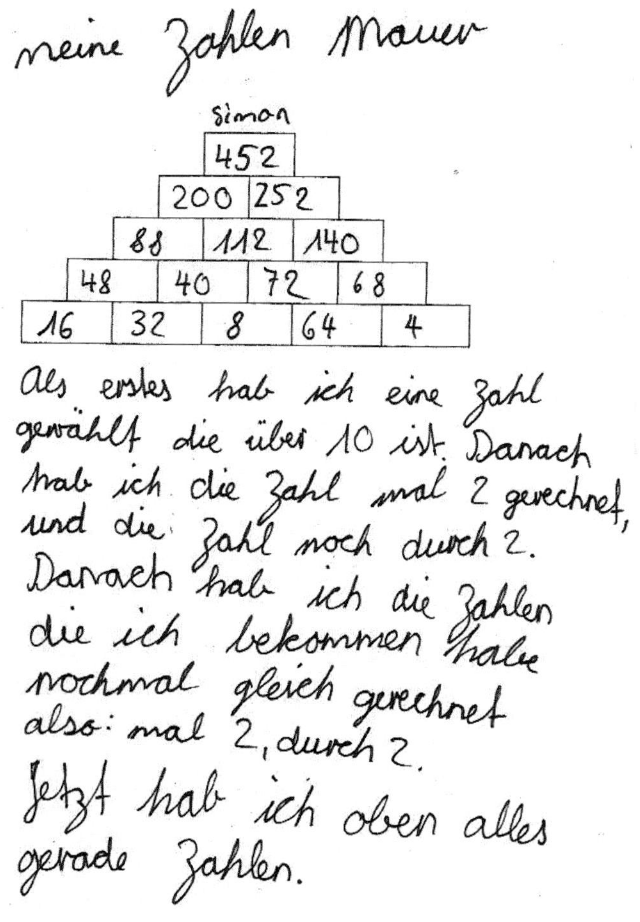

Riana beschäftigt sich mit der Zahlenmauer von Simon. Sie erkennt die Konstruktionsregel mit dem Verdoppeln bzw. dem Halbieren der Ausgangszahl. Weitere Zusammenhänge beschreibt sie nicht.

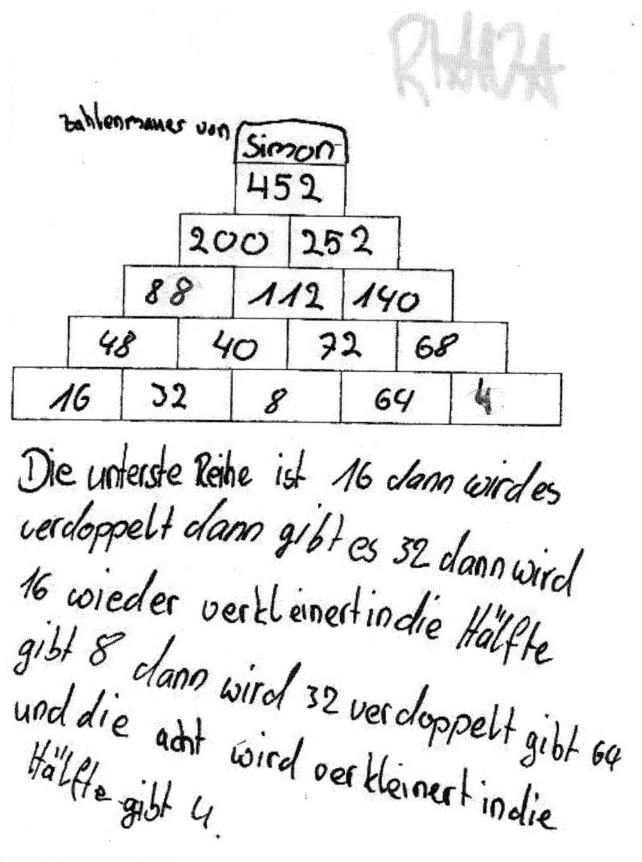

Fabienne hat eine Zahlenmauer mit 6er-Zahlen auf der untersten Schicht erstellt. Sie erkennt, dass sich die Unterschiede von Schicht zu Schicht verdoppeln (auf der zweiten Schicht beträgt der Unterschied zwischen den Zahlen 12 und auf der dritten Schicht 24). Auch der Unterschied zwischen den Zahlen auf der unteren und der Nachbarzahl auf der oberen Schicht erhöht sich jeweils um das Doppelte.

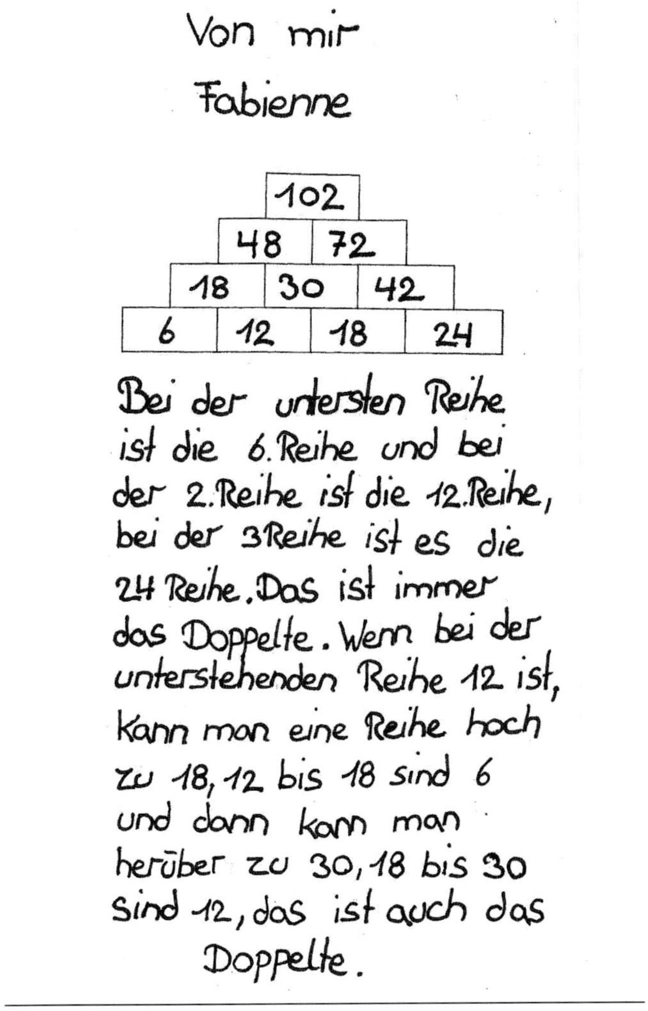

Von mir
Fabienne

102			
48	72		
18	30	42	
6	12	18	24

Bei der untersten Reihe ist die 6. Reihe und bei der 2. Reihe ist die 12. Reihe, bei der 3 Reihe ist es die 24 Reihe. Das ist immer das Doppelte. Wenn bei der unterstehenden Reihe 12 ist, kann man eine Reihe hoch zu 18, 12 bis 18 sind 6 und dann kann man herüber zu 30, 18 bis 30 sind 12, das ist auch das Doppelte.

Janina hat die Zahlenmauer von *Fabienne* rekonstruiert. Sie erkennt, dass alle Zahlen zur 6er-Reihe gehören.

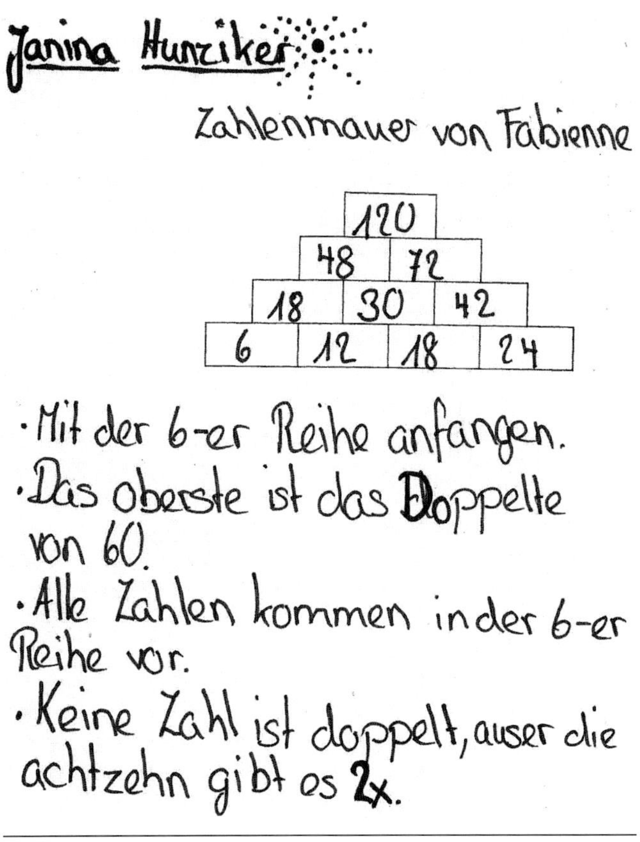

Janina Hunziker

Zahlenmauer von Fabienne

120			
48	72		
18	30	42	
6	12	18	24

- Mit der 6-er Reihe anfangen.
- Das oberste ist das Doppelte von 60.
- Alle Zahlen kommen in der 6-er Reihe vor.
- Keine Zahl ist doppelt, auser die achtzehn gibt es 2x.

Anspruchsvolles Beispiel

Diana orientiert sich bei der Herstellung ihrer Zahlenmauer am Bildungsgesetz der Fibonacci-Folge: zwei Zahlen addiert ergeben die nächste Zahl. Sie erkennt, dass sich die Zahlen von Schicht zu Schicht um eine Zahl versetzt wiederholen. Danach untersucht sie die entstandenen Zahlen unter dem Gesichtspunkt gerade/ungerade Zahlen. Sie erkennt, dass bei den Fibonacci-Zahlen eine gerade und zwei ungerade Zahlen aufeinander folgen.

Schliesslich untersucht sie die vorderen und die hinteren Ziffern der entstandenen Zahlen. Dabei stellt sie fest, dass die hinteren Ziffern (Einer und Zehner) wiederum eine Fibonacci-Folge ergeben, wenn bei den grösseren Zahlen eine entsprechende Zehnerzahl subtrahiert wird.

Pascal hat die anspruchsvolle Zahlenmauer von Diana rekonstruiert. In seiner Beschreibung stellt er fest, dass Zahlen auf der oberen Schicht ebenso auf der unteren Schicht vorkommen. Im Besonderen erkennt er das Bildungsgesetz der Zahlenfolge: Jede Zahl in der Folge ist die Summe der beiden vorangehenden. Er stellt fest, dass dieses Bildungsgesetz über die ganze Zahlenmauer sichtbar ist. Zudem untersucht er die Zahlen unter dem Gesichtspunkt gerade/ungerade.

---

meine Zahlenmauer

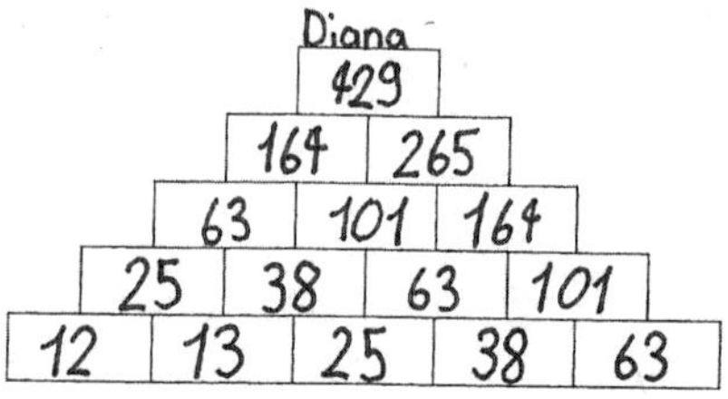

Als erstes nehme ich 12 und 13 zähle sie zusammen, gibt 25 und dann 13 und 25 zähle ich auch zusammen. Bei der 2. Reihe kann ich unten abschauen und muss nur die letzte Zahl ausrechnen. Zuerst ist es grad, dann ungrad. Also immer zwei mal ungrad, dann einmal grad.
Die Ziffer hinten sind: 2,3,5,8, 13,21,34,55,99,454.... Wenn man beim zusammenrechnen über den Zehner rechnet, muss man eine eins vorne dran schreiben.

Die Zahlenmauer von Diana

Pascal

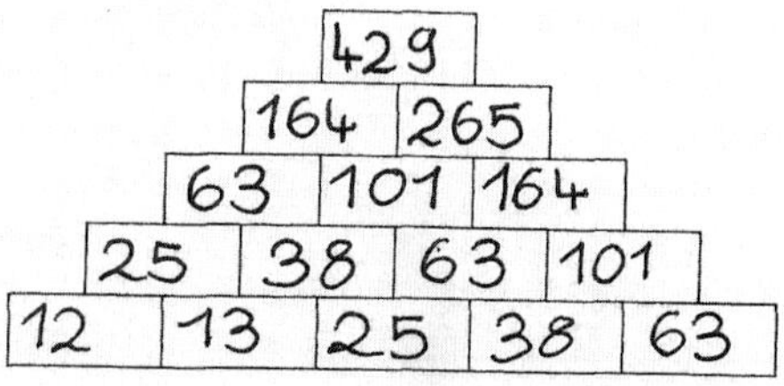

Ich sehe die Zahlen sind immer schreg nach rechts unten gleich. Die Zahlen nebeneinander ergeben die Zahl die nach den beiden Zahlen kommen. Beispiel:
12+13=25 dan kommt 13+25=38 und so weiter.
Die Zahlen wechseln so: gerad, 2 umgerade gerad, 2 umgerade.
Die Zahlen nebeneinander ergeben auch auf den oberen Zeilen die Zahl, die nach den beiden kommen.

ERPROBTE LERNUMGEBUNGEN
Grundoperationen

NIM-SPIEL

Thema:	Addition im Zwanzigerraum, Strategien bilden
Stufe:	Kindergarten, 1. Klasse und 2. Klasse
Material:	Zahlenkarten 1 – 20, Legeplättchen
Zeitbedarf:	Spielphasen von ca. 20 Minuten in mehreren Lektionen
Bearbeitung:	S. Dreier, E. Schenker, E. Röthlisberger

Aufgabe

Spielregeln für den Zahlenraum 1 – 10

Zwei Kinder spielen gegeneinander. Ein Kind hat rote, das andere Kind hat blaue Plättchen.

Legt die Zahlenkarten 1 – 10 der Reihe nach offen vor euch hin.

Belegt abwechslungsweise eine oder zwei Karten mit Plättchen eurer Farbe. Beginnt bei der Karte 1 und legt der Reihe nach.

Gewonnen hat jenes Kind, das mit seinem Plättchen die Zahlenkarte 10 belegen kann.

Worum geht es?

Das NIM-Spiel gehört zu den strategischen Spielen. Die wichtigen Zahlen, um das Spiel zu gewinnen sind: 1, 4, 7, 10.
Die Kinder merken nach den ersten Spielversuchen, dass die 7 über Gewinnen oder Verlieren entscheidet. Wer sein Plättchen auf der 7 hat, gewinnt, ob das andere Kind nun ein oder zwei Karten belegt. Wer Karte 4 belegt, kann gewinnen, weil er oder sie dann Karte 7 belegen kann. Das heisst: Wer mit Karte 1 beginnt, kann gewinnen, weil er oder sie nun die 4 erreicht.

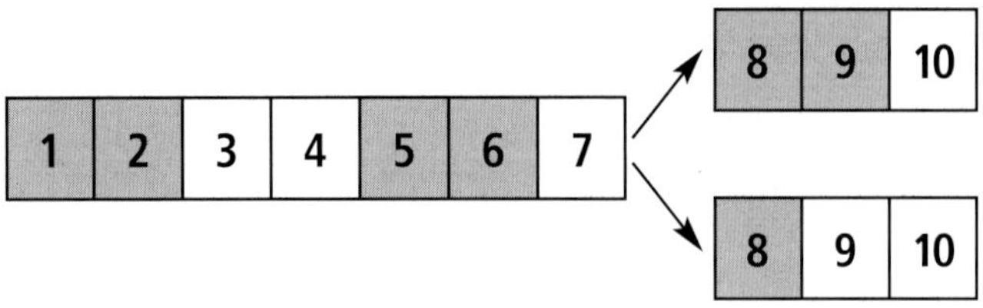

Bei Varianten mit mehr Zahlenkarten ändern sich auch die entscheidenden Zahlen.

Variante mit 12: Die Zahlenkarten 1 – 12 werden hingelegt, jedes Kind muss ein oder zwei Plättchen pro Zug legen. Die Gewinnzahlen sind: 3, 6, 9, 12. Wer nicht anfängt, kann gewinnen.

Variante mit 15: Die Zahlenkarten 1– 15 werden hingelegt, jedes Kind muss nun ein, zwei oder drei Plättchen legen. Die Gewinnzahlen in dieser Variante sind: 3, 7, 11, 15. Wer hier beginnt und drei Plättchen legt und somit die 3 belegt, kommt auf die 7, auf die 11 und die 15 und hat gewonnen.

Variante mit 25: Diese Variante eignet sich eher für ältere Schülerinnen und Schüler. Die Zahlenkarten 1 – 25 werden hingelegt. Pro Spielzug muss ein Schüler oder eine Schülerin ein bis sechs Plättchen legen.

Wie kann man vorgehen?

Als Einstieg eignet sich das Spiel mit 10 Plättchen. Die Spielregel wird erklärt. Die Kinder spielen paarweise.

Nach einigen Durchgängen wird die Frage gestellt: Welches sind die wichtigen Zahlen, die man belegen muss, um zu gewinnen?

Wenn die Kinder die Antwort auf diese Frage aufschreiben bzw. aufzeichnen, ergibt sich gutes Material für weiterführende Gespräche:
– Unterschiede bei den verschiedenen Darstellungen der Kinder?
– Warum sind gerade diese Zahlen wichtig?
– Gewinnt derjenige, der anfängt?

Dokumente aus der Erprobung

Protokoll von zwei Mädchen der 1. Klasse: «Wer 1, 4, 7 hat, bekommt Gold und den Siegerpokal.»

Ausschnitte aus klinischen Interviews

Das Differenzierungspotenzial der Lernumgebung zeigt sich einerseits bei der Fähigkeit, Strategien zu entdecken und anzuwenden, besonders aber auch bei der Fähigkeit, die Strategien zu beschreiben und zu begründen. Auch Kinder mit schwächeren mathematischen Fähigkeiten können Teilstrategien entdecken, lassen sich bei neuen Spielverläufen aber rasch wieder davon abbringen.

Ausschnitt A

Der folgende Ausschnitt stammt aus einem Interview mit zwei Mädchen (L: Lehrperson, S: Sandra, A: Anita).

S: Von 1 bis 9, nein bis zehn, muss man der Reihe nach legen, dann muss man versuchen ... wer zuerst auf 10 ist, hat gewonnen.
A: Die drei wichtigsten Zahlen sind 1, 4, 7 und 10.
L: Ich zeige euch einmal, was ihr letztes Mal aufgeschrieben habt (Abbildung). Könnt ihr mir dies noch erklären, was ihr hier gespielt habt?
S: Wir haben gespielt und aufgeschrieben. Wir haben aufgeschrieben, wer wann gewinnt, aber wir haben es noch nicht gewusst. Darum haben wir die Namen einfach mit aufgeschrieben. Dann hat die Anita gewonnen. Überall, wo die Anita gewesen ist, sind die wichtigsten Zahlen.
L: Wieso sind diese Zahlen so wichtig?
A: Dass man gewinnt.
L: Wieso gerade diese Zahlen?
S: Weil da immer eins ist, und dann kommen wieder zwei, dann wieder eins, dann wieder zwei ...
L: Was haltet ihr davon, wenn ihr es nochmals spielt? Und dann achten wir auf die wichtigsten Zahlen.
S: Ich habe ja sowieso schon gewusst, dass die Anita da gewinnt. Wenn ich da bei der 8 bin, kann ich ja gar nichts mehr machen. Wenn ich zwei lege, kann die Anita eins. Wenn die Anita anfängt, kann sie auch gewinnen.

Ausschnitt B

Variante mit 12 Zahlenkarten.
Der folgende Ausschnitt stammt aus einem Interview mit zwei Knaben (L: Lehrperson, S: Sebi, J: Jakob).

S: Ich bin blau.
J: Ich bin rot.
L: Mögt ihr die 11 und die 12 dazunehmen und das Spiel nochmals spielen?
Die Kinder legen die Karten dazu.
Blau: 1, 2 4 7, 8 11, 12
Rot: 3 5, 6 9, 10
L: Sebi, du hast bereits bei der 9 gelächelt, hast du gewusst, dass du gewinnen wirst?
S: *Nickt.*
L: Warum?
Spielt es noch einmal. Versucht herauszufinden welches hier die wichtigsten Zahlen sind.
S: Blau: 1, 2 4 6 9 12
J: Rot: 3 5 7, 8 10, 11
J: Die 8.
S: Die 9, wozu die 8?
J: Die 3.
S: Die 2.
S: Die 12.
L: Ich weiss es auch nicht.
S: Die 1, 2, 6, 9, 12. Auf der 12 hat man gewonnen.
L: Könnt ihr mir erklären, warum diese Zahlen wichtig sind?
S: Der andere hat keine Chance mehr.
L: Was ist mit der 6?
S: Kommt man schneller bei der 9 an. Der andere kann eins oder zwei legen.
Jakob baut zur Zeit Türmchen mit seinen Plättchen.
L: Spielt ihr es noch einmal und versucht herauszufinden, welche Zahlen hier wichtig sind?
J: Soll ich anfangen?
S: Ja.
S: Blau: 3, 4
J: Rot: 1, 2 5, 6
S: Ja, jetzt habe ich keine Chance mehr.
Er hält inne. Er legt ein Plättchen auf die 7.
Jetzt habe ich keine Chance mehr.
J: Du musst etwas legen.
S: Die 10 ist gar nicht wichtig.
L: Was ist wichtig?
S: Die 6.
J: Die 5 auch.
S: *Sebi schüttelt den Kopf.* Nein. 2, 6, 9, 12.
L: Warum ist die 2 wichtig?
S: Nein, die 3 ist wichtig.
L: Warum?
S: Ist man auf der 3, kann der andere 1 oder 2 legen. Man kommt auf die 6.
L: Seit wann hast du gewusst, dass du gewonnen hast?
S: Die 5.

WEGE IN DER EINSPLUSEINSTAFEL

Thema: Operative Übung zum Addieren und Zerlegen im Zwanzigerraum
Stufe: 1. Klasse
Material: Plustafel-Poster, verkleinerte Plustafeln auf A4 und A5 (ohne Farben!); KV 27, KV 28
Zeitbedarf: 4 bis 5 Lektionen
Bearbeitung: D. Meier, E. Dürrenberger, E. Hengartner

Aufgabe

Übungsaufgaben zum Einspluseins erfinden und lösen
(Die für die Lernumgebung notwendigen vorbereitenden Aufgaben sind im Abschnitt «Wie kann man vorgehen?» aufgeführt)

a) Färbe auf der Plustafel verschiedene Wege in rot, blau, gelb oder grün. Gehe stets von Nachbarfeld zu Nachbarfeld.
Beispiel von Jan:

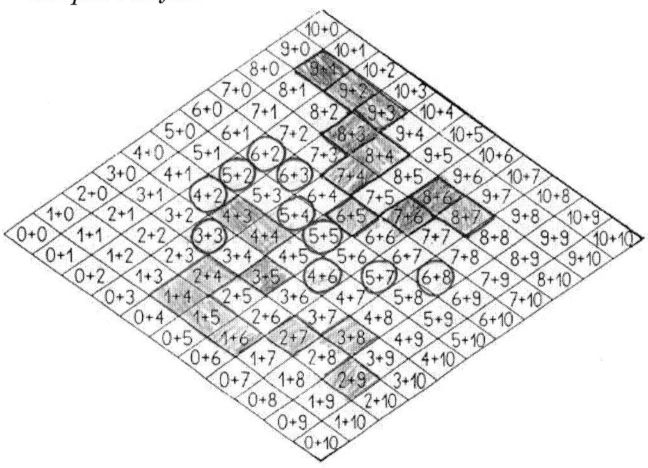

b) Notiere zu den Wegen die Aufgaben so: Beginne mit einer Rechnung ohne Resultat, dann schreibst du zweimal nur das Ergebnis ohne die Rechnung, dann wieder die Rechnung ohne das Resultat und so fort.
Beispiel von Jan:

4 + 3 = ...	9 + 1 = ...	6 + 8 = ...
..... + ... = 8	..... + ... = 11	..... + ... = 12
..... + ... = 8	..... + ... = 12	..... + ... = 10
2 + 4 = ...	8 + 3 = ...	5 + 5 = ...
..... + ... = 5	..... + ... = 12	..... + ... = 9
..... + ... = 6	..... + ... = 11	..... + ... = 9
1 + 6 = ...	6 + 5 = ...	6 + 2 = ...
..... + ... = 9	..... + ... = 13	..... + ... = 7
..... + ... = 11	..... + ... = 14	..... + ... = 6
2 + 9 = ...	8 + 7 = ...	3 + 3 = ...

c) Tauscht die Aufgaben (ohne die gefärbten Wege) aus und löst sie. Färbt entsprechend die Wege auf einer Plustafel und kontrolliert durch Vergleichen.

Worum geht es?

Im *Handbuch produktiver Rechenübungen* wurde bereits vor Jahren die Bedeutung der Einspluseinstafel als Aufgabendisplay für die Lehrerin für mündliches und schriftliches Rechnen hervorgehoben (Wittmann/Müller 1990, S. 45 – 51). Mit dieser Lernumgebung wird versucht, sie auch für die Kinder als Aufgabendisplay verfügbar zu machen. Indem sie Wege von Nachbarfeld zu Nachbarfeld wählen und diese Wege als Aufgabenfolgen gestalten, entstehen operative Päckchen zum kleinen Einspluseins. Bewegt man sich waagrecht von Feld zu Feld, so verändern sich die Summen um 2. Bewegt man sich schräg hinauf oder hinunter, ändert sich die Summe um 1, da jeweils nur einer der beiden Summanden um eins grösser oder kleiner wird. Und bewegt man sich vertikal, so bleibt die Summe gleich, da der eine Summand um 1 grösser, der andere um 1 kleiner wird.

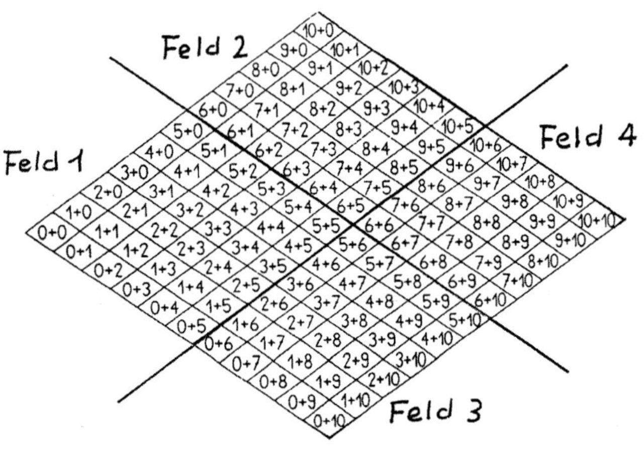

Kommt hinzu, dass die Aufgaben je nach Wahl der Felder, durch welche die Wege gewählt werden, unterschiedlich schwierig sind. Einfache Aufgaben finden sich in Feld 1: Beide Summanden sind kleiner als 5.
Mittlere Aufgaben sind in den Feldern 2 und 3: Ein Summand ist grösser als 5.
Schwierige Aufgaben sind in Feld 4: Beide Summanden sind grösser als 5
(Wittmann/Müller 1990, S. 47).

Die Lernumgebung «Wege in der Plustafel» baut auf einem Wechsel von Additionsaufgaben zum Einspluseins mit Zerlegungsaufgaben, in denen die Summe gegeben und die zwei Summanden gesucht sind. Diese Aufgabenidee hat E. Wittmann vor zehn Jahren in einem Seminar zur Grundschulmathematik in Vevey eingebracht und deren Erprobung angeregt. Wir legen hier das Ergebnis einer Erprobung vor, in welcher den Kindern ein grosser Spielraum für Eigenaktivität gewährt wird und die den Fähigkeitsunterschieden Rechnung trägt.

Wie kann man vorgehen?

Zur Vorbereitung dieser Lernumgebung sind zwei Spielformen hilfreich:

Orientierungsspiel auf der Plustafel: Mister X
Ein Kind wählt ein Aufgabenfeld und behält Aufgabe und Ergebnis für sich (Beispiel 6 + 7= 13). Die anderen sollen das Aufgabenfeld erraten. Sie versuchen dies, indem sie reihum Aufgabenfelder wählen und die Rechnung sowie das Ergebnis sagen. Führt die Aufgabe zu einem kleineren Ergebnis als jenem der zu erratenden Aufgabe, wird die Ergebniszahl links von Mister X notiert (zum Beispiel 10 für 5 + 5). Wenn das Ergebnis grösser ist, dann wird die Zahl rechts von Mister X aufgeschrieben (zum Beispiel 15 aus 7 + 8). Ist das Ergebnis richtig, nicht aber das Aufgabenfeld, schreibt man das erratene Ergebnis unter Mister X (zum Beispiel 13 für 9 + 4). Nun bewegen sich die Kinder in der Vertikalen, bis die Plusrechnung dem vom Kind gedachten Aufgabenfeld entspricht. Die Aufgabe wird in die kleine Raute im Kopf von Mister X geschrieben. Das Kind, das richtig geraten hat, darf sich als nächstes ein Feld merken.

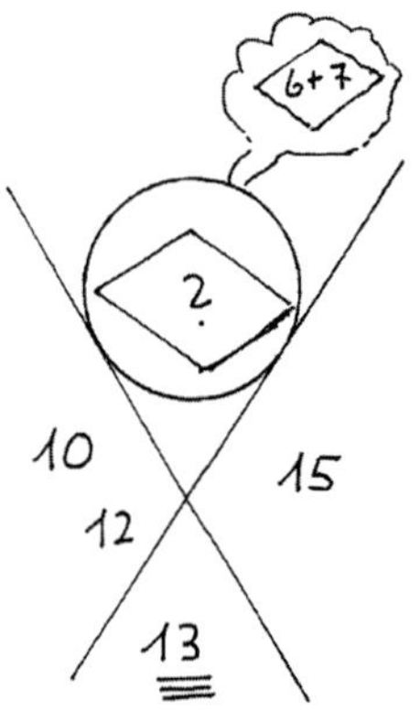

Zerlegungen zu Zahlen 1 bis 20 finden und auf der Plustafel markieren
Die Kinder üben zu zweit: Sie haben eine Plustafel (Format A4) vor sich und jedes einen Stapel Wendekarten 1 bis 20 gemischt und die Zahlen verdeckt. Abwechselnd werden Zahlen aufgedeckt, und der Partner/die Partnerin muss möglichst schnell ein Aufgabenfeld der Plustafel in seiner Farbe (rot oder blau) abdecken, das zur aufgedeckten Zahl als Summe gehört. Zur Zahl 10 stehen viele Aufgabenfelder zur Auswahl offen, bei den Zahlen 1 und 19 nur zwei und bei 0 und 20 nur eines (da legt man das rote und das blaue Plättchen einfach übereinander). Sind alle Karten der beiden Stapel aufgedeckt, sollten in jeder Spalte der Plustafel je ein rotes und ein blaues Plättchen liegen – eine Kontrolle, ob alle Zerlegungen richtig waren. Diese Partnerübung fördert das in Lernumgebung «Wege in der Plustafel» zentrale Zerlegen von Summen in zwei Summanden.

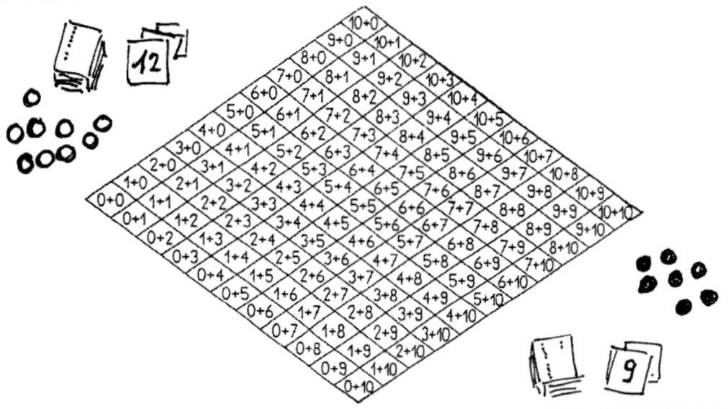

Einführungsaufgaben
Bevor die Kinder selber Aufgaben erfinden und voneinander lösen, ist es wichtig, dass sie mit dem Übungsformat «Wege in der Plustafel von Nachbarfeld zu Nachbarfeld» – vor allem mit dem Wechsel von Additions- und Zerlegungsaufgaben – vertraut werden. In der Neufassung des *Zahlenbuchs* gibt es dazu mehrere Vorlagen: Da das Übungsformat in der Schweizer Ausgabe fehlt, haben wir selber einführende Aufgaben bereitgestellt. Dabei haben wir ausschliesslich mit *Plustafeln ohne die üblichen Farben* gearbeitet, da die Farben in dieser Lernumgebung jetzt anders, nämlich zur Kennzeichnung der Wege verwendet werden. Das war anfangs eine Schwierigkeit, als im Klassenverband gleichzeitig noch mit dem farbigen Plustafelposter gearbeitet wurde. Später beim Entwerfen eigener Wege war dies kein Problem mehr.

Aufgaben in leere Felder eintragen
Die Kinder erhalten (Ausschnitte aus) Plustafeln. In nur wenigen Feldern sind zur Orientierung die Aufgaben eingetragen; die übrigen Felder sind leer und die Kinder sollen die passenden Aufgaben eintragen. Diese Übung fördert die Einsicht in die Struktur der Plustafel.

Lösen von Aufgaben nach vorgezeichneten Wegen
Im Klassenverband wird das Übungsformat «Wege» eingeführt, mit Päckchen zu je fünf Aufgaben: Die erste und letzte Aufgabe sind Additionsaufgaben, so wie sie in der Plustafel stehen. Zur zweiten, dritten und vierten Aufgabe muss jeweils zur Summe die passende Zerlegung gesucht werden. Was mit Nachbarfeld gemeint ist, wird an mehreren Beispielen geklärt.

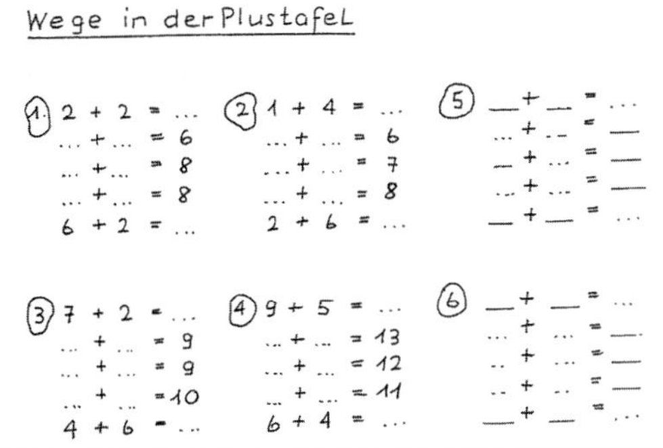

Dann bekommen die Kinder eine Plustafel mit vier vorgegebenen Wegen und ein dazu passendes Aufgabenblatt. Sie lösen die Aufgaben und erfinden anschliessend eigene Wege: Sie färben auf der Plustafel stets fünf Nachbarfelder und notieren dazu die Aufgabenfolge. Das Erfinden eigener Aufgaben haben wir wiederholt.

Aufgabenfolgen erfinden und austauschen
Die Kinder arbeiten nun mit einem zweiteiligen Arbeitsblatt mit einer kleinen Plustafel (oben) und Hilfen zum Notieren der Aufgaben (unten). Um für den Austausch der Aufgaben die Orientierung zu erleichtern, sollten die Kinder diesmal das 1., das 4., das 7. und 10. Feld des gewählten Weges als Plusaufgaben aufschreiben, also dazwischen nur zweimal Zerlegungen suchen lassen. Sie können auch Wege mit nur vier oder mit sieben Feldern wählen; am Schluss – als Zielfeld also – muss aber immer eine Additionsaufgabe stehen.

Das *Vorgehen* erläutern wir an einem konkreten Beispiel (nächste Seite): *Noelle* färbt einen langen Weg über zehn Felder und einen kurzen mit vier Feldern (1). Sie übersetzt ihre beiden Wege in Aufgabenfolgen (2). Noelle trennt die Plustafel mit den gefärbten Wegen und behält sie als Lösungsschlüssel bei sich. Die Aufgaben tauscht sie mit *Rebecca,* und diese löst die Aufgaben von Noelle (3). Als Hilfe benützt sie eine Plustafel ohne Farben, auf der sie die Wege einfärbt. Rebecca vergleicht mit dem Lösungsschlüssel von Noelle (4).

(1)

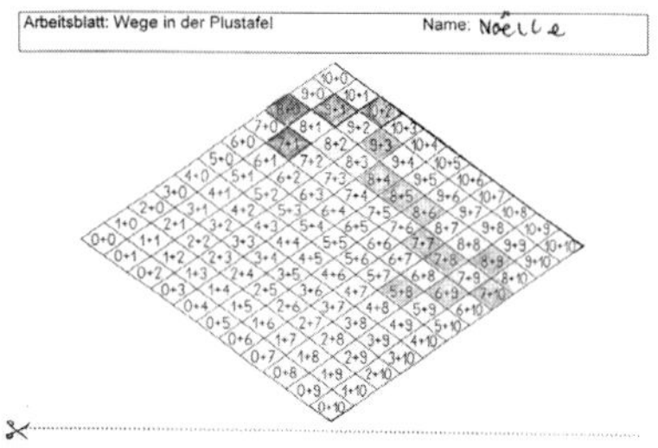

(2)

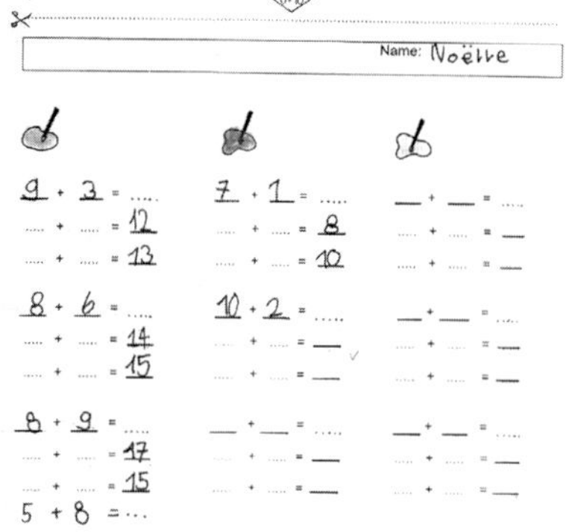

(4)

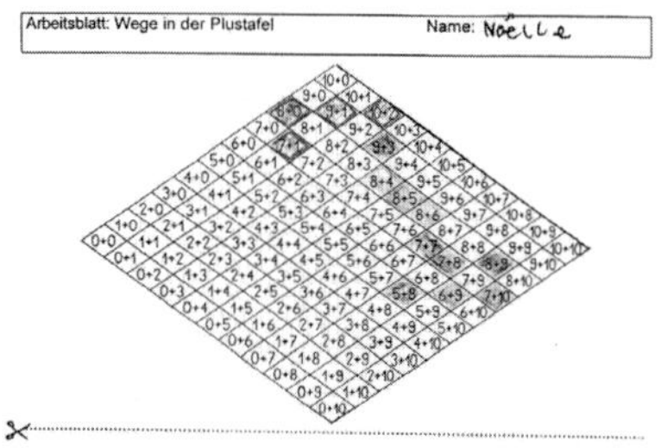

(3)

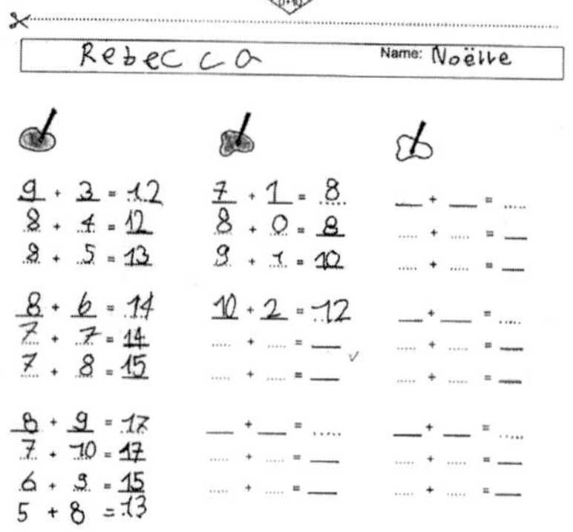

Dokumente aus der Erprobung

Zwei Beispiele sollen die Unterschiede in der Bearbeitung deutlich machen.

Lukas (einfaches Beispiel) hat kurze Wege gewählt und sie in Päcklein mit vier und fünf Aufgaben umgesetzt.

Jannis (anspruchsvolles Beispiel) hat einen Weg mit 10 und einen zweiten mit 20 Aufgaben gewählt. Zudem führen beide Wege aus der Plustafel hinaus. Jannis setzt die Struktur der Plustafel fort bis ins Feld 13 + 13 = 26.

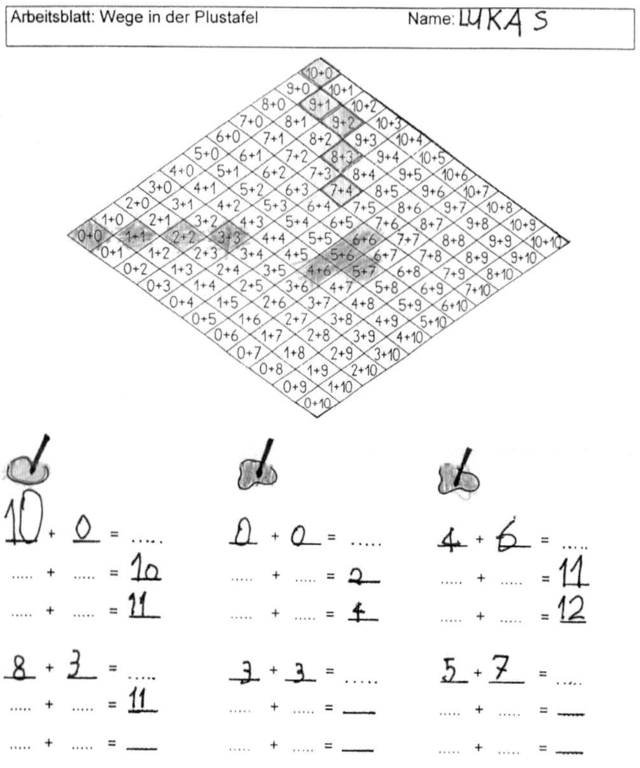

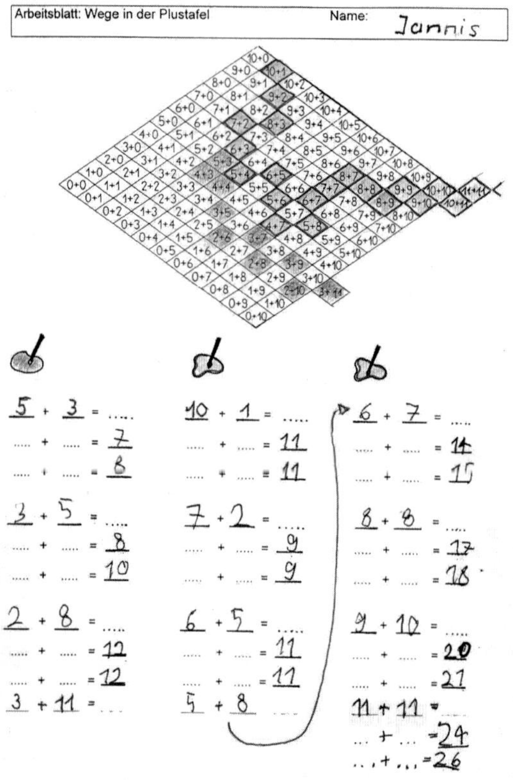

ZAHLEN ABBAUEN

Thema:	Subtrahieren aufeinander folgender Zahlen, Zahlbeziehungen entdecken
Stufe:	2. Klasse und 3. Klasse
Material:	Hunderterfeld
Zeitbedarf:	2 bis 3 Lektionen
Bearbeitung:	E. Dürrenberger, Ch. Griffin, U. Hirt

Aufgabe

Wähle eine Zahl und subtrahiere in der ersten Zeile immer 3 und von den Zwischenergebnissen jeweils die um 1 grössere Zahl.

Beispiel
Zuerst immer 3 subtrahieren; die gewählten Zahlen: 13, 18, dann 21. Von 18 erreicht man so 0.

13 – 3 = 10	18 – 3 = 15	21 – 3 = 18
10 – 4 = 6	15 – 4 = 11	18 – 4 = 14
6 – 5 = 1	11 – 5 = 6	14 – 5 = 9
	6 – 6 = 0	9 – 6 = 3

a) Von welchen Zahlen kommt man auf 0, wenn man zuerst immer 3 subtrahiert?

b) Von welchen Zahlen kommt man auf 0, wenn man zuerst eine andere Zahl, z.B. 4, 5, 7, 8, …oder 1 oder 2 subtrahiert?

c) Finde ein möglichst geschicktes Vorgehen, wie du Zahlen finden kannst, die auf 0 abgebaut werden können. Beschreibe und begründe dein Vorgehen.

Sami baut Zahlen ab mit zuerst immer 4

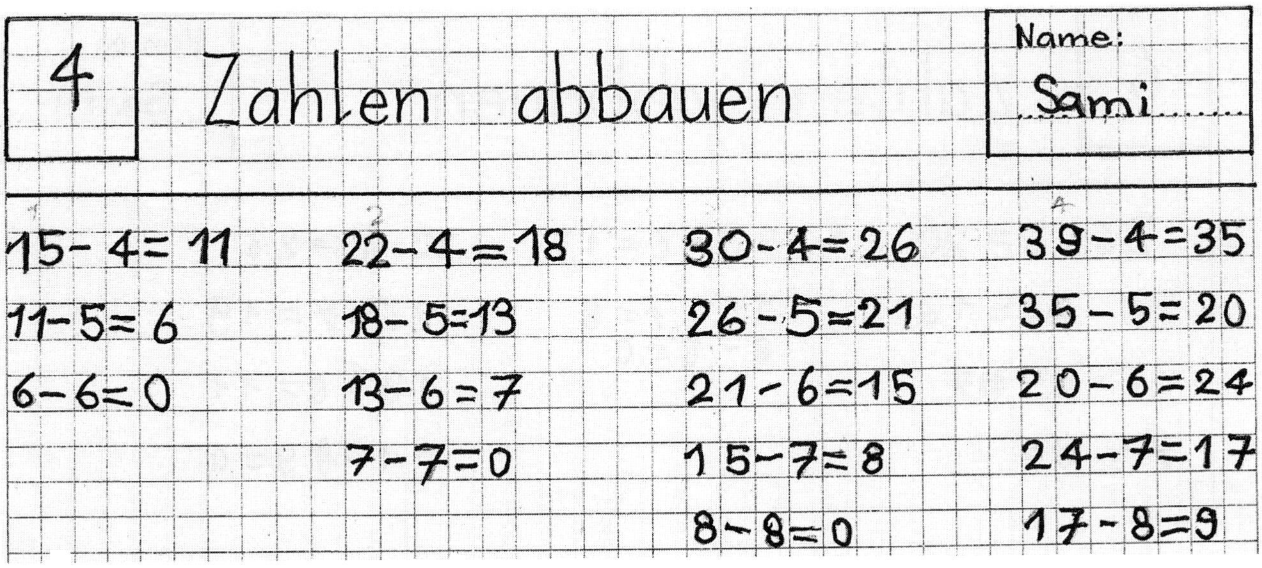

4 Zahlen abbauen

Name: Sami

15-4=11	22-4=18	30-4=26	39-4=35
11-5=6	18-5=13	26-5=21	35-5=20
6-6=0	13-6=7	21-6=15	20-6=24
	7-7=0	15-7=8	24-7=17
		8-8=0	17-8=9

Worum geht es?

Von einer vorgegebenen Zahl wird eine bestimmte Zahl subtrahiert, vom Ergebnis die um 1 grössere Zahl und vom neuen Ergebnis die erneut um 1 grössere Zahl usw. Dieses Verfahren wird so lange ausgeführt, bis die Null noch nicht unterschritten ist. Es geht also darum, in Abhängigkeit von der ersten subtrahierten Zahl jene Zahlen zu finden, bei denen die Subtraktionskette bei Null endet. Es können jene Zahlen auf 0 abgebaut werden, die sich als Summe von unmittelbar aufeinander folgenden Zahlen schreiben lassen. Im Beispiel mit 3 als erste subtrahierte Zahl können die Zahlen 3 (= 0 + 3), 7 (= 3 + 4), 12 (= 3 + 4 + 5), 18 (= 3 + 4 + 5 + 6) usw. abgebaut werden. Bei dieser Lernumgebung wird die Subtraktion intensiv geübt. Die Schülerinnen und Schüler können aber auch die weiterführende Überlegung anstellen, wie eine Ausgangszahl aufgrund der erreichten Endzahl verändert werden muss, damit die Null erreicht werden kann. So können Ausgangszahlen bei der Ausführung einer Subtraktionskette in Abhängigkeit der Endzahlen gezielt verändert werden.
Im 3. und 4. Schuljahr schliesst die Lernumgebung «Summe von aufeinander folgenden Zahlen» an. Hier geht es darum, Zahlen zu suchen, die Summen aufeinander folgender Zahlen sind.

Wie kann man vorgehen?

Einführung
Das Prinzip des Abbauens von Zahlen erklären wir den Schülerinnen und Schülern an einem Beispiel. Wir erwähnen, dass sie sich für ein Rechenmuster entscheiden sollen: Mit –3, –4, –5, –6, … oder mit –1, –2, –3, –4, … oder mit –2, –3, –4, –5, … usw. beginnen. Es ist wesentlich, dass die Kinder ihre Zahlen über längere Zeit mit dem stets gleichen Muster untersuchen. Die Zahlen, die sie mit ihrem Rechenmuster auf 0 abbauen können, sollen sie aufschreiben und nach der Grösse ordnen.

Unterstützung
Die Schülerinnen und Schüler, die sich noch nicht in den negativen Zahlenraum vorwagen, haben die Tendenz, jeweils nach der letzten Subtraktion 0 hinzuschreiben, auch wenn die letzte Subtraktion zu einer negativen Zahl führen würde. Sie sind deshalb auf die Spielregel hinzuweisen, dass nur dann 0 erreicht wird, wenn die letzte Subtraktion «aufgeht».
Jene Kinder, die mit den gleichen Subtraktionszahlen starten, können ihre Ergebnisse vergleichen. Zu zweit werden sie bald einige Zahlen finden, die, ausgehend von einer bestimmten Subtraktionszahl, auf Null abgebaut werden können.
Alleine oder zu zweit untersuchen sie nun jene Zahlen, die auf 0 abgebaut werden können. Der Hinweis, die Zahlen der Grösse nach zu ordnen, ermöglicht Regelmässigkeiten zu finden. Sie werden erkennen, dass möglicherweise noch einige Zahlen fehlen. Aufgrund des entstandenen Musters können sie die fehlenden Zahlen ergänzen und überprüfen.

Timon beispielsweise hat nach vielem Rechnen die Zahlen, die er auf 0 abbauen konnte, der Grösse nach aufgeschrieben. Er hat die entstandene Regelmässigkeit untersucht und festgestellt, dass zwei Zahlen fehlen.

Weiterführende Aufgaben:

- Wähle eine Zahl und subtrahiere zuerst 1, dann vom Ergebnis 2, dann vom Ergebnis 3 usw. Welche Zahlen können auf 0 abgebaut werden?
  Durch fortlaufende Addition der natürlichen Zahlen entstehen die Dreieckzahlen.
- Welche Zahlen können auf 0 abgebaut werden, wenn fortlaufend die geraden Zahlen subtrahiert werden?
  Durch fortlaufende Addition der geraden Zahlen entstehen die Rechteckzahlen.

– Welche Zahlen können auf 0 abgebaut werden, wenn fortlaufend die ungeraden Zahlen subtrahiert werden?
  Durch fortlaufende Addition der ungeraden Zahlen entstehen die Quadratzahlen.

Man kann jene Zahlen, die bei diesen drei weiterführenden Aufgaben auf 0 abgebaut werden können, am Hunderterfeld untersuchen.

Dokumente aus der Erprobung (2. und 3. Klasse)

Die Erfahrung hat gezeigt, dass alle Schülerinnen und Schüler einen Zugang zur Aufgabe finden.

Fehlerhaftes Vorgehen
Einige Schülerinnen und Schüler begegnen bei der letzten Subtraktion einem Problem, das sie beim Rechnen aber nicht behindert. Sie sollten darauf aufmerksam gemacht werden, dass sie die letzte Rechnung, die in die negativen Zahlen führen würde, nicht mehr ausrechnen sollen.

Hier wird durchgehend die Differenz zwischen den beiden Zahlen bestimmt, selbst wenn der Minuend grösser ist als der Subtrahend.

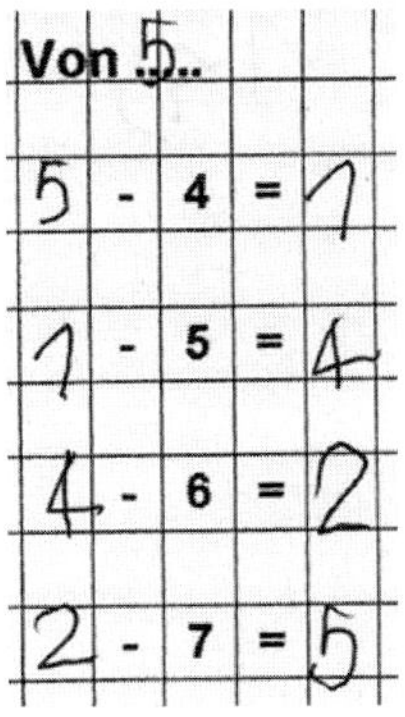

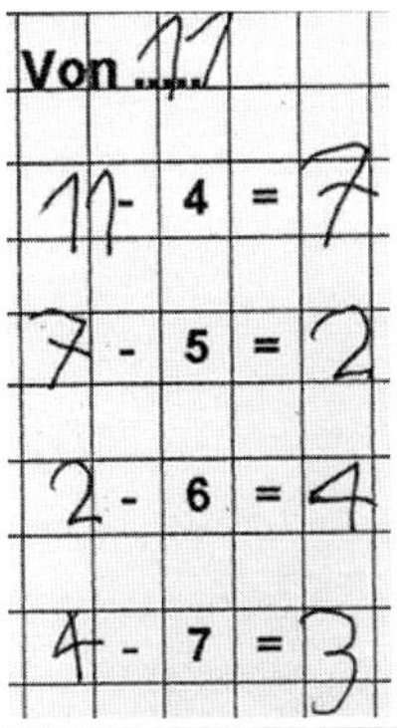

Hier wird bei der letzten Subtraktion 0 hingeschrieben, wenn es nicht aufgeht und zu einer negativen Differenz führt.

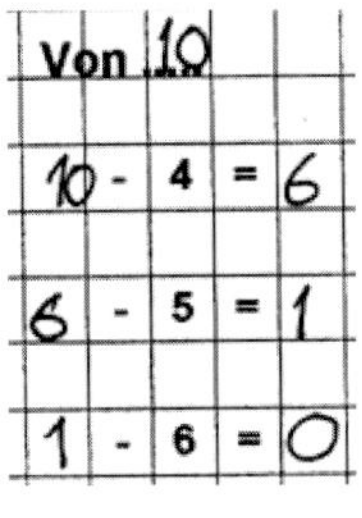

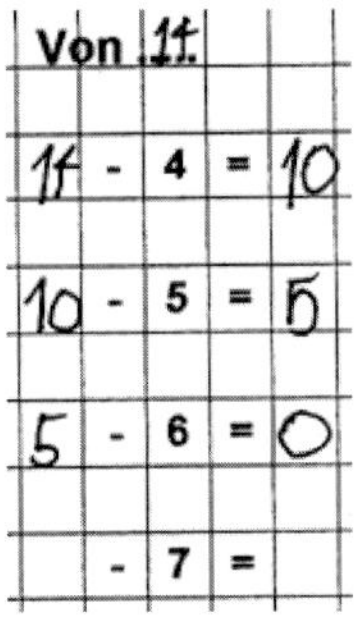

Systematischeres Vorgehen
Durch die Möglichkeit des freien Bestimmens, sowohl der «Abbauzahl» als auch der ersten Subtraktionszahl, ist der Zahlenraum grundsätzlich offen. Die Schülerinnen und Schüler können sich durch das Operieren mit grösseren Zahlen selber «Rampen» setzen. «Rampen» sind aber auch vorhanden beim Erklären der Zusammenhänge.
Die nachfolgenden Dokumente zeigen, dass einige Schülerinnen und Schüler diese «Rampen» erklimmen und bald eigene Strategien formulieren, mit denen sie Startzahlen finden, die auf Null abgebaut werden können.

Einige Schülerinnen und Schüler gingen systematisch vor, jedoch ohne ihr Vorgehen zu erklären. Das kann aus dem nachfolgenden Dokument geschlossen werden. Weil am Schluss der Minuend um 1 zu klein ist, um auf 0 zu gelangen, muss die Ausgangszahl um 1 erhöht werden.

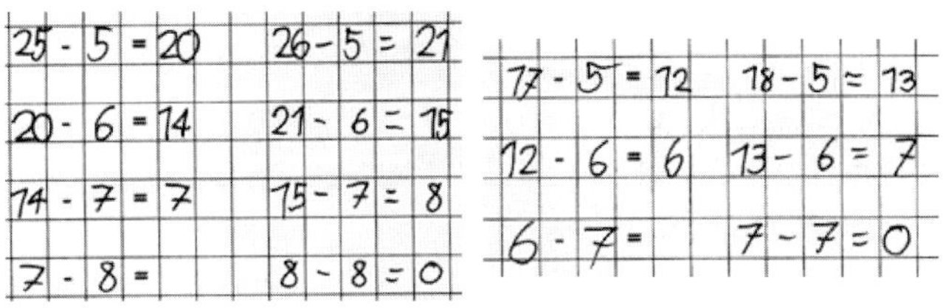

Einige Kinder haben interessante Erklärungen gefunden, wie sie Zahlen auf 0 abbauen können:

Timon erklärt, wie er eine weitere Zahl gefunden hat. Seine letzte Zahl, die er auf 0 abbauen konnte, war 55, und die letzte Abbauzahl 10. Er erläutert, dass er die nächste Abbauzahl, die 11, zu 55 addieren muss.

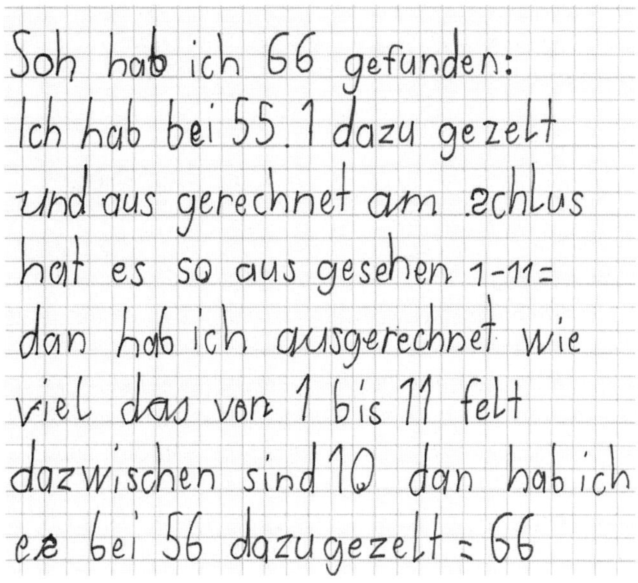

Sami geht aus von 15. Seine letzte Abbauzahl, mit der er 0 erreicht, ist 6. Die nächste Abbauzahl bei ihm ist 7. Diese muss er bei 15 dazuzählen, damit die nächste Ausgangszahl auf 0 abgebaut werden kann, also ist es 22.

15 − 4 = 11
11 − 5 = 6
6 − 6 = 0

Man muss zumbeischbil bei 15 muss man 7 dazu zälen das gibt 22.

Jannis merkt, dass er durch Zusammenzählen der Abbauzahlen Zahlen bestimmen kann, die sich auf 0 abbauen lassen.

Ich muss einfach immer 4+5+6+7+8......zusammen-zählen, um nachher wieder abzuzählen.

Besonders interessant ist die Darstellung der Einsicht von *Rebecca.* Auch sie hat offensichtlich erkannt, dass die Zahlen, die auf 0 abgebaut werden können, durch fortlaufende Addition der Abbauzahlen bestimmt werden können. Sie erfasst die Abbauzahlen und die Zahlen, die auf 0 abgebaut werden können (obere Zeile), in einer Tabelle.

6	13	21	30	40	51	63	76
6	7	8	9	10	11	12	13

SUMMEN BILDEN MIT ZIFFERNKARTEN 2 – 3

Thema: Stellenwertsystem, Zahlenstrahl, Addition 2-stelliger Zahlen
Stufe: 2. Klasse und 3. Klasse
Material: Ziffernkarten, Hundertertafel (KV 29)
Zeitbedarf: 2 Lektionen
Bearbeitung: S. Pfenniger, B. Wälti

Aufgabe

a) Nimm vier Ziffernkarten und bilde damit zwei zweistellige Zahlen. Lege damit verschiedene Additionen.

43 + 51
41 + 53
31 + 54
34 + 15

1	2	3	4	5	6	7	8	9	10
11	12	13	14	15	16	17	18	19	20
21	22	23	24	25	26	27	28	29	30
31	32	33	34	35	36	37	38	39	40
41	42	43	44	45	46	47	48	49	50
51	52	53	54	55	56	57	~~58~~	59	60
61	62	63	64	65	66	67	68	69	70
71	72	73	74	75	~~76~~	77	78	79	80
81	82	83	84	~~85~~	86	87	88	89	90
91	92	93	~~94~~	95	96	97	98	99	100

Notiere mindestens 6 Additionen. Markiere die Resultate auf der Hundertertafel. Wie erreichst du das grösste, wie das kleinste Resultat?

b) Nimm 4 neue Ziffernkarten. Lege mit 4 Ziffernkarten alle Additionen, die du findest. Berechne und markiere die Resultate auf der Hundertertafel. Vergleiche die Resultate.

c) Wähle drei, vier oder fünf (oder auch alle) Ziffernkarten. Bilde Summen, indem du die Ziffern als Zahlen addierst oder sie zu zweistelligen (oder auch mehrstelligen) Zahlen zusammenschiebst.
Markiere die gefundenen Ergebnisse auf einer Zahlentafel und berechne die Differenz der Resultate.

d) Wähle einige Ziffernkarten so, dass du die Summe 100 erreichen kannst.

Worum geht es?

Mit vier verschiedenen Ziffernkarten 0 bis 9 bewegen sich die Summen von zwei 2-stelligen Zahlen jeweils zwischen 15 (= 03 + 12) und 183 (= 97 + 86). Die Kinder können je nach Begabung und Interesse kleinere oder grössere Ziffernkarten wählen und Summen grösser als 100 erzielen.
Die Schülerinnen und Schüler entdecken beim Addieren Strukturen in den Rechenserien, die meist auf die Veränderung der Stellenwerte der gewählten Ziffern zurückzuführen sind.

Beispiele

1. Wenn die grösseren Ziffern an die Zehnerstelle gesetzt werden, wird die Summe grösser.
2. Die Summanden sind austauschbar. Ebenso lassen sich zwischen den Summanden Einer- oder Zehnerziffern tauschen (51 + 24 → 54 + 21 → 21 + 54).
3. Innerhalb einer Rechenserie sind die Summen oft Umkehrzahl einer andern Summe (z.B. 35 und 53).
4. Mit vier verschiedenen Ziffern sind zwölf verschiedene Additionen und je nach Wahl der Ziffern maximal sechs verschiedene Resultate möglich.
   (Falls man die durch Vertauschen der beiden Summanden entstehenden Additionen doppelt zählt, ergeben sich sogar 24 verschiedene Additionen.)
   Beispiel: Ziffern 1, 2, 4, 7

I	12 + 47	=	17 + 42	=	59	(= 47 + 12 = 42 + 17)
II	12 + 74	=	14 + 72	=	86	
III	14 + 27	=	17 + 24	=	41	
IV	21 + 47	=	27 + 41	=	68	
V	21 + 74	=	24 + 71	=	95	
VI	41 + 72	=	42 + 71	=	113	

5. Jeder Summand kommt in den zwölf Additionen zweimal vor. Jene zwei Rechnungen, bei denen die zwei gleichen Ziffern an der Zehner- bzw. Einerstelle stehen, ergeben das gleiche Resultat (vgl. Interview mit *Yannick,* S. 179).
6. Die Differenz von zwei verschiedenen Summen beträgt 9 oder ein Vielfaches von 9.
   Die vier Ziffern werden jeweils entweder als Einer oder als Zehner (oder bei Erweiterung der Aufgabenstellung auf Additionen wie 124 + 7 als Hunderter) verwendet.
   Die folgende Skizze macht klar, dass der Beitrag der Ziffer 2 zur Endsumme lediglich um Vielfache von 9 (von E – Z, E – H, Z – H) verändert werden kann. Gleiches lässt sich für alle anderen Ziffern zeigen.

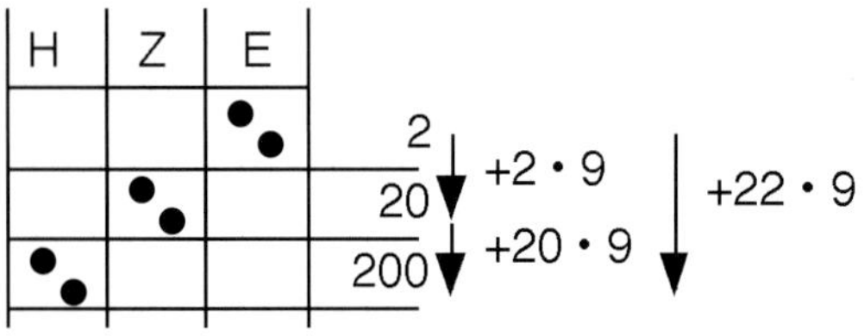

7. Die Quersummen der möglichen Summen sind – unabhängig von der Anzahl Ziffern, mit denen operiert wird – gleich oder sie unterscheiden sich um 9.
   Anspruchsvoll ist Aufgabe d) – insbesondere dann, wenn mehrere Lösungen gesucht sind. Es geht darum, aus beliebig vielen verschiedenen Ziffern Zahlen zu bilden, deren Summe 100 ist. Die Summe der Ziffern weist den gleichen Neunerrest wie die Summe (100) auf, also 1. Es kommen also Ziffern mit der Summe 10, 19, 28 oder 37 in Frage.

   Mit Summe der Ziffern:
   10: Keine Lösung
   19: z.B. mit 8, 6, 3 und 2: 100 = 68 + 32 oder mit
   7, 6, 4 und 2; 100 = 76 + 24
   28: z.B. mit 9, 8, 5, 4, 2: 100 = 89 + 5 + 4 + 2
   37: z.B. mit 1, 2, 3, 4, 5, 6, 7, 9: 100 = 13 + 25 + 49 +6 + 7

Wie kann man vorgehen?

An der Wandtafel werden die Ziffernkarten 0 bis 9 befestigt. Ein Kind aus der Klasse wird gebeten, 4 Ziffernkarten zu wählen. Die 6 nicht gewählten Karten können beiseite gelegt werden.

Das Kind legt mit den 4 Ziffernkarten eine Addition, indem in jedes der vier vorbereiteten Rechtecke eine Ziffernkarte gelegt wird. Die Rechnung wird notiert, das Resultat berechnet und auf der Hundertertafel markiert. Im Gespräch kann nach weiteren möglichen Rechnungen gefragt werden, deren Ergebnisse ebenfalls auf der Hundertertafel markiert werden.
Während der einführenden Aufgabe werden die Ziffernkarten an der Tafel nicht gewechselt. Die Kinder sollen ja längere Zeit Rechnungen mit denselben Ziffern finden und untersuchen.

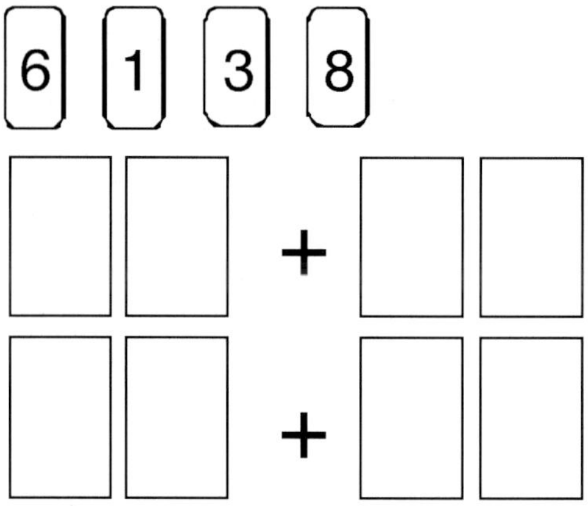

Die Aufforderung, mindestens 6 verschiedene Rechnungen mit 4 Karten zu finden, ist deshalb wichtig. Dann arbeiten die Kinder mit vier selbst gewählten Ziffernkarten und einer Hundertertafel. Der

Hinweis, dass sie die Schwierigkeit ihrer Aufgabe mit der Wahl der Ziffernkarten selbst bestimmen, kann viele Kinder zusätzlich motivieren.
Die weiteren Aufträge können den Kindern individuell oder in Kleingruppen aufgrund des jeweiligen Bearbeitungsstandes erteilt werden. Einige Kinder werden dabei auch ganz von selbst weiterführende Untersuchungen in ihre Arbeit einbeziehen.
Das schriftliche und mündliche Formulieren der Erkenntnisse ist für Zweitklässler nicht einfach. Die Lehrperson organisiert daher bei Bedarf das Gespräch in Gruppen (oder auch innerhalb der ganzen Klasse), bei dem die Frage, wie viele Rechnungen mit einer Serie Ziffern gebildet werden können, im Vordergrund steht. Die Schlussfolgerungen werden dabei nicht ausdiskutiert, sondern dienen als Impuls für die Kinder zur Erforschung und Darstellung weiterer möglicher Rechnungen.

Dokumente aus der Erprobung (2. Kl.)

Einfaches Beispiel
Jonas versucht, die grösstmögliche Summe zu erzielen. In beiden Beispielen (mit 0, 1, 3, 4 und 0, 5, 8, 9) wählt er die Ziffer 0. Wahrscheinlich spürt er, dass er damit einfachere Additionen erhält. In beiden Beispielen bildet er die grösstmögliche zweistellige Zahl (43 bzw. 98) und addiert dazu eine Zehnerzahl. Beim Spielen mit den Ziffernkarten 0, 1, 3, 4 entdeckt Jonas eine noch grössere Summe (71).

Jonas

10 + 43 = 53 gröste Zal
30 + 41 = 71 noch gröser
40 + 31 = 71

50 + 98 = 148 gröste Zal

Die Entdeckung aus dem ersten Beispiel nutzt er aber nicht für weitere Rechnungen.

Mittleres Beispiel
Andrea notiert Additionen mit gleichen Resultaten. Mit den vier aufeinander folgenden Ziffern 0, 1, 2, 3 sind 8 verschiedene Additionen mit der Summe 33 möglich, wobei Andrea 20 + 13 und 13 + 20 als zwei verschiedene Additionen betrachtet. Sie hält hier eine Erkenntnis fest, die sie durch Umstellen mit dem gleichen Ziffernset gewonnen hat.

10 + 23 = 33 Manchmal habe
23 + 10 = 33 ich sie einfach
20 + 13 = 33 gewechseld
13 + 20 = 33
31 + 02 = 33 Weil ich manchmal
02 + 31 = 33 das gleiche hate.

Anspruchsvolles Beispiel
Corina bildet die grössten und kleinsten Resultate mit den Ziffern 3, 4, 5, 6. Das grösste Resultat erzielt sie mit «den grössten Ziffern (Zahlen) vorne», die kleinste Summe, «wenn man die kleinsten Zahlen (Ziffern) zuvorderst nimmt.» Die Formulierungen machen sichtbar, dass sie die Stellenwerte der Ziffern bei der Suche nach dem grössten bzw. kleinsten Resultat zu nutzen versteht.

Kleinste 36 + 45 = 81 es gipt die Kleinste Rechnung 1)
mitlere 46 + 53 = 99 es geben beide 99.
Höchste 64 + 53 = 117 einfach die höchsten zalen-
64 + 35 = 99 vorne
63 + 54 = 117
54 + 36 = 90

1) Wenn man die kleinsten Zalen zu Voderst nimt.

Zur Heterogenität

Kinder mit einfachen Lösungen können …
- mit vier einfachen Ziffernkarten rechnen (z.B. 0, 1, 2 und 5);
- jeweils zwei einstellige Zahlen zu einer zweistelligen Zahl addieren (12 + 5 + 0, 10 + 5 + 2, 20 + 5 + 1, …);
- die gefundenen Resultate der Grösse nach ordnen und auf der Hundertertafel darstellen.

Kinder mit anspruchsvollen Lösungen können …
- verschiedene Ziffernkartensets zu vier Ziffern untersuchen;
- alle möglichen Rechnungen systematisch aufschreiben;
- die Wiederholung gleicher oder ähnlicher Resultate untersuchen;
- Zehner und Einer gezielt austauschen;
- Umkehrzahlen und deren Zustandekommen untersuchen;
- mit 6 Ziffernkarten und zwei dreistelligen Zahlen arbeiten;
- mit allen Ziffernkarten arbeiten und die Ergebnisse untersuchen.

Klinische Interviews

Reto

Reto hat in Mathematik Lernschwierigkeiten, kann jedoch dem Unterricht in der Regel folgen. Er hat sich während der Erprobung der Lernumgebung unter anderem mit dem Tauschen von Ziffern beschäftigt. Folgende Ziffern lagen Retos Arbeit zu Grunde: 1, 2, 4 und 5. Er erhielt den Auftrag, die Ziffernkarten so umzulegen, dass das Resultat gleich bleibt. Nach zwei erfolglosen Versuchen wagt sich Reto nochmals an die Aufgabenstellung (L: Lehrperson, R: Reto).

54+21=75	R:	*legt nebenstehende Rechnung.*
51+24=75	R:	*(tauscht 1 und 4):* «Die hatten wir noch nicht. 50 + 20 = 70, und 1 und 4 gleich 75. Jetzt hat es wieder 75 gegeben.» *R legt zurück.*
54+21	L:	«Jetzt hast du die Einer vertauscht und es gab dasselbe. Was könntest du noch machen?»
	R:	«Dass es dasselbe gibt?»
	L:	«Ja.»
24+51	R:	*Tauscht die 2 mit der 5.*
24+51=75	L:	«Was hast du jetzt gemacht?»
	R:	«Jetzt habe ich wieder gleich getauscht, aber andere. Einfach die eine gegen aussen statt innen und die andere nach innen – oder? *(Er schreibt und rechnet.)* Jetzt hat's schon wieder dies *(75)* gegeben!»
24+51 51+24	L:	«Was hast du jetzt gemacht? Vergleiche die unteren beiden Rechnungen.»
	R:	«Die sind umgekehrt.»
52 + 41	L:	«Genau, die ganzen Zahlen sind vertauscht. Also, wie kannst du das gleiche Resultat machen? Versuche mit der zweiten Rechnung (52+41), ob du nochmals 93 bekommen kannst.
	R:	*(tauscht 1 und 2):* «Das weiss ich schon. Das gibt 93.» *R legt zurück.*
	L:	«Versuche, nochmals 93 zu bekommen.»
	R:	*(tauscht 4 und 5, ohne zu rechnen):* «Das gibt schon wieder 93.»
42 + 51	L:	«Also, wie kannst du das machen?»
52 + 41	R:	«Entweder so *(tauscht 5 und 4)* oder so *(tauscht 2 und 1).*»
41 + 52	L:	«Und dann geht es noch so wie hier (vgl. oben bei 51 + 24 und 24 + 51).»
	R:	«Hier habe ich es umgekehrt.» *(Er tauscht ein paar Mal zwei Karten aus, so dass die gleichen Summen entstehen.)*
	L:	«Was passiert denn, wenn du die ganzen Zahlen tauschst?»
	R:	«(...) Dann gibt es auch 75.»
	L:	«Es gibt also drei Möglichkeiten, dasselbe Resultat wieder zu bekommen.»
	R:	«Entweder so *(tauscht die Einer)* oder so *(tauscht die Zehner)* oder (...) *(tauscht die ganzen Zahlen)* und dann gibt es 75.»

Reto ist vor allem zu Interviewbeginn sehr unsicher. Er hat sich darauf verfestigt, immer die äusseren und/oder die inneren Karten zu tauschen. Als er seine Theorie widerlegt sieht, scheint ihm die Aufgabe unlösbar. Nachdem er jedoch sieht, dass der Tausch der beiden Einer das Resultat nicht verändert, kann er die Strategie auf die beiden Zehner übertragen. Die gewonnene Einsicht kann er dann auch handelnd demonstrieren. Allerdings ist er nicht in der Lage, sein Handeln sprachlich zu beschreiben.

Yannick

Yannick hat während der Arbeit an der Lernumgebung viel Geschick gezeigt und lange Rechenserien geschrieben. Mit ihm unterhalten wir uns darüber, wie alle möglichen Additionen gefunden werden können (L: Lehrperson, Y: Yannick).

51+23=74	Y:	*Wählt die Ziffern 1, 2, 3 und 5.*
15+32=47 31+52=83 31+25=56	L:	«Findest du heraus, wie viele Möglichkeiten es mit diesen Ziffern gibt, Rechnungen zu legen?»
13+52=65 23+15=38	Y:	*Legt und rechnet selbstständig. Er behält dabei den Überblick, merkt frühzeitig, wenn er eine Rechnung schon gelegt hat, und findet mühelos neue Varianten.*
	L:	«Hast du die Zahlen nach einem bestimmten Muster vertauscht?»
	Y:	«Ich habe geschaut, dass ich nirgends dieselbe *(Rechnung)* habe.»
25+13=38	L:	«Und umgelegt hast du nach Zufall?»
35+12=47	Y:	«Ja.»
35+21=56	L:	«Sind das alle *(Rechnungen)*?»
53+21=74	Y:	«Nein.» *Er legt und notiert weitere Rechnungen.*
53+12=65	Y:	«Es gibt keine mehr.»
	L:	«Sicher?»
	Y:	«Ich bin fertig, es gibt keine neuen Rechnungen mehr. Ich habe umgedreht in Gedanken und so gelegt.»
	L:	«Schau dir die Resultate an.»
	Y:	«Manchmal habe ich gleiche, manchmal umgekehrte.»
	L:	«Fällt dir etwas auf bei den gleichen Resultaten?»
	Y:	«83 ist nicht zweimal. Es sind 11 Rechnungen, das geht nicht auf.»

Yannick fand es seltsam, dass er nur einmal die Summe 83 erhielt und dadurch bloss 11 Rechnungen fand. Dennoch glaubte er, alle Rechnungen gefunden zu haben.

Bei den ersten 6 Rechnungen tauscht *Yannick* gerne bei beiden Zahlen die Ziffern. Stösst er auf bereits notierte Rechnungen, stellt er vorerst ohne erkennbares System um. Bei den letzten vier Rechnungen orientiert er sich jedoch an einem System, das er wohl in den ersten Rechnungen entwickelt hatte. Er lässt eine Zahl stehen und tauscht bei der anderen die Ziffern. Mit diesem System würden sich eigentlich leicht 3 Rechenserien zu je 4 Additionen finden lassen.

Bei einer Weiterführung des Interviews, oder auch bei der Begleitung im Unterricht, könnte er aufgefordert werden, die Rechnungen zu ordnen und so weitere Strukturen zu erschliessen.

ZWEISTELLIGE ZAHLEN SUBTRAHIEREN

Thema:	Differenzen mit Ziffernkarten bilden
Stufe:	2. Klasse und 3. Klasse
Material:	Ziffernkarten 0 – 9
Zeitbedarf:	2 Lektionen
Bearbeitung:	S. Tanner, M. Hubmann, E. Hengartner

Aufgabe

Zweistellige Zahlen subtrahieren

Legt die zehn Ziffernkarten offen vor euch hin.

a) Nehmt vier Karten, bildet damit zwei zweistellige Zahlen und berechnet ihren Unterschied.

b) Mit welchen Karten erreicht ihr das kleinste Ergebnis? Welches Ergebnis ist das grösste?

c) Welche Zahlen dazwischen (zwischen dem kleinsten und dem grössten Ergebnis) könnt ihr als Differenz bilden? Und welche nicht?

Wie habt ihr die Zahlen gefunden? Habt ihr einen Trick gefunden?

Beschreibt, wie ihr vorgegangen seid.

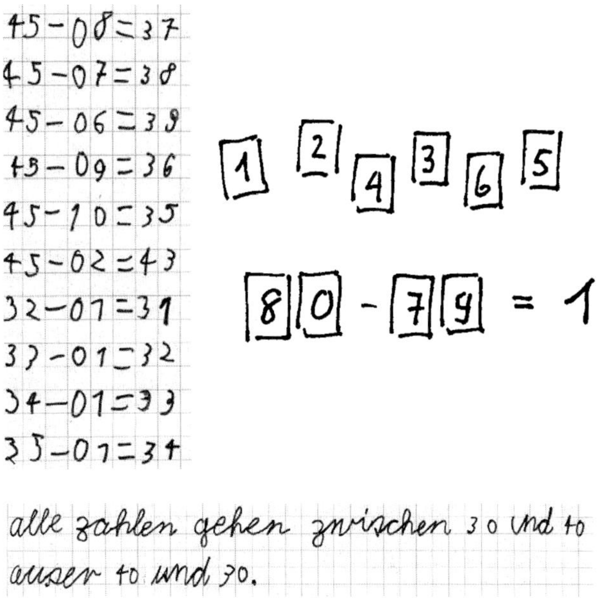

45 - 08 = 37
45 - 07 = 38
45 - 06 = 39
45 - 09 = 36
45 - 10 = 35
45 - 02 = 43
32 - 01 = 31
33 - 01 = 32
34 - 01 = 33
35 - 01 = 34

1 2 4 3 6 5

80 - 79 = 1

alle zahlen gehen zwischen 30 und 40 auser 40 und 30.

Worum geht es?

Die Kinder wählen aus den Ziffernkarten 0 bis 9 vier aus, bilden mit ihnen zwei zweistellige Zahlen und berechnen deren Unterschied. Sie wählen zum Beispiel die Ziffern 1, 3, 5 und 7. Damit lassen sich verschiedene zweistellige Zahlen bilden und Rechnungen legen, zum Beispiel 75 – 13 = ... oder 57 – 13 = ... oder 73 – 51 = ... Die Kinder üben zunächst an mehreren mit den Ziffernkarten gelegten Beispielen die Subtraktion zweistelliger Zahlen. Dann erst begeben sie sich auf Entdeckungsfahrt:

Welches ist das kleinstmögliche Ergebnis? (Alle 10 Ziffernkarten sind verfügbar).
Die kleinste Differenz ist 1 aus 80 – 79 oder 70 – 69 oder 60 – 59 oder 50 – 49 oder 40 – 39 oder 30 – 29 und 20 – 19. Wer es mit 90 versucht, erreicht nur 3 aus 90 – 87. Die Subtraktionsaufgabe 90 – 89 ist nicht möglich, weil die Ziffernkarte 9 nur einmal vorhanden ist!

Welches ist das grösstmögliche Ergebnis? (Alle 10 Ziffernkarten sind verfügbar).
Die grösstmögliche Differenz ist 97 aus der Rechnung 98 – 01. Dass man die 0 so legen darf, muss den Kindern mitgeteilt werden.

Welche Zahlen zwischen dem kleinsten und dem grössten Ergebnis können erreicht werden und welche nicht?
Die Frage soll systematisches Suchen und Überlegen anregen und öffnet einen Spielraum für denkendes Rechnen auf unterschiedlichen Niveaus. Es können alle Zahlen zwischen 1 und 97 als Ergebnis erzielt werden ausser den reinen Zehnerzahlen. Um diese zu erhalten, bräuchte man zweimal die gleiche Ziffernkarte, zum Beispiel für 42 – 12 = 30 zweimal die 2.
Zu beachten ist, dass es zu einer bestimmten Ergebniszahl jeweils mehrere verschiedene Rechnungen gibt: Zur Differenz 35 führen zum Beispiel die Rechnungen 48 – 13 oder 47 – 12 oder 39 – 04 usw. Interessant sind die Strategien, mit denen Kinder beispielsweise die Zahlen zwischen 30 und 40 zu erreichen suchen. Thema des Austausches zwischen den Schülerinnen und Schülern sind vor allem solche Strategien und Vorgehensweisen.

Wie kann man vorgehen?

Für die Einführung der Lernumgebung sitzen die Kinder im Kreis. Jedes bekommt einen Satz Ziffernkarten 0 bis 9 und wählt vier Karten aus; die andern legt es beiseite. Mit den vier Karten bildet jedes Kind zwei zweistellige Zahlen und legt die kleinere Zahl rechts und die grössere links (das Minuszeichen denken wir uns).

Die Kinder berechnen die von ihnen gelegten Aufgaben. Reihum werden die Rechnungen mit Ergebnis vorgetragen. Dabei werden die Kinder immer wieder gefragt, wie sie gerechnet haben: Die verschiedenen Strategien halbschriftlichen Rechnens werden in Erinnerung gerufen.

Die Lehrperson erhält mit diesem Vorgehen auch Aufschluss, wer die Subtraktionsaufgaben bereits meistert und wer noch Schwierigkeiten damit hat. Erstere nehmen die Ziffernkarten 0 bis 9 an ihren Platz, legen und berechnen individuell *Minusrechnungen mit zweistelligen Zahlen* und notieren sie auf dem Arbeitsblatt. Die Lehrperson hat Zeit, mit der Gruppe jener Kinder zu arbeiten, die mit den Aufgaben noch nicht zurechtkommen.

Die Zahlen so zu bilden, dass die *kleinste Differenz* entsteht, dies versuchen die Kinder in Partnerarbeit. Die Ziffernkarten erleichtern, dass die Kinder mehrmals probieren und sich schrittweise dem kleinsten Ergebnis annähern können. Die Rechnung mit dem für sie kleinsten Ergebnis haben sie gross auf eine Karte geschrieben und im Sitzkreis vorgestellt. Sie haben sechs verschiedene Lösungen gefunden und dreimal die kleinste Differenz erreicht.

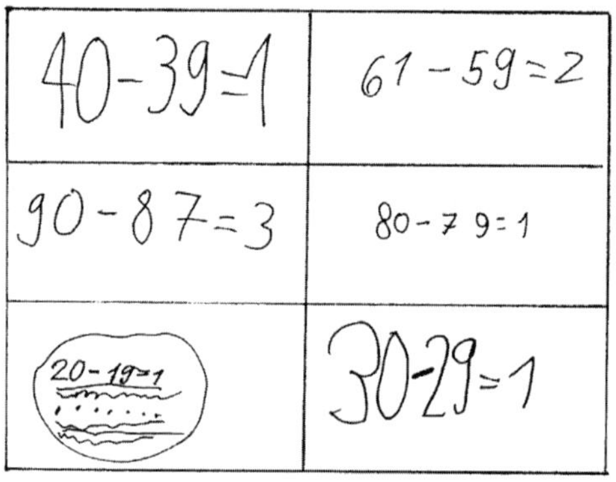

Für die Suche nach einem *möglichst grossen Ergebnis* muss man den Kindern erklären, dass die 0 bei einer Zahl auch vorne (an der Zehnerstelle) stehen darf. Die Rechnung mit dem grössten Ergebnis wurde auf der Rückseite der Karte notiert und im Kreis vorgestellt. Die Hälfte der Kinder fand die grösste Differenz.

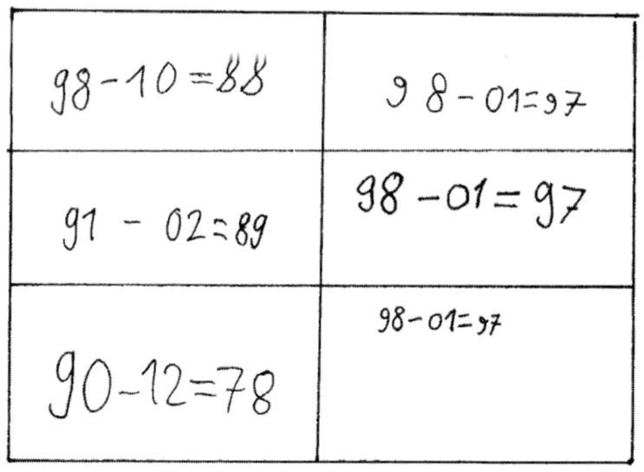

Die Frage, welche Zahlen zwischen der kleinsten und grössten Differenz als Ergebnisse erreichbar sind und welche nicht, öffnet nun einen Spielraum für vielfältiges Probieren, Verändern und Suchen nach einem systematischeren Vorgehen. Für manche Kinder kann es hilfreich sein, die Aufgabe einzuschränken: Haben sie zum Beispiel die Zahl 46 mit der Rechnung 58 – 12 als Ergebnis erreicht, kann man sie fragen, ob sie Ziffern so auswechseln können, dass andere Zahlen zwischen 40 und 50 als Resultate erreicht werden (zum Beispiel 47 mit 59 – 12 oder 45 mit 58 – 13 usw.). Viele Kinder werden zunächst eher wahllos probieren und Rechnungen notieren. Man sollte sie in einem zweiten Schritt auffordern, nochmals ihre Rechnungen so übersichtlich zu notieren, dass sichtbar wird, wie sie beispielsweise die Ergebnisse zwischen 40 und 50 gefunden haben. Und sie sollen auch zu begründen versuchen, warum 40 und 50 (und die andern Zehnerzahlen) nicht erreichbar sind.

Der Austausch der Vorgehensweisen fördert – da deren sprachliche Formulierung gefordert ist – die Reflexion und Bewusstheit der eigenen Strategie. Und er erweitert das Spektrum möglicher Suchstrategien.

Dokumente aus der Erprobung

Einfache Beispiele

Im folgenden Dokument links hat ein Kind vier von fünf Aufgaben vereinfacht, indem es durch Verwendung der Null (im Subtrahenden) nur Einer von zweistelligen Zahlen subtrahiert.

Tanja (im Dokument rechts) versucht durch systematisches Verändern des Subtrahenden Ergebnisse zwischen 30 und 40 zu erzielen. Ihre Variation des Minuenden – einmal 80, einmal 50 – lässt darauf schliessen, dass sie das Gesetz der Konstanz der Differenz begriffen hat: Wenn sie von 50 statt von 80 wegnimmt, verringert sie auch den Subtrahenden um 30 .

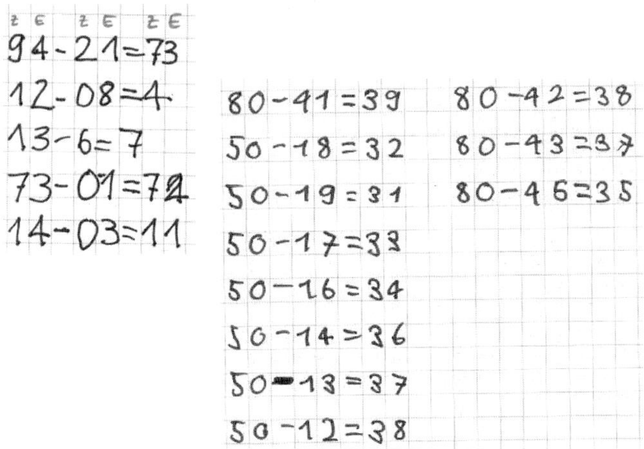

Mittlere Beispiele

Noelle, Meret und *Blue* suchen wie Tanja nach Ergebnissen zwischen 30 und 40.

In den ersten sechs Aufgaben, die sie legen und rechnen, halten sie den Minuenden konstant und verändern systematisch den Subtrahenden. In vier weiteren Aufgaben lassen sie umgekehrt den Subtrahenden konstant mit 01 und erhöhen den Minuenden stets um 1. Sie halten fest, dass alle Zahlen zwischen 30 und 40 als Differenz erreichbar sind, nicht aber die Zehnerzahlen 40 und 30. Sie geben dafür keine Begründung und fragen auch nicht nach anderen Ergebniszahlen.

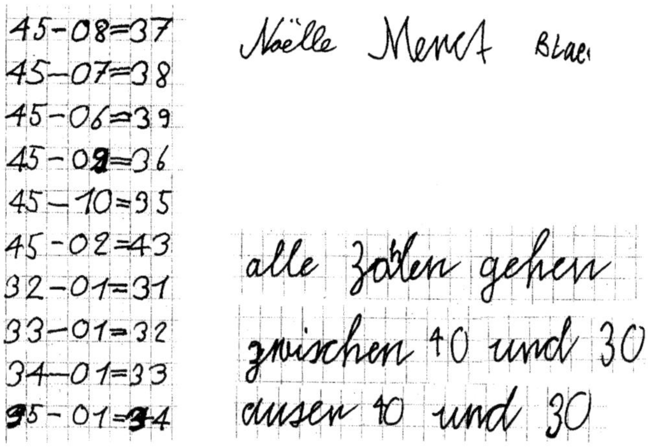

Cedric hat festgestellt, dass alle Zehnerzahlen als Differenzen nicht erreichbar sind. Seine Begründung, «weil wir keine zwei Null (als Ziffer) haben», beschränkt sich jedoch auf die Bildung von Differenzen mit reinen Zehnern (70 – 30, nicht aber zum Beispiel 74 – 34).

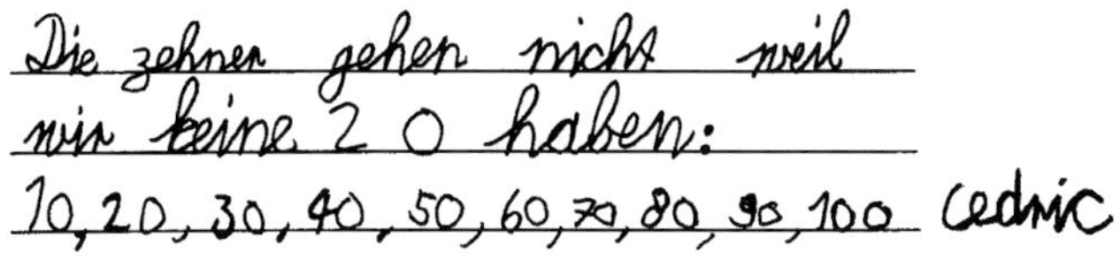

Anspruchsvolles Beispiel

Lisa und *Micha* sind von der Aufgabe 59 – 18 = 41 ausgegangen. Sie versuchen, durch Auswechseln der Einerziffern Rechnungen zu legen, deren Ergebnisse zwischen 40 und 50 liegen. Bis auf die letzten zwei Beispiele halten sie dabei die Zehner konstant. Sie haben gemerkt, dass es für eine bestimmte Differenz verschiedene Lösungen gibt, und jeweils eine ausgewählt. Sie begründen, weshalb die reinen Zehner als Ergebnis nicht erreichbar sind, «weil man zweimal die gleichen Zahlen braucht» (gemeint sind zweimal die gleichen Ziffernkarten). In ihrem Ziffernsatz 0 bis 9 haben sie jede Ziffer aber nur einmal. In einem weiteren Schritt verallgemeinern sie die gewonnenen Einsichten, indem sie diese auf die Ergebniszahlen zwischen 70 und 80 übertragen und abschliessend zusammenfassen: «Alle Zahlen (zwischen 1 und 97) gehen, ausser die Zehnerzahlen.»

59 - 18 = 41	59 - 12 = 47
58 - 16 = 42	54 - 06 = 48
59 - 16 = 43	53 - 04 = 49
58 - 14 = 44	
59 - 14 = 45	
58 - 12 = 46	

Die Zenerzahlen gehen nicht, weil man zwei mal die gleichen Zahlen braucht.
Beispil: 59 - 19 = geht nicht, weil man zwei 9 gebraucht. Bei 70 und 80 gehen auch alle zahlen wie: 71, 72, 73.. 79
Alle Zahlen gehen auser die Zener-Zahlen.

Intensives Üben und systematisches Vorgehen

Die folgenden Dokumente sind Ausschnitte aus der Arbeit zweier Kinder (einer 3. Klasse im Kanton Thurgau). Alle Kinder hatten bei der Bearbeitung der Lernumgebung zwischen 40 und 70 Subtraktionen zweistelliger Zahlen ausgeführt; bei *Stephanie* waren es 54 und bei *Joel* 65. Die Ausschnitte belegen nicht nur die Intensität strukturierten Übens, sie zeigen auch auf, wie systematisch die Kinder bei den Fragen 2 und 3 nach der kleinsten und der grössten Differenz gesucht haben.

6.9.04 Stephanie

Zweistellige Zahlen subtrahieren

2.

20 - 19 = 1 Ich hab 7 mal 1 gekrigt. Und
30 - 29 = 1 Jezt möchte ausprobiren
40 - 39 = 1 wivil mal 2 ich bekome.
50 - 49 = 1
60 - 59 = 1
70 - 69 = 1
80 - 79 = 1
20 - 18 = 2
30 - 28 = 2
40 - 38 = 2
50 - 48 = 2
60 - 58 = 2
70 - 68 = 2 Jezt mache ich das gleiche
20 - 17 = 3 mit 3, 4, 5 und immer so
30 - 27 = 3 weiten
40 - 37 = 3 20 - 15 = 5
50 - 47 = 3 20 - 14 = 6
60 - 57 = 3 30 - 24 = 6
20 - 16 = 4 60 - 54 = 6
30 - 26 = 4 70 - 64 = 6
40 - 36 = 4 80 - 74 = 6
50 - 46 = 4 90 - 84 = 6

3.
70 - 65 = 5 Ich probire mal aus, welche
90 - 85 = 5 Zahl die gösste ist wo man
80 - 75 = 5 haben kann.
40 - 35 = 5 98 - 01 = 97
30 - 25 = 5 97 ist die grösste Za-hl die man haben kann.

3.

98-10=88	3.
	98-01=97 Die zahl 100 und
97-10=87	99 kann man nicht schaffen.
98-12=86	
96-10=86	Ich probire Jetzt immer 97,
98-13=85	96, 95 undso weiter.
97-12=85	98-02=96
95-10=85	97-01=96
98-14=84	98-03=95
97-13=84	97-02=95
96-12=84	96-01=95
94-10=84	98-04=94
98-15=83	97-03=94
97-14=83	96-02=94
96-13=83	95-01=94
95-12=83	

Ich fand die Lernumgebung sehr Spannend und Lässig, weil man sehr fiel herausfinden konnte.

Joël

ZIFFERN WÄHLEN – ZAHLEN ERREICHEN

Thema: Ziffern im Stellenwertsystem, Operieren auf dem leeren Zahlenstrahl
Stufe: 2. – 4. Klasse
Material: evtl. Ziffernkarten
Zeitbedarf: 2 Lektionen
Bearbeitung: S. Pfenniger, B. Wälti

Aufgabe

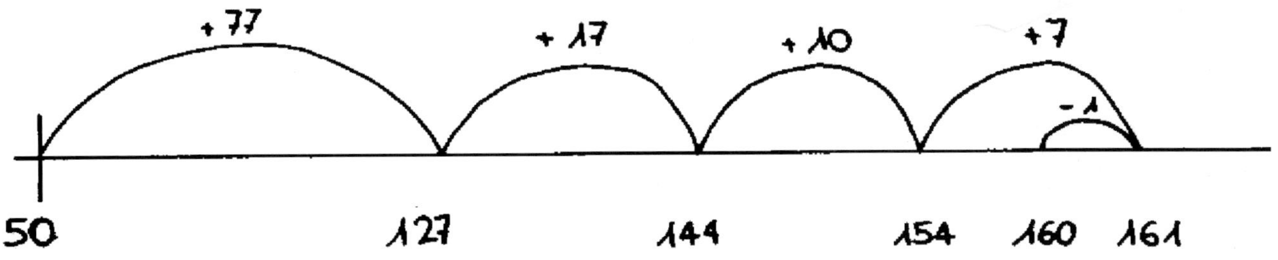

Valérie startet bei 50 und will die Zahl 160 erreichen. Sie rechnet mit Zahlen aus den Ziffern 1, 0 und ihrer «Lieblingsziffer» 7.

a) Beginne bei 50 und bestimme eine Zielzahl. Rechne mit Zahlen aus den Ziffern 1, 0 und deiner Lieblingsziffer.
Versuche, das Ziel in möglichst wenigen Schritten zu erreichen. Finde verschiedene Wege.

b) Starte bei 30. Bestimme eine Zielzahl und versuche, sie mit möglichst wenigen Schritten (Additionen und Subtraktionen) zu erreichen. Rechne mit Zahlen aus den Ziffern 1, 3 und 0.

c) Wähle eine grosse Zielzahl und eine kleine Startzahl. Bilde Summanden aus den Ziffern 1, 0 und deiner Lieblingsziffer, um die Zielzahl zu erreichen.

d) Eine unlösbare Aufgabe:
Starte bei 10. Das Ziel ist 20. Benutze die Ziffern 0, 3 und 6.
Finde eine weitere unlösbare Aufgabe.

Worum geht es?

In der Lernumgebung werden Zahlen aus Ziffern gebildet bzw. in Ziffern zerlegt. Dadurch rückt der Stellenwert der Ziffern ins Zentrum. Durch die Darstellung der Operationen auf dem leeren Zahlenstrahl werden Grössenrelationen im Zahlenraum sichtbar, in dem sich die Kinder bewegen. Es steht den Lernenden offen, in grossen oder kleinen Schritten vorwärts oder rückwärts zu gehen. Ebenso können sie mit schwierigen oder einfachen Summanden rechnen. Auf dem leeren Zahlenstrahl können die Kinder beliebige Abschnitte darstellen und ihre Operationen aufzeichnen.

Die Aufgabe beinhaltet im Wesentlichen zwei mathematische Problemstellungen:

- Ausgehend von einer Startzahl werden mit den Ziffern 1, 0 und einer weiteren Ziffer Zahlen gebildet und fortgesetzt addiert (oder subtrahiert). Durch Addieren (und evtl. auch Subtrahieren) soll eine Zielzahl erreicht werden. Dabei vertiefen die Kinder ihr Verständnis der Stellenwerte, unabhängig von der Wahl von Start- und Zielzahl.
- Die Kinder werden unter anderem aufgefordert, die Zielzahl mit (möglichst) wenigen Schritten zu erreichen. Ein strategisches Vorgehen fällt Zweitklässlern in diesem Kontext sicher nicht leicht. Die Erprobung hat aber gezeigt, dass die meisten Kinder ihre Lösungsversuche darstellen und optimieren können. Dabei wurde vielfach die Differenz von Zwischenresultat und Zielzahl ermittelt und in geeignete Schritte aufgeteilt.
  Einige Kinder haben Additionen gewählt, die über ihre Zielzahl hinausführten und anschliessend subtrahiert. Sie haben durch dieses geplante Vorgehen ihre Schrittzahl verringern können.

Die Anforderungen lassen sich z. B. wie folgt erhöhen:

- Erweiterung des Zahlenraums auf über 100 (bzw. auf über 1000)
- Wahl von schwierigeren Ziffern (etwa 3, 4 und 7)
- Reduzieren der benötigten Anzahl Schritte, z. B. durch Addieren und Subtrahieren.
- Wahl schwieriger Start- und Zielzahlen (z. B. 67 und 823)

In Aufgabe 4 ist eine unlösbare Aufgabe gesucht. Die Aufgabe ist besonders anspruchsvoll und ist begabten und/oder interessierten Kindern vorbehalten.

Wenn 3 gerade Ziffern (0, 2, 4, 6, 8) gewählt werden, sind alle möglichen Summanden gerade. Daher können – je nach Startzahl – jeweils nur gerade oder ungerade Zielzahlen erreicht werden. Mit 3 Ziffern aus (0, 3, 6, 9) sind alle Summanden jeweils Vielfache von 3. Daher können – wiederum in Abhängigkeit der Startzahl – Zielzahlen aus (1, 4, 7, 10, …), (2, 5, 8, 11, …) oder (3, 6, 9, 12, …) erreicht werden. Mit sämtlichen anderen Ziffernkombinationen sind jeweils beliebige Zielzahlen erreichbar.

Wie kann man vorgehen?

Eine Geschichte zum Einstieg

Die Einführung in die Lernumgebung kann mit einer Geschichte erfolgen: Im Ziffernland leben die zehn Ziffern 0, 1, 2, 3, … , 9. Sie werden seit einiger Zeit von einem Drachen bedroht. Ängstlich haben sich die zehn Ziffern in eine Höhle zurückgezogen. Der Drache hat es auf die grossen Ziffern abgesehen – die 0 und die 1 lässt er in Ruhe, weil sie ihm so klein und unbedeutend erscheinen. Die beiden dürfen die Höhle verlassen und das Land der Additionen und Subtraktionen erkunden. Eine weitere Ziffer darf die beiden begleiten. Die drei Ziffern sollen von Startzahlen ausgehen und bestimmte Zielzahlen erreichen. Der Drache ist sich sicher, dass die drei durch Addieren und Subtrahieren niemals alle Zielzahlen erreichen können. Die Zielzahlen, die nicht getroffen werden können, will der Drache auffressen. Die drei Ziffern sind jedoch mutig und geschickt und nehmen jede Herausforderung an.

Einführung der Aufgabe

Nach dieser Einführung werden mit der Klasse zwei Beispiele mit einfachen Start- und Zielzahlen und den Ziffern 0, 1, 3 erarbeitet und am leeren Zahlenstrahl dargestellt. Die Kinder bearbeiten danach selbstständig Aufgabe 1. Start- und Zielzahl kann dabei mit der Klasse ausgehandelt werden. Die entstehenden Lösungen können für eine Austauschrunde genutzt werden, in der die verschiedenen Lösungswege verglichen und die benötigten Schritte ausgezählt werden.
Bei der Erprobung wurden den Zweitklässlern die Startzahl 50, die Zielzahl 200 und die Ziffern 0, 1 und 3 vorgegeben.

Sechs Kinder lösten die Aufgabe in fünf 30er-Schritten.

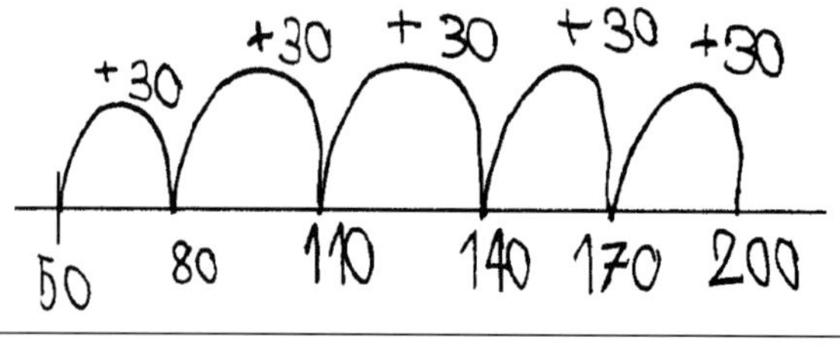

Drei Kinder fanden mit drei Schritten zum Ziel.

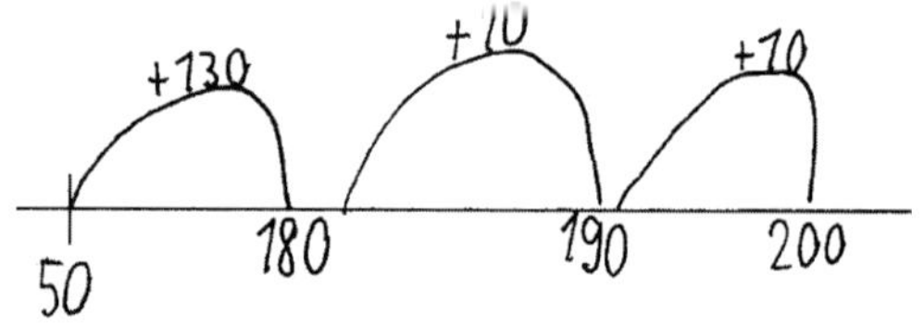

Zwei Mädchen nutzten alle Ziffern und näherten sich mit immer kleineren Schritten der Zielzahl. Dadurch ergaben sich schwierigere Rechenoperationen.

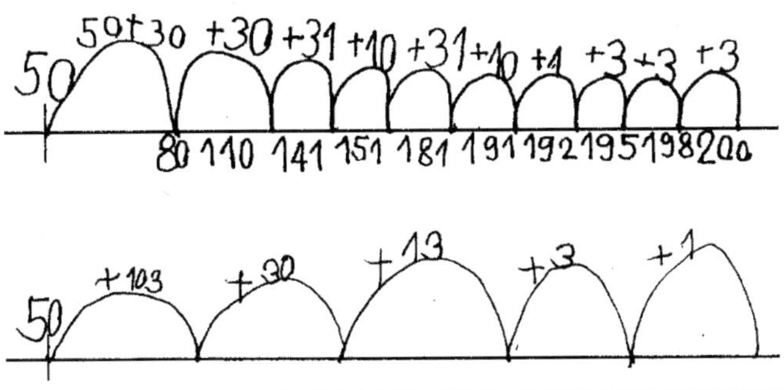

Aufgaben erfinden
Anschliessend stellen sich die Schülerinnen und Schüler im Rahmen der Lernumgebung ihre Aufgaben selbst. Man kann zwei Kinder ermutigen, sich die gleiche Aufgabe zu stellen, diese individuell zu bearbeiten und darauf die Lösungen zu vergleichen. Dabei fordern sie sich gegenseitig heraus, mit wenigen Schritten zu rechnen.
Die Kinder sollen ihre Rechenschritte überprüfen, gegebenenfalls vereinfachen und gegenseitig nachvollziehen. Diese sind Eigenproduktionen im eigentlichen Sinn und erlauben es der Lehrperson, mehr über die Strategien und Vorstellungen der Kinder zu erfahren.

Dokumente aus der Erprobung (2. Kl.)

Einfaches Beispiel
Firas wählt einfache Start- und Zielzahlen und zählt in 10er-Schritten vorwärts. Aufgrund einer Intervention der Lehrperson gelingt es ihm jedoch, die Schrittzahl zu reduzieren. Die Analogie der Spanne zwischen 0 und 100 sowie 200 und 300 ist ihm offensichtlich klar, da er die beiden Wege mit gleichen Schritten zurücklegt.

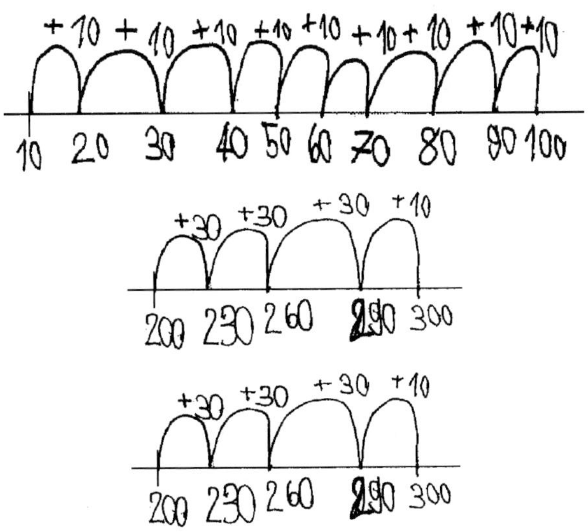

Mittleres Beispiel
Lilian rechnet mit kleineren und grösseren Summanden sicher bis 100. Sie verkleinert ihre Schrittzahl und nimmt auch Subtraktionen in Kauf.
Im ersten Beispiel bezieht sie geschickt die Einer in ihre Überlegungen ein. Sie erreicht mit der letzten Addition 103 und muss deshalb zuletzt 3 subtrahieren.

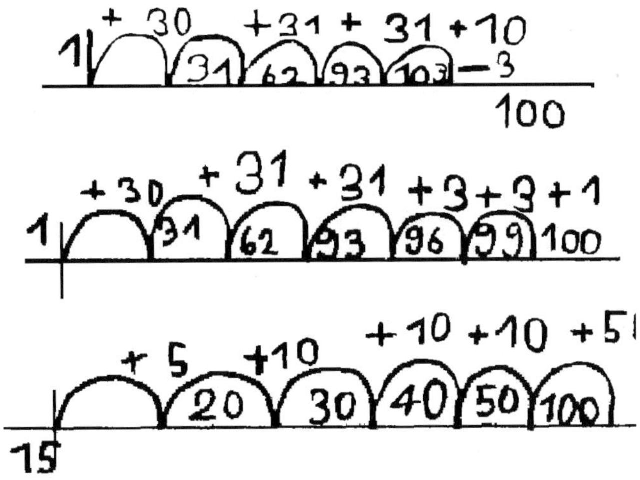

Anspruchsvolles Beispiel
Es gelingt *Yannick*, seine Rechenwege zu verkürzen. Oft kann die Anzahl Schritte nicht mehr verkleinert werden. Seine Optimierungstaktik wird in der ersten Darstellung ersichtlich, wo er zwei Schritte zu einem zusammenfasst.

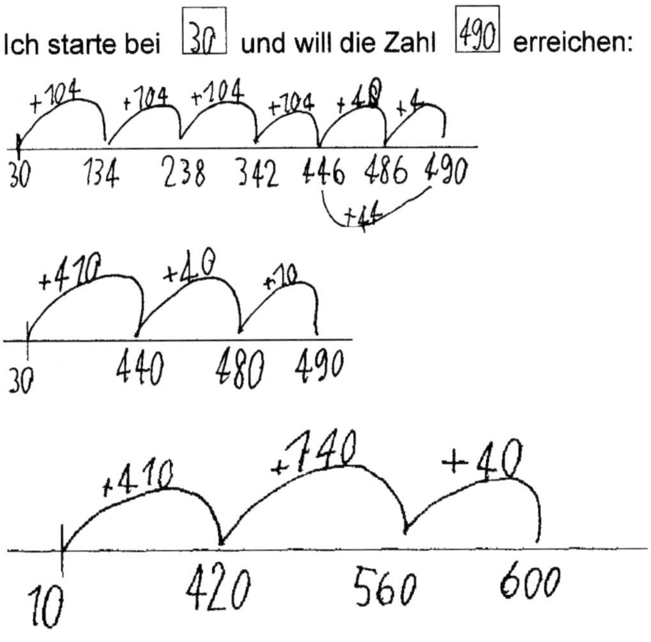

Dokumente aus der Erprobung (3. Kl.)

Die beiden untenstehenden Dokumente stammen von *Yvana* und *Deborah.* Sie haben eine gemeinsame Startzahl (37) und eine gemeinsame Zielzahl (5 840) festgelegt und bildeten Summanden aus den Ziffern 0, 1 und 8. Bemerkenswert ist der Rechenweg unten: Die Anzahl Schritte von Deborah lassen sich nicht weiter verringern.

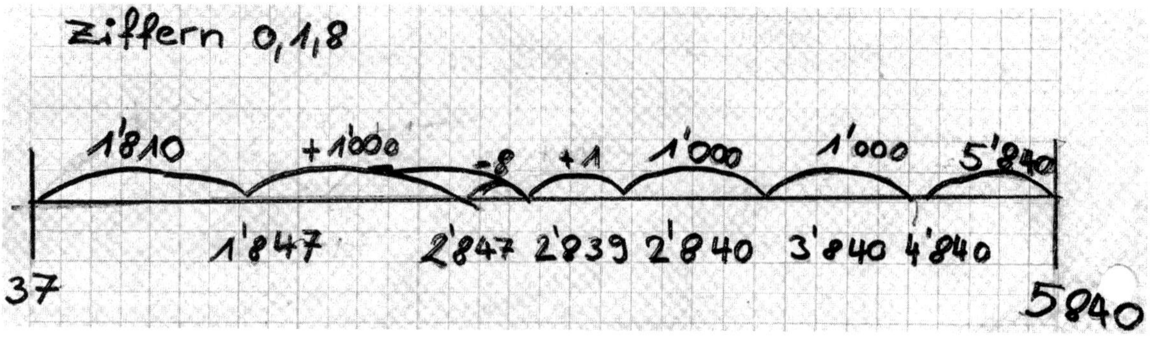

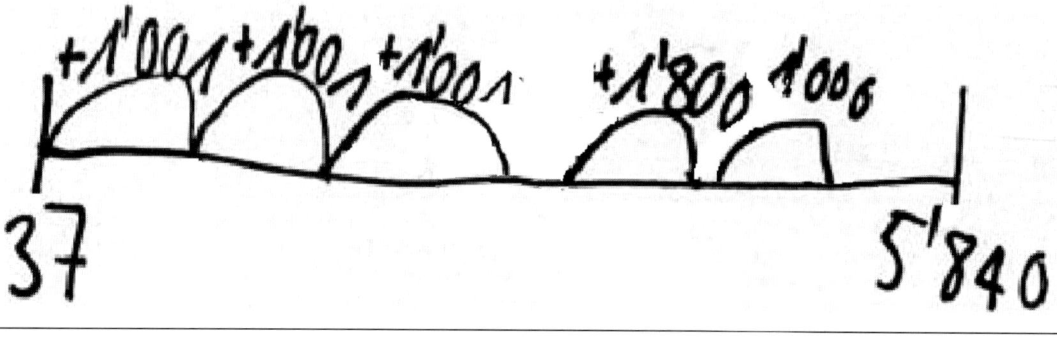

Zur Heterogenität

Kinder mit einfachen Lösungen können ...
- einfache Start- und Zielzahlen wählen;
- in 10er- oder Einerschritten vorwärts zählen;
- Beispiele zeichnen und diese allenfalls im Nachhinein vereinfachen;
- sich auf Additionen beschränken.

Kinder mit anspruchsvollen Lösungen können ...
- grosse Start- und Zielzahlen mit verschiedenen Ziffern wählen;
- die Anzahl Schritte sukzessive verringern bzw. ihre Wege optimieren;
- Subtraktionen in ihre Überlegungen einbeziehen;
- den ihnen vertrauten Zahlenraum sprengen;
- mehrere (gleich) kurze Wege suchen;
- ihre Wege optisch ansprechend und anschaulich gestalten.

DIE MULTIPLIKATION ENTDECKEN

Thema:	Die Multiplikation als neue Operation entdecken und strukturiertes Legen multiplikativer Strukturen
Stufe:	2. Klasse
Material:	1·1-Fernrohr, Wendepunkte
Zeitbedarf:	6 bis 8 Lektionen
Bearbeitung:	R. Keller, B. Noelle

Aufgabe

a) Suche mit dem 1·1-Fernrohr Sachen, die mehrmals in gleicher Anzahl vorkommen und zeichne sie ab.

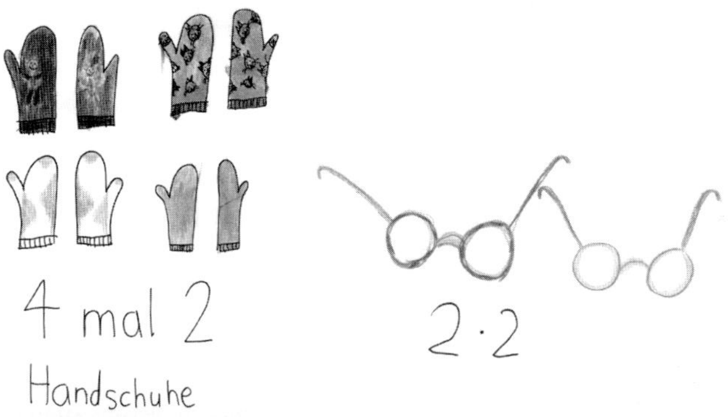

b) Lege mit 24 Wendepunkten möglichst viele verschiedene Punktefelder und schreibe die Rechnung (Multiplikation) dazu.

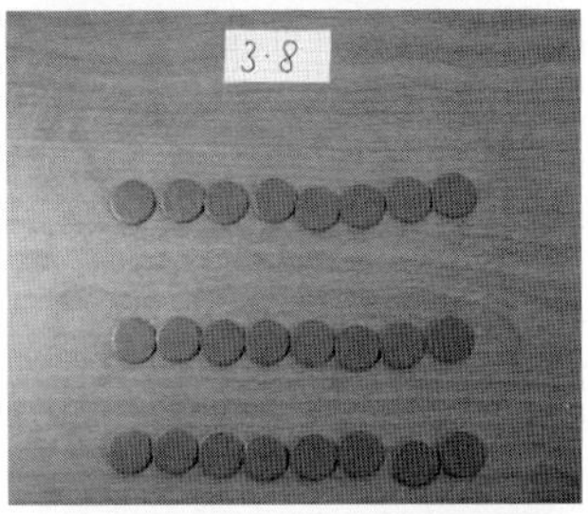

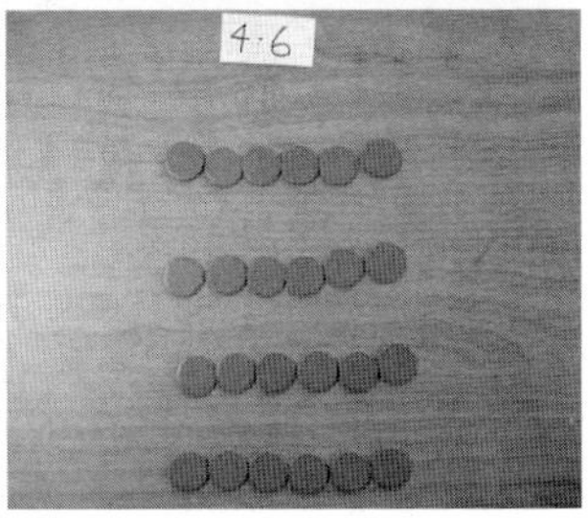

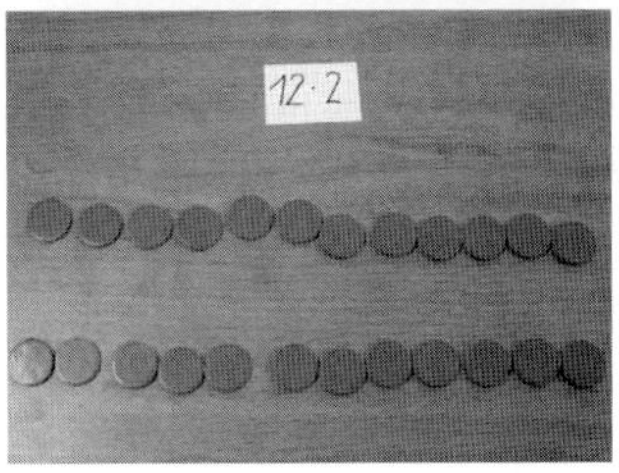

Beim Beispiel links legt das Kind die Rechnung 12·2 zum Punktefeld 2·12. Das entspricht nicht der Konvention, zeigt aber, dass das Kind das Punktefeld als multiplikative Struktur interpretieren kann.

c) Wähle selbst eine Anzahl Wendepunkte und lege damit möglichst viele verschiedene Punktefelder. Notiere zu jedem Punktefeld die passende Multiplikation. Findest du eine Anzahl Wendepunkte, mit der du ganz viele verschiedene Punktefelder legen kannst?

Worum geht es?

Die Einführung der für die Kinder neuen Operation *Multiplikation* ist mehr als das Einführen und Auswendiglernen der einzelnen Reihen. Das Automatisieren der Reihen ist wichtig, steht jedoch am Schluss eines langen Lernprozesses. In dessen Verlauf werden die Kinder zuerst vertraut mit der neuen Operation und lernen danach die Reihen nicht «der Reihe nach», sondern erkennen Zusammenhänge zwischen den einzelnen Aufgaben aus verschiedenen Reihen, lernen Rechengesetze kennen und Rechenvorteile anwenden.

Die Multiplikation einführen bedeutet, die Kinder mit einer neuen Sichtweise vertraut zu machen. In dieser Lernumgebung lernen Kinder, vertraute Situationen unter einem veränderten Gesichtswinkel zu betrachten. Es gilt, den Blick für die neue Operation zu öffnen und mit der entsprechenden Sprech- bzw. Denkweise zu verbinden.
Die Multiplikation soll nicht nur als abgekürzte Schreibweise einer fortgesetzten Addition gleicher Summanden verstanden werden, sondern einen eigenständigen Charakter erhalten.

Multiplikative Situation, gesehen als fortgesetzte Addition gleicher Summanden: **4 + 4 + 4**	Multiplikative Situation, gesehen als Multiplikation: **3 · 4**
«Ich sehe hier vier Batzen und da vier Batzen und dort noch vier Batzen.»	«Ich sehe drei Mal vier Batzen.»
Diese Sichtweise ist typisch für achtjährige Kinder.	Dies ist eine neue Betrachtungsweise für Zweitklässlerinnen und Zweitklässler. Diese Denkweise wollen wir fördern.

Wie kann man vorgehen?

1·1-Handlungen und Protokolle
Ein Kind erhält den Auftrag, aus einem Korb mehrmals die gleiche Anzahl Kartonbatzen zu holen. Die Batzen legt es in Häufchen auf einen Tisch. Auch nach der Handlung kann dank der Anordnung der Batzen gesagt werden, was das Kind gemacht hat: «Du bist fünf Mal zum Korb gegangen und hast immer vier Batzen mitgebracht.» Die Kinder führen nun solche mehrfachen Handlungen aus und zeichnen Protokolle dazu.

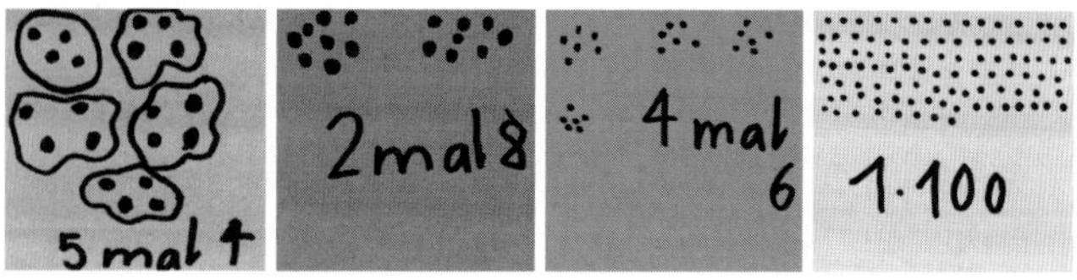

Am folgenden Tag können diese Protokolle interpretiert werden. Die zugrunde liegenden Handlungen werden in Erinnerung gerufen und rekonstruiert.

Mit dem 1·1-Fernrohr auf Entdeckungsreise
Um den Blick der Kinder für die neue Sichtweise zu schärfen, wird ein Einmaleins-Fernrohr gebastelt. Die Kinder suchen rund ums Schulhaus, zu Hause oder im Supermarkt nach multiplikativen Strukturen: Das Schulhaus hat drei Mal vier Fenster, diese bestehen aus sechs Mal zwei kleinen Scheiben. Vor dem Schulzimmer stehen zwölf Mal zwei Schuhe usw.

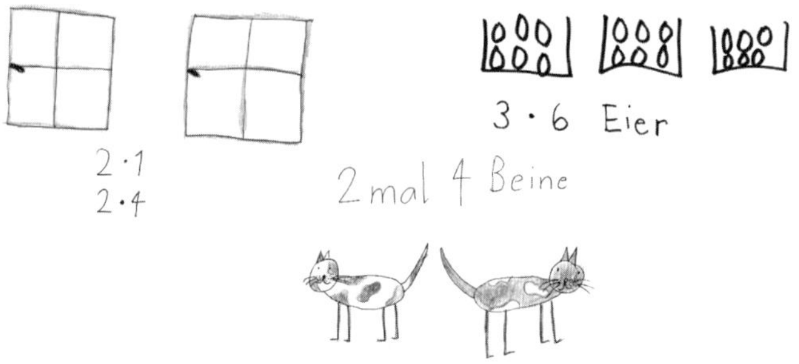

Im ersten Beispiel sieht man besonders schön, wie das Kind die Situation als multiplikative Struktur wahrnimmt. Einerseits sieht das Kind zwei Mal vier Scheiben, andererseits sieht es aber auch zwei Mal ein Fenster. Es sind nicht einfach zwei Fenster, die Schreibweise als Multiplikation enthält eine hochgradigere Qualität: Es liegt zweimal dasselbe vor, nämlich je ein Fenster.

Die gefundenen «Multiplikationsbilder» werden abgezeichnet. Anschliessend legen die Kinder die gezeichneten Situationen mit Wendepunkten. Das Resultat der Multiplikation ist in dieser Phase noch nicht wichtig. Einzelne Kinder werden es trotzdem schon berechnen. Das Erkennen von multiplikativen Strukturen und die selbst gezeichneten Darstellungen stehen im Vordergrund.

Multiplikative Strukturen suchen
In Zeitungen und Zeitschriften suchen die Kinder nach multiplikativen Strukturen. Jedes Kind gestaltet mit den gefundenen Bildern ein Plakat und schreibt die Rechnung zu den multiplikativen Strukturen. Andere Kinder beschreiben einige dieser Situationen, schneiden je ein passendes Punktefeld aus und kleben es dazu.

Geschichten zu Punktefeldern erfinden
Punktefelder sind abstrakte Darstellungen. Indem Kinder Punktefelder als «Protokolle» multiplikativer Vorgänge interpretieren, wird die Verbindung zwischen Handlung und symbolischer Darstellung gefestigt. Die Übung ist einfach: Zu einem vorgegebenen Punktefeld erfinden die Kinder passende Geschichten.

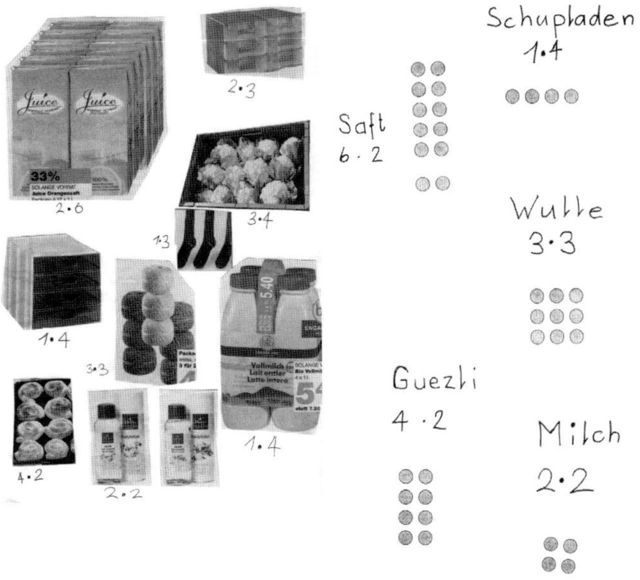

Wir haben ein Punktefeld zu 3 · 4 an die Wandtafel gezeichnet und die Kinder aufgefordert, eine Geschichte zu dieser Darstellung zu erfinden.

Einfaches Beispiel
Dieses Kind hat lediglich das Punktefeld mit Worten beschrieben. Die multiplikative Struktur wurde richtig erkannt.

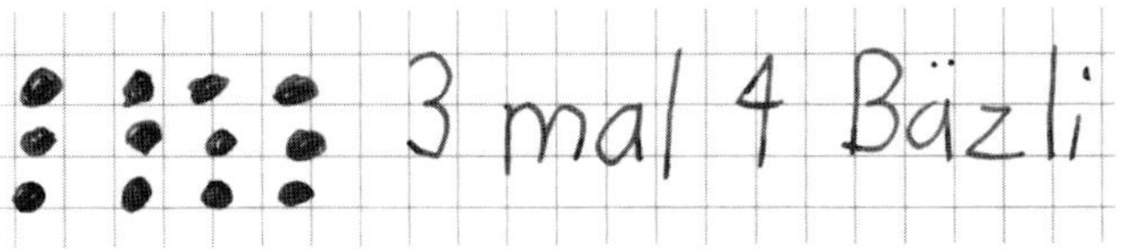

Mittleres Beispiel
Dieses Kind erinnerte sich an die Anordnung der Klingelknöpfe in seinem Haus. Diese bilden die gleiche multiplikative Struktur wie das vorgegebene Punktefeld. Das Kind hat nicht nur die Struktur erkannt, es konnte den Transfer zu einer analogen Struktur durchführen.

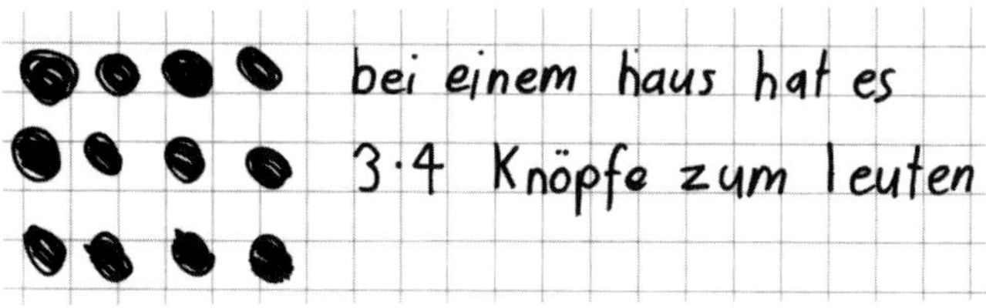

Anspruchsvolles Beispiel
Dieses Kind hat eine detaillierte Geschichte erfunden.

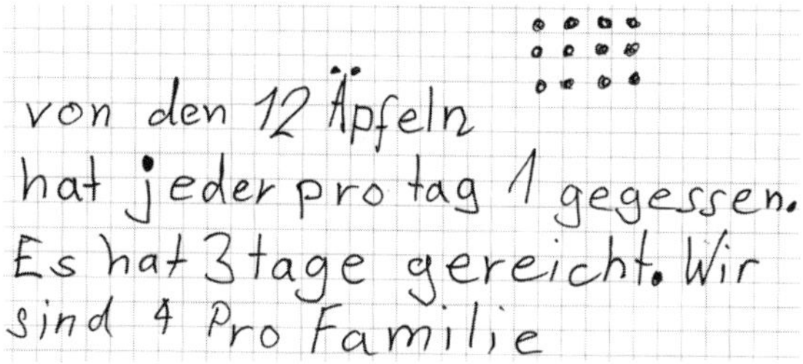

Punktefelder legen
Zu einer bestimmten Anzahl Wendepunkte legen die Kinder möglichst viele verschiedene Punktefelder. Diese Punktefelder zeichnen die Kinder ab und notieren die dazugehörigen Multiplikationen.

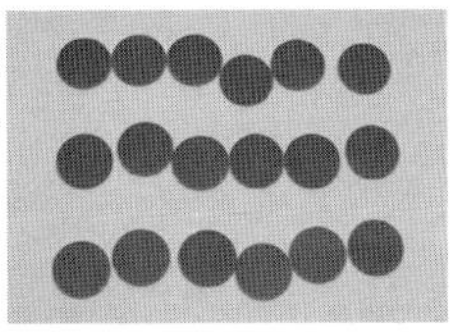

Gelegtes Punktefeld…

… und Zeichnungen von gelegten Punktefeldern.

Wie könnte es weitergehen?

Sobald Kinder Punktefelder als multiplikative Strukturen bzw. als Darstellungen von Handlungen interpretieren können, dienen solche Punktefelder als Hilfsmittel für weiterführende Untersuchungen.

- Durch Drehen von Punktefeldern kann die Kommutativität der Multiplikation erschlossen werden. Wird z.B. das Punktefeld 3 · 5 um 90 Grad gedreht, entsteht daraus 5 · 3. Durch solche und ähnliche Experimente können die Kinder erfahren, dass bei jeder Multiplikation die Reihenfolge der Faktoren vertauscht werden kann.
- Durch Zerlegen (Auseinanderschneiden) von Punktefeldern lernen Kinder mit dem Distributivgesetz umgehen. So kann die Aufgabe 7 · 8 zerlegt werden in 5 · 8 und 2 · 8. Diese Zerlegungen werden besonders wichtig sobald einer der beiden Faktoren grösser als 10 ist: Die Aufgabe 13 · 8 wird zerlegt in 10 · 8 und 3 · 8.

NETZE KNÜPFEN – AUFGABEN ERSCHLIESSEN

Thema: Multiplikatives Netzwerk aufbauen
Stufe: 2. Klasse
Material: Papier, Schreibzeug
Zeitbedarf: Über längere Zeit immer wieder aufgreifen
Bearbeitung: R. Keller, B. Noelle

Aufgabe

a) Die Aufgabe 5 · 4 hat viele Verwandte. Schreibe möglichst viele dieser Verwandten auf.

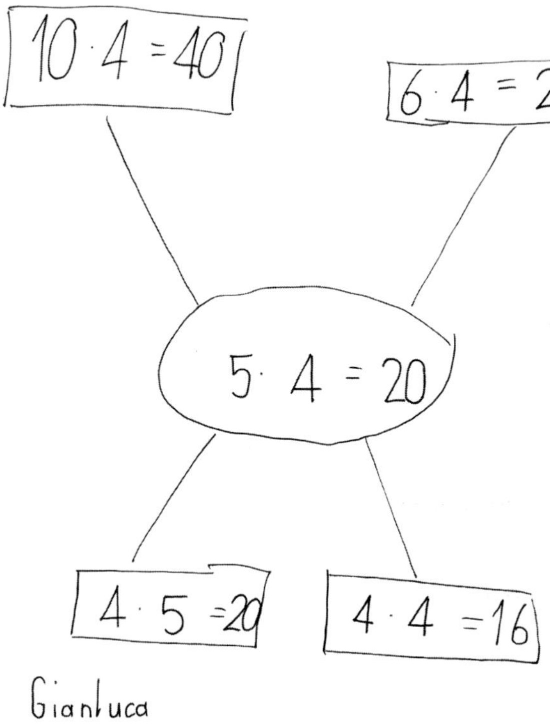

b) Wähle eigene Aufgaben und suche verwandte Rechnungen dazu.

c) Erkläre, wie du Multiplikationen ausrechnest.

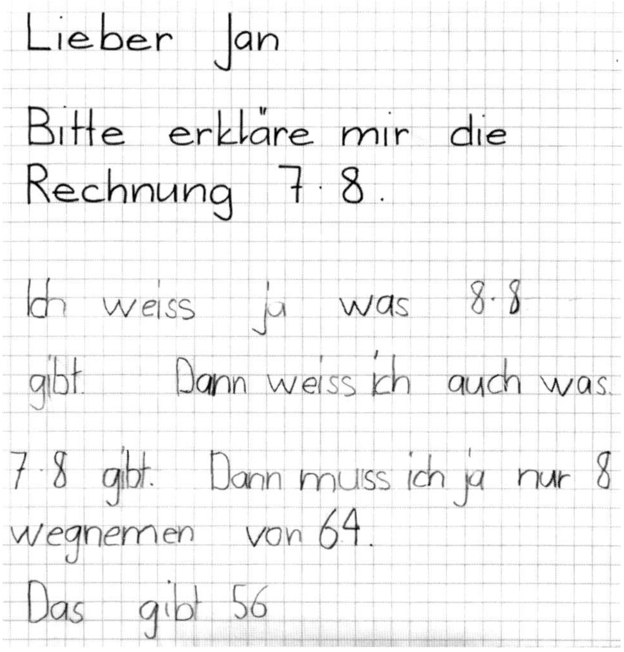

Worum geht es?

Kinder haben oft Schwierigkeiten mit dem Einmaleins. Wenn sie im Unterricht ausschliesslich isoliert nebeneinander stehende Reihen bearbeiten, vergessen sie einzelne Produkte immer wieder, auch wenn viel Zeit für das Auswendiglernen aufgewendet wird. Die Kinder sollen Sicherheit erlangen, indem sie das kleine Einmaleins als ein Netzwerk aufbauen. Dadurch sollen sie jederzeit Resultate herleiten können, die sie nicht mehr oder noch nicht kennen.

Kinder tun dies mit Hilfe von Strategien, die sie spontan (intuitiv?) gebrauchen. Es sind folgende Strategien, welche sie zur Lösung von Malaufgaben vor deren Behandlung im Unterricht nutzen:

	Beispiele:		
1. Vertauschen	$6 \cdot 7$	$7 \cdot 6$	
2. Verdoppeln	$2 \cdot 7$	$4 \cdot 7$	$(8 \cdot 7)$
3. Halbieren (seltener)	$10 \cdot 7$	$5 \cdot 7$	
4. Eins weiter	$2 \cdot 7$	$3 \cdot 7 = 14 + 7$	
(one more strategy)	$5 \cdot 7$	$6 \cdot 7 = 35 + 7$	
5. Eins weniger			
(one less strategy)	$10 \cdot 7$	$9 \cdot 7 = 70 - 7$	
6. mal 10 rechnen	$1 \cdot 7$	$10 \cdot 7$	

(Vgl. Hans Ter Heege, *The acquisition of basic multiplications skills:* Educational Studies in Mathematics 16 (1985) 375–388; seine Befunde wurden in Schweizer Klassen bestätigt).

Ein auf das Denken der Kinder abgestimmtes Konzept des kleinen Einmaleins muss demnach von den so genannten Kern- oder Königsaufgaben ausgehen und den Kindern vielfältige Gelegenheit anbieten, das beziehungsreiche Netz immer neu operativ mit ihren eigenen Strategien zu erschliessen. Diese Lernumgebung fördert durch die Suche nach «verwandten» Aufgaben nicht nur den Aufbau eines solchen Netzes, sondern macht ihn für die Kinder selbst und für die Lehrperson auch sichtbar und austauschbar. Das Erkennen von Beziehungen – «Verwandtschaften» – zwischen den Malaufgaben ist eine wichtige Grundlage für das Lösen von Multiplikationen in erweiterten Zahlenräumen. So kann die Aufgabe $13 \cdot 42$ nur gelöst werden, wenn sie in Teilaufgaben zerlegt wird. Dazu müssen aber entsprechende Verwandtschaften bzw. Strukturen gesehen und genutzt werden.

Rechengesetze sind abstrakte Regeln, welche die Kinder im Normalfall nicht in dieser Form kennen. Unter «Verwandtschaften» verstehen wir irgendwelche Beziehungen zwischen Aufgaben.
Das Kommutativgesetz $a \cdot b = b \cdot a$ ist in dieser abstrakten Form für Kinder nicht zugänglich. Hingegen können Kinder beschreiben, wie die Aufgaben $5 \cdot 3$ und $3 \cdot 5$ zusammenhängen. Die beiden Aufgaben sind miteinander verwandt. Mit der Aufgabe $5 \cdot 3$ sind aber auch Aufgaben wie $6 \cdot 3$, $5 \cdot 4$, $5 \cdot 6$, $5 \cdot 30$ oder $50 \cdot 3$ verwandt.

Es ist für die Kinder nicht wichtig, welches abstrakte Rechengesetz hinter einer einzelnen Verwandtschaft steht. Entscheidend ist, dass das Kind die Verwandtschaft beschreiben kann. Zum Beispiel könnte ein Kind sagen: «$5 \cdot 6$ ist das Doppelte von $5 \cdot 3$.» Nicht jedes Kind sieht zu jeder Aufgabe die gleichen Verwandten.

Wie kann man vorgehen?

Verwandtschaften zu einer bekannten Aufgabe aufzeichnen
Nach einer ersten Einführung der Multiplikation sollen Zusammenhänge zwischen Malrechnungen hergestellt und dargestellt werden. Dafür führten wir die Bezeichnung «verwandte Aufgaben» ein. Als «verwandt» bezeichnen wir Aufgaben, die irgendwie miteinander in Beziehung stehen.

Zunächst sollen die Kinder zu einer ihnen bekannten Malaufgabe verwandte Aufgaben finden. Nicht alle Kinder notieren zu einer gegebenen Aufgabe dieselben Verwandten. Der Austausch und die Diskussion darüber sind wesentlich beim Aufbau eines Netzes für Einmaleinsaufgaben. Die Aufgabe zu den in den folgenden Kinderdokumenten abgebildeten Lösungen lautete:
«Die Aufgabe $10 \cdot 5$ hat viele Verwandte. Schreibe möglichst viele dieser Verwandten auf.»

Einfaches Beispiel
In einem ersten Versuch notierte diese Schülerin lediglich die Nachbaraufgaben als Verwandte. Durch den Austausch mit anderen Kindern erkannte sie, dass die Aufgabe $10 \cdot 5$ weitere Verwandte hat. Im nachfolgenden zweiten Versuch hat sie einige dieser zusätzlichen Verwandten aufgezeichnet.

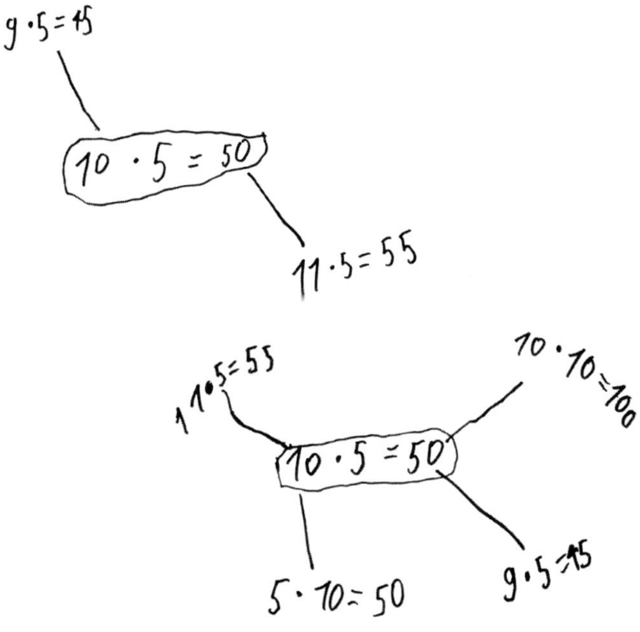

Mittlere Beispiele
Ein Kind hat weitere Aufgaben mit dem Faktor 10 gesucht und als Verwandte gesehen. Ein anderes hat neben Nachbaraufgaben auch Umkehraufgaben und Verdoppelungen gesucht und diese als verwandte Aufgaben gesehen.

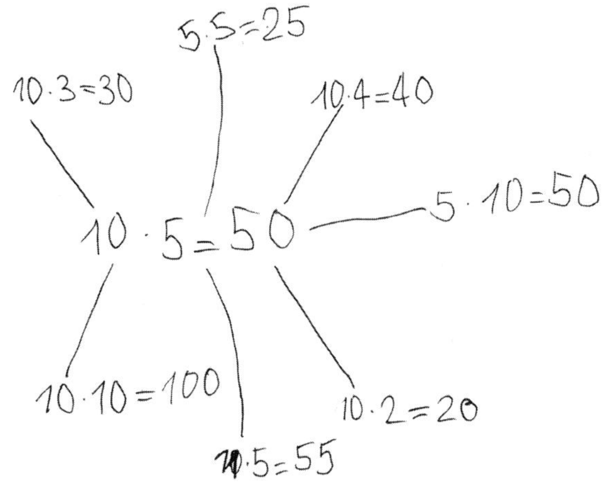

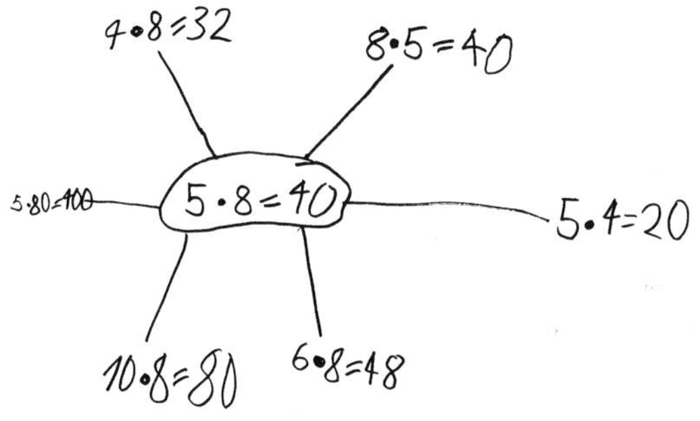

Anspruchsvolles Beispiel
Bei diesem Kind sieht man, dass schon vielfältige Beziehungen aufgebaut sind. Es notiert nicht nur die Verwandten der vorgegeben Rechnung, sondern spinnt das Netzwerk selbstständig weiter. Es ist bereits in der Lage, die verwandten Aufgaben als neue Knotenpunkte im multiplikativen Netzwerk zu sehen und von dort aus weitere Aufgaben zu erschliessen.

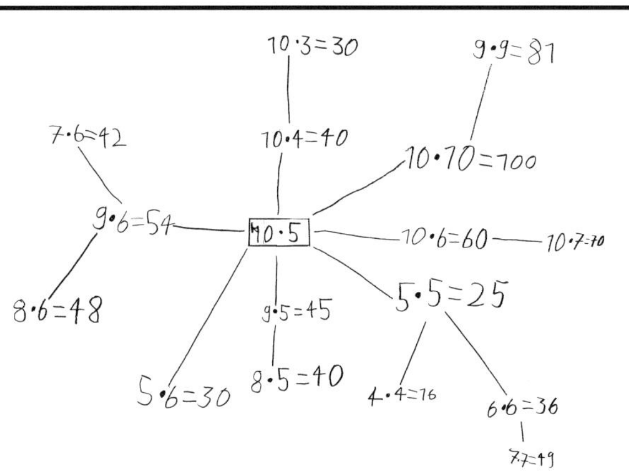

Austausch in der Klasse
Nachdem jedes Kind seine Verwandten zu einer Rechnung aufgeschrieben hat, stellen sich die Kinder gegenseitig ihre Netzwerke vor. Dadurch können einzelne Kinder Verwandtschaften kennen lernen, die sie bislang noch nicht gesehen haben. Der Austausch erweitert den Blickwinkel der Kinder.

Aufgaben dieser Art sollen auch in späteren Phasen immer wieder gestellt werden. Die Darstellung als Netzwerk zeigt die Einbettung der Aufgabe in einem grösseren Zusammenhang. Sie hilft ebenfalls bei Multiplikationen mit grösseren Zahlen, um geeignete Rechenwege zu finden.

Rechenwege erklären
Um die Herleitung neuer Malaufgaben aus bereits gelernten besser zu verstehen, haben wir die Kinder aufgefordert, in einer Art schriftlichem Dialog mit der Lehrperson zu beschreiben, wie sie die neue Aufgabe erschliessen. Jedes Kind wurde gebeten, eine neue Malrechnung zu lösen: Es sollte auch antworten, ob der Zugang zu einer Lösung ihm leicht oder schwierig erscheint, und es sollte die Lösung (die Herleitung von Bekanntem) darstellen. Oder die Kinder sollten erklären, weshalb zwei Malrechnungen ihnen als «verwandt» erscheinen. Aufgrund der Einsichten in die Netzwerkbeziehungen gelingt es Kindern so, auch anspruchsvollere Multiplikationen zu berechnen.

Kind Aufgabe	Rechenweg Erklärung des Kindes	Schwierig?
Xenia 9 · 8	Wenn ich 10·8 ausrechne weiss ich, Dasses 80 gibt und dan rechne ich minus 8 und dan weis ich dasses 72 gibt.	Nein!
Salome 12 · 8	10·8=80+ 8+8 = 96	nein
David 5 · 13	züerst neme ich 5·10=50 dan tu ich noch 15 dazu das ergipt 65.	Ja
Carola 4 · 60	Ich rechne 6+6=12 dan 60+60=120 und dann 120+120= 240	Nein

Xenia löst die Aufgabe 9 mal 8 von 10 mal 8 aus mit der Strategie «ein Achter weniger». *Salome* löst 12 mal 8 mit der Strategie «zwei Achter weiter». *David* kennt das Resultat von 5 · 13 nicht auswendig und stuft deshalb die Aufgabe als schwierig ein. Trotzdem kann er das Resultat berechnen. Die Aufgabe wurde aufgeteilt in die bekannten Teilaufgaben 5 · 10 und 5 · 3. Die Aufgabe 4 · 60 wurde von *Carola* als einfach eingestuft, da sie offenbar sofort erkennt, dass sie die Aufgabe über Netzwerkbeziehungen lösen kann. Sie weiss, dass das Vierfache einer Zahl das Doppelte vom Doppelten der Zahl ist und dass sie zusätzlich eine dekadische Analogie (6+6=12 bzw. 60+60=120) ausnutzen kann.

Simone und *Matthias* erklären, weshalb zwei von ihnen notierte Malaufgaben ihnen «verwandt» erscheinen:

Simone	Warum ist 5 · 8 verwandt mit 5 · 4?
	Weil 5·4 die helfte von 5·8 ist.
Matthias	Warum ist 9 · 4 verwandt mit 6 · 4?
	Es hat 3·4 unterschid!

Die Erklärungen der Rechenwege in einer Art des schriftlichen Dialogs wie auch die Darstellung «verwandter» Aufgaben geben Einblicke in die Art, wie Kinder das Netz des kleinen Einmaleins knüpfen. Sie dienen der Lehrperson auch als Standortbestimmung. Durch offene Fragestellungen kann man ausloten, wo die einzelnen Kinder stehen.

Schliesslich sollten die Kinder für sie schwierige Malrechnungen aufschreiben und berechnen.

<table>
<tr><td>Simon
6·6=36 7·7=49
8·4=32 14·5=70
7·8=56 12·8=96</td><td rowspan="2">Fabienne
5·200=1000
2·500.000=1000.000
6·500.000=3000.000
8·200=1600</td></tr>
<tr><td>Vaska
12·6=72
13·4=52</td></tr>
</table>

Was eine schwierige Multiplikation ist, wird von den Kindern ganz unterschiedlich beurteilt. Für *Simon* sind bereits Aufgaben mit einstelligen Faktoren schwierig. *Vaska* empfindet Rechnungen als schwierig, sobald der erste Faktor grösser als 10 ist. Dennoch ist sie in der Lage, die Resultate korrekt zu bestimmen. *Fabienne* ist fasziniert von den Möglichkeiten, sich in grossen Zahlenräumen zu bewegen. Was sie dazu braucht, sind Kenntnis der Einmaleinsaufgaben, Einsicht in den Aufbau des Stellenwertsystems und die Fähigkeit, Netzwerkbeziehungen anwenden zu können.

Gespannt waren wir natürlich auf ihre Erklärung zur Aufgabe 6 · 500’000 = 3’000’000.

Fabienne erklärt, wie sie 6 · 500’000 berechnet:

weil 500.000 die helfte von einer 1000.000 ist. Und dann habe ich die helfte von 6 genomen = 3000.000

Fabienne weiss, dass 6 · 1’000’000 das Resultat 6’000’000 ergibt und erkennt, dass sie nun genau die Hälfte davon braucht weil 500'000 die Hälfte von 1’000’000 ist.

TEILER UND VIELFACHE

Thema: Kleines Einmaleins, Teiler und Vielfache
Stufe: 3. bis 5. Klasse
Material: Wendeplättchen, Hundertertafel (KV 4)
Zeitbedarf: 2 Lektionen
Bearbeitung: F. Egli, M. Frey, B. Wälti

Aufgabe

Möglichst lange Rechenketten mit Durch- und Malaufgaben

Martina bildet eine Rechenkette, indem sie multipliziert oder dividiert. Die benutzten Faktoren und Divisoren dürfen dabei nicht grösser als 10 sein. Martina startet bei 30.

1	2	3	4		6	7	8	9	10
11	12	13		15	16	17	18	19	20
21	22	23	24	25	26	27	28	29	
31	32	33	34		36	37	38	39	40
41	42	43	44	45	46	47	48	49	50
51	52	53	54	55	56	57	58	59	60
61	62	63	64	65	66	67	68	69	
71	72	73	74	75	76	77	78	79	80
81	82	83	84	85	86	87	88	89	90
91	92	93	94	95	96	97	98	99	100

$30 : 6 = 5$
$5 \cdot 7 = 35$
$35 \cdot 2 = 70$
$70 : 5 = 14$
$14 \cdot$

Martina legt auf jedes Ergebnis ein Wendeplättchen. Das gleiche Resultat darf nicht zweimal vorkommen.

a) Beginne bei 30 oder einer anderen Zahl. Rechne und lege wie Martina. Bilde eine möglichst lange Rechenkette.

b) *«Wer die letzte Zahl abdeckt, gewinnt»*
Spiel für zwei: Beginnt mit einer Ergebniszahl des kleinen Einmaleins. Rechnet abwechslungsweise wie Martina und deckt die Zahl mit einem Plättchen zu. Wer kann die letzte Zahl zudecken?

c) *Möglichst kurze Rechenketten*
Beginne mit 30 oder einer anderen Zahl. Lege und rechne so, dass du möglichst bald keine weiteren Zahlen mehr zudecken kannst.

Worum geht es?

Die Kinder knüpfen das Netz des kleinen Einmaleins in einem neuen, produktiven Kontext. Sie bewegen sich mittels Multiplikation und Division auf der Hundertertafel. Die Faktoren, mit denen multipliziert, und die Divisoren durch die dividiert wird, sollen vorerst nicht grösser als 10 sein.
Die Lernumgebung zielt darauf ab, Rechenketten zu bilden. Diese sollen in Aufgabe a) möglichst lang werden. Die (Zwischen-)Resultate werden auf der Hundertertafel durch Wendeplättchen abgedeckt. Abgedeckte Zahlen dürfen kein zweites Mal errechnet werden.
Mögliche Glieder solcher Rechenketten sind Zahlen, die in einstellige Primfaktoren zerlegt werden können. Zusätzlich zu den Zahlen aus den Reihen des kleinen Einmaleins lassen sich durch geschicktes Rechnen also auch
84 (= 2 · 2 · 3 · 7) 96 (= 2 · 2 · 2 · 2 · 2 · 3)
98 (= 7 · 7 · 2) und 75 (= 3 · 5 · 5)

erreichen. Insgesamt kommen daher fünfundvierzig Zahlen der Hundertertafel als mögliche (Zwischen-)Ergebnisse in Frage. Zahlen, die nicht abgedeckt werden können sind ausnahmslos zweistellige Primzahlen oder Vielfache von ihnen.

Nachfolgendes Beispiel zeigt, wie alle fünfundvierzig Zahlen innerhalb einer einzigen Rechenkette abgedeckt werden können:

30, 90, 45, 9, 81, 27, 54, 18, 36, 72,
12, 96, 24, 48, 6, 60,
20, 40, 80,
16, 64, 32, 8, 1, 2, 4,
28, 56, 7, 49, 98, 14, 42, 84, 21,
3, 15, 75, 25, 100, 50, 5, 10, 70, 35.

Als Startzahl sind alle der fünfundvierzig erwähnten Zahlen denkbar – 12, 20, 24 oder 30 sind jedoch Startzahlen, von denen aus besonders viele Rechenwege möglich sind.
Die Aufgabenstellung lässt sich leicht abändern. So kann mit Viertklässlern im Zahlenraum von 1 bis 200 operiert werden. In diesem Fall macht es Sinn, weitere Divisoren und Faktoren (z.B. 11, 12, 15, 18) zuzulassen. Es können in der Spielform auch zweistellige Zahlen als Faktor oder als Divisor erlaubt werden.

Die Arbeit an Aufgabe c) wo die Kinder möglichst kurze «Rechensackgassen» ohne Ausgang suchen, hat sich als produktive «Rampe» für lernstarke Kinder erwiesen, auch wenn in der Erprobung keine einwandfreien Lösungen zustande gekommen sind. Nachfolgend einige kurze «Sackgassen» ausgehend von 30.
- 30, 5, 15, 90, 9, 45
- 30, 15, 5, 25, 75
- 30, 3, 9, 27, 81
- 30, 5, 10, 50, 25, 100

Wie kann man vorgehen?

Mit der Klasse wird vorerst gemeinsam eine Rechenkette wie im Protokoll von *Martina* an der Wandtafel entwickelt. Dabei schlagen die Kinder abwechselnd Zahlen vor. Auf einer grossen Hundertertafel (an der Wandtafel) werden die Resultate jeweils mit Magneten abgedeckt. An der entstandenen Rechenkette werden die Rechnungsregeln erläutert.
Die Kinder bilden anschliessend alleine oder zu zweit eigene Rechenketten. Man kann offen lassen, ob sie dabei mit der (günstigen) Zahl 30 beginnen oder eine andere Ergebniszahl des kleinen Einmaleins als Startzahl wählen. Es ist wichtig, dass die Kinder ihre Rechnungen sauber protokollieren. Das Beispiel auf dem Aufgabenblatt gibt ein mögliches Protokollformat vor.
Viele Kinder konzentrieren sich auf das Bilden möglichst langer Rechenketten. Das fortgesetzte «Verlängern» der eigenen Kette ist so anspruchsvoll, dass auch begabte Kinder herausgefordert werden. Aufgabe c) ist daher eine mögliche, keineswegs aber notwendige «Rampe» für begabte und interessierte Kinder.
Die Kinder können am Schluss ihre Lieblingsrechenkette auf eine Folie oder an die Wandtafel schreiben und diese der Klasse oder einer Gruppe erläutern. Sie können dann in der Gruppe gemeinsam nach Möglichkeiten suchen, wie sich lange Ketten noch verlängern lassen.
Die Kinder sind nun ohne weitere Einführung imstande, das Spiel (Aufgabe b) «Wer die letzte Zahl abdeckt, gewinnt» zu spielen. Auch Kinder, die ohne Spielstrategie eingestiegen sind, haben schnell Strukturen oder Strategien entdeckt, die im Spiel angelegt sind. Die Kontrolle des Spiels erfolgt durch die Spielpartnerin/den Spielpartner.

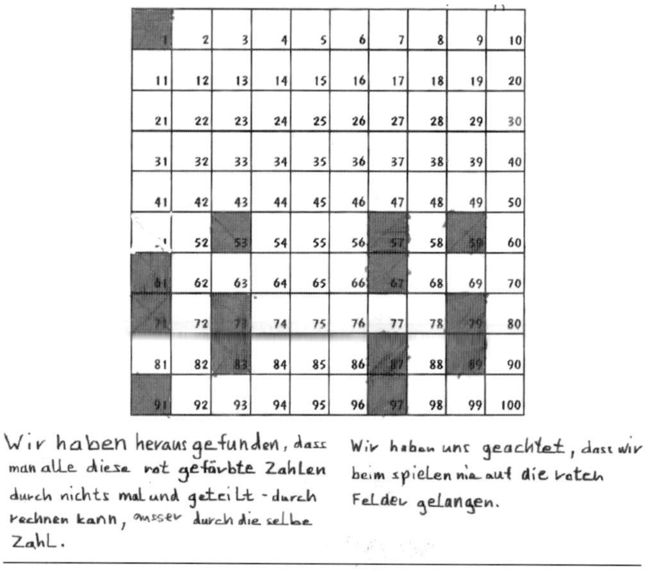

Spielkommentar von zwei Schülern. Sie illustrieren, welche Zahlen man beim Spiel meiden sollte.

Dokumente aus der Erprobung (4./5. Kl.)

Einfaches Beispiel: Möglichst kurze Kette (Aufgabe c)
Tims Plan besteht darin, der Reihe nach die Vielfachen von 10 abzudecken. Als er bei 50 anlangt, lassen sich tatsächlich keine neuen Vielfachen von 10 mehr erreichen, was Tim zur Schlussfolgerung verleitet, die Aufgabe gelöst zu haben. Tim festigt durch die Bearbeitung dieser Aufgabe seine Vorstellungen vom 10er-Einmaleins. Sein Vorgehen ist aufgrund seiner selbst gewählten Einschränkungen durchaus folgerichtig.

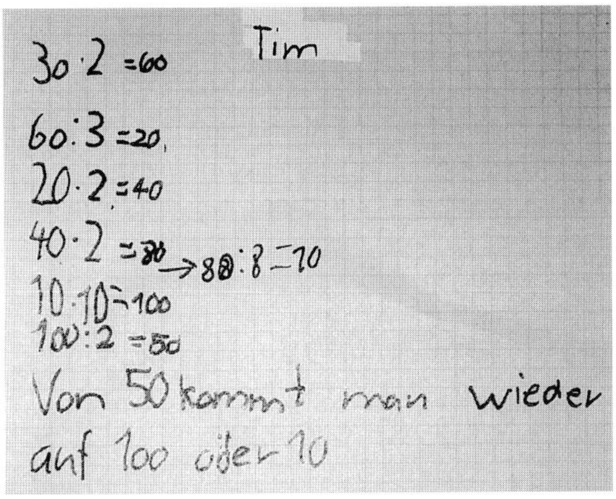
30·2 =60 Tim
60:3 =20
20·2 =40
40·2 =80 → 80:8 =10
10·10 =100
100:2 =50
Von 50 kommt man wieder auf 100 oder 10

Mittleres Beispiel: Möglichst kurze Kette (Aufgabe c)
Seraina sucht möglichst kurze Rechenketten zu finden. Ihre beiden Ketten führen zu 81, einer Zahl mit nur wenigen Teilern. Sie merkt nicht, dass die Reihe in beiden Fällen weitergeführt werden könnte, indem man die 81 durch 3 dividiert. Seraina ist eine gute Kopfrechnerin und will nicht mit der 100er-Tafel arbeiten. Andere Kinder haben sich bei dieser Aufgabe auf die Hundertertafel gestützt und verschiedene Lösungen gefunden. Seraina konzentriert sich auf schnelle, rechnerisch richtige Lösungen und verbaut sich so durch ihre Bearbeitungsstrategie wohl selbst die Möglichkeit, der Aufgabe vollständig auf die Schliche zu kommen.

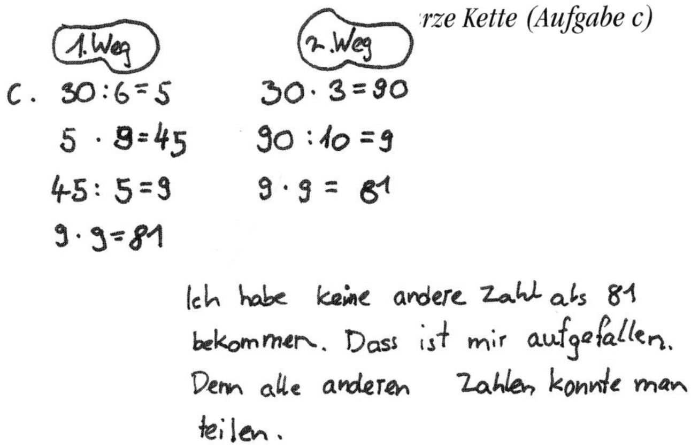
…rze Kette (Aufgabe c)
1. Weg
c. 30:6=5
5 · 9=45
45: 5=9
9·9=81
2. Weg
30·3=90
90:10=9
9·9 = 81
Ich habe keine andere Zahl als 81 bekommen. Dass ist mir aufgefallen. Denn alle anderen Zahlen konnte man teilen.

Hinter *Gabis* Vorgehen steckt ein Plan, der sie möglichst schnell in eine Sackgasse führen soll. Sie entscheidet, dass ihr Weg bei 90 enden soll, und listet diejenigen Teiler von 90 auf, die vorgängig abgestrichen werden müssen (und vergisst dabei die 9). Ihre Rechenkette folgt diesem Plan und führt über die 5 – ein kleiner, nicht unbedingt notwendiger Umweg.

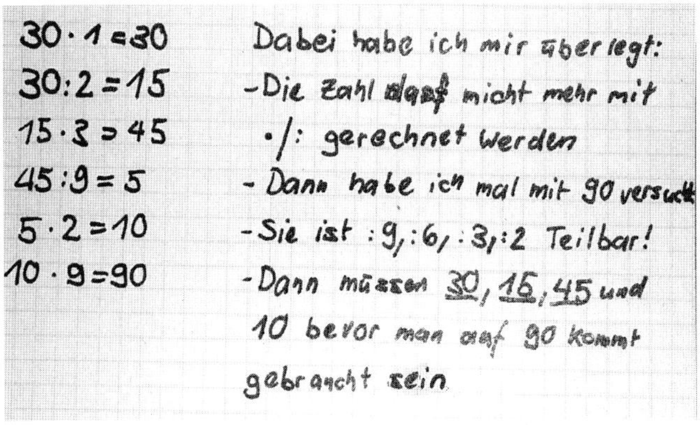
30·1=30
30:2=15
15·3=45
45:9=5
5·2=10
10·9=90
Dabei habe ich mir überlegt:
-Die Zahl darf nicht mehr mit ·/: gerechnet werden
-Dann habe ich mal mit 90 versucht
-Sie ist :9, :6, :3, :2 Teilbar!
-Dann müssen 30, 15, 45 und 10 bevor man auf 90 kommt gebraucht sein

Anspruchsvolles Beispiel: Möglichst lange Kette (Aufgabe a)
Dennis (4. Klasse, s. nächste Seite) findet zu Aufgabe a) eine Rechenkette mit 29 Zahlen, was an und für sich nicht aussergewöhnlich ist. Er geht jedoch ausgesprochen systematisch vor. Er arbeitet sich vorerst durch die Zahlen der 5er-Reihe und wechselt dann zur 2er-Reihe. Dennis merkt rasch, dass diese nicht ergiebig ist, da er die Zahlen der 2er-Reihe in allen anderen Reihen auch gebrauchen kann.
Vermutlich entscheidet er sich daher, zuerst die Reihen mit grossen Zahlen (8er- und 7er-Reihe) zu bearbeiten. So gelingt es ihm, 11 von 12 möglichen Zahlen aus der 7er-Reihe anzusteuern. Mit der 20. und 26. Rechnung sprengt er den vertrauten Rahmen des kleinen Einmaleins. Selbst wenn Dennis zweimal das Resultat 7 erreicht und die 63 als möglicher Link zur vermutlich angestrebten 9er-Reihe fehlt, ist sein Vorgehen konsequent und zeugt von einem tragfähigen Beziehungsnetz im Bereich des kleinen Einmaleins.
Dennis hat die Aufgabe übrigens so fasziniert, dass er seine Rechenkette weiter optimiert hat. Voller Stolz hat er mir nach der Erprobung ein Mail geschickt, in dem er belegt, dass er die Rechenkette auf 38 Zahlen ausbauen konnte.

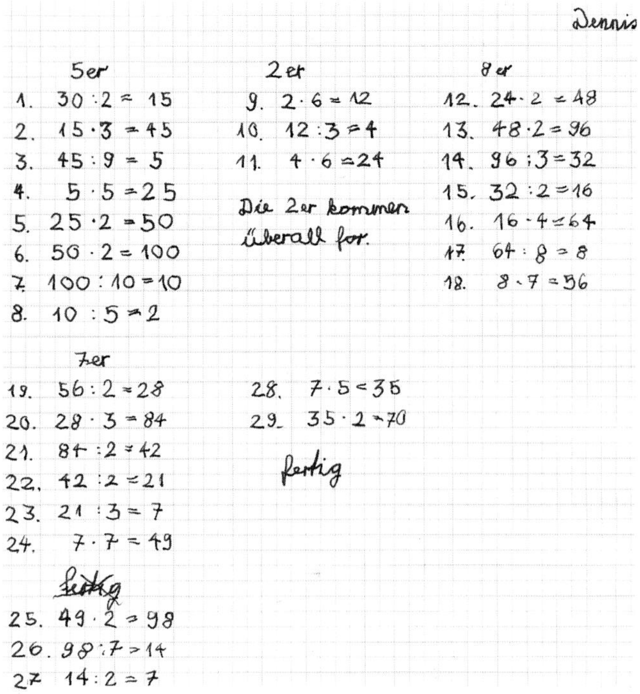

Dennis

5er
1. 30 : 2 = 15
2. 15 · 3 = 45
3. 45 : 9 = 5
4. 5 · 5 = 25
5. 25 · 2 = 50
6. 50 · 2 = 100
7. 100 : 10 = 10
8. 10 : 5 = 2

2er
9. 2 · 6 = 12
10. 12 : 3 = 4
11. 4 · 6 = 24

Die 2er kommen überall for.

8er
12. 24 · 2 = 48
13. 48 · 2 = 96
14. 96 : 3 = 32
15. 32 : 2 = 16
16. 16 · 4 = 64
17. 64 : 8 = 8
18. 8 · 7 = 56

7er
19. 56 : 2 = 28
20. 28 · 3 = 84
21. 84 : 2 = 42
22. 42 : 2 = 21
23. 21 : 3 = 7
24. 7 · 7 = 49

fertig

25. 49 · 2 = 98
26. 98 : 7 = 14
27. 14 : 2 = 7

28. 7 · 5 = 35
29. 35 · 2 = 70

fertig

Zur Heterogenität

Kinder mit einfachen Lösungen können ...

- kurze Ketten bilden;
- einige häufig benutzte Zahlen aus 2er-, 4er, 5er- und 10er-Reihe in eine mögliche Reihenfolge bringen (z.B. 2, 4, 5, 10, 20, 40 ➔ 2, 10, 5, 20, 40, 4);
- einige vorgegebene Zahlen treffen.

Kinder mit anspruchsvollen Lösungen können ...

- möglichst lange/kurze Rechenketten suchen;
- ihre eigenen Rechenketten optimieren;
- ihr Vorgehen beschreiben bzw. ihre Rechenwege so darstellen, dass ihre Überlegungen nachvollziehbar sind;
- Gewinnstrategien zum Spiel diskutieren;
- füreinander Rätsel zu Rechenketten formulieren;
- verschiedene mögliche Anordnungen zu langen Zahlenketten suchen;
- Gesetzmässigkeiten von 3 aufeinander folgenden Zahlen in Rechenketten suchen;
- Sackgassen mit verschiedenen Startzahlen suchen.

SUMMEN BILDEN MIT ZIFFERNKARTEN 3 – 5

Thema: Addition dreistelliger Zahlen; Kombinatorik: Problem der Ziffernanordnung
Stufe: 3. – 5. Klasse
Material: Ziffernkarten 1 bis 9
Zeitbedarf: 1 bis 2 Lektionen
Bearbeitung: B. Gfeller, S. Isenring, M. Angst, Ch. Nikou, E Hengartner

Aufgabe

Summen bilden mit den Ziffernkarten 1 bis 9

Legt mit den Ziffernkarten 1 bis 9 drei dreistellige Zahlen und addiert sie.

	3	6	9
	8	5	2
	7	4	1
1	9	6	2

a) Sucht die grösstmögliche Summe.

b) Sucht die kleinstmögliche Summe.

c) Versucht, die Summe 999 zu erreichen.

d) Findet ihr mehrere Lösungen?

e) Beschreibt, wie ihr vorgegangen seid.

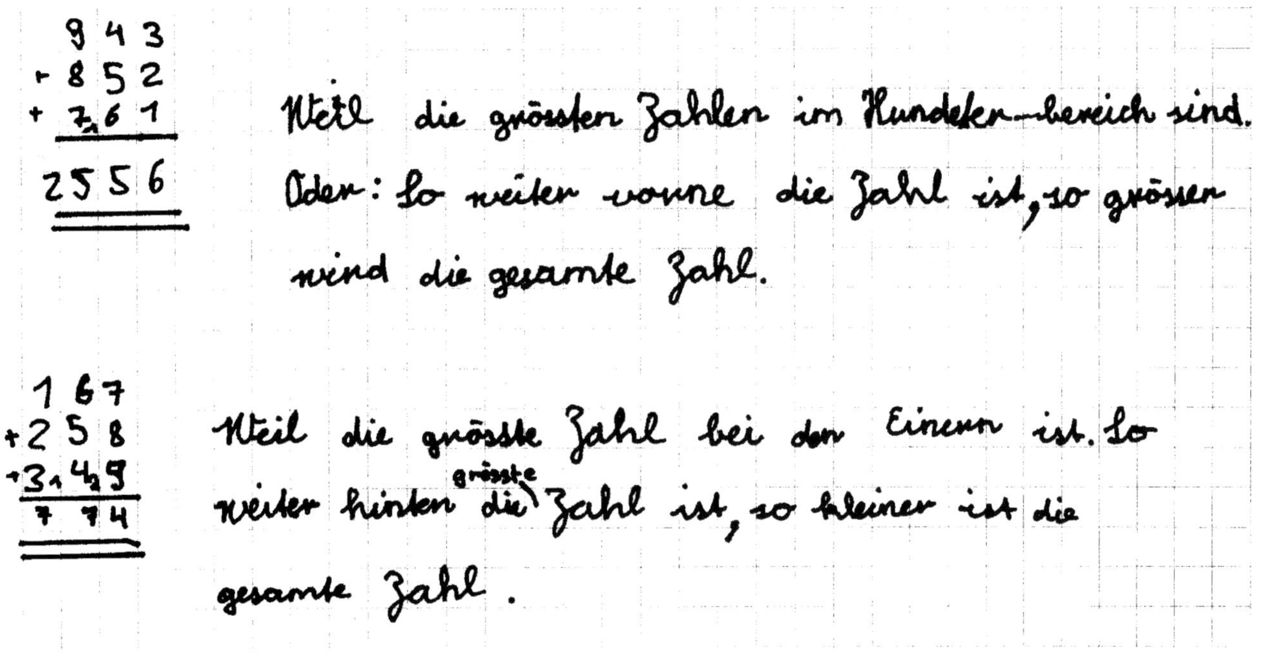

Abbildung: Grösste und kleinste Summe

Zusatzaufgaben

Addiert die Ziffern der berechneten Summen. *Oder:* Dividiert alle berechneten Summen durch 9. Was stellt ihr fest?

Bildet mit allen Ziffernkarten zwei mehrstellige Zahlen und addiert sie.
Versucht, Zielzahlen als Summe zu erreichen, z.B. 50'000, 90'000, 100'000 …

Worum geht es?

In der Lernumgebung wird die schriftliche Addition geübt. Durch die Verwendung der neun Ziffernkarten 1 bis 9 für die Bildung der Summanden ergibt sich eine reichhaltige fachliche Struktur. Diese öffnet ein Feld für Entdeckungen, welche durch die Aufträge a) bis e) angeregt werden.

Um die grösste und die kleinste Summe zu erreichen (Aufgaben a) und b)), müssen die Ziffern nach der Grösse geordnet und entsprechend als Hunderter, Zehner und Einer gesetzt werden. Dafür gibt es viele Kombinationen. Sie herauszufinden und darzustellen wird hier einzig für die Summe 999 angeregt. Um 999 als Summe zu bekommen (Auftrag c), müssen die Ziffern so angeordnet werden, dass die Einer addiert 19 ergeben – also ein «behalte 1». Die Zehner müssen zusammen 18 geben, was mit dem «behalte 1» eine 9 bei den Zehnern und ein «behalte 1» für die Hunderter ergibt. Die restlichen Ziffern geben zusammen mit dem «behalte 1» nochmals 9 für die Hunderter. Lösungsbeispiele:

1 7 9	5 8 9	5 8 9	4 9 8
3 6 8	2 6 7	2 7 6	3 7 6
4 5 2	1 4 3	1 3 4	1 2 5
----------			
8 18 19			
9 9 9			

Als Summen sind generell nur Neunerzahlen möglich (Zusatzaufgaben). Das heisst: Die errechneten Summen durch 9 dividiert geben nie einen Rest; die Summe 1000 ist daher unmöglich. Die Quersumme der Ziffern ist in jeder Summe eine Neunerzahl. Begründung: Die Ziffern 1 bis 9 ergeben zusammengezählt die Summe 45, also eine Neunerzahl. Wird nun eine Ziffernkarte von den Einern zu den Zehnern verschoben, so vergrössert sich die Summe um 9-mal den Wert der Ziffer. Das Verschieben von Ziffernkarten von den Einern zu den Hundertern vergrössert die Summe um 99-mal den Wert der Ziffer. Das Verschieben der Ziffernkarten in den Stellenwerten bewirkt also stets Neunerdifferenzen in der Summe. Wenn alle Ziffernkarten eingesetzt werden, entstehen also immer Neunerzahlen als Summen.

Wie kann man vorgehen?

Zur Einführung der Lernumgebung werden Aufgaben mit grossen Ziffernkarten an der Wandtafel gelöst. Die Kinder legen mit kleinen Ziffernkarten nach: Die neun Ziffernkarten werden immer aufs Neue zu drei dreistelligen Zahlen gruppiert und es werden die Summen berechnet. Ein Vergleich der Summen nach ihrer Grösse zeigt, dass diese von der Position der Ziffern abhängt. Für die Suche nach der grössten und kleinsten Summe eignet sich Einzelarbeit. Für das Entdecken verschiedener Lösungen zur Summe 999 ist ein Austausch in Partner- oder Gruppenarbeit hilfreich. Es handelt sich dabei aber um eine «Rampe», die nicht alle bearbeiten müssen.

Die Frage nach dem Vorgehen der einzelnen Kinder sollte innerhalb der Klasse besprochen werden. Es ist für alle wichtig, die eigenen Versuche nochmals zu vergegenwärtigen, ihrer bewusst zu werden und sie anderen mitzuteilen. Der Austausch kann auf verschiedene Strategien aufmerksam machen.

Dokumente aus der Erprobung

Einfaches Beispiel

Um die grösste Summe zu erhalten, hat *Jan* mit den drei grössten Ziffern zunächst die Zahl 987 gebildet. Er merkt dann, dass er sie an die Hunderterstelle der drei Summanden setzen muss, nimmt dann aber die drei kleinsten Ziffern für die Zehner statt für die Einer. Für die kleinste Summe achtet er darauf, dass die drei kleinsten Ziffern 1, 2 und 3 an die Hunderterstelle gesetzt sind, fährt aber für die Zehnerstelle nicht systematisch fort. Mit 999 als Summe ist er überfordert. Er findet zwar eine originelle Lösung; diese ist aber regelwidrig, weil nicht alle Ziffern 1 bis 9 je einmal verwendet werden. Die zwei gelungenen Beispiele stammen vermutlich von einer Nachbarin.

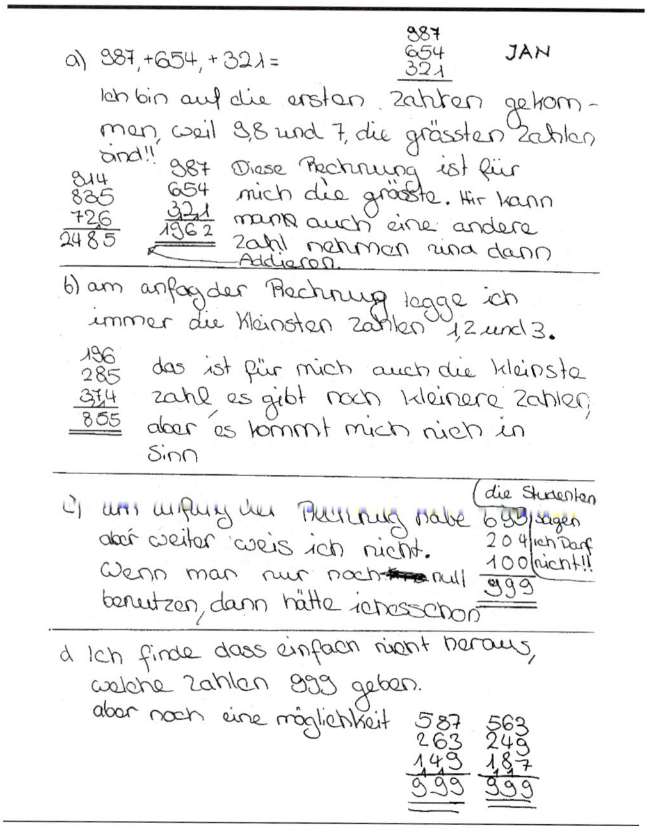

Mittleres Beispiel
Jelena hat, um die grösste und kleinste Summe zu erreichen, die Ziffern in allen drei Stellenwerten korrekt angeordnet, allerdings erst in einem zweiten Anlauf. Sie merkt zudem an, dass sie weiss, dass es stimmt. Für 999 als Summe macht sie viele erfolglose Versuche. Sie zweifelt schon an ihrem Erfolg – da gelingt es ihr plötzlich, die Ziffern so zu legen, dass sie 999 als Summe erreicht. Schön ist ihr Bericht, wie und wann ihr ein Licht aufgegangen ist. Das Originaldokument enthält übrigens nochmals weitere acht Additionen! Jelena hat die vielen verschiedenen Möglichkeiten durch teilweise systematisches Verändern gefunden.

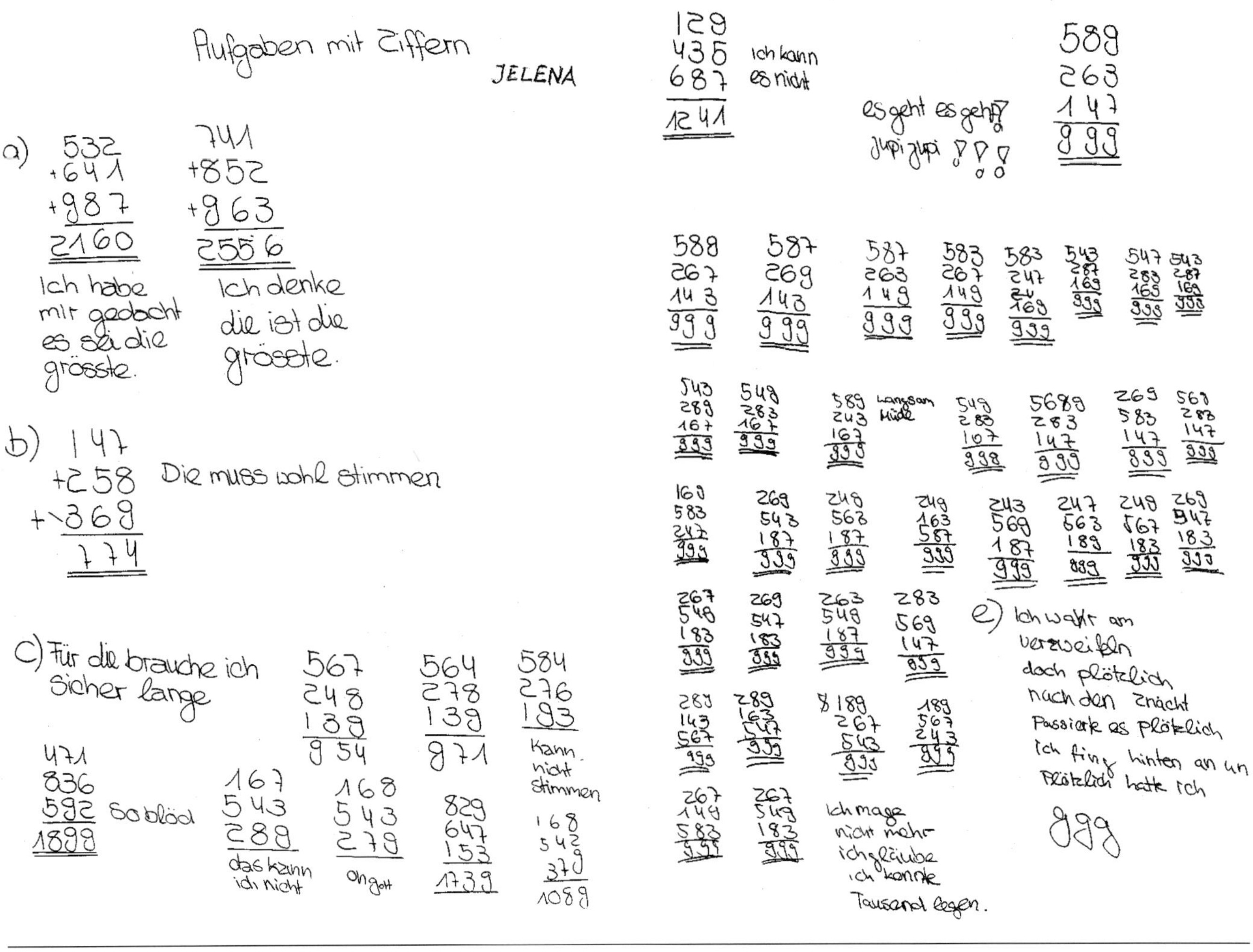
Aufgaben mit Ziffern
JELENA
a) 532 +641 +987 = 2160
741 +852 +963 = 2556
Ich habe mir gedacht es sei die grösste.
Ich denke die ist die grösste.
b) 147 +258 +369 = 774
Die muss wohl stimmen
c) Für die brauche ich sicher lange
567 248 139 = 954
564 278 139 = 971
584 276 193
Kann nicht stimmen
471 836 592 = 1899 So blöd
167 543 288
das kann ich nicht
168 543 279
oh gott
829 647 153 = 1739
168 542 379 = 1089
129 435 687 = 1241
Ich kann es nicht
es geht es geht!
Jupi jupi !!!
589 263 147 = 999
Langsam Müde
e) Ich wollte am verzweifeln doch plötzlich nach den 2 nacht Passierte es plötzlich ich fing hinten an un plötzlich hatte ich 999
Ich mage nicht mehr ich glaube ich konnte Tausend legen.

Anspruchsvolles Beispiel (nur Teilaufgabe 999)
Anja formuliert klar ihre Vorgehensweise, wie sie die Summe 999 gewinnen kann. Sie zeigt darüber hinaus, wie man die Einer systematisch so variieren kann, dass neue Lösungen entstehen. Sie ist fähig, ihre Lösungswege zu vergegenwärtigen, übersichtlich darzustellen und zu verallgemeinern. Vom Prinzip her hat sie das kombinatorische Problem bei der Bildung der drei dreistelligen Summanden verstanden.

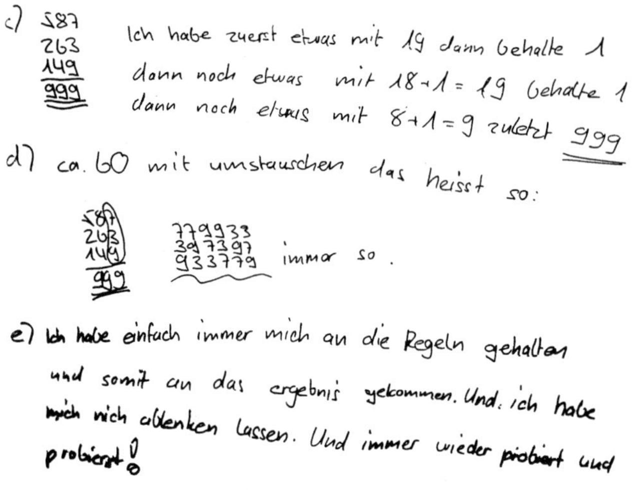

Überraschende Strategien
Eine Durchsicht aller Dokumente einer Klasse ergab, dass manche Kinder nicht nur mehr oder minder systematisch Ziffern neu kombinierten (wie beispielsweise *Anja*), sondern dass sie ganze Zifferngruppen verglichen und austauschten. Im Beispiel 1 tauschte ein Kind zwei horizontale Zweiergrüppchen von Zehner-Einer-Ziffern, welche dieselbe Quersumme 11 ergaben. Im zweiten Beispiel waren es zwei vertikale Zifferngruppen, wobei die beiden Zehner- und die beiden Einerziffern je 10 ergaben und deshalb getauscht werden durften, ohne dass sich die Summe verändert. Im dritten Beispiel waren es «gegensinnige» Unterschiede zwischen Zehnern und Einern in zwei horizontalen Ziffernpärchen: 5 ist 3 mehr als 2 und 6 ist 3 weniger als 9.
Im vierten Beispiel wurden nochmals Ziffern gegensinnig vertauscht, wobei alle drei Summanden betrachtet wurden. Die Beispiele machen deutlich, wie wichtig es ist, dass die Kinder sich über ihre Vorgehensweisen austauschen.

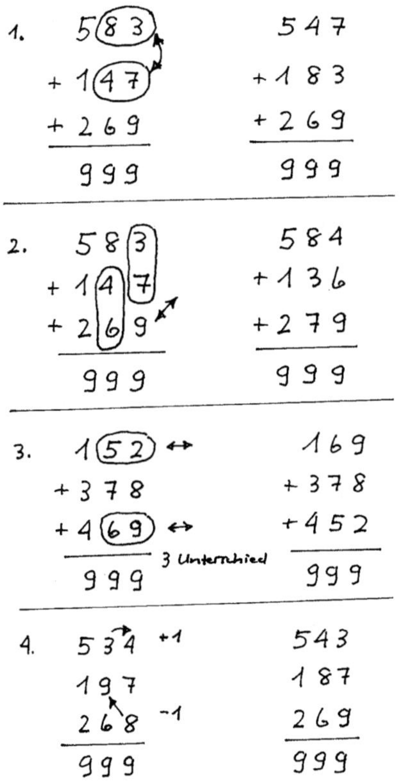

IMMER 99

Thema:	Subtraktion und Addition zweistelliger Zahlen; Problemlösen und Begründen
Stufe:	3. – 5. Klasse
Material:	Ziffernkarten 0 bis 9, Hundertertafeln (KV 5)
Zeitbedarf:	2 bis 4 Lektionen
Bearbeitung:	S. Tschopp, N. Roos, E. Dürrenberger, D. Meier, E. Hengartner

Aufgabe

Immer 99

	Beispiel
Wähle zwei Ziffernkarten (Beispiel 3 und 5) Bilde damit die grössere Zahl und die kleinere Zahl.	 53 35
Berechne die Differenz.	53 – 35 = 18
Tausche die Ziffern der Differenz und addiere.	 18 + 81 = 99

Du bekommst immer 99, egal welche Ziffern du anfangs gewählt hast. Probiere das aus.

Was fällt dir an den Zwischenergebnissen auf?
Welche Anfangszahlen führen zum gleichen Zwischenergebnis? Verschaffe dir einen Überblick.
Warum gibt es beim Addieren mit nochmals getauschten Ziffern immer 99?

1	2	3	4	5	6	7	8	9	10
11	12	13	14	15	16	17	18	19	20
21	22	23	24	25	26	27	28	29	30
31	32	33	34	35	36	37	38	39	40
41	42	43	44	45	46	47	48	49	50
51	52	53	54	55	56	57	58	59	60
61	62	63	64	65	66	67	68	69	70
71	72	73	74	75	76	77	78	79	80
81	82	83	84	85	86	87	88	89	90
91	92	93	94	95	96	97	98	99	100

Bei den Minusrechnungen gibt es die Resultate: 9, 18, 27, 36, 45, 54, 63, 72, 81. Diese Resultate sind in der 9er-Reihe. Bei der 18 sind die Anfangszahlen 13, 31, 53, 35, 46, 64, 75, 57, 86, 68, 42, 24. Wenn man eine 100er-Tafel nimmt, dann gibt es 2 diagonale Reihen mit gleichem Abstand von der 11er-Reihe. Wenn man herausfinden will, was es bei anderen Minusresultaten

Melinda gewinnt Übersicht mithilfe der Hundertertafel.

Worum geht es?

Die Lernumgebung setzt auf zwei Ebenen an: Die Kinder subtrahieren und addieren zweistellige Zahlen und festigen damit Lernziele des 2. Schuljahres. Sie versuchen aber auch herauszufinden, weshalb das Endergebnis immer 99 ist. Sie überprüfen Vermutungen, untersuchen die Zahlen, stellen Ergebnisse übersichtlich dar und suchen nach Begründungen – sie sind also auch auf der Ebene allgemeiner Ziele gefordert. Die Rechenübung ist mit einer fachlichen Struktur verknüpft, welche Entdeckungen ermöglicht. Die Sachstruktur der Lernumgebung soll hier kurz skizziert werden.

Die Zwischenergebnisse – die Differenzen von Umkehrzahlen – sind Vielfache von 9: Deren Grösse wird durch den Unterschied zwischen Zehner- und Einerziffer der gewählten zweistelligen Zahlen bestimmt. Bei 54 und 45 beiträgt der Ziffernunterschied 1; die Differenz beträgt demnach 1 mal 9. Bei 63 und 36 beträgt der Ziffernunterschied 3; die Differenz beträgt 3 mal 9 = 27. Mit wachsendem Unterschied zwischen Zehner- und Einerziffer gibt es weniger Rechnungen:

9 =	18 =	27 =	36 =	45 =	54 =	63 =	72 =	81 =
98 - 89	97 - 79	96 - 69	95 - 59	94 - 49	93 - 39	92 - 29	91 - 19	90 - 09
87 - 78	86 - 68	85 - 58	84 - 48	83 - 38	82 - 28	81 - 18	80 - 08	
76 - 67	75 - 57	74 - 47	73 - 37	72 - 27	71 - 17	70 - 07		
65 - 56	64 - 46	63 - 36	62 - 26	61 - 16	60 - 06			
54 - 45	53 - 35	52 - 25	51 - 15	50 - 05				
43 - 34	42 - 24	41 - 14	40 - 04					
32 - 23	31 - 13	30 - 03						
21 - 12	20 - 02							
10 - 01								

Insgesamt sind es 9 + 8 + 7 + 6 + 5 + 4 + 3 + 2 + 1 = 45 verschiedene Aufgaben.

Für das *Begründen* helfen verschiedene Arbeitsmittel:

a) Schritte in der Hundertertafel
Alle Paare von Umkehrzahlen liegen auf der Hundertertafel symmetrisch zu den 11er-Zahlen. Von 12 nach 21 zum Beispiel ist es ein 9er-Schritt (nach unten zehn dazu und nach links eins weg). Von 14 nach 41 sind es drei 9er-Schritte (dreimal ein Zehner dazu und dreimal ein Einer weg).

1	2	3	4	5	6
11	12	13	14	15	16
21	**22**	23	24	25	26
31	32	**33**	34	35	36
41	42	43	**44**	45	46
51	52	53	54	**55**	56

b) Darstellen an der Stellentafel
Im Beispiel ist die Zahl 14 dargestellt. Um 41 zu legen (auf 41 zu ergänzen), legt man drei Plättchen von den Einern zu den Zehnern. Jedes Verschieben eines Plättchens bedeutet 9 dazu – so viele Plättchen verschoben werden, so viel mal 9 beträgt die Differenz der beiden Zahlen.

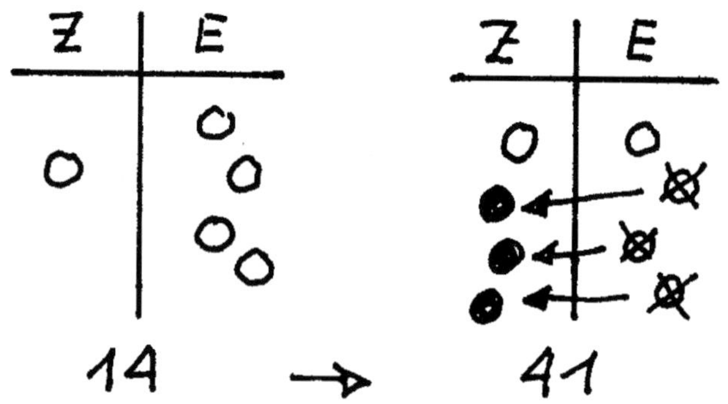

Zahlen der 9er-Reihe ergeben, zu ihrer Umkehrzahl addiert, stets 99.
Bei allen Zahlen der 9er-Reihe ergeben die Zehner- plus die Einerziffer zusammen 9; ihre Quersumme ist 9: 1 + 8 = 9, 2 + 7 = 9; 3 + 6 = 9; 4 + 5 = 9 usw. Addiert man 9er- Zahlen zu ihren Umkehrzahlen, bildet man zweimal die Quersumme 9, einmal bei den Zehnern und einmal bei den Einern:
54 + 45 = 99

Wie kann man vorgehen?

Zur Einführung bedarf es weniger Beispiele, bis die Regel der Aufgabenfolge allen klar ist. Wichtig ist, dass der Fall mit Zwischenergebnis 9 zum Beispiel aus 65 – 56 besprochen wird: Wir schreiben alle Zahlen zweistellig, also 65 – 56 = 09. So ergibt die Umkehrung 09 + 90 ebenfalls 99.

In unseren Erprobungsklassen – einer 3. und 4. Klasse – wurde zunächst intensiv gerechnet und das Subtrahieren und Addieren von zweistelligen Zahlen geübt. Das rätselhafte, stets gleiche Endergebnis 99 motivierte die Kinder zu immer neuen Versuchen. Reizvoll ist folgende Inszenierung: Die Kinder arbeiten in Dreier- und Vierergruppen. Ein Satz Ziffernkarten 0 bis 9 liegt auf den Gruppentischen – vermischt und die Zahlen verdeckt nach unten. Jedes deckt nun zwei Ziffernkarten auf und berechnet mit den zwei gezogenen Karten gemäss der eingeführten Regel die Aufgabenfolge. Jedes Kind notiert für sich die Aufgaben. Obwohl alle mit verschiedenen Ziffernkarten rechnen, erhalten alle das gleiche Schlussergebnis 99. Weil dies verblüffend erscheint, wird der Vorgang mit anderen Ziffernkarten ein paar Mal wiederholt. Die Gruppe gewinnt so eine Menge von Aufgabenbeispielen.

Meist fällt bald auf, dass die Zwischenergebnisse 9er-Zahlen sind. Stand bis dahin das Rechnen und mit ihm die Übung einer Fertigkeit im Zentrum, so wird jetzt die Aufmerksamkeit auf die Frage gelenkt, warum als Differenz stets 9er-Zahlen entstehen und was es mit dem Endergebnis 99 auf sich hat. Man kann einen Austausch in der Klasse anregen und den Kindern als Hilfsmittel die Hundertertafel anbieten.

Im Kreis liegt eine grosse Hundertertafel und die Kinder nennen zu einer bestimmten 9er-Zahl (zum Beispiel zu 18) Rechnungen mit 18 als Zwischenergebnis, die sie gefunden haben. Die betreffenden Umkehrzahlen mit der Differenz 18 werden mit Magneten einer Farbe auf der Hundertertafel markiert; sie liegen alle schräg und gleich weit entfernt von den 11er-Zahlen. An noch bestehenden Lücken merken die Kinder, welche Zahlenpaare mit Differenz 18 sie noch nicht genannt haben. Dann werden mit andersfarbigen Magneten die Zahlenpaare zu andern 9er-Differenzen (zu 9, zu 27, zu 36) markiert.

In der 4. Klasse haben die Gruppen sodann arbeitsteilig zu allen 9er-Zahlen die passenden Zahlenpaare gesucht, notiert und sie dann in einem zweiten Anlauf nach der Grösse geordnet. Die Ergebnisse wurden in einer grossen Übersicht festgehalten und besprochen (siehe auch die Tabelle oben). Die übersichtliche Darstellung hat im Anschluss Versuche des Entdeckens, Beschreibens und Begründens erleichtert und gefördert.

Dokumente aus der Erprobung

Beispiel «Rechenübung»
Das Dokument von *Nadine* veranschaulicht, wie intensiv die Kinder zunächst die Subtraktion und Addition zweistelliger Zahlen geübt haben. In einem ersten Schritt festigen sie innerhalb einer fachlich gerahmten Übung zunächst Fertigkeiten, ehe sie an das Problem herangehen, weshalb als Differenz Neunerzahlen entstehen und am Schluss immer 99 erreicht wird.

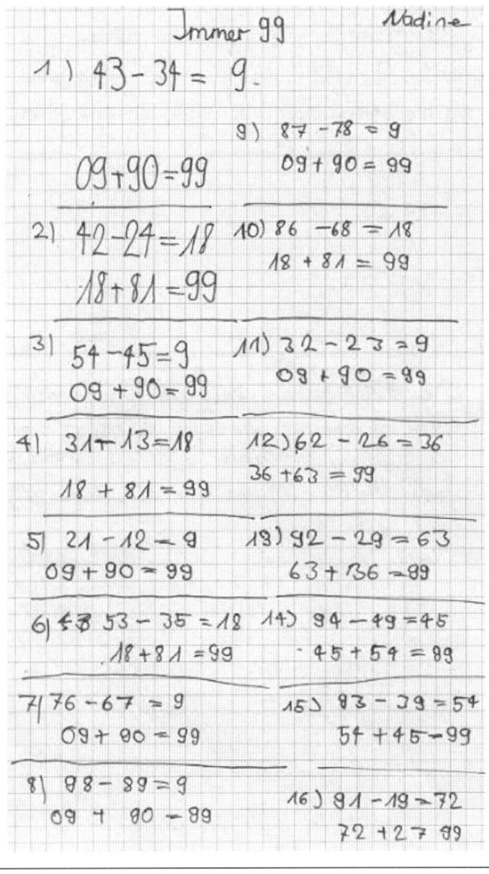

Beispiel «Entdecken und Begründen»

Miro (3. Klasse) erkennt, dass als Differenz von Umkehrzahlen 9er-Zahlen entstehen. Er erstellt mithilfe der Hundertertafel eine Tabelle: Aus ihr wird ersichtlich, wie viele Rechnungen es zu den einzelnen 9er-Zahlen (als Differenzen) gibt. Je grösser die 9er-Zahl, desto weniger Rechnungen sind möglich. An der Hundertertafel wird für ihn auch der Grund ersichtlich, weshalb die Differenzen 9er-Zahlen sind, «weil es von der Anfangszahl zur Umkehrzahl 9er-Abstände sind».

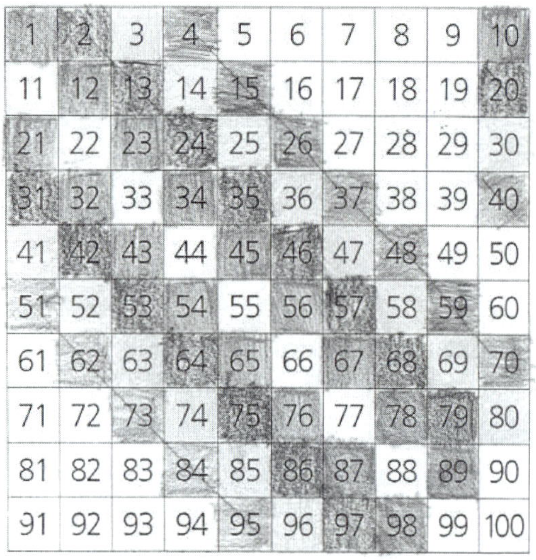

Die Ergebnisse der Minusrechnungen Miro
sind immer 9er Zahlen.
Mit dem Ergebnis 9 gibt es viele Rechnungen. Es gibt 9 verschiedene Rechnungen.

mit	9	gibt es	9	Rechnungen
mit	18	"	8	
mit	27	"	7	Es gibt 45 verschiedene Rechnungen.
mit	36	"	6	
mit	45	"	5	
mit	54	"	4	Wieso es immer die 9er-Reihe gibt?
mit	63	"	3	
mit	72	"	2	
mit	81	"	1	Weil es von der
mit	90	"	0	Anfangszahl zur

Umkerzahl 9er-Abstände sind.

Weitere anspruchsvolle Beispiele

Nife (3. Klasse) stellt fest, dass die Zahlen der 9er-Reihe von 9 bis 81 als Differenzen der Minusrechnungen vorkommen. Sie zählt dann die Paare von Umkehrzahlen mit Differenz 18 auf. Sie beschreibt an der Hundertertafel die Lage der Zahlenpaare in Bezug auf die Elferzahlen. Und sie beschreibt, wie man Paare von Umkehrzahlen auf der Tafel systematisch finden kann.

Bei den Minusrechügen gibt es die Resultate: 9, 18, 27, 36, 45, 54, 63, 72, 81. Diese Resultate sind in der 9er-Reihe. Bei der 18 sind die Anfangszahlen 13, 31, 53, 35, 46, 64, 75, 57, 86, 68, 42, 24. Wenn man eine 100er-Tafel nimmt, dann gibt es 2 diagonale Reihen mit gleichem Abstand von der 11er-Reihe. Wenn man herausfinden will, was es bei anderen Minusresultaten für Reihen gibt, dann muss man die Schnappszahlen in der Mitte lassen, und bei den Zahlen nebendran muss man den Unterschied ausrechnen, dann weiss man auch, welches Resultat es ist. Zb: 24, 42 ist der Unterschied 18, also gehört 24 und 42 zu den 18er Resultaten. Zu der 27 gehören die Zahlen, die den Abstand 27 haben.

Nife

Andreina (4. Klasse) stellt den Zusammenhang zwischen der Anzahl 9er-Schritte und der Differenz zweier Umkehrzahlen her. An drei Beispielen versucht sie zu begründen, warum 9er-Zahlen als Differenzen entstehen und weshalb verschiedene Umkehrzahlen zu unterschiedlichen 9er-Differenzen führen.

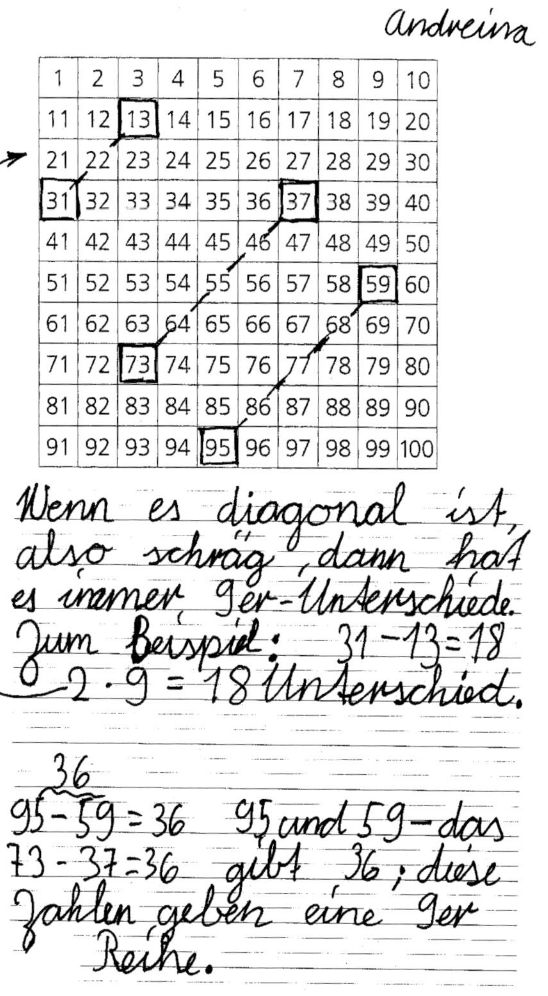

Andreina

1	2	3	4	5	6	7	8	9	10
11	12	13	14	15	16	17	18	19	20
21	22	23	24	25	26	27	28	29	30
31	32	33	34	35	36	37	38	39	40
41	42	43	44	45	46	47	48	49	50
51	52	53	54	55	56	57	58	59	60
61	62	63	64	65	66	67	68	69	70
71	72	73	74	75	76	77	78	79	80
81	82	83	84	85	86	87	88	89	90
91	92	93	94	95	96	97	98	99	100

Wenn es diagonal ist, also schräg, dann hat es immer 9er-Unterschiede. Zum Beispiel: 31 − 13 = 18
2 · 9 = 18 Unterschied.

36
95 − 59 = 36   95 und 59 − das
73 − 37 = 36   gibt 36; diese Zahlen geben eine 9er Reihe.

Beispiel «Warum immer 99?»

Nadine (4. Klasse) hat durchschaut, weshalb jede 9er-Zahl, addiert mit ihrer Umkehrzahl, stets 99 geben muss. Im ersten Abschnitt beschreibt sie diesen Sachverhalt erst einmal. Dann versucht sie zu begründen, indem sie an den 9er- Zahlen 18, 27 und 36 zeigt, dass die Quersumme 9 ist. Sprachlich etwas abgekürzt argumentiert sie dann, dass «wenn man zum Beispiel 1 + 8 nimmt, gibt es 9» – sie meint 1 von 18 und 8 von 81, also 1 und 8 Zehner und entsprechend 8 + 1 Einer – «darum gibt es immer 99». Und noch einmal erklärt sie, weshalb bei allen 9er-Zahlen die Quersumme 9 beträgt, weil es «bei Zehnern und Einern immer eins mehr oder eins weniger ist» – die (Quer-)Summe bleibt sich also gleich.

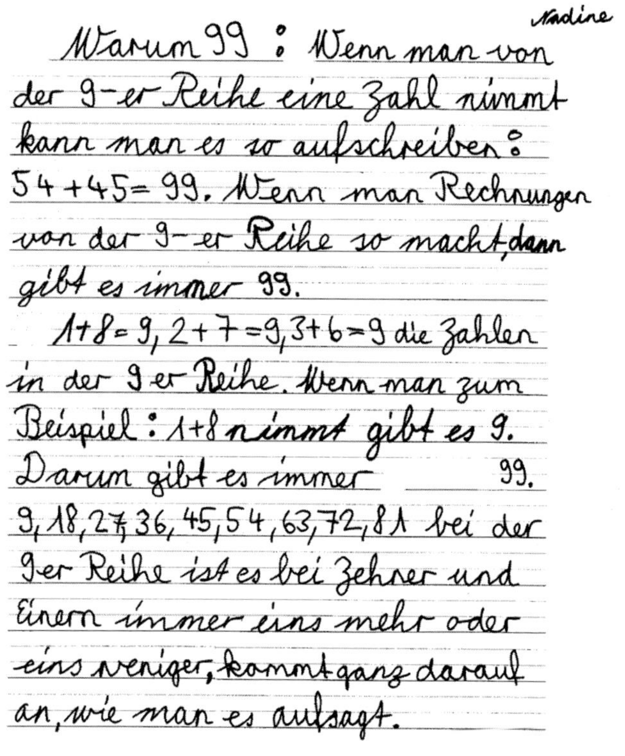

Nadine

Warum 99: Wenn man von der 9-er Reihe eine Zahl nimmt kann man es so aufschreiben:
54 + 45 = 99. Wenn man Rechnungen von der 9-er Reihe so macht, dann gibt es immer 99.
1+8=9, 2+7=9, 3+6=9 die Zahlen in der 9 er Reihe. Wenn man zum Beispiel: 1+8 nimmt gibt es 9.
Darum gibt es immer 99.
9, 18, 27, 36, 45, 54, 63, 72, 81 bei der 9er Reihe ist es bei Zehner und Einern immer eins mehr oder eins weniger, kommt ganz darauf an, wie man es aufsagt.

VERSTECKTES EINMALEINS

Thema:	Üben des kleinen Einmaleins und der Subtraktion zweistelliger Zahlen
Stufe:	3. – 5. Klasse
Material:	Hundertertafel (KV 30)
Zeitbedarf:	1 bis 2 Lektionen
Bearbeitung:	S. Tschopp und E. Hengartner

Aufgabe

Vorgehen *(an mehreren Beispielen erklären)*

	Beispiele	
Wähle eine zweistellige Zahl.	67	23
Nimm die Zehnerzahl *mal 3* und addiere dazu die Einerziffer.	6 mal 3 + 7 = 25	2 mal 3 + 3 = 9
Ziehe das Ergebnis von der anfangs gewählten Zahl ab.	67 – 25 = 42	23 – 9 = 14

Varianten

	Beispiele	
Wähle eine zweistellige Zahl.	75	62
Nimm die Zehnerziffer *mal 2 (mal 4, mal 5, mal 6, mal 7, mal 8, mal 9)* und addiere dazu die Einerziffer.	7 mal 2 + 5 = 19	6 mal 2 + 2 = 14
Ziehe das Ergebnis von der anfangs gewählten Zahl ab.	75 – 19 = 56	62 – 14 = 48

Als Ausgangszahlen wählte *Tabea* 64, 62, 98 und 94.

6|4	6|2	9|8	9|4
Z·3	Z·3	Z·3	Z·3
6·3=18	6·3=18	9·3=27	9·3=27
18+E	18+E	27+E	27+E
18+4=22	18+2=20	27+8=35	27+4=31
64-22=42	62-20=42	98-35=63	94-31=63

Worum geht es?

In dieser Lernumgebung werden drei zentrale Lernziele des 2. Schuljahres wiederholt: Das kleine Einmaleins sowie das Addieren und Subtrahieren im Hunderterraum. Die Übung ist eingebettet in eine Problemstellung, die – neben und nach intensivem Rechnen – entdeckendes Lernen, übersichtliches Darstellen und Begründen herausfordert.

Zur Klärung des zugrunde liegenden Problems gehen wir vom Beispiel 67 aus. Wir haben als Ausgangszahl 67 gewählt, nehmen den Zehner (die 6) *mal drei* und addieren die Einer (die 7). Da wir dieses Zwischenergebnis von der Eingangszahl anschliessend subtrahieren, ist die Einerzahl (die 7) unwichtig: Sie wird zuerst dazugezählt und im nächsten Schritt wieder weggenommen. Dies ist der Grund, dass die Ausgangszahlen 60, 61, 62, 63, 64, 65, 66, 67, 68 und 69 alle zur selben Ergebniszahl 42 führen. Erst mit der Wahl eines anderen Zehners als Ausgangszahl ändert sich das Ergebnis:

10er-Zahlen führen zur	Ergebniszahl 7
20er-Zahlen zur	Ergebniszahl 14 oder 2 mal 7
30er-Zahlen zur	Ergebniszahl 21 oder 3 mal 7
40er-Zahlen zur	Ergebniszahl 28 oder 4 mal 7
50er-Zahlen zur	Ergebniszahl 35 oder 5 mal 7
70er-Zahlen zur	Ergebniszahl 49 oder 7 mal 7
80er-Zahlen zur	Ergebniszahl 56 oder 8 mal 7
90er-Zahlen zur	Ergebniszahl 63 oder 9 mal 7

Warum entstehen als Ergebnisse die Zahlen der Siebenerreihe? Indem wir die Zehnerzahl mal 3 multiplizieren und das Ergebnis dann subtrahieren, nehmen wir von jedem Zehner 3 weg. Wenn wir von jedem Zehner drei wegnehmen, bleiben je Zehner immer 7 übrig:
Von 10 nehmen wir 1 mal 3 weg; es bleiben 1 mal 7
Von 20 nehmen wir 2 mal 3 weg; es bleiben 2 mal 7 = 14
Von 30 nehmen wir 3 mal 3 weg; es bleiben 3 mal 7 = 21.
Von 40 nehmen wir 4 mal 3 weg; es bleiben 4 mal 7 = 28 usw.

Das letzte Beispiel am Hunderterfeld:
Von jedem der 4 Zehner werden drei weggenommen, also 4 mal 3.
4 mal 10 – 4 mal 3 ergibt 4 mal 7.

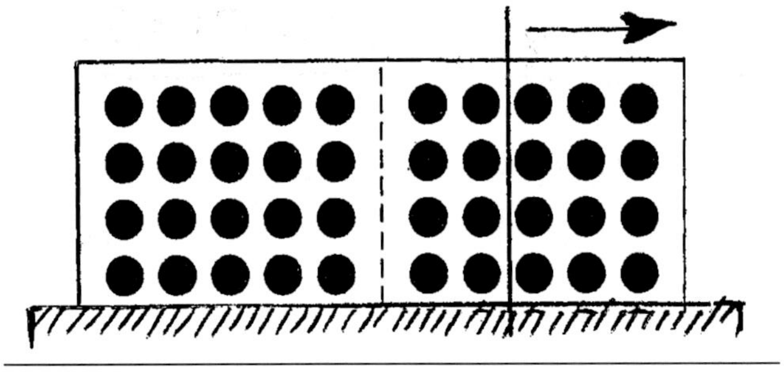

Varianten
Die Kinder des 3. Schuljahres haben auch mit anderen Faktoren Erkundungen angestellt: Statt mal drei multiplizierten sie die Zehnerziffern zum Beispiel mal vier. Als Ergebnisse entstehen die Zahlen der Sechserreihe. Denn wenn man von jedem Zehner 4 wegnimmt, bleiben stets 6 übrig – so viele Sechser wie Zehner sind. Wittmann/Müller (1990, S. 137) stellen in einer Tabelle alle möglichen Varianten dar. Wir geben die Tabelle hier wieder, weil sie das Lesen der Schülerdokumente erleichtert und bei eigenen Versuchen hilft, die Übersicht zu bewahren.

Rechenvorschrift	Beispiele		Versteckte Reihe
Zehnerziffer + Einerziffer	56 5 + 6 = 11 56 – 11 = 45	77 7 + 7 = 14 77 – 14 = 63	9er-Reihe
Zehnerziffer · 2 + Einerziffer	56 5 · 2 + 6 = 16 56 – 16 = 40	77 7 · 2 + 7 = 21 77 – 21 = 56	8er-Reihe
Zehnerziffer · 3 + Einerziffer	56 5 · 3 + 6 = 21 56 – 21 = 35	77 7 · 3 + 7 = 28 77 – 28 = 49	7er-Reihe
Zehnerziffer · 4 + Einerziffer	56 5 · 4 + 6 = 26 56 – 26 = 30	77 7 · 4 + 7 = 35 77 – 35 = 42	6er-Reihe
Zehnerziffer · 5 + Einerziffer	56 5 · 5 + 6 = 31 56 – 31 = 25	77 7 · 5 + 7 = 42 77 – 42 = 35	5er-Reihe
Zehnerziffer · 6 + Einerziffer	56 5 · 6 + 6 = 36 56 – 36 = 20	77 7 · 6 + 7 = 49 77 – 49 = 28	4er-Reihe
Zehnerziffer · 7 + Einerziffer	56 5 · 7 + 6 = 41 56 – 41 = 15	77 7 · 7 + 7 = 56 77 – 56 = 21	3er-Reihe
Zehnerziffer · 8 + Einerziffer	56 5 · 8 + 6 = 46 56 – 46 = 10	77 7 · 8 + 7 = 63 77 – 63 = 14	2er-Reihe

Wie kann man vorgehen?

Zur Einführung der Aufgabe muss man viele Beispiele gemeinsam lösen, bis alle Kinder begriffen haben, welche Schritte sie mit den von ihnen gewählten Zahlen ausführen sollen. Dabei kann auch ein Vorschlag für die Notation der Rechnungen gemacht werden. Für den Schritt vom blossen Ausführen der Rechenschritte zum Gewahrwerden des Problems, dass da lauter Zahlen der Siebnerreihe als Ergebnisse erscheinen – für diesen Schritt zum Entdecken, Vermuten und Begründen hin hat sich die von E. Wittmann vorgeschlagene Verwendung einer Hundertertafel als äusserst hilfreich erwiesen. In die Felder der von den Kindern gewählten (in der Tafel klein geschriebenen) Ausgangszahlen notieren sie die jeweiligen Ergebniszahlen. Das durch die Tafel strukturierte Protokoll erleichterte den Kindern die Erkenntnis, dass gewählte Zahlen mit gleichem Zehner zur selben Ergebniszahl führen. Ein Beispiel: *Tabea* hat dreimal zwei Zahlen mit gleichem Zehner gewählt, nämlich 70 und 72, 64 und 62 sowie 98 und 94. Aufgrund dieser sechs Beispiele vermutet sie, dass die Zahlen einer «Reihe» – sie meint damit die Zahlen einer Zeile in der Hundertertafel – zum gleichen Ergebnis führen.

1	2	3	4	5	6	7	8	9	10
11	12 7	13	14	15	16	17	18	19	20
21	22	23	24	25	26	27	28	29	30
31	32	33	34	35	36	37	38	39	40
41	42	43	44	45	46	47	48	49	50
51	52	53	54	55	56	57	58	59	60
61	62 42	63	64 42	65	66	67	68	69	70 49
71	72 49	73	74	75	76	77	78	79	80
81	82	83	84	85	86	87	88	89	90
91	92	93	94 63	95	96	97	98 63	99	100

Tabea

7|0	7|2	1|2	
Z·3	Z·3	Z·3	
7·3=21	7·3=21	1·3=3	
21+E	21+E	3+E	
21+0=21	21+2=23	3+2=5	
70−21=49	72−23=49	12−5=7	
6|4	6|2	9|8	9|4
Z·3	Z·3	Z·3	Z·3
6·3=18	6·3=18	9·3=27	9·3=27
18+E	18+E	27+E	27+E
18+4=22	18+2=20	27+8=35	27+4=31
64−22=42	62−20=42	98−35=63	94−31=63

Ich vermute, dass es in einer Reihe immer das gleiche gibt. Beispiele: 62−20=42, bei 64−22=42. Das überall in der gleichen Reihe. Und bei den Zahlen, die hinten eine Null haben, bei 70−21= gibt es 49, bei 72−23=49, das ist so wegen den Zehnern.

Varianten: Es ist wichtig, für jede Variante (zum Beispiel für mal 4 statt mal 3) eine neue Hundertertafel für das Protokollieren zu verwenden!

Weitere Dokumente aus der Erprobung

Alle Kinder haben die Hundertertafel als Protokollhilfe benützt. Ihre Feststellungen, Vermutungen und Begründungsversuche beziehen sich alle darauf. Deshalb stellen wir nochmals ein Dokument samt Hundertertafel an den Anfang.

Jana hat nach den ersten Beispielen offensichtlich gemerkt, dass die Einer der gewählten Ausgangszahlen für das Ergebnis unerheblich sind. Sie wählt in der Folge nur noch reine Zehner als Ausgangszahlen.

Ihr Beobachtung, dass alle Ergebnisse zur Siebenerreihe gehören, stuft sie als Vermutung ein.

1	2	3	4	5	6	7	8	9	10 7
11 7	12	13	14	15	16	17	18	19 7	20 14
21	22	23	24	25	26	27	28	29	30 21
31	32	33	34	35	36	37	38	39 21	40 28
41	42	43	44	45	46	47	48	49	50 35
51	52	53	54	55	56	57	58	59	60 42
61	62	63	64	65	66	67	68	69	70 49
71	72	73	74	75	76	77	78	79	80
81	82	83	84	85	86	87	88	89	90
91	92	93	94	95	96	97	98	99	100

Z|E 1|9	Z|E 1|1	Z|E 3|9	Z|E 1|0	Z|E 6|0
1·3=3	1·3=3	3·3=9	1·3=3	6·3=18
3+9=12	3+1=4	9+9=18	3+0=3	18+0=18
19−12=7	11−4=7	39−18=21	10−3=7	60−18=42
Z|E 2|0	Z|E 3|0	Z|E 4|0	Z|E 5|0	Z|E 7|0
2·3=6	3·3=9	4·3=12	5·3=15	7·3=21
6+0=6	9+0=9	12+0=12	15+0=15	21+0=21
20−6=14	30−9=21	40−12=28	50−15=35	70−21=49

ich vermute, dass das die Siebnerreihe ist, weil ich immer diese Resultäte erhalten habe: 7,14,21,28,35,42,49, 57,63,70.

Jana

Die folgenden drei Dokumente reichen von einfachen Feststellungen *(Denise)* über Vermutungen und deren Überprüfung *(Cordula)* bis hin zu einer anspruchsvollen Durchdringung des gesamten Problemfeldes *(Nife)*.

In jeder Reihe gibt es immer das gleiche Resultat, ausser die Zehnerzahlen. Die haben den nächsten Zehner von der Reihe, die als nächstes kommt.

Denise

Cordula

Ich vermute: Wenn man eine Zahl der gleichen Zeile nimmt, gibt es das gleiche Resultat. Wenn mal 3 rechnet, gibt es die 7er Reihe. Ich vermute: Wenn man mal 4, 5, 6 u.s.w. rechnet, gibt es immer eine andere Reihe. Ich habe herausgefunden: Wenn man mal 4 rechnet, gibt es die 6er Reihe und wenn man mal 5 rechnet, gibt es die 5er Reihe.

Nite

Wenn man die 82 nimmt und dann 87 gibt es das gleiche Ergebnis. Ich glaube, wenn ich andere 80er Zahlen nehme, dann gibt es auch 56. Bei jeder Zahl gibt es ein Ergebnis, da muss man 7 mal die Zehnerzahl rechnen Es sind alle Ergebnisse in der 7er Reihe. Wenn ich die 5er Reihe. Bei mal 6 gibt es die 4er Reihe und bei mal 7 gibt es die 3er u.s.w. Wenn ich immer 8 mal rechne, dann gibt es die 2er Reihe. Ich weiss das, ~~[illegible]~~ weil 8+2 gibt 10 und die anderen Zahlen geben auch 10 zusammen.

SUMMEN AUFEINANDER FOLGENDER ZAHLEN

Thema: Summen bilden, Zielzahlen erkennen, beschreiben und begründen
Stufe: 3. – 6. Klasse
Zeitbedarf: 2 bis 3 Lektionen
Bearbeitung: U. Hirt, S. Luginbühl, R. Roth

Aufgabe

Manche Zahlen lassen sich als Summe von aufeinander folgenden Zahlen schreiben.

Beispiel: 15 = 7 + 8
18 = 3 + 4 + 5 + 6
9 = 4 + 5 = 2 + 3 + 4

Bei manchen Zahlen wie bei 9 gibt es sogar mehrere Möglichkeiten.

a) Stelle möglichst alle Zahlen von 1 bis 30 so dar.
Welche Zahlen kann man nicht so schreiben?
Bei welchen Zahlen gibt es mehrere Möglichkeiten?
Beschreibe dein Vorgehen.

b) Kann man einer Zahl ansehen, ob sie sich so schreiben lässt?
Kann man ihr ansehen, ob sie sich als Summe von 2 (3, 4, 5, ...) Zahlen schreiben lässt?
Beschreibe deine Entdeckungen und erkläre, wie du alle möglichen Summen gefunden hast.

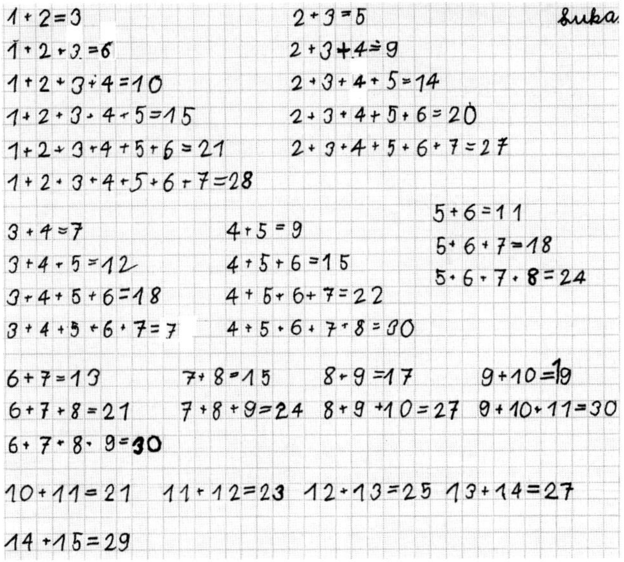
Luka

1 + 2 = 3
1 + 2 + 3 = 6
1 + 2 + 3 + 4 = 10
1 + 2 + 3 + 4 + 5 = 15
1 + 2 + 3 + 4 + 5 + 6 = 21
1 + 2 + 3 + 4 + 5 + 6 + 7 = 28

2 + 3 = 5
2 + 3 + 4 = 9
2 + 3 + 4 + 5 = 14
2 + 3 + 4 + 5 + 6 = 20
2 + 3 + 4 + 5 + 6 + 7 = 27

3 + 4 = 7
3 + 4 + 5 = 12
3 + 4 + 5 + 6 = 18
3 + 4 + 5 + 6 + 7 = 7

4 + 5 = 9
4 + 5 + 6 = 15
4 + 5 + 6 + 7 = 22
4 + 5 + 6 + 7 + 8 = 30

5 + 6 = 11
5 + 6 + 7 = 18
5 + 6 + 7 + 8 = 24

6 + 7 = 13
6 + 7 + 8 = 21
6 + 7 + 8 + 9 = 30

7 + 8 = 15
7 + 8 + 9 = 24

8 + 9 = 17
8 + 9 + 10 = 27

9 + 10 = 19
9 + 10 + 11 = 30

10 + 11 = 21 11 + 12 = 23 12 + 13 = 25 13 + 14 = 27
14 + 15 = 29

Worum geht es?

Alle Zahlen ausser den Zweierpotenzen lassen sich als Summen aufeinander folgender Zahlen schreiben. Die nachfolgende Tabelle zeigt alle möglichen Summen der Zahlen von 1 bis 30. Es wird sichtbar, dass

- die ungeraden Zahlen als Summe von zwei aufeinander folgenden Zahlen geschrieben werden können,
- Dreierzahlen als Summe von drei aufeinander folgenden Zahlen,
- Zahlen im Abstand vier als Summe von vier aufeinander folgenden Zahlen,
- Fünferzahlen als Summe von fünf aufeinander folgenden Zahlen,
- Zahlen im Abstand sechs als Summe von sechs aufeinander folgenden Zahlen und
- die Zahlen der Zweierpotenzen sich nicht als Summen von aufeinander folgenden Zahlen schreiben lassen.

	Mit 2 Zahlen	Mit 3 Zahlen	Mit 4 Zahlen	Mit 5 Zahlen	Mit 6 Zahlen	Mit 7
1	0+1					
2			-1+0+1+2			
3	1+2	0+1+2			-2+(-1)+0+1+2+3	
4						
5	2+3			-1+0+1+2+3		
6		1+2+3	0+1+2+3			
7	3+4					-2+(-1)+0
8						
9	4+5	2+3+4			-1+0+1+2+3+4	
10			1+2+3+4	0+1+2+3+4		
11	5+6					
12		3+4+5				
13	6+7					
14			2+3+4+5			-1+0+1
15	7+8	4+5+6		1+2+3+4+5	0+1+2+3+4+5	
16						
17	8+9					
18		5+6+7	3+4+5+6			
19	9+10					
20				2+3+4+5+6		
21	10+11	6+7+8			1+2+3+4+5+6	0+1+2
22			4+5+6+7			
23	11+12					
24		7+8+9				
25	12+13			3+4+5+6+7		
26			5+6+7+8			
27	13+14	8+9+10			2+3+4+5+6+7	
28						

Diese Struktur der Summen der aufeinander folgenden Zahlen können die Schülerinnen und Schüler beschreiben und begründen. Es beginnt mit dem Ordnen der berechneten Summen, was eine wichtige und interessante mathematische Aktivität ist. Durch die hergestellte Ordnung werden Lücken oder falsch gebildete Summen sichtbar. Die Struktur hilft zu korrigieren bzw. zu vervollständigen.

Wie kann man vorgehen?

Anhand von zwei, drei Beispielen zeigen wir den Schülerinnen und Schülern, was Reihenfolgenzahlen sind («direkt oder unmittelbar aufeinander folgende Zahlen») und wie die Summenbildung erfolgt (vgl. Beispiele zur Aufgabenstellung). Es ist wesentlich zu zeigen, dass einige Zahlen auch als Summen unterschiedlicher Reihenfolgenzahlen geschrieben werden können (beispielsweise die Zahl 9 als Summe von 4 + 5 oder als Summen von 2 + 3 + 4 und 15 aus 1 + 2 + 3 + 4 + 5 oder 7 + 8).

Nach dieser Einführung arbeiten die Schülerinnen und Schüler selbstständig und schreiben möglichst viele Summen von Reihenfolgenzahlen auf. Damit sie die Übersicht behalten, begrenzen wir die Summen vorerst auf 30. Sie halten auch jene Zahlen fest, die nicht als Summe von Reihenfolgenzahlen geschrieben werden können, und jene, bei denen es mehrere Möglichkeiten gibt. Sie beschreiben ihr Vorgehen und erstellen eine Ordnung.

Für die Produktion der Lösungen und im Hinblick auf ein möglichst systematisches Vorgehen ist es entscheidend, wie den Schülerinnen und Schülern, die Notation der Summenbildung nahe gelegt wird. Wenn zuerst die Zahlen und somit die Summen aufgeschrieben und dann die dazu gehörenden Reihenfolgenzahlen gesucht werden, entsteht kaum systematisches Vorgehen. Dieses tritt eher auf, wenn die Kinder von Reihenfolgenzahlen ausgehen und sodann die Summen berechnen (vgl. Dokument von Luka).

Nach der Phase der Lösungsproduktion kann nun ein Austausch zu zweit anschliessen. Gemeinsam besprechen die Schülerinnen und Schüler einerseits ihre Vorgehensweisen und andererseits die erstellte Ordnung: Welche Zahlen können als Summen von zwei aufeinander folgenden Zahlen, von drei aufeinander folgenden Zahlen usw. geschrieben werden? Es empfiehlt sich, die Ordnung auf ein neues Blatt zu übertragen. Zudem werden sie aufgefordert, die entstandene Ordnung zu beschreiben. Im Rahmen der individuellen Begleitung kann den Schülerinnen und Schülern der Hinweis gegeben werden, die Summen mit den Reihenfolgenzahlen nach der Anzahl Summanden zu ordnen. Aufgrund der Ordnung können die Partnergruppen die Zahlen aus Reihenfolgenzahlen vervollständigen.

Die Kinder könnten nun wieder alleine weiter arbeiten und die beiden folgenden Aufgaben angehen, bei denen die Erkenntnisse aus der Partnerarbeit anzuwenden sind:

- Finde alle Zerlegungen zu einer vorgegebenen Zahl, die grösser ist als 30 (z.B. zu 45).
- Welche Zahlen bis 100 kann man als Summen von aufeinander folgenden Zahlen schreiben und welche nicht?

Das folgende Dokument zeigt eine Möglichkeit, wie die gefundenen Zahlen auf der 100er-Tafel bezeichnet werden können, wodurch die Struktur schön sichtbar wird. Bezeichnet sind die ungeraden Zahlen (als Summe von zwei aufeinander folgenden Zahlen) und die Dreierzahlen (als Summe von drei aufeinander folgenden Zahlen).

Eine andere Möglichkeit besteht darin, je zwei Partnergruppen zusammen arbeiten zu lassen. Die vier Kinder bereiten eine Präsentation vor, für die sie ein Gruppenplakat als Protokoll ihrer Untersuchungen erstellen: Welche Zahlen können mit zwei aufeinander folgenden Summanden geschrieben werden, welche mit drei usw. Insbesondere probieren sie die Frage zu klären, wie man sicher sein kann, dass man alle Zahlen gefunden hat. Die Beantwortung dieser Frage begründet letztlich die Vollständigkeit der Summen mit Reihenfolgenzahlen. Die entdeckte Struktur zu den Reihenfolgenzahlen stellen sie der Klasse vor. Ein Plakat einer Präsentation ist auf der folgenden Seite abgedruckt.

Dokumente aus der Erprobung

Einfache Beispiele

In beiden Dokumenten (3. Klasse) sind Produktionen von aufeinander folgenden Zahlen und ihren Summen sichtbar, links ausgehend von den Reihenfolgenzahlen, rechts ausgehend von den Summen. Die Strategie rechts erschwert systematisches Vorgehen. Alle Schülerinnen und Schüler, die systematisch vorgegangen sind, sind von den Summanden ausgegangen.

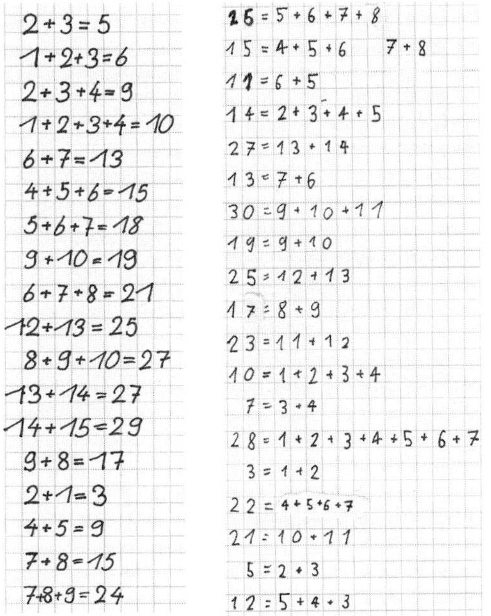

Mittlere Beispiele

Nino (3. Klasse) bildet Summen ausgehend von den aufeinander folgenden Zahlen. Ein systematisches Vorgehen zieht sich in seiner Lösungsproduktion nicht durch, obschon er verschiedentlich nach bestimmten Strategien vorgeht (nach der hintersten Zahl verlängern, mit der Nachfolgezahl der vorher erstellten Summe beginnen).

Im Anschluss an die Lösungsproduktion ordnet er die Zahlen nach der Anzahl aufeinander folgender Summanden. Er beschreibt die Zahlen aber nicht.

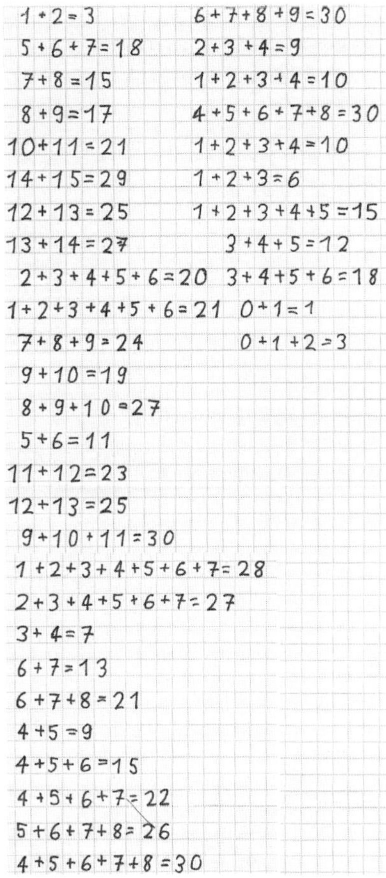

Nino

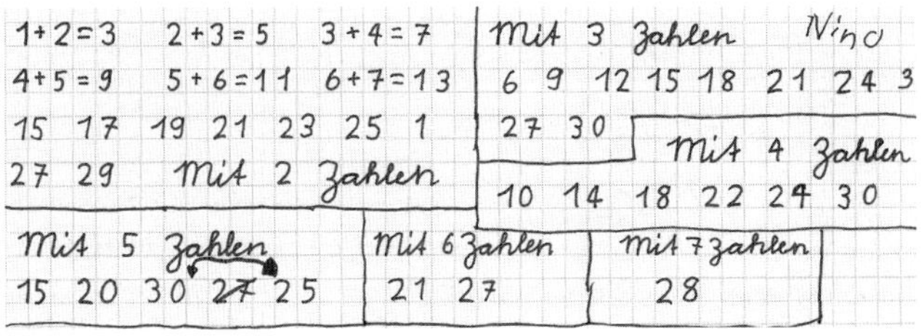

Thomas (4. Klasse) ordnet und beschreibt die gefundenen Summen und unterteilt sie in «leichte» und «schwierige» Zahlen. Er gibt zudem an, dass die ungeraden Zahlen «2 Zahlen» haben.

Jene Zahlen, die sich nicht als Summe von Reihenfolgenzahlen schreiben lassen, bezeichnet er als «das Doppelte» (es sind die Zweierpotenzen).

Leicht?

1 9
3 11
5 13
6 14
7 15
17
18

Ich finde-sie Leicht weil sie noch unter 20 sind die schwierigen komen erst nach 20.

nicht gefunden?
2,4,8,16,32
Es ist immer das doppelte

Die Ungraden haben alle nur 2 Zahlen es überspringt immer eine

schwierg?
20,21,23
25,28,30
weil sie schon oben 20 sind.

Anspruchsvolle Lösung
Marielle (5. Klasse) ordnet die Zahlen tabellenartig. Ihr fällt auf, dass «jede zweite Zahl (ungerade)» mit zwei Summanden, die «Dreierreihe» mit drei Summanden, «die halbe Zweierreihe» mit vier Summanden und die «Fünferreihe» mit fünf Summanden geschrieben werden kann.

Jan und *Stephan* haben ein Plakat für die Auswertung im Klassenplenum geschrieben. Darauf sind alle Zahlen enthalten, die sich mit zwei, drei, vier, fünf und sieben Summanden schreiben lassen. Im zweiten Teil ihres Protokolls beschreiben sie diese Zahlen allgemein.

Lösungen: 2 Summanden 1,3,5,7,9,11,13,15,17,19,21,23,25,27,29
3 Summanden 3,6,9,12,15,18,21,24,27,30
4 Summanden 6,10,14,18,22,26,30
5 Summanden 10,15,20,25,30
7 Summanden 28
Die Ungeraden 2er-Zahlen haben 2 Summanden.
Die 3er-Zahlen haben 3 Summanden
Wenn man bei jeder Zahl 2 subtrahiert gibt es die 4er-Reihe.
Bei den 5er-Zahlen hat es 5 Summanden. Bei den 7er-Zahlen hat es 7 Summanden.
6 Summanden 21,27

2	1	3	5	7	9	11	13	15	17	19	21	23	25	27	29	Jede zweite Zahl (ungerade).
3	6	9	12	15	18	21	24	27	30							die dreier reie
4	10	14	18													die halbe zweierreie
5	15	20	[illegible]	25-												die fünferreie
6	21															
7	28															

ERPROBTE LERNUMGEBUNGEN
Zwei Bausteine zur Geometrie

ECKENHAUSEN

Thema: Wege im Plan von Eckenhausen; Muster erkennen
Stufe: 1. bis 4. Klasse
Material: Pläne von Eckenhausen (KV 31, KV 32)
Zeitbedarf: 2 bis 3 Lektionen
Bearbeitung: M. Rainer, A. Leiter, E. Hengartner

Aufgabe

Vorbereitende Übungen: «Wege beschreiben – Wege befolgen»

Beschreibt die Wege von Ina zur Schule, von Eva zu Ina, von Leo zur Post usw.

Diktiert einander Wege: «Du bist Ina, gehst zum Spielplatz, biegst nach rechts ab, gehst zwei Wegstücke weiter. Wo bist du?» (beim Hallenbad)

1. *Verschiedene Wege erkennen*
   Starte mit *Leo.*
   a) Wohin kann er gelangen, wenn er 2 (3, 4) Wegstücke weitergeht?
   Er geht nur nach oben und nach links.
   Färbe die erreichten Kreuzungen mit je einer anderen Farbe.
   b) Wie viele verschiedene Wege hat er zur Schule?
   Er geht nur nach oben und nach links.
   Er macht keine Umwege.
   Zeichne die verschiedenen Wege in den Plan ein (mit verschiedenen Farben).
   Beschreibe die Wege mit Pfeilen oder in Worten.

2. *Wege über viele Kreuzungen hinweg*
   Evas Mutter ist im Krankenhaus.
   Wie viele verschiedene Wege gibt es für sie?
   Sie geht nur nach unten und nach links.
   Sie macht keine Umwege.

3. *Wegstücke mit dem Taxi*
   Starte mit dem Taxi.
   a) Färbe rot, wohin das Taxi mit 1, 3, 5, ... Wegstücken hingelangt. (Das Taxi fährt in alle Richtungen)
   b) Färbe blau, wohin das Taxi mit 2, 4, 6, ... Wegstücken hingelangt.
   c) Was fällt dir auf? Beschreibe auf der Rückseite des Blattes.

Worum geht es?

Die Vorlage von Eckenhausen ist dem Zahlenbuch 1 entnommen (Wittmann/Müller 2004). Abgebildet ist eine künstliche Stadt, in der sich die Kinder orientieren und bewegen sollen. In der Schweiz gibt es eine Stadt, welche im Zentrum wirklich so aussieht: La-Chaux-de-Fonds. Die Strassen verlaufen dort parallel oder rechtwinklig zueinander, wie auf dem Plan von Eckenhausen. Fachlich geht es um die Auseinandersetzung mit einem Koordinatengitter. Im vorliegenden Plan sind einige wichtige Gebäude, Plätze und die Wohnorte von vier Kindern eingetragen. Sie liegen allesamt an Kreuzungen; dadurch lassen sich Start- und Zielpunkte von Wegen im Gitter eindeutig beschreiben und ihre Längen als Anzahl Wegstücke angeben. Ein Wegstück bezeichnet den Weg von einer Kreuzung zu einer benachbarten Kreuzung.

Vorbereitende Übungen «Wege beschreiben – Wege befolgen»
Die Kinder sollen Wege beschreiben, einander diktieren und dabei Bezeichnungen wie «Kreuzung», «Wegstück», «nach links (oder nach rechts) abbiegen», «geradeaus gehen» gebrauchen lernen.

Aufgabe 1 «Verschiedene Wege erkennen»
Geradeaus gibt es stets nur einen Weg. Sobald man aber nach rechts oder links abbiegt, bestehen alternative Wege zum Ziel. Die Kinder suchen verschiedene Wege in einem übersichtlichen Planausschnitt, zum Beispiel in jenem der Schulwege von Leo mit drei mal drei Kreuzungen (Start- und Zielkreuzung inbegriffen). Leo muss von seinem Zuhause zur Schule vier Wegstücke zurücklegen, also vier Kreuzungen weitergehen, an der vierten Kreuzung befindet sich die Schule. Er kann zwischen sechs verschiedenen, gleich langen Wegen wählen. In den Kreuzungen der Skizze stehen die Anzahlen verschiedener Wege, die jeweils bis dorthin möglich sind.

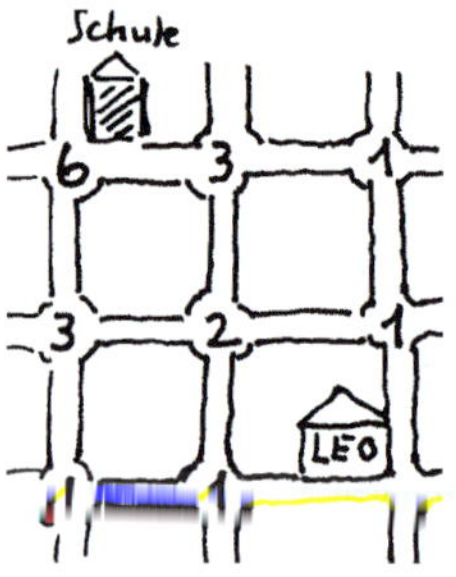

Sechs Schulwege von Leo

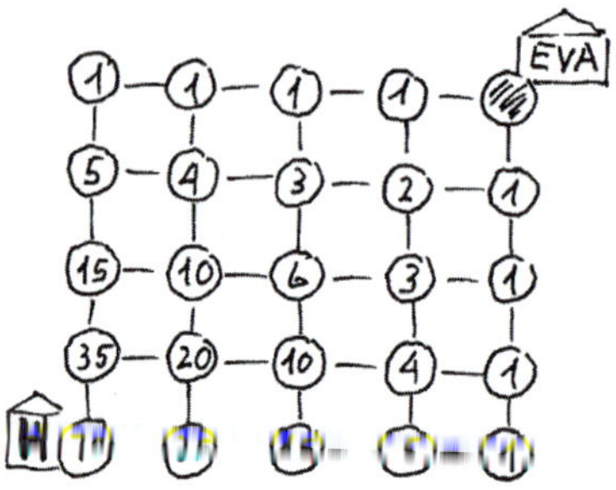

Siebzig Wege zum Krankenhaus

Die Aufgabe 2 «Wege über viele Kreuzungen hinweg» ist eher für das 3. und 4. Schuljahr gedacht. Die Frage nach Evas Weg zum Krankenhaus zum Beispiel weitet die Suche nach verschiedenen Wegen auf fast den gesamten Plan mit 5 mal 5 = 25 Kreuzungen aus. Die Anzahl unterschiedlicher Wege, die Eva gehen kann, sind in der Skizze für jede Kreuzung gesondert eingetragen. Für die Darstellung versagt hier die zeichnerische Lösung; sie wäre unüberschaubar. Um alle Wege zu erfassen, müssen für jede neue Kreuzung die Anzahlen verschiedener Wege der beiden vorangehenden Kreuzungen addiert werden: Die 6 Wege zum Taxistand ergeben sich zum Beispiel als Summe der 3 möglichen Wege zum Spielplatz und der 3 möglichen Wege zur Schule. Oder die 3 Wege zur Schule und der eine Weg zur Kirche ergeben zusammen 4 Wege zum Gasthaus. Die Anzahlen wachsen gemäss dem Muster des Pascalschen Dreiecks (was leichter erkennbar wird, wenn man den Plan nach links um 45 Grad dreht, so dass Evas Haus ganz oben steht).

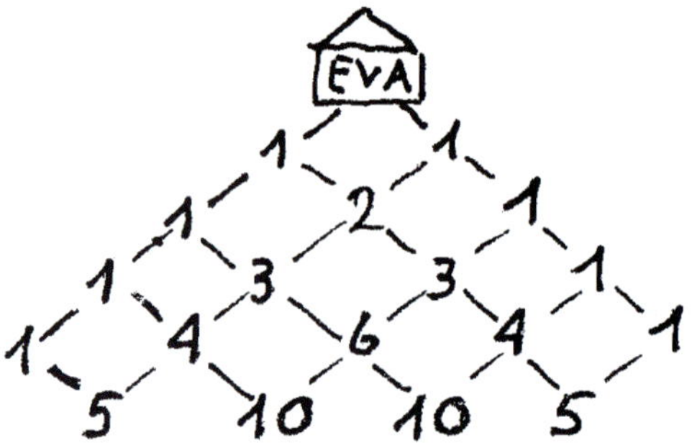

Die Aufgabe 3 «Wegstücke mit dem Taxi» führt zu einem geometrischen Muster. Ein Taxi fährt vom Taxistandplatz (in der Mitte der Planvorlage) zuerst ungerade Anzahlen von Wegstücken, also 1, 3, 5, 7 … Wegstücke in beliebiger Richtung: Die erreichbaren Kreuzungen werden rot angemalt. Dann fährt es gerade Anzahlen von Wegstücken, also 2, 4, 6, 8 … Wegstücke. Die erreichbaren Kreuzungen werden blau angemalt. Es entsteht ein schachbrettartiges Muster. Wenn das Taxi in beliebige Richtungen fährt und auch Umwege in Kauf nimmt, kann es mit ungeraden Anzahlen von Wegstücken nie auf jene Kreuzungen gelangen, die es mit geraden Anzahlen von Wegstücken erreicht.

Wie kann man vorgehen?

Vorbereitende Übungen
Vor den in den Aufgaben 1 bis 3 umschriebenen Erkundungen haben wir die Kinder durch gezielte und angeleitete Aufgaben mit dem Plan von Eckenhausen – mit dem Koordinatengitter – vertraut zu machen versucht. Wir haben ihnen zum Beispiel folgende Fragen gestellt und Aufträge erteilt (alle mündlich):

a) Wie können Leo und Ina zur Schule gehen?
Zeichne einige Wege mit verschiedenen Farben in den Plan ein.
Wer von beiden hat den längeren Schulweg?

b) Wie können Ina und Eva zum Schwimmbad gelangen?
Zeichne einige Wege mit verschiedenen Farben in den Plan ein.
Wer hat den kürzeren Weg?

c) Erfinde ähnliche Aufgaben für deine Mitschülerinnen und Mitschüler. Schreibt die Aufgaben auf Kärtchen und tauscht sie aus.

d) Die Kinder fahren in Eckenhausen mit dem Taxi.
Sie zählen dabei jeweils die zurückgelegten Wegstücke des Taxis. Da Taxi fahren Geld kostet, nehmen sie immer den kürzesten Weg.

vom Taxistand zu Leo:	.... Wegstücke
von Ina zum Gasthaus:	.... Wegstücke
von der Post zum Schwimmbad:	.... Wegstücke

e) Welcher Weg ist kürzer?
Von der Polizei zur Schule oder von der Polizei zum Krankenhaus? (Stelle eigene Vergleiche an).

f) Das Taxi fährt immer 2 Wegstücke.
Wo kann es hinkommen?
Male die Zielpunkte rot an. Was fällt dir auf?
Probiere mit immer 3 oder 4 Wegstücken.

Für die Übung f) sind Wendeplättchen hilfreich: Man fährt mit ihnen vom Taxistand 2 Wegstücke und legt das Plättchen auf die erreichte Kreuzung. Es entsteht das Muster eines Quadrates, das auf einer Ecke steht.

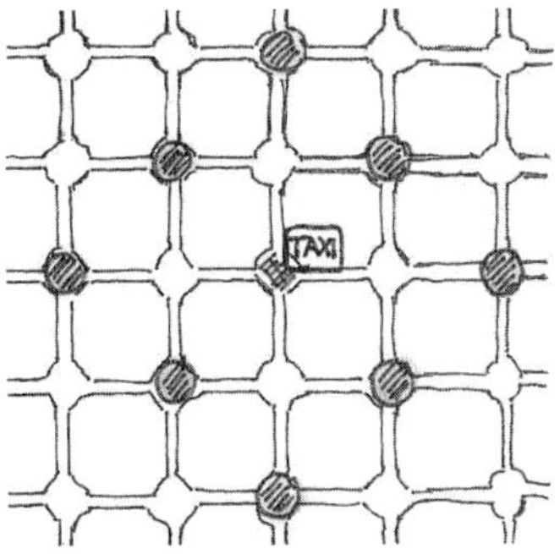

Aufgabe 1a «Kreuzungen nach gleicher Anzahl Wegstücken»
Man kann auf alle Kreuzungen, die nach 2 Wegstücken erreicht werden, ein blaues Plättchen legen, auf jene nach 3 Wegstücken ein rotes usw. Anschliessend werden die Kreuzungen mit entsprechenden Farben markiert.

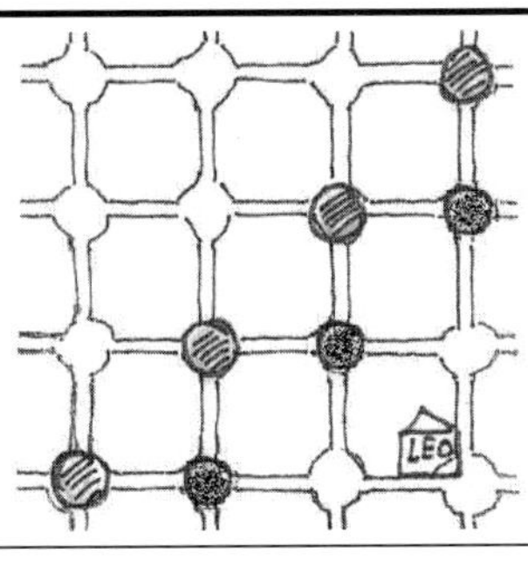

Aufgabe 1b und 2 «Verschiedene Wege von einer Start- zu einer Zielkreuzung finden»
Auf einem begrenzten Planausschnitt – zum Beispiel jenem von Leos Schulwegen – lassen sich die Lösungen anschaulich durch Eintragen der Wege mit sechs verschiedenen Farben darstellen. Gehen die Wege aber über viele Kreuzungen hinweg wie bei Evas Wegen zum Krankenhaus, scheitern zeichnerische Lösungsversuche wegen der Vielzahl der Wege. Man gelangt nur ans Ziel, wenn man die Anzahl möglicher Wege, die zu einer bestimmten Kreuzung führen, jeweils als Summe der Anzahl verschiedener Wege der vorangehenden Kreuzungen berechnet. Für manche Kinder ist diese Lösung auf numerischer Ebene noch nicht nachvollziehbar. Man sollte deshalb zunächst die Kinder eigene Start- und Zielkreuzungen wählen lassen, die näher beieinander liegen, was die Anzahl der Wege reduziert und anschauliche Lösungen auf dem Plan zulässt. So können die Kinder selber das Anspruchsniveau ihrer Aufgabenbearbeitung bestimmen.

Aufgabe 3 «Gerade und ungerade Anzahlen von Wegstücken mit dem Taxi»
Für die Bearbeitung dieser Aufgabe eignet sich eine gegenüber dem Plan von Eckenhausen veränderte Vorlage (KV 32), welche das Muster besonders eindrücklich erscheinen lässt (siehe das Dokument unten).

Dokumente aus der Erprobung

Wie viele Wegstücke (1a)
Anja bestimmt im Plan Eckenhausen, wohin sie gelangt, wenn sie 2, 3, 4, …, 9 Wegstücke zurücklegt. Sie erwähnt nur Kreuzungen mit Piktogrammen, die sie dank diesen benennen kann.

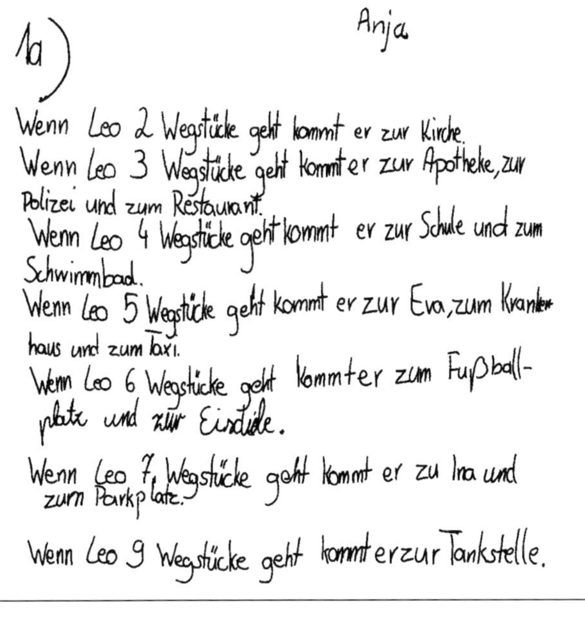
1a) Anja

Wenn Leo 2 Wegstücke geht kommt er zur Kirche.
Wenn Leo 3 Wegstücke geht kommter zur Apotheke, zur Polizei und zum Restaurant.
Wenn Leo 4 Wegstücke geht kommt er zur Schule und zum Schwimmbad.
Wenn Leo 5 Wegstücke geht kommt er zur Eva, zum Krankenhaus und zum Taxi.
Wenn Leo 6 Wegstücke geht kommter zum Fußballplatz und zur Eisdiele.
Wenn Leo 7 Wegstücke geht kommt er zu Ina und zum Parkplatz.
Wenn Leo 9 Wegstücke geht kommterzur Tankstelle.

Sechs Wege zur Schule (1b)
Anna hat die 6 Schulwege von Leo mit 6 verschiedenen Farben in den Plan eingetragen (kann hier nicht wiedergegeben werden). Sie hat die 6 Wege sodann mit Pfeilen richtungsgetreu nachgezeichnet (im Original in den entsprechenden 6 Farben).

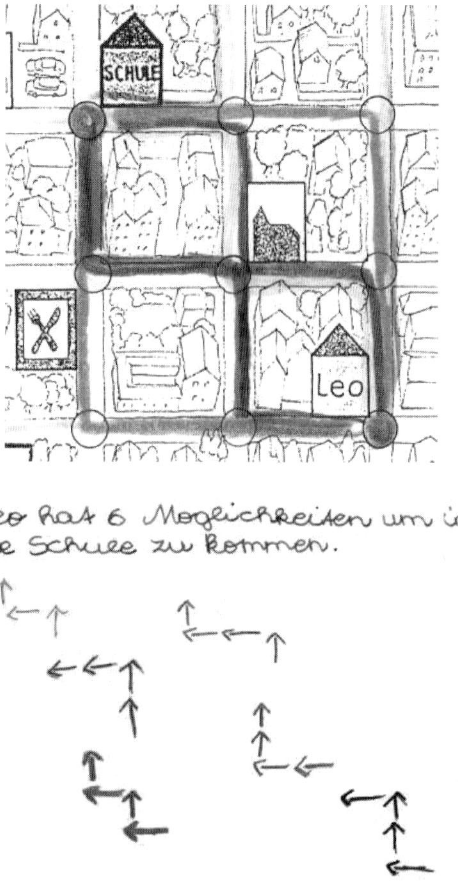

Markus beschreibt die 6 Schulwege von Leo ebenfalls mit Pfeilen. Er ordnet sie aber nicht so anschaulich wie Anna im Plan an, sondern setzt sie wie Richtungsbefehle nebeneinander. Er verwendet die Pfeilfolge abstrakter – wie eine Programmfolge.

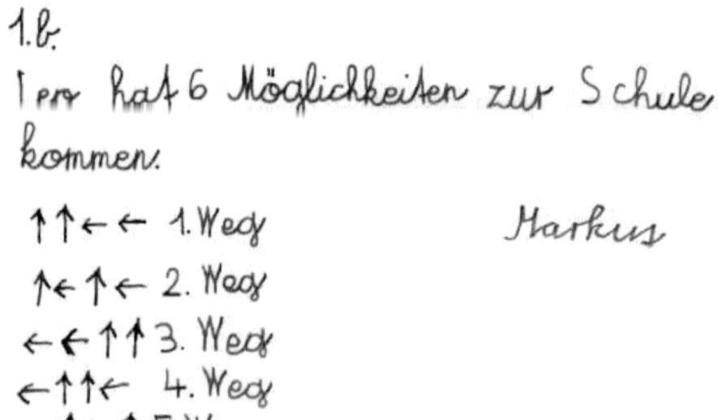

Verschiedene Wege vom Start zum Ziel (2)
Anna versucht zunächst, die Wege von Eva mit verschiedenen Farben darzustellen, die sie gehen kann, um die Mutter im Krankenhaus zu besuchen. Von den 70 möglichen Wegen findet sie 8 und sie hält sie mit 8 Farben wie ein schönes Muster fest. Sie merkt aber, dass es sehr viele weitere mögliche Wege gibt.

Anna reduziert sodann die Planausschnitte auf nur wenige Kreuzungen: Sie rekonstruiert erst einmal die 6 Schulwege von Leo. Dann versucht sie die Anzahl Wege von Evas Haus zur Tankstelle zu bestimmen, indem sie Kreuzung für Kreuzung die Anzahl Wege dahin notiert. Sie weitet das Bestimmungsfeld aus und findet als Nächstes die Anzahl Wege vom Spielplatz zum Krankenhaus auf die gleiche Art. Sie wählt – ausgehend von einem bereits gelösten Beispiel – zunehmend komplexere Aufgaben und geht schliesslich mit Erfolg nochmals der Frage nach der Anzahl Wege von Evas Haus zum Krankenhaus nach (nicht in der Abbildung enthalten).

Thomas hat die Bearbeitung dieser Aufgabe auf Anhieb geschafft: Von Kreuzung zu Kreuzung findet er durch fortgesetzte Addition bereits gefundener Wege die Anzahlen möglicher Wege für die jeweils folgenden Kreuzungen.

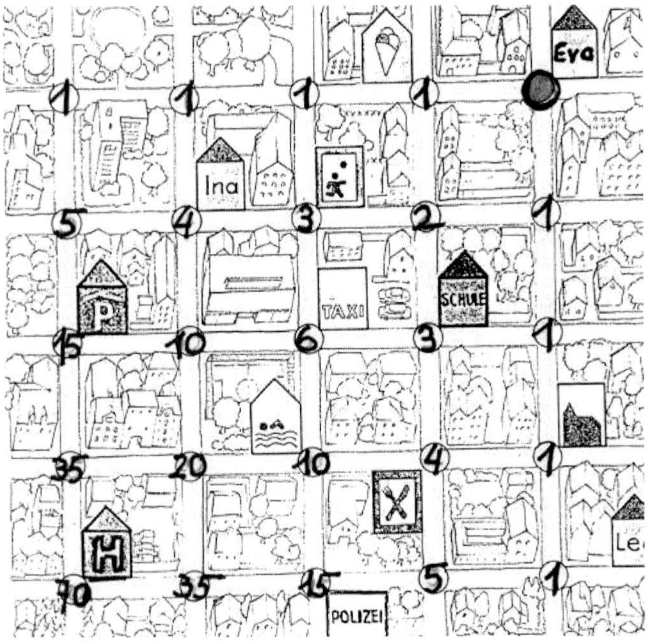

Gerade und ungerade Anzahlen von Wegstücken mit dem Taxi (3)

Das Muster, das beim Bearbeiten entsteht, hat die meisten Kinder – in diesem Dokument ist es *Sara* – erfreut.

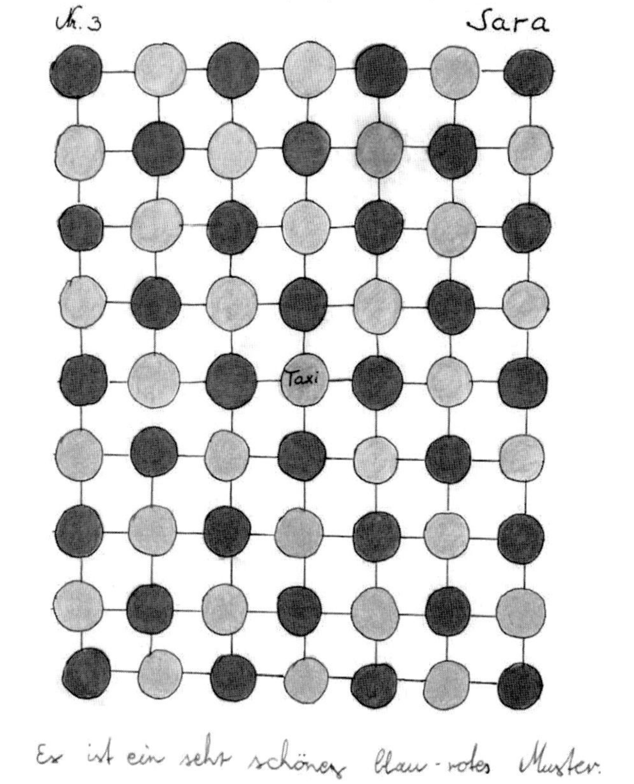

SCHERENSCHNITTE

Thema: Figuren und ihre Symmetrien durch mentales Operieren bestimmen
Stufe: 4. – 6. Klasse
Material: Rote und blaue Quadrate im Format 10 x 10 cm, Scheren, Klebstifte
Zeitbedarf: 2 bis 3 Lektionen
Bearbeitung: G. Schnetz, E. Hengartner, U. Hirt, R. Roth

Aufgabe

a) Falte ein Quadrat zweimal von Seite zu Seite.
Schneide mit der Schere eine einfache Fläche weg – mit geraden Schnitten.
Öffne den Scherenschnitt und klebe ihn auf.
Lasse ihn von jemand anderem nachmachen.

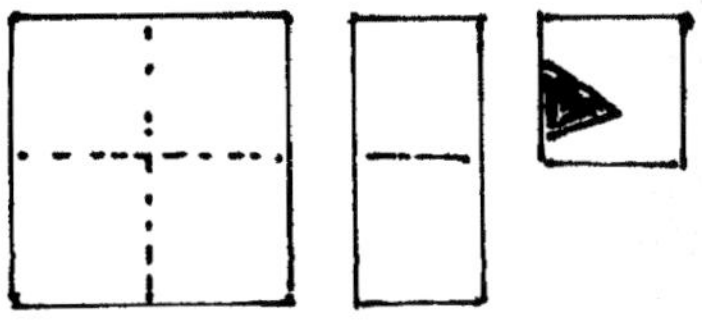

Schneide kompliziertere Figuren, klebe sie auf und lasse sie von jemandem nachmachen.

Falte das Quadrat zweimal diagonal und schneide Figuren.
Lasse wieder kopieren.
Was ist anders?

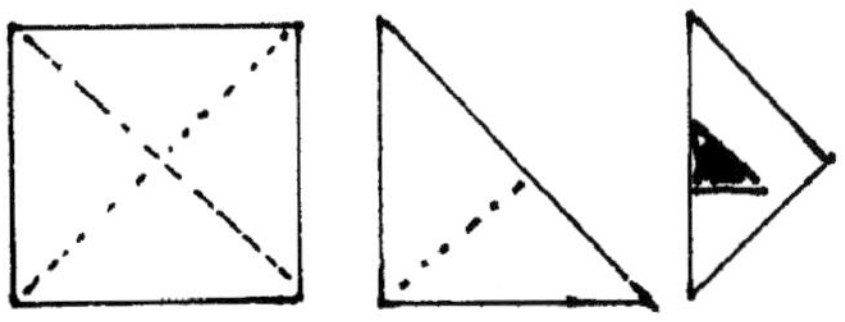

b) Falte zweimal – diagonal oder von Seite zu Seite. Schneide eine Figur und halte den Scherenschnitt mit einer Büroklammer geschlossen. Überlege, wie dein Scherenschnitt geöffnet aussehen wird. Zeichne ihn und klebe anschliessend den geöffneten Scherenschnitt daneben.

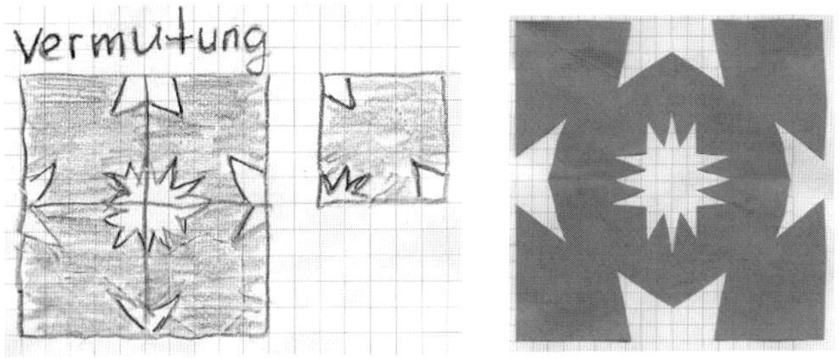

c) Falte vier Quadrate von Seite zu Seite. Schneide die gleiche Figur von allen vier Seiten. Zeichne die vier Scherenschnitte, bevor du öffnest. Dann vergleiche.

Worum geht es?

Um einen offenen Scherenschnitt nachmachen zu können, muss man ihn in Gedanken zusammenlegen und erkennen, wo und in welcher Art die Schnitte gemacht worden sind. Um sich vorstellen zu können, wie ein noch zusammengefalteter Scherenschnitt offen aussehen wird, muss man den Scherenschnitt in der Vorstellung öffnen. Bei beidem erhalten die Schülerinnen und Schüler unmittelbar aus der Sache eine Rückmeldung, indem sie ihre in der Vorstellung vollzogenen Handlungen und die erstellten Skizzen mit ihren Produkten vergleichen und an der Vorlage überprüfen. Inhaltlich geht es bei dieser Übung zur Kopfgeometrie um das Erkennen von Symmetrien: Die geschnittenen Figuren sind jeweils spiegelsymmetrisch bezogen auf den jeweiligen Falz als Spiegelachse.

Besonders spannend ist die Frage, welche Formen in der Blattmitte möglich sind, wenn von Seite zu Seite bzw. diagonal gefaltet wird. Alle «Mittelfiguren» (Kreisformen ausgenommen) haben 4, 8, 12, ... Ecken und sind zweifach achsensymmetrisch, wenn zwei Mal gefaltet wird. Weiter sind Dreieckformen auf den Aussenseiten einfach zu realisieren, jedoch nicht auf den Faltkanten.

Wie kann man vorgehen?

Wir erläutern den Schülerinnen und Schülern die Abfolge der Tätigkeiten: Rotes Quadrat nehmen (im Format 10 x 10 cm), ein- oder zweimal von Seite zu Seite falten, eine einfache Fläche mit geraden Schnitten wegschneiden, Scherenschnitt öffnen, auf ein Blatt aufkleben, mit Namen versehen und mit jemandem aus der Klasse tauschen. Der Scherenschnitt dient dem anderen als Vorlage zum Nachmachen. Ein blaues Quadrat (gleiches Format) wird gefaltet und so geschnitten, dass der gleiche Scherenschnitt in blau wie der aufgeklebte in rot entsteht. Die Kinder probieren und versuchen möglicherweise mehrmals. Die der Vorlage ähnlichste Version wird neben das Original geklebt und mit dem Namen versehen. Nun wird verglichen und nach Gründen für die Unterschiede gesucht.

Die gleiche Aufgabe kann nochmals mit diagonalem Falten ausgeführt werden. Die Anzahl Faltungen und die Art der Schnitte bestimmen den Schwierigkeitsgrad.

Bei der zweiten Aufgabe haben die Kinder ein Quadrat ein- oder zweimal gefaltet und geschnitten – den Scherenschnitt aber mit einer Büroklammer geschlossen gehalten. Die Kinder versuchen, den Scherenschnitt so auf ein weisses Blatt zu zeichnen, wie er geöffnet aussehen wird. Nach dem Zeichnen öffnen die Kinder den Scherenschnitt, kleben ihn neben ihre Zeichnung und vergleichen.

Dokumente aus der Erprobung

Aufgabe a: Falten, schneiden, öffnen, aufkleben, weitergeben, nachschneiden (Partnerarbeit)

Gelungenes einfaches Beispiel
Arton hat die Vorlage oben geschnitten und aufgeklebt. *Stephan* probierte eine Kopie zu machen, was ihm beim zweiten Mal gelungen ist (nach seinem Kommentar).

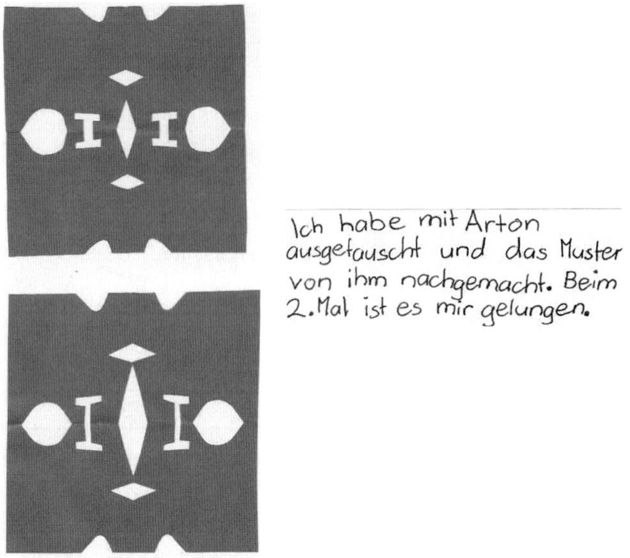

Mittleres Beispiel mit Abweichungen
Janina hat einen Scherenschnitt hergestellt, der zum Nachschneiden anspruchsvoll ist. *Ajitha* gelingt die Kopie gut, obschon am senkrechten Falz ein Schnitt zu viel erscheint sowie oben und unten einer fehlt.

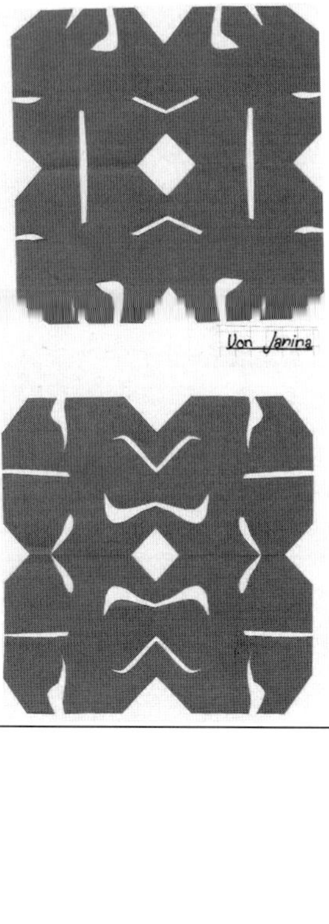

Mittleres Beispiel mit einem Überlegungsfehler
Nina hat ein Blatt zweimal diagonal gefaltet. Vom einen Falz hat sie zweimal eingeschnitten und vom anderen Falz dreimal. *Janet* hat beim Versuch, eine Kopie herzustellen, aber nur vom einen Falz her geschnitten (viermal und zudem einmal von der Aussenseite). Deshalb weicht ihre Kopie vom Original ab.

Aufgabe b: Falten, schneiden, zeichnen, dann erst öffnen, aufkleben, vergleichen (Einzelarbeit)

Einfaches Beispiel
Ramona hat beim Zeichnen des (ungeöffneten) Scherenschnitts nicht beachtet, dass sie die Ecken links oben gerade geschnitten hat. Sie zeichnet nur runde Formen. In ihrer kurzen Reflexion achtet sie auf die Grössenverhältnisse.

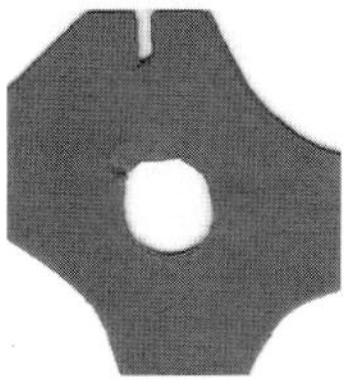

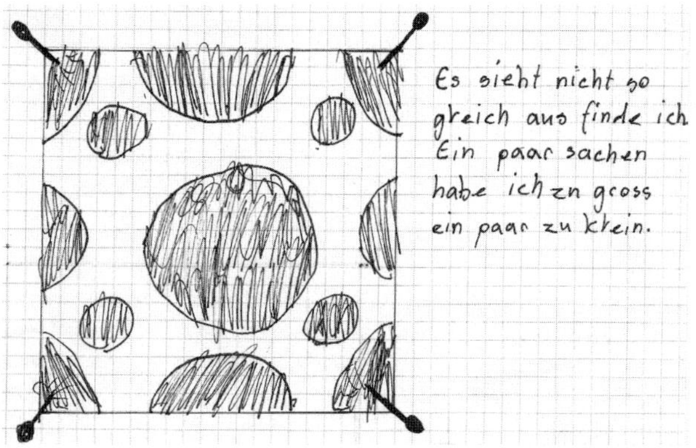

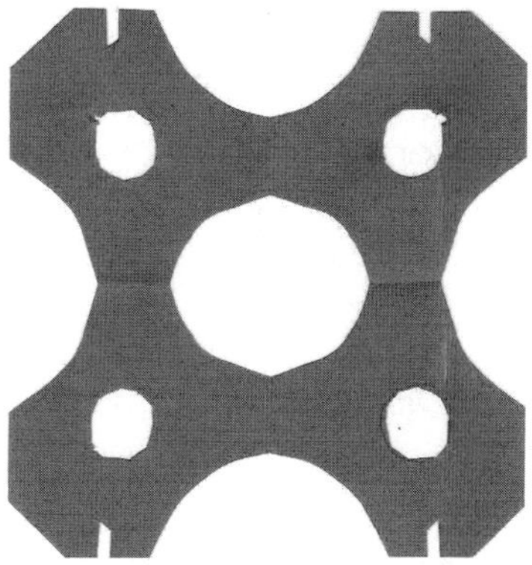

Mittleres Beispiel
Janic hat das Quadrat zweimal gefaltet, dann geschnitten und vor dem Öffnen gezeichnet. Er zeichnet Hilfslinien für die Falze. Danach hat er den Scherenschnitt geöffnet und seine Skizze mit dem offenen Scherenschnitt verglichen. Er hat erkannt, dass der gezeichnete Stern in der Mitte nicht der Vorlage entspricht.

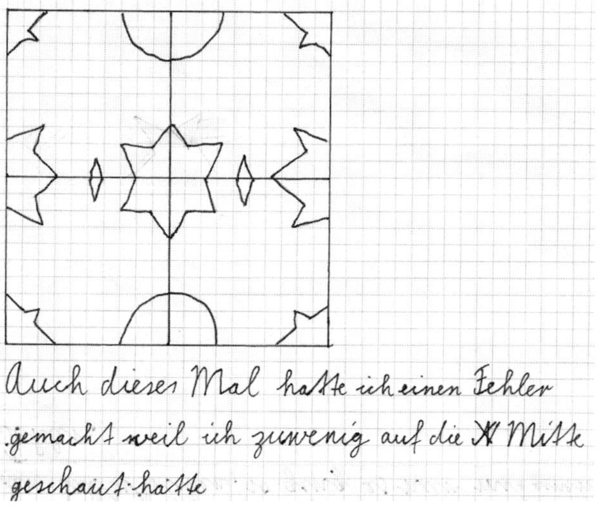

Anspruchsvolles Beispiel
Fabienne schneidet eine recht anspruchsvolle Form aus. Ihre Skizze trifft den aufgefalteten Scherenschnitt gut. In der Reflexion macht sie deutlich, dass sie die Schlangen zu wenig gewellt hat und die Dreiecke am Rand weiter auseinander hätte zeichnen sollen.

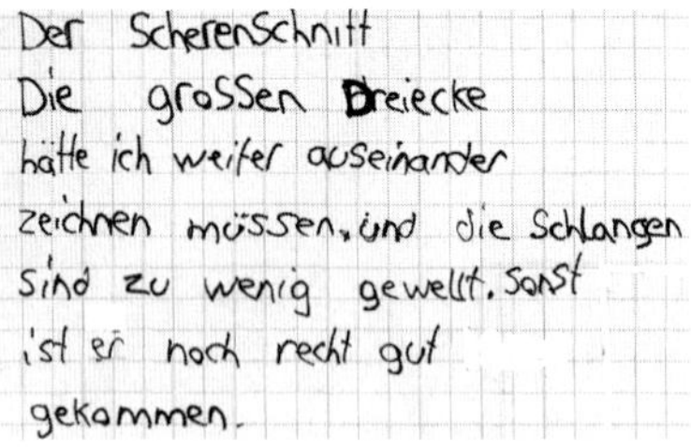

BEGABUNGSFÖRDERUNG UND UNTERRICHTSENTWICKLUNG

DAS PROJEKT LERNUMGEBUNGEN ALS BEITRAG ZUR BEGABUNGSFÖRDERUNG IN DER REGELKLASSE: EIN RÜCKBLICK

Beat Wirz, Stabsstelle Bildung des Kantons Basel-Landschaft

Das Projekt «Lernumgebungen für Rechenschwache bis Hochbegabte. Natürliche Differenzierung im Mathematikunterricht» hat, soweit es die Bildungsdirektion des Kantons Basel-Landschaft betrifft, seinen Ursprung in der Auseinandersetzung mit der Frage nach der angemessenen schulischen Förderung von mathematisch besonders begabten Kindern. Braucht es auf der Primarschulstufe für solche Kinder zusätzliche Förderangebote ausserhalb der Regelklasse? Oder ist ein Mathematikunterricht realisierbar, bei dem mathematisch (hoch-)begabte Kinder zusammen mit allen anderen Kindern in der Regelklasse lernen können und dabei gleichwohl auf ihre Rechnung kommen?
Für die Primarschule Lupsingen, die das Projekt zusammen mit Elmar Hengartner und mit Unterstützung des Kantons durchgeführt hat, stand anfänglich ein anderes Motiv im Vordergrund. Nämlich das Anliegen des Schulhausteams, im Rahmen einer Umstellung auf grössere zusammenhängende Unterrichtszeiten (Blockzeiten) den Anteil des selbstständigen und eigenaktiven Lernens der Kinder spürbar zu vergrössern. Wie macht man das im Mathematikunterricht? Gibt es dafür fachdidaktische Hilfestellungen und entsprechende Unterrichtsmaterialien? Freilich gehört beides untrennbar zusammen: Die Kinder mit ihrem ungleichen Vorwissen und ihren unterschiedlichen Fähigkeiten in der Regelklasse grösstmöglichst zu fördern und ihnen selbstständiges und eigenaktives Lernen in der Regelklasse und im Schulhaus zu ermöglichen. Das belegen sehr eindrücklich die nun veröffentlichten Lernumgebungen, welche in den Schuljahren 2001/02 bis 2003/04 entwickelt und erprobt wurden.

Was der Lehrplan will und was Kinder können

Der Lehrplan[1] des Kantons Basel-Landschaft schreibt vor, dass die Schülerinnen und Schüler am Ende der ersten Klasse die Zahlen von 0 bis 20 erfassen, ordnen und mit ihnen operieren können. Am Ende der zweiten Klasse beherrschen sie das kleine Einmaleins im Zahlenraum 0 bis 100, kennen die Uhrzeit, können mit Geld rechnen und haben erste experimentelle Erfahrungen mit geometrischen Figuren gemacht.

Margrit Stamm überprüfte im Rahmen einer Langzeitstudie über das Frühlesen und Frührechnen[2] im Herbst 1995 das Vorwissen von Erstklässlerinnen und Erstklässlern im Rechnen und Lesen. Der Kanton Basel-Landschaft beteiligte sich mit 28 ersten Primarschulklassen am ersten Teilprojekt dieser Langzeitstudie. Die Stabsstelle Bildung bot damals den beteiligten Lehrpersonen auf kantonaler Ebene ein Forum für den Gedanken- und Erfahrungsaustausch an. Als man sich im November 1995, zwei Monate nach der Überprüfung des Vorwissens am Schulanfang, das erste Mal traf, wurde deutlich, dass die Resultate den allermeisten Lehrpersonen einen Schock versetzt hatten. Was beeindruckte, war der Umstand, dass es beinahe in jeder Klasse ein oder zwei Kinder gab, welche alle Testaufgaben entweder in Lesen oder in Rechnen, teilweise auch in beiden Bildungsbereichen, richtig gelöst hatten. Noch mehr überraschte die beteiligten Lehrpersonen allerdings die Spannbreite der Kenntnisse in ihren Klassen ebenso wie die Tatsache, dass viele Kinder bereits wussten, was sie im ersten Schuljahr überhaupt erst lernen sollten.

Wie sehr der Lehrplan das Wissen der Kinder unterschätzt, zeigte sich beim Rechnen (immer noch überaus deutlich aber auch beim Lesen). Fast alle Kinder konnten bis 20 zählen, im Zehnerraum unterschiedliche Mengen erfassen und die entsprechenden Zahlen zuordnen. Drei Viertel der Kinder konnten von 10 aus rückwärts zählen, Zahlen schreiben und im Zwanzigerraum fehlende Zahlen ergänzen. Rund die Hälfte konnte im Zehnerraum Mengen erfassen und sie auf eine grössere, vorgegebene Zahl ergänzen. Immer noch ein Viertel konnte im 20er-Raum addieren und subtrahieren, Zahlen im Hunderterraum bestimmen, sie nach ihrer Grösse ordnen und Zehner und Einer erfassen. Diesen Schülerinnen und Schülern mit bereits weit fortgeschrittenen

Kenntnissen standen in der Klasse auch einige Kinder gegenüber, die weder vorwärts oder rückwärts zählen noch Zahlen schreiben, weder Mengen erfassen noch Zahlen ergänzen konnten. Und dazwischen bewegten sich die diejenigen Schülerinnen und Schüler, die bei vielen Testaufgaben sowohl richtige als auch falsche Lösungen angegeben hatten.

Spezielle Förderangebote für hochbegabte Kinder

Was die Lehrpersonen damals vorrangig beunruhigte, waren die Unterschiede in den Rechen- und Lesefähigkeiten zwischen allen Kindern zu Beginn der ersten Klasse. Dass es in aller Regel in jeder Klasse ein bis zwei Kinder gab, die in ihren Lese- oder/und Rechenkompetenzen dem Lehrplan weit und mitunter sehr weit voraus waren (ein, zwei oder noch mehr Schuljahre), war für viele Lehrkräfte zwar gleichfalls eine Überraschung, bereitete ihnen jedoch weit weniger Kopfzerbrechen. Jedenfalls nicht sofort.

Sprachlich und mathematisch überdurchschnittlich leistungsfähige Schülerinnen und Schüler, so die häufigste Reaktion auf die vorgefundenen Resultate, wurden als Kinder mit besonderen Bedürfnissen wahrgenommen. Demzufolge hatten sie wie auch besonders leistungsschwache Kinder einen Anspruch auf eine zusätzliche oder spezielle Förderung und Unterstützung. Der Regelklassenunterricht bzw. die Klassenlehrperson allein konnte nach Einschätzung der Lehrpersonen für diese Kinder jedenfalls nicht die alleinige Verantwortung übernehmen. Die Vorstellungen über angemessene Angebote der speziellen Förderung reichten vom Spezialunterricht in Niveaugruppen an den einzelnen Schulen für Teilhochbegabte (z. B. nur im mathematischen oder nur im sprachlichen Bildungsbereich) bis hin zu regionalen Spezialklassen bei Mehrfachhochbegabten.

Spezielle Förderangebote für hochbegabte Schülerinnen und Schüler sollten die Klassenlehrpersonen entlasten, bei der Vorbzw. Nachbereitung sowie bei der Durchführung des Regelklassenunterrichts. Für die Lehrpersonen schien es klar, dass mathematisch und sprachlich besonders leistungsfähige Kinder zumindest teilweise ein besonderes Unterrichtsprogramm erhalten müssten. Bedacht waren die Lehrpersonen aber auch auf eine Hilfestellung angesichts der Erwartungen, welche sie von Seiten der Eltern auf sich zukommen sahen. Denn sobald die Öffentlichkeit davon Kenntnis habe, dass es quasi in jeder Klasse frühlesende und frührechnende Kinder gibt, so müsste entweder die Schule von sich aus auf diese Tatsache angemessen antworten können oder aber auf gesetzlicher Ebene deklariert werden, dass das öffentliche Bildungswesen nicht die Aufgabe habe, Hochbegabte zu fördern.

Fortbestehende Unterschiede und Schwierigkeiten

Die spannendste Auseinandersetzung, welche die ersten Ergebnisse der Langzeitstudie von Margrit Stamm unter den beteiligten Lehrpersonen auslöste, kreiste allerdings um die Frage nach dem Umgang mit den verbleibenden Unterschieden in den mathematischen und sprachlichen Fähigkeiten der Kinder im Unterricht der Regelklasse. Die Testresultate hatten ergeben, dass auch dann, wenn besonders leistungsschwache und leistungsstarke Schülerinnen und Schüler speziell gefördert werden, das Vorwissen und die Fähigkeiten der übrigen Kinder in der Regelklasse weiterhin sehr stark voneinander abweichen.

Wie sollte und konnte beispielsweise der Mathematikunterricht in der ersten Primarschulklasse auf diese Verschiedenartigkeit reagieren? Die Meinungen waren geteilt. Eine Gruppe schlug vor, unter Berücksichtigung des Umstands, dass eine deutliche Mehrheit aller Kinder am Schulanfang mehr wusste und konnte, als der Lehrplan vorsah, den Rechenunterricht dem tatsächlichen mittleren Niveau in den einzelnen Regelklassen anzupassen und auf dieser Basis einen gemeinsamen Unterricht mit allen Kindern zu gestalten. Eine andere Gruppe wandte sich zwar nicht gegen diesen Vorschlag, fand aber, dadurch würde die Schwierigkeit nicht behoben, dass einzelne Kinder im Unterricht dauernd unter- oder überfordert werden könnten. Sie suchten nach einem Lehr- und Lernarrangement, mit dessen Hilfe der Mathematikunterricht gleichzeitig auf mehreren Anforderungsniveaus erteilt werden könnte. Im Grunde genommen müsste jedes Kind bei seinen jeweiligen Vorkenntnissen und Fähigkeiten «abgeholt», individuell gefördert und zu den Lernzielen gemäss Lehrplan hingeführt werden, sei es, um die minimalen Anforderungen zu erfüllen, sei es, um weit mehr zu erreichen.

Letzteres verursachte unter den Lehrpersonen eine weitere Kontroverse. Sollte ein differenzierter Mathematikunterricht in der Jahrgangsstufenklasse über die Lehrplanvorgaben hinausschiessen, den Kindern auch Kenntnisse und Fähigkeiten vermitteln, die zum Unterrichtsstoff der zweiten, dritten oder noch höheren Klasse gehörten? Genügte es nicht, die Heterogenität in der Klasse zu berücksichtigen und sich gleichzeitig im Klassenunterricht grosso modo mit der Erfüllung der kantonal vorgegebenen Lernziele zu bescheiden? Einige Lehrpersonen sprachen sich dezidiert gegen eine zu beherzte Beschleunigung des Unterrichts für einen Teil der Schülerinnen und Schüler aus und plädierten dafür, Kinder, die im Fach Mathematik den verlangten Stoff bereits beherrschen, stärker in anderen Bildungsbereichen, in denen sie noch keinen Vorsprung besitzen oder im Rückstand sind, zu fördern und zu fordern. Andere meinten, dass Schülerinnen und Schülern nicht vorenthalten werden dürfe, mehr zu lernen, als verlangt sei, vor allem dann nicht, wenn sie beispielsweise an mathematischen Aufgaben und Problemen ausgesprochen interessiert seien und auch in den übrigen Schulfächern gute Leistungen zeigten.

Eine fachdidaktische Antwort auf die Heterogenität in der Klasse

Unabhängig von den verschiedenen persönlichen Haltungen und Einstellungen waren alle beteiligten Lehrpersonen in hohem Masse daran interessiert zu erfahren, ob es fachdidaktische Konzepte gebe, um im Mathematik- und Sprachunterricht angemessener auf die Verschiedenartigkeit der Kinder hinsichtlich ihres Vorwissens und ihrer bereits vorhandenen Kompetenzen einzugehen. Es war genuin dieses Interesse, das Elmar Hengartner 1996 im Kanton Basel-Landschaft auf den Plan rief. Und es war eine glückliche Koinzidenz, dass er, aus anderem Anlass und mit anderem Hintergrund, genau mit denjenigen Fragen befasst war, auf welche die an der Stamm-Studie beteiligten Lehrpersonen der Primarschulunterstufe eine Antwort suchten. Aufgrund seiner damals noch laufenden Praxisstudien über die Standorte und Denkwege von Primarschulkindern im Mathematikunterricht[3] sowie seiner Mitarbeit bei der schweizerischen Adaption des «*Zahlenbuchs*» von Wittmann/Müller[4] hatte er nicht nur das fachdidaktische Wissen, sondern auch die unterrichtserprobten Unterlagen zur Hand, um aufzuzeigen, dass die Mathematikdidaktik durchaus imstande ist, die Verschiedenartigkeit jedes einzelnen Kindes im Unterricht anzuerkennen und zu berücksichtigen.

In Weiterbildungsveranstaltungen unterstützte er die Lehrpersonen darin, in ihren Klassen die Anteile des vorzeigenden und fragend-entwickelnden Unterrichts, bei dem alle Schülerinnen und Schüler möglichst im gleichen Tempo und mit den gleichen Lernschritten zum erwünschten Ergebnis gelangen, sukzessive zu verringern und durch individualisierende Lernformen zu erweitern, die das eigenaktive und selbst gesteuerte, forschend-entdeckende und interaktive Lernen und Problemlösen ermöglichen. Der Mathematikunterricht wurde ganzheitlicher geplant und mit Hilfe von Aufgabenstellungen strukturiert, welche sowohl den lernschwächeren als auch lernstärkeren Kindern einen Zugang öffneten und auf niedrigeren und höheren Niveaus bearbeitet werden konnten. Die Lehrpersonen bemühten sich darum, die individuellen Lernwege der Kinder zu beachten und das Auffinden eigener Lösungen nicht vorschnell durch vorgegebene Verfahren zu verunmöglichen. Sie erfuhren, dass es nicht nur möglich, sondern bei näherem Hinsehen für den Lernerfolg unerlässlich ist, nicht alle Kinder gleichmässig, sondern jedes einzelne Kind in der Regelklasse grösstmöglich zu fördern.

Andere bildungspolitische Prioritäten

Die Bearbeitung des Heterogenitätsproblems im Mathematikunterricht mit den an der Langzeitstudie beteiligten Lehrpersonen sowie mit der Stabstelle Bildung hörte 1998 auf und fand vorerst keine Fortsetzung. Dafür waren zwei Gründe ausschlaggebend. Die wissenschaftliche Arbeit von Margrit Stamm konzentrierte sich ab 1996 auf 200 Kinder aus acht Kantonen und dem Fürstentum Liechtenstein, welche 1995 als Frühlesende und/oder Frührechnende identifiziert worden waren, und auf eine etwa gleich grosse Kontrollgruppe, deren Kinder beim Schuleintritt bei den Rechen- und Lesetests keine namhaften Lernvorsprünge gezeigt hatten. Hinzu kam, dass die Kinder von der Unterstufe zur Mittelstufe übertraten, was einen Wechsel der Klassenlehrpersonen mit sich brachte. Die neuen Lehrpersonen waren in der Regel nicht mehr gleich stark motiviert, sich in das kantonale Forum einzubringen. Sie gewährleisteten die wissenschaftliche Begleitung von einem oder zwei Kindern, die zur Untersuchungs- oder Kontrollgruppe gehörten. Im Mittelpunkt der Aufmerksamkeit stand nicht mehr die ganze Klasse, sondern die Entwicklung von einzelnen ausgewählten Kindern innerhalb der Klasse.

Ausserdem begannen sich ab 1998, nachdem der Schlussbericht von Margrit Stamm erschienen war, kantonale Parlamente mit der Frage zu beschäftigen, wie besonders leistungsfähige oder hochbegabte Kinder angemessener gefördert werden können. Häufig wurden die Bildungsdirektionen angewiesen, spezielle Förderprogramme für solche Schülerinnen und Schüler zu planen und umzusetzen. Der Ansatz, die Stärken und Begabungen aller Kinder im Regelklassenunterricht zu erkennen und zu fördern, wurde der unverzüglichen Bereitstellung von zusätzlichen Massnahmen für die Hochbegabtenförderung nachgeordnet. So trug der Trendbericht, den die Schweizerische Koordinationsstelle für Bildungsforschung 1999 herausgab, zwar noch den programmatisch gemeinten Titel «Begabungsförderung in der Volksschule – Umgang mit Heterogenität»[5], die Dokumente und gesetzlichen Grundlagen, die in den Kantonen zur gleichen Zeit entstanden, legten jedoch immer deutlicher den Akzent auf die Begabtenförderung sowie spezielle Mittel und zusätzliche Förderangebote, die Kindern mit überdurchschnittlichen Leistungspotenzialen und -fähigkeiten zugewiesen werden konnten.[6]

Zweiter Anlauf: Mathematische Lernumgebungen an der Primarschule Lupsingen

Das Projekt an der Primarschule Lupsingen «Lernumgebungen für Rechenschwache bis Hochbegabte. Natürliche Differenzierung im Mathematikunterricht», das von Herbst 2001 bis Sommer 2004 dauerte, hatte zwei Anlässe: Zum einen war es im Zusammenhang mit der Umstellung auf grössere zusammenhängende Unterrichtszeiten (Blockzeiten) dem Schulhausteam ein Anliegen, seine Unterrichtsgestaltung den neuen Zeitstrukturen anzupassen. Damit die Schülerinnen und Schüler die langen Unterrichtszeiten gewinnbringend nutzen konnten, sollte der Anteil des belehrenden oder fragend-entwickelnden Unterrichts verringert werden. Es sollte für alle Kinder mehr Gelegenheiten zum eigenaktiven und selbst gesteuerten Lernen geben. Zum anderen war bei den Weiterbildungsveranstaltungen zur Stamm-Studie die Idee herangereift, das Problem der Heterogenität in der Regelklasse mit Lernumgebungen anzugehen. Der zündende Gedanke war, nicht mit einzelnen interessierten Lehrpersonen aus verschiedenen Gemeinden, sondern zusammen mit einem Schulhausteam zu prüfen, ob mit Hilfe von Lernumgebungen, die das *«Zahlenbuch»* ergänzen, ein Mathematikunterricht auf der Primarschulstufe durchgeführt werden kann, der das gesamte Fähigkeits- und Leistungsspektrum in den Regelklassen umfasst und alle Kinder auf ihrem jeweiligen Niveau anzusprechen und zu fördern imstande ist.

Bilanz des Unterrichtsentwicklungsprojekts an der Primarschule Lupsingen

Für das Primarschulteam Lupsingen war die dreijährige Projektarbeit im Bildungsbereich Mathematik ein grosser Erfolg. Mit den Lernumgebungen und dem *«Zahlenbuch»* ist es dem Schulhausteam gelungen, die langsameren und die lernschwächeren Schülerinnen und Schüler in den Mathematikunterricht zu integrieren. Dies hing in starkem Masse damit zusammen, dass die Kinder selbstständig arbeiten, unterschiedlich schwierige Aufgaben auswählen und eigene Denk- und Lösungswege verfolgen konnten. Ferner lernten sie die eigenen mathematischen Fähigkeiten einzuschätzen und vorhandene Lücken aus eigenem Antrieb zu schliessen. Mathematisch leistungsstarke Kinder wurden dank der Reichhaltigkeit der Aufgaben gefordert und langweilten sich nicht im Unterricht. Den Lehrpersonen, nachdem sie sich mit den Lernumgebungen vertraut gemacht hatten, fiel es zusehends leichter, Aufgabenstellungen aus dem Stegreif für ein einzelnes Kind zu modifizieren und ihm einen Vorschlag für eine weitere Bearbeitung zu unterbreiten.

Alles in allem hat das Projekt gezeigt, dass es auf der Primarschulstufe für die leistungsschwachen ebenso wie für die besonders begabten Kinder nicht von vornherein gesonderte Angebote zum Unterricht in der Regelklasse braucht. Der Mathematikunterricht in der heterogenen Lerngruppe kann zugleich Förderunterricht für lernschwache und Zusatzangebot für hochbegabte Kinder sein. Die Fähigkeiten und Kompetenzen der Kinder verbessern sich und bleiben gleichzeitig verschiedenartig; eine Rechenschwäche lässt sich nicht einfach eliminieren, eine besondere mathematische Begabung entwickelt sich fort. Erwiesen hat sich allerdings auch, dass die allermeisten Kinder die Lernziele gemäss Lehrplan erreichen können, die Leistungen zwischen Jungen und Mädchen ausgeglichener sind und die Schülerinnen und Schüler mit der Mathematik wendiger, geschickter und leichtfüssiger umzugehen lernen. Besonders auffällig ist, dass die Kinder ein tieferes und reicheres Verständnis der Mathematik erlangen, selbstbewusster eigene Lernwege und Denkstrategien verfolgen und die Fähigkeit entwickeln, sich über ihre Lösungswege und Resultate auszutauschen und zu reflektieren.[7]

Diese positive Bilanz dürfte vor allem auf vier Erfolgsfaktoren zurückzuführen sein:

- Es braucht ein fachdidaktisches Konzept für den Mathematikunterricht, das die Wissens- und Fähigkeitsunterschiede in der Regelklasse anerkennt und darauf abstellt, die Kinder auf dem ihnen jeweils entsprechenden aktuellen Niveau zu fördern und sie gleichzeitig zu ermutigen, bei der Bearbeitung von mathematischen Aufgaben eigene Lösungswege auszuprobieren.

- Es braucht hochwertige und erprobte Unterrichts- und Lernmaterialien, womit das pädagogische Anliegen, die nicht zu beseitigende Heterogenität in der Regelklasse zum Ausgangspunkt des Lernens zu machen, im praktischen Unterricht auch tatsächlich umgesetzt werden kann. Die entstandenen Lernumgebungen lösen in Verbindung mit dem *«Zahlenbuch»* diesen Anspruch ein.

- Es braucht ein Schulhausteam, dass sich dazu entschliesst, das gleiche fachdidaktische Konzept und die dazu gehörenden Unterrichtsmaterialien konsequent anzuwenden und so zu einer kohärenten mathematischen Bildung für alle Kinder während ihrer ganzen Primarschulzeit beizutragen.

- Es braucht die vorausschauende Zuversicht der Lehrerinnen und Lehrer, dass ein Mathematikunterricht, der mit Hilfe von gut strukturieren Aufgabenstellungen eine Differenzierung der Bearbeitung durch die Kinder ermöglicht, nicht in Widerspruch zu den Lehrplanvorgaben gerät.

Das Primarschulteam hat «unterwegs» erfahren, dass dieser Mathematikunterricht seine Wirksamkeit für alle Kinder steigert, für die schwächeren und die stärkeren; dass er den Kindern hilft, die allgemeinen und die fachlichen Ziele der Primarschule häufiger und in besserer Qualität zu erreichen; und dass er die Kinder anregt, mathematische Kompetenzen zu erlangen, die über und jenseits der Vorgaben des Lehrplans liegen.

Die Einführung von Lernumgebungen für Rechenschwache bis Hochbegabte im Mathematikunterricht hat übrigens auch eine erfreuliche Nebenwirkung. Sie weckt nämlich unter den Lehrerinnen und Lehrern und den Schülerinnen und Schülern den Wunsch, die «natürliche Differenzierung» in weiteren Bildungsbereichen der Primarschule walten zu lassen. Aus solchen Impulsen heraus entstehen die Schulen von morgen, an denen wie in Lupsingen bereits heute gebaut wird. Schulen, die Reinhard Kahl treffend als «Treibhäuser der Zukunft» bezeichnet.[8]

Literaturangaben und Anmerkungen:

[1] *Stufenlehrplan Primarschule Kanton Basel-Landschaft,* erlassen vom Erzie-

hungsrat des Kantons Basel-Landschaft am 17. Dezember 1997, in Kraft gesetzt auf Beginn des Schuljahres 1998/99, Verlag des Kantons Basel-Landschaft, Liestal o.J., S. 5b/2

2 Stamm, M. (1998): *Frühlesen und Frührechnen als soziale Tatsache.* Eine Längsschnittstudie (1995 – 1998), Schlussbericht, Leistungen, Interessen, Schulerfolg und soziale Entwicklung von Kindern, die bei Schuleintritt bereits lesen und/oder rechnen konnten. Im Auftrag der Kantone Aargau, Appenzell-Ausserhoden, Basel-Landschaft, Glarus, Graubünden, Oberwallis, Schwyz, St. Gallen und des Fürstentums Liechtenstein. Institut für Bildungs- und Forschungsfragen im Schulbereich, Aarau

3 Hengartner, E. (Hrsg., 1999): *Mit Kindern lernen, Standorte und Denkwege im Mathematikunterricht.* Klett und Balmer Verlag: Zug

4 Wittmann, E. Ch. und Müller, G. N.: *Das Zahlenbuch,* Schweizer Ausgabe, 1. bis 4. Schuljahr (jeweils Schulbuch, Begleitmaterialien, Übungsheft und Begleitband). Klett und Balmer Verlag: Zug

5 Schweizerische Koordinationsstelle für Bildungsforschung / Grossenbacher, S. (Hrsg., 1999): *Begabungsförderung in der Volksschule – Umgang mit Heterogenität.* Trendbericht SKBF Nr. 2, Aarau

6 Einen guten Überblick über die Entwicklungen in der deutschsprachigen Schweiz gibt die Homepage www.begabungsfoerderung.ch, siehe insbesondere unter «Kantone».

7 Wirz, B. (2003): «Die Kinder werden wendiger mit den Zahlen …». Interview mit der Rektorin und zwei Klassenlehrpersonen der Primarschule Lupsingen, in: *Basellandschaftliche Schulnachrichten,* hrsg. v. der Erziehungs- und Kulturdirektion des Kantons Basel-Landschaft 64/ Heft 2, S. 14 - 17

8 Kahl, R. (2004): *Treibhäuser der Zukunft, Wie in Deutschland Schulen gelingen.* Eine Dokumentation, 3XDVD VIDEO, Produktion: Archiv der Zukunft, Verlag Beltz: Weinheim

MITWIRKENDE LEHRPERSONEN IM PROJEKT 2000 BIS 2005

Fast 50 Lehrpersonen und mehr als 100 Studierende der Lehrerbildungsinstitute Aargau und Basel haben im Rahmen des Projekts an der Entwicklung und Erprobung von Lernumgebungen mitgewirkt. Wir danken allen für die engagierte Mitarbeit. Die Namen der Lehrpersonen sollen hier – geordnet nach ihren Wirkungsorten und dem zeitlichen Ablauf – angeführt werden.

Lehrpersonen aus verschiedenen Schulorten (2000 bis 2001)
Im ersten Projektjahr bildeten 15 Studierende des Lehrerbildungsinstituts Aargau mit 8 Lehrpersonen aus weit auseinander liegenden Schulen Praxisteams für die Entwicklung und Erprobung erster Lernumgebungen. Als Lehrpersonen waren beteiligt: Elisabeth Hubacher und Marianne Weber (Zofingen), Marianne Stöckli (Wikon, Luzern), Martin Rothenbacher (Möhlin), Philipp Barmettler und Monika Amrein (Reiden, Luzern), Vreni Siegrist (Oberentfelden) und Elisabeth Ommerle (Rickenbach, Baselland).

Schulgemeinde Thalheim AG (2001 bis 2002)
Thalheim war die erste Gemeinde, in welcher sich alle Lehrpersonen am Projekt beteiligten: Isabella Frei, Thomas Müller, Barbara Hofmann, Simone Isenring und Rosmarie Fricker (als schulische Heilpädagogin). Es handelte sich um eine Schule mit integrativer Schulform, was unseren Projektintentionen entgegenkam. In allen Klassen wurde nach dem Konzept «mathe 2000» gearbeitet. Die Mitwirkung im Projekt dauerte ein Jahr. Auch in diesem zweiten Projektjahr übernahmen rund 15 Studierende des Lehrerbildungsinstituts Aargau Aufgaben der Erprobung und Entwicklung.

Schulgemeinde Lupsingen BL (2001 bis 2004)
Das Lehrerteam der Primarschule Lupsingen verpflichtete sich, für drei Jahre im Heterogenitätsprojekt mitzuarbeiten. Damit ergaben sich ideale Bedingungen für eine kontinuierliche Entwicklungs- und Erprobungsarbeit über die Schulstufen hinweg. Die Bildungsverwaltung (Beat Wirz) hat das Projekt in dieser Gemeinde massgeblich unterstützt und hilfreich begleitet. Alle Lehrpersonen unterrichten Mathematik mit dem *«Zahlenbuch»*. Zeitlich begrenzt wirkten zudem Studierende der Pädagogischen Hochschule Basel mit. Über Erfahrungen in der Projektarbeit und im Unterricht mit Lernumgebungen berichten zwei Lehrerinnen (s. S. 21). Folgende Lehrpersonen waren beteiligt:
Ester Dürrenberger, Doris Meier, Linda Longhi, Brigitte Gfeller, Salome Tschopp, Guido Schnetz, Michele Hubmann und Nicole Roos.

Schulgemeinde Rupperswil AG (2002 bis 2005)
Ab Sommer 2002 begannen in Rupperswil zwei Lehrerinnen, Simone Isenring und Manuela Wetli, mit je zwei Studierenden in Praxisteams im Projekt mitzuarbeiten. Die Teams bekamen Entwürfe von Lernumgebungen zur Erprobung. Je nach Verlauf und Ergebnis wurden die Lernumgebungen überarbeitet und nochmals erprobt oder fallen gelassen. Die Studierenden haben im Rahmen von Diplomarbeiten die Erprobungserfahrungen aufgearbeitet.

Ab 2003 stiessen weitere Lehrkräfte aus Rupperswil zum Projekt: Andrea Frey, Marlise Cordier, Renata Müller und Sibylle Richner.

Nach dem gleichen Konzept haben Elisabeth Hubacher (Zofingen) und Marianne Werfeli (Küngoldingen) von 2002 bis 2005 im Projekt mitgearbeitet.

Schulgemeinde Birmenstorf AG (2002 bis 2004)
Einige Lehrpersonen aus Birmenstorf beteiligten sich während 2 Studienjahren an der Erprobung und Weiterentwicklung von Lernumgebungen, vor allem Sibylle Brehm, Gian Lukas Staub und Olivier Félix. Im Frühling 2004 wurde gemeinsam entschieden, das Projekt schwerpunktmässig in einer Gemeinde des Kantons Aargau, in Rupperswil, zu konzentrieren.

Primarschule Heimberg BE (2002 bis 2005)

Ein grosser Teil des Primarschulteams Heimberg arbeitete im Schuljahr 2002/03 am Projekt mit. Ausgehend von der Auseinandersetzung mit der Konzeption des *«Zahlenbuches»* haben verschiedene Lehrpersonen Lernumgebungen erprobt. Die Auswertungen und die Erprobungserfahrungen nutzten sie zur schulinternen Entwicklung des Mathematikunterrichts. Beteiligt waren Nora Gutknecht, Ruth Kummer, Vroni Lobsiger, Margreth Schild, Thomas Schönholzer, Kurt Sommer, Elisabeth Tschanz und Ruedi Roth. Kurt Sommer und Ruedi Roth arbeiteten auch in den beiden folgenden Schuljahren intensiv am Projekt mit. Regelmässig haben sie Lernumgebungen erprobt. Die Erfahrungen werteten sie gemeinsam mit den Lehrerinnen der Primarschule Rümligen aus. Dadurch entstanden wertvolle Hinweise zur Entwicklung der Lernumgebungen.

Primarschule Rümligen BE (2002 bis 2005)

In der Primarschule Rümligen werden die 1. bis 3. Klasse und die 4. bis 6. Klasse gemeinsam geführt. Dies ermöglichte eine stufenübergreifende Erprobung verschiedener Lernumgebungen. Daran beteiligt waren Christiane Griffin und Sandra Luginbühl. Beide Lehrerinnen unterrichten seit längerem mit dem *«Zahlenbuch»* und sind mit dessen Konzeption vertraut. Sie haben verschiedene Lernumgebungen erprobt, die Erfahrungen ausgewertet und so zur Entwicklung beigetragen.

Berater/-innen für den Mathematikunterricht in Südtirol (2002 bis 2004)

In Südtirol haben rund 20 Lehrpersonen einen dreijährigen Ausbildungsgang für Beratung im Mathematikunterricht absolviert. Folgende Lehrerinnen und Lehrer dieser Gruppe haben aktiv im Projekt mitgearbeitet, Schülerdokumente zur Verfügung gestellt und auch ganze Lernumgebungen entwickelt und erprobt:

Anton Sebastian Leiter (Weissenbach ob Meran), Erwin Kofler (Feldthurns), Erika Wolfensberger Atz (Tramin), Martina Rainer (Nathurns), Carmen Huber (Bruneck), Astrid Rabanser und Verena Stragenegg (Kaltern).

LITERATUR

In den mit (*) bezeichneten Büchern findet man Ideen für Lernumgebungen. Wichtigste Quellen für unser Projekt waren die zwei *«Handbücher produktiver Rechenübungen sowie die Begleitbände zum Zahlenbuch»* von E.Ch. Wittmann und G.N. Müller.

Bobrowski, S./ Forthaus, R. (1998): *Lernspiele im Mathematikunterricht.* Berlin: Cornelsen Verlag Scriptor*

Brunner, E. (2001): *Forschendes Lernen. Eine begabungsfördernde Unterrichtskonzeption.* Frauenfeld: Lehrmittelverlag des Kantons Thurgau (ISBN 3-9522283-0-3) *

Baum, M./ Wielpütz, H. (2003): *Mathematik in der Grundschule. Ein Arbeitsbuch.* Hannover: Kallmeyer

Dahl, K./ Nordqvist, S. (1996): *Zahlen, Spiralen und magische Quadrate. Mathe für jeden.* Hamburg: Verlag Oetinger*

Devlin, K. (2002): *Muster der Mathematik. Orientierungsgesetze des Geistes und der Natur.* Heidelberg: Spektrum Akademischer Verlag

Enzensberger, H. M. (1997): *Der Zahlenteufel. Ein Kopfkissenbuch für alle, die Angst vor der Mathematik haben.* München: Hanser Verlag *

Erichson, Ch. (2003): *Von Giganten, Medaillen und einem regen Wurm. Geschichten, mit denen man rechnen muss* (Neubearbeitung). Hamburg: Verlag für pädagogische Medien*

Gallin, P./ Ruf, U. (1995): *Sprache und Mathematik 1. – 3. Schuljahr.* Zürich: Kantonaler Lehrmittelverlag (ISBN 3-906718-02-6) *

Hasemann, K. (2003): *Anfangsunterricht Mathematik.* Heidelberg: Spektrum Akademischer Verlag

Hengartner, E./Röthlisberger H. (1995): *Rechenfähigkeit von Schulanfängern.* In: Brügelmann, H.; Balhorn, H.; Füssenich, I. (Hg.): Am Rande der Schrift. Jahrbuch der Dt. Gesellschaft Lesen und Schreiben 6. Bottighofen: Libelle Verlag. 66 – 86

Hengartner, E./ Röthlisberger, H. (1995): *Standorte und Denkwege von Kindern: Erkundungsprojekte in der fachdidaktischen Ausbildung.* In: Beck, E. u.a. (Hrsg.): Eigenständig lernen. Konstanz: Universitätsverlag. 109 – 132

Hengartner, E. (Hrsg., 1999): *Mit Kindern lernen. Standorte und Denkwege im Mathematikunterricht.* Zug: Klett und Balmer

Hengartner, E (2002): Investigations into prior knowledge and cognitive strategies of children: Empirical Studies done during mathematics teacher training. In: Weigand H.-G. (ed.): *Developments in Mathematic Education in German-speaking Countries.* Hildesheim, Berlin Franzbecker. 56–64

Hengartner, E. (2002): Eigene Versuche der Kinder fördern und verstehen lernen: Übungsbeispiele zum Sachrechnen. In: Selter, Chr. und Walther, G. (Hrsg.): *Mathematik lernen und gesunder Menschenverstand.* Festschrift für Gerhard N. Müller. Leipzig: Klett. 83 – 90 *

Hirt, U./ Luginbühl, S. (2003): *Schauen und Bauen 2. Spiele mit dem Soma-Würfel. Seelze-Velber:* Kallmeyer Verlag*

Hirt, U. (2004): *Spielerischer Aufbruch in die Welt der Zahlen.* In: 4 bis 8 Fachzeitschrift für Kindergarten und Unterstufe, Nr. 5, Mai 2004, Herausgegeben vom Verband KindergärnerInnen Schweiz KgCH, 14 – 17.

Hirt, U. (2004): *Kinder auf dem eigenen Lernweg in der Mathematik fördern.* In: Reihe Praxishilfen für die Bildungsstufe VIER bis ACHT, Verband Kindergärtnerinnen Schweiz KgCH, 8 – 14.

Hirt, U. (2004): *Lernumgebungen für langsam Lernende bis Hochbegabte – Ein Beitrag zum Umgang mit Heterogenität im Mathematikunterricht der Grundschule.* In: Beiträge zum Mathematikunterricht. Vorträge auf der 38. Tagung für Didaktik der Mathematik vom 1. bis 5. März 2004 in Augsburg. Hildesheim, Berlin: Franzbecker, 253 – 256

Huser, J. (2000): *Lichtblicke für helle Köpfe. Ein Wegweiser zur Erkennung und Förderung von hohen Fähigkeiten bei Kindern und Jugendlichen auf allen Schulstufen.* Zürich: Kant. Lehrmittelverlag (ISBN 3-906720-76-4) *

Jost, D. (1999): *Lernlandschaften für das Erleben und Entdecken von Mathematik.* Lehrmittelverlag Kanton Luzern *

Krauthausen, G./ Scherer, P. (2004): *Mit Kindern auf dem Weg zur Mathematik. Ein Arbeitsbuch zur Lehrerbildung. Festschrift für Hartmut Spiegel.* Donauwörth: Auer Verlag*

Moser Opitz, E. (2001): *Zählen, Zahlbegriff, Rechnen. Theoretische Grundlagen und eine empirische Untersuchung zum mathematischen Erstunterricht in Sonderklassen.* Bern: Paul Haupt Verlag

Müller G. N./ Wittmann, E. Ch. (1995): *Mit Kindern rechnen.* Arbeitskreis Grundschule, Bd. 96, Frankfurt am Main *

Müller, G. N. / Steinbring, H. / Wittmann, E. Ch. (Hrsg. 2004): *Arithmetik als Prozess.* Seelze-Velber: Kallmeyer Verlag

Rasch, R. (2003): 42 *Denk- und Sachaufgaben. Wie Kinder mathematische Aufgaben lösen und diskutieren.* Seelze-Velber: Kallmeyer Verlag *

Rechsteiner, B./ Lang, Ch. (1998): *Die Magischen Würfel. Mathematisches Tun mit Würfelmosaik.* Verband Kindergärtnerinnen Schweiz KgCH: Hölstein (ISBN 3-9520928-4-3) *

Reusser, K. (1995) *Lehr-Lern-Kultur im Wandel: Zur Neuorientierung in der kognitiven Lernforschung.* In: Dubs, R. / Dörig, R. (Hg.) Dialog Wissenschaft und Praxis. Berufsbildungstage St. Gallen, 23. bis 25. Februar 1995. Universität St. Gallen. Institut für Wirtschaftspädagogik, 164 – 190

Scherer, P / Bönig, D. (Hrsg. 2004) *Mathematik für Kinder – Mathematik von Kindern.* Arbeitskreis Grundschule, Bd. 97, Frankfurt am Main *

Selter, C. / Walther, G. (1999) *Mathematikdidaktik als design science.* Festschrift für Erich Christian Wittmann. Leipzig, Stuttgart, Düsseldorf: Ernst Klett Grundschulverlag.

Spiegel, H./ Selter, H. (2003): *Kinder und Mathematik. Was Erwachsene wissen sollten.* Seelze-Velber: Kallmeyer Verlag

Voss, R. (Hrsg. 2002): *Unterricht aus konstruktivistischer Sicht. Die Welten in den Köpfen der Kinder.* Neuwied: Luchterhand

Wälti-Scolari, B. (2001): *Problemlösen macht Schule. Anregungen zum Mathematikunterricht auf der Sekundarstufe 1.* Zug: Klett und Balmer*

Wirz, B. (Hrsg., 2003): *Schulentwicklung. Lernumgebungen für Rechenschwache bis Hochbegabte im Mathematikunterricht.* Basellandschaftliche Schulnachrichten, 2/ 2003. EKD des Kantons BL: Liestal. 5 – 17

Wittmann, E. Ch. und Müller, G. N. (1990/ 1992): *Handbuch produktiver Rechenübungen.* Band 1: *Vom Einspluseins zum Einmaleins.* Band 2: *Vom halbschriftlichen zum schriftlichen Rechnen.* Stuttgart: Klett *

Wittmann, E. Ch. (1998): *Design und Erforschung von Lernumgebungen als Kern der Mathematikdidaktik.* In: Beiträge zur Lehrerbildung, 16 (3) 329 – 342

Wittmann, E. Ch. et al. (1993 bis 1996 und 2004/ 05): *Das Zahlenbuch, 1. bis 4. Schuljahr.* Leipzig: Klett: *

Wittmann, E. (2003): Was ist Mathematik und welche pädagogische Bedeutung hat das wohlverstandene Fach auch für den Mathematikunterricht der Grundschule? In: Baum, M. & Wielpütz, H. (Hg.) *Mathematik in der Grundschule. Ein Arbeitsbuch.* Seelze-Velber: Kallmeyer Verlag. 18 – 46

Wittmann, E. Ch. (2004): Design von Lernumgebungen zur mathematischen Frühförderung. In: Faust, G. u.a. (Hg.): *Anschlussfähige Bildungsprozesse im Elementar- und Primarbereich.* Bad Heilbronn: Klinkhardt, 49 – 63